U0937476

智能交通领域前沿研究论著

Chengshi Jiaotong Xitong Yunxing Kekaoxing Fenxi Fangfa

城市交通系统运行可靠性分析方法

王云鹏　陈　鹏　鲁光泉　于　滨　李大庆　著

人民交通出版社股份有限公司
China Communications Press Co.,Ltd.

内 容 提 要

本书为国家"973"计划子课题《大城市综合交通系统的运行可靠性与应急策略》(2012CB725404)研究成果的整理与总结。

本书主要基于北京市六里桥区域浮动车的交通数据,依据复杂网络基础理论以及交通流理论,建立适用于评价路网状态的评价指标和计算模型,主要研究内容包括:城市路网结构特征及复杂性、城市路网运行随机性、常态下的城市路网可靠性、城市公共交通服务可靠性、城市路网拥堵传播与消散机理、基于路网可靠性的交通瓶颈识别、基于渗流理论的交通瓶颈识别、考虑路段重要性的城市道路网络修复策略、城市交通系统运行可靠性仿真平台。本书可为全方位、多层次、大范围、大数据化、高效运行的综合交通运输体系建设提供理论支持,也可为综合交通运输系统运行监测与应急管理提供参考与借鉴。

本书适用于交通工程、智能交通、交通管理等专业的技术人员、管理人员、科研工作者、研究生、教师与高年级本科生使用。

图书在版编目(CIP)数据

城市交通系统运行可靠性分析方法/王云鹏等著
.—北京:人民交通出版社股份有限公司,2017.1
ISBN 978-7-114-13456-2

Ⅰ.①城… Ⅱ.①王… Ⅲ.①城市交通系统—系统可靠性—可靠性理论 Ⅳ.①U491.2

中国版本图书馆 CIP 数据核字(2016)第 271495 号

书　　名:城市交通系统运行可靠性分析方法
著 作 者:王云鹏　陈　鹏　鲁光泉　于　滨　李大庆
责任编辑:李　良
出版发行:人民交通出版社股份有限公司
地　　址:(100011)北京市朝阳区安定门外外馆斜街 3 号
网　　址:http://www.ccpress.com.cn
销售电话:(010)59757973
总 经 销:人民交通出版社股份有限公司发行部
经　　销:各地新华书店
印　　刷:北京市密东印刷有限公司
开　　本:787×1092　1/16
印　　张:16.75
字　　数:388 千
版　　次:2017 年 1 月　第 1 版
印　　次:2017 年 1 月　第 1 次印刷
书　　号:ISBN 978-7-114-13456-2
定　　价:45.00 元
(有印刷、装订质量问题的图书由本公司负责调换)

序

随着城镇化进程的不断加快，以北京、上海为代表，特大城市的中心地位和区域主导作用持续增强。交通是城市发展的命脉。近十年来，我国进入了机动车高速增长的时期，快速扩张的城市交通规模与快速增长的机动车保有量叠加，常态化交通拥堵已经成为大城市，尤其是特大城市发展的新特征，城市交通系统的运行可靠性面临着前所未有的挑战。

向着更安全、更高效、更绿色的方向不断演进，始终是城市交通发展的需求与动力。随着通信和信息技术的快速发展，网联化、协同化、智慧化将成为城市交通系统的新常态。城市交通的供需平衡机制、交通行为与交通系统的交互作用规律、系统可靠运行与决策优化方法等科学问题是实现网联化、协同化、智慧化交通系统的基础与关键。

王云鹏教授等人从解决制约城市交通系统运行可靠性提升的基础科学问题和关键技术出发，经过多年的研究积累，对城市交通系统运行可靠性的科学规律进行了深入而细致的解析。

全书从出行者与管理者两个视角来研究城市交通系统的运行可靠性。出行者关注的是如何可靠地估计出行时间，合理规划出发时刻。这部专著以出行时间可靠性预测为中心，对与之相关的交通状态预测、公共交通系统可靠性分析、不同服务水平下的出行时间可靠性估算等方面进行了深入的研究与系统总结。城市交通管理者关注的重点是如何保障城市交通系统运行过程中的抗干扰能力与抗毁能力，进而提升城市交通系统可靠性。这部专著在解析城市交通网络特征及复杂性、城市路网运行随机性的基础上，系统研究了城市路网拥堵传播与消散机理、交通瓶颈识别、城市道路网络修复策略等管理者关注的科学问题与关键技术。

这部专著展示了城市交通系统可靠性的最新研究成果。书中考虑时空关联性特征的交通状态预测、多种服务水平作用下的快速路出行时间可靠性计算、复杂路网拥堵传播模型与基于渗流理论的路网瓶颈识别等具有创新性的成果，无疑将成为相关研究者重要的学术参考。

中国工程院副院长

中国工程院院士

田红旗

前　言

城市交通系统运行可靠性是交通管理者追寻的目标。建设高效、安全、绿色的城市交通网络体系是实现城市交通系统可靠运转和协调发展的有力保障。随着国民经济的快速发展与交通需求的飞速增长，我国不少城市的路网冗余通行能力满足不了快速增长的交通量，使得城市交通系统易受内外各种因素的干扰，丧失了原有的平衡，滋生拥堵瓶颈点，降低了城市交通路网的可靠性水平。因此，一方面，需要明晰城市网络交通流的演化规律，识别城市交通网络瓶颈，制订不同时间跨度干预措施，调节城市网络交通流的演化进程，进而提高系统的运行效率；另一方面，在路网遭受破坏时，需要制订相应的交通管控策略，优化管理配置方案，对拥堵瘫痪或有潜在拥堵发生的路网，进行及时的调控，避免经济损失，增强城市交通系统的鲁棒性。

城市交通拥堵的蔓延对出行者的出行品质产生了严重影响。如何降低出行时间的不确定性成为广大市民关注的问题。通过交通状态的准确预测和出行时间的精准估算，为出行者的出行安排提供精准的信息服务，对提升出行品质和交通信息服务品质都具有十分积极的意义。城市交通系统运行可靠性分析理论的完善，是充分发挥智能交通系统效能、提升城市交通运行可靠性、节约时间与经济成本的基础。

本书是国家973计划项目《大城市综合交通系统的基础理论与实证研究》课题《大城市综合交通系统的运行可靠性与应急策略》（课题编号：2012CB725404）的主要研究成果汇聚与凝练。本书从管理者和出行者的需求出发，根据交通系统运行可靠性和出行时间可靠性两条主线，分别从路网可靠性、公交系统可靠性、出行时间可靠性三个角度系统探讨了可靠性估算方法、交通系统失效（拥堵）传播与修复、影响交通系统可靠性的瓶颈识别等问题。希望本书能给更多致力于交通系统可靠性研究的科研人员提供参考，促进交通系统可靠性理论的发展。

本书由王云鹏、陈鹏、鲁光泉、于滨和李大庆撰写，其中王云鹏主要撰写了第一、二、三、四章，陈鹏主要撰写了第六、十章，鲁光泉主要撰写了第七、九章，于滨主要撰写了第五章，李大庆主要撰写了第八章。研究生张俊杰、雷方舒、蔡品隆、张亚男、王馨、熊莹、潘日佩、杨刚等参与了撰写工作，在此一并表示感谢。

本书的出版还得到中国工程院“中国工程科技2035发展战略研究”项目的支持。感谢国家科技部与中国工程院为本书出版给予的大力资助。

著者

2016年9月于北京

目　录

第1章 绪 论

1.1 研究背景

近年来,我国经济环境一直处于飞速发展的阶段,GDP 增长率一直保持在 10% 左右。依据国家统计局的数据,我国的民用汽车保有量从 2010 年的 7801.83 万辆一直增长到 2013 年的 12670.14 万辆,短短 3 年之内增加了近 5000 万辆[1]。如此高的机动车保有量,一方面体现出人民生活水平的提高,另一方面给城市功能的正常运行带来了很大的挑战。机动车的行驶需要道路的支撑,而机动车保有量越大,则对道路资源的占用要求也越高。但是,由于城市规划、经济、政策等诸多因素使得城市不能够轻易地大幅度加大道路的建设,因此,供需不平衡必然会带来一系列潜在的城市交通问题。

其中,最严重的问题就是交通拥堵。一般拥堵容易发生在早晚高峰,交通拥堵使得驾驶人和乘客不得不在道路上花费更多的时间,如果遇到严重的拥堵,机动车的平均行驶速度基本在 10 ~ 20km/h,极大地降低了机动车的便捷性和人们的出行效率。其次,机动车缓慢的行驶给驾驶人带来很大的焦虑情绪,不良的情绪很容易影响驾驶人的判断,增大了事故发生的概率。同时,交通拥堵会造成尾气排放的增加并对环境造成不良影响,如现在国内大城市随处可见的雾霾也与机动车尾气排放量的增加有关。交通拥堵存在不同的影响程度,多数情况下,当一个或者少数路段发生了拥堵,拥堵可能会传播到其他路段,最后导致多个路段乃至区域路网拥堵,给城市交通运行带来严峻挑战。

由此可见,一个稳定且高效的交通系统对城市而言至关重要。城市交通系统在运行过程中受到拥堵等常态因素以及恶劣天气、事故等随机因素的威胁与干扰,降低了系统的可靠性和承载能力,增加了出行者实现出行目的的不确定性。在全球大城市拥堵加剧的背景下,交通网络效率和可靠性研究的重要性更加凸显。一方面,城市规划的相关政策有利于以更紧凑的发展模式振兴城市中心和限制城市扩张,通过密度和边界增长控制以减少效率损失,在此情况下适当的网络设计参数的选择和网络性能的评估至关重要。另一方面,交通网络往往在供应上涉及规划和管理策略的设计问题,在需求上则直接影响着交通控制实施力度,尾气污染、网络拥堵、出行可靠性低等问题所反映出城市路网在性能上的不完善直接限制了交通运行的效率。基于上述问题,目前学者们根据网络和图论研究技术,利用有效的建模方法对城市交通进行网络瓶颈的识别,既是网络研究技术在城市交通中的一大应用点,又是交通研究发展的重要突破点。在当前的发展方向上,交通瓶颈识别的相关研究始终属于交通与网络科学交叉的热点议题,其研究成果对于控制和治理城市交通拥堵、指导交通规划与城市路网改造、提高城市路网在不确定需求环境下的应急疏散及抗毁能力等,具有极大的创新意义和实践价值。伴随着智能交通技术的飞速前进[2],浮动车交通信息采集技术因其准确性高、覆盖面广、可实时传输特性等优点而被广泛应用。通过先进的设备采集路网中人、车、路的相关信息,利用海量数据处理、融合等手段建立一个高效、准确、实时的交通运输管理系统,更能全方位地服务于解决一系列交通问题。

然而,城市交通系统运行可靠性研究尚处于发展阶段,仍有许多需要解决的理论与实践问题,针对交通系统运行可靠性分析方法的深入研究必将给城市交通规划和管控体系带来广泛的影响。2012 年国家重点基础研究发展计划(973 计划)项目《大城市综合交通系统的基础理论与实证研究》课题《大城市综合交通系统的运行可靠性与应急策略分析》正式启动实施,紧密结合我国大城市交通系统状况,深入研究城市交通系统运行可靠性演化规律及管控策略,并将理论研究成果用于指导交通实践,能够有效减少我国城市交通规划、设计、建设和管理中的盲目性,提高整个城市交通系统的运行可靠性。

1.2 研究意义

目前,与日俱增的机动车保有量以及为满足交通需求而建立的错综复杂的城市交通网络是现今国内外各大城市的共同特点。提高城市交通系统运行可靠性,是缓解交通供需矛盾、节约时间及经济成本的有效措施。对于出行者而言,及时了解拥堵状态下的城市路网出行时间可靠性特征,可以最大限度地减少拥堵带来的损失。对于道路管理者而言,通过分析城市路网可靠性,识别路网易失效的节点或路段,及时采取治理措施,可以优化管理配置,预防交通拥堵的发生,亦可辅助制订城市紧急事件应急预案,增强城市道路交通网络抵抗多方面风险的能力。

众所周知,公共交通作为出行者的主要出行方式,在研究城市道路交通网络可靠性的同时,势必要分析公交服务可靠性,从而保证公交车辆的准点率,提高公交服务水平、公交运营状况、企业服务竞争力,增强乘客公交出行便利性,进而保留已有乘客不向其他交通出行方式转化,同时吸引更多潜在乘客选择公交出行,实现其他交通出行方式向公交出行的转化,鼓励社会范围内更多地使用公交出行,达到公交优先的目的。这样亦可以减少道路交通流量来缓解交通堵塞现象,以此改善路网运行状态,提高路网运行效率。此外,路网交通瓶颈的研究也是路网可靠性理论的重要内容之一。识别城市道路网络交通瓶颈有利于增强对城市路网结构特征的重新认识,基于科学判据辨识网络在各类风险下的薄弱环节,对于优化路网规划、拥堵防控、应急管理等都具有重要现实意义。从实践与控制的角度,改善路网瓶颈和关键节点亦成为解决城市交通问题最为“必要和可行”的管控方法。

因此,将可靠性的概念引入到交通与城市建设之中,了解城市交通系统运行可靠行特征、掌握可靠性演变机理、建立完善的可靠性指标与评价体系、实时准确地评价运行可靠性,是建立高效、经济、智慧型交通系统的必然要求。

1.3 国内外研究现状

城市交通系统是一个典型开放与复杂的“巨系统”[3]。如何改善城市交通系统的运行可靠性是管理者长期为之奋斗的目标。起初,学者们从网络的结构、动态特征等多角度对可靠性进行探究，形成网络复杂性、连通性、可达性、明确瓶颈等具有具体含义的评价及测度指标。利用这些指标衡量路网状况，有利于管理者为交通参与者提供更好的出行服务。

然而，从根本上描述网络运行特征、掌握网络演化规律，则需要从时间与空间、宏观与微观多维度考虑，从而更加深入地识别影响网络交通流运行可靠性的诸多因素，进而利用总体与局部结合、动态与静态交汇的网络可靠性建模分析方法，实现对交通系统运行内在规律的认知和把握。因此，围绕道路网络的物理结构特征，对常规性与偶发性拥堵的可靠性机理分析逐渐成为学者们的研究热点，并主要从交通瓶颈、交通网络瓶颈点识别以及交通网络可靠性与拥堵评价等研究体系和相关领域的交叉学科进行剖析。

首先，在交通瓶颈问题研究方面，包含瓶颈定义、拥堵状态判别技术和瓶颈点预测技术三个方面。在研究的维度和深入程度上，早期的国外研究主要侧重于微观路口、关键路段的识别，并通过交通流参数对瓶颈处的微观特性进行分析。近年来，交通瓶颈识别相关的研究重心逐渐拓展至网络层面，结合网络配流以及可靠性理论，综合动态时空分析和仿真手段开展研究；其次，关于复杂网络瓶颈节点的研究成果表明，网络中存在一部分瓶颈节点显著影响整个网络的性能，其地位为局部网络乃至整个网络的核心，是网络中最为关键的点的集合，其余节点在功能发挥上的作用与瓶颈节点具有显著的量级差别；另外，由于同一网络在不同时间、空间维度的差异，和不同网络其信息载体的特性不同，针对网络特征差异乃至不同的网络类型，瓶颈点的测度意义并不完全一致。在交通网络可靠性与拥堵评价方面的研究主要集中在运用复杂网络理论，分析城市道路网络结构、交通流及相关因素的影响；在交通拥堵评价方面的各类研究集中于对城市交通拥堵评价模型与算法的讨论，以及信息处理与控制算法协调下新的拥堵评价手段与相关控制模型的研究，如表1-1所示。

网络可靠性研究中的主要测度、研究手段及案例应用 表1-1

研究学者	网络可靠性测度	交通网络研究手段	案例研究和应用程度
Taylor，Susilawati(2012)[4]	网络可达性随着网络状态的变化	交通网络可达性模型	澳大利亚东南部网络上的实测交通数据
Ip，Wang(2011)[5]	节点的旅行者加权平均参数	计算机算法实现的最优化模型	抽象网络算例，中国高速铁路网的应用
Matisziw，Murray(2009)[6]	重要路径	最优化模型	俄亥俄州的州内公路系统网络数据
Ash，Newth(2007)[7]	路段容量	演化算法	仿真数据

随着交通需求的增长，交通网络瓶颈必定会导致交通拥堵的发生。目前，在城市交通网络拥堵传播与消散方面，很多学者做了大量的理论研究与应用工作，他们的研究方向主要包括交通流、智能交通、交通规划与管理、交通控制等。其中在拥堵传播与消散的研究中，由Lighhill、Whitham和Richards彼此独立提出的连续交通流模型，即LWR模型，是最常用的一种模型，该模型为后续学者研究交通拥堵传播提供了理论基础。后来Pierre-Emmanuel Mazaré等人提出一种求解LWR交通流模型的简便算法，并且提出了一种新的可以控制固定

或者移动的交通瓶颈的方法[8]。而在微观交通流层面,CAM模型(元胞自动机)是另一种典型的模型,由Nagel、Schreekenbers和Biham在1992年提出,并成为微观交通流研究中的主流模型。2005年,Sven Maerivoet和Bart De Moor将CAM模型应用于道路交通,并提供了参数的设置和应用的案例[9]。应用微观交通流研究拥堵传播与消散的另一个重要模型是车辆跟驰模型,它被用来确定在连续交通流中不进行车道变更的个体驾驶行为[10]。车辆跟驰模型在20世纪50年代首次被提出,随后学者们从不同角度建立了很多模型,包括1958年由Chandler提出的刺激—反应跟驰模型[11]、由Kometani和Sasaki提出的安全行为模型[12]、由Michaels提出的基于心理及生理跟驰模型[13]以及用模糊逻辑构建的跟驰模型[14]等。但是,宏观交通流层面的交通分配模型仍是研究交通拥堵与传播的主要方法,其研究方向主要集中于交通网络的均衡分析。虽然Wardrop提出适用范围广的用户均衡理论,但具体应用到交通网络层面就会出现算法不好求解等问题。直到后来Beckmann等人提出基于Wardrop准则的数学模型,由Leblanc等人利用Frank-Wolfe算法对其进行求解成功后,宏观交通流问题才真正具有实际应用价值[15]。刘景星等人针对静态交通分配模型提出了相应的解决途径,给该领域的研究带来较高的应用价值[16]。

综上所述,宏观与微观交通流研究均受到自身方法理论的局限,存在顾此失彼的缺点。很多学者认为如果将宏观与微观交通流层面的方法结合起来进行研究能够相互弥补缺点。其中,代表性研究是Lo[17]和Szeto[18]尝试将宏观与微观交通流结合起来,并取得了较好的研究成果。虽然从网络交通流与道路交通流结合层面去研究交通拥堵的传播与消散具有创新性和实用性,并且可以更好地表达网络拥堵情况下的物理排队,以及探究出行者路径选择与交通拥堵传播与消散之间的关系,但是这些研究仅局限于利用交通流理论或者数值模拟的方法,难以对诸交通因素进行全面的考虑,并相应地从网络结构和交通特征方面找到交通拥堵问题的症结并提出解决方法。因此,从复杂网络层面研究交通网络拥堵与扩散的机理特征是现阶段研究的另一热点。

基于网络的拓扑结构,当交通拥堵形成时,如何利用有限的资源去控制交通拥堵的传播成为交通管理者亟须解决的问题,在此背景下,Troutbeck等[19]、Harwood等[20]、AL-madani[21]提出了局部控制方法,即以路网的一部分为控制对象,通过优化利用局部的一切条件,来提高局部的交通性能。目前学者们主要从以下三个方面来控制,即静态预防、动态控制和动态预防控制。静态预防的措施有:根据需求合理设计道路渠化区域长度,合理分配渠化区域内直行与转向车道,合理设置停止线宽度,适当延长相邻交叉口之间的道路长度。静态预防最主要的作用是降低拥堵产生的可能性,延缓拥堵的传播,其缺点是不灵活。动态控制策略主要有三类:交叉口信号控制[22]、转弯禁限[23-24]和交通诱导[25-26]。动态预防控制实质就是通过预测未来,提前采取一些措施避免预测的拥堵,或者减轻预测的拥堵对交通的影响。动态控制策略的优点是灵活性好,主要适用于非重复性拥堵。其中,Roberg等人[27-32]在交通事件的临时禁行方面做了很多的研究工作,他们的研究对象为单行道格子网络,他们的研究证实了临时禁行能够促进拥堵的消散,解开拥堵闭环,但是在我国的道路网络中基本没有单行道路网,所以他们的方法不适用于我国的道路状况。龙建成提出了菱形禁行规则,并证实这是一个较优的规则,但是禁行的菱形区域的确定,以及禁行时间长短的确定采用的模型并不是优化模型,当路网的情况发生改变时,需要重新计算、重新设计制订方案[33]。张敖木翰等建立双层规划模型,以实现临时性车辆禁行的设计,从而降低突发事件造成交通拥堵带来的影响[34]。研究表明拥堵产生后,受交通诱导的车辆可以比未受诱导的车辆在出行时间上节约3% ~9%;而且拥堵程度越大,受诱导车辆获得的效益就越大[35]。David Levinson 通过仿真研究得出对于偶发性交通拥堵,诱导信息的作用更大[36]。而针对偶发性交通拥堵的交通信号控制技术,较为著名的是 1995 年法国巴黎实施的名为 CLARIE 的人工智能控制模块,它的最大优点是能与其他信号控制系统结合起来应用,能够实现在线拥堵管理[37]。2000 年,英国的 SCOOT 系统 3.0 版本推出了一个交通事件管理的模块(包含对交通事件引起的交通拥挤的管理内容),它是与 INGRID 事件自动检测系统以及 VAMPIRE 计算机程序集成运行的[38]。Sheu 等利用随机最优控制理论建立了一个非线性的实时离散模型,并利用仿真数据对该模型进行了验证[39]。Logi 等人以典型区域路网拥挤状态为研究背景,研究了实时管理与控制问题,开发了一个基于知识的交通拥挤管理系统。目前,在信号控制方面,能够解决由交通事件导致的交通拥挤,也就是偶发性交通拥挤的信号控制技术还有待发展,前面提到的 CLARIE 系统对于交通事件导致的交通拥挤,其适应性还有待进一步的研究和测试。英国的 SCOOT 系统 3.0 版本推出的交通事件管理模块还有许多实际问题未解决,目前还不能应用于实际。因此,针对偶发性交通拥堵,结合复杂网络的修复理论,来研究交通拥堵控制策略和道路网络修复策略是缓解交通拥堵,实现交通网络连通性、可达性的关键。

但是,随着人们的时间观念逐渐增强,对于交通出行的要求也越来越高,已不仅仅满足于"可达"的标准,更需要出行质量的提高。Bogers[40]等人研究表明,在出行时间变动的情况下,相对于更快的出行,人们更倾向于出行时间的稳定性,即"可靠"的出行。但大量的随机因素均影响着交通的网络性能,如交通事故、交通拥堵、道路维修等,这些因素都将导致不稳定的交通流状态,引起人们出行时间的"不可靠"。因而,近年来,出行时间可靠性问题越来越受到研究领域的关注,学者们纷纷构造不同的出行时间可靠性模型,并提出了若干改善方法,以使出行时间在"质"与"量"上得到双重提高。

从 20 世纪 80 年代开始,可靠性理论在道路交通网络方面的研究迅速发展,主要内容包括连通可靠性[41]、行程时间可靠性[42]、运行准点可靠性[43]以及候车时间可靠性[44]、换乘可靠性[45-46]等,理论成果逐步走向成熟。而公交作为道路交通网络中的重要组成,对其可靠性的研究也尤为重要。国外关于公交可靠性的研究始于 20 世纪 70 年代,最初的研究主要以定性研究为主。随着研究的深入,相关研究开始逐步向定量化发展。最初对公交可靠性的定义是从运营者的角度出发,Turnquist M. A. 将公交可靠性定义为运营的公交车辆能够按照行车计划运行的能力[47]。后续的研究逐渐将公交可靠性的定义细化,普遍将公交车辆到达站点的准点率作为衡量公交可靠性的指标。Bates[43]对公交线路准点性能进行了定义;Yin[48]等通过模拟从公交系统运行时间的角度评价了系统的可靠性;在可靠性的评价方法方面,美国公共交通通行能力与服务质量手册(TCQSM2004)给出了评价公共交通可靠性的方法,并且提出了公交运行准点率的六个评价等级,该评价方法和评价等级被美国各个公交企业广泛用于公交可靠性的评价。另外一些学者指出,系统运营的可靠性并不能反映系统整体的服务水平。因此,这些学者从乘客的等车时间入手,分析了公交系统的可靠性。

Ehsan 与 Deniel[49]从不同角度分析指出,以营运企业而非接受服务的乘客为评价主体的可靠性评价,有悖于公交可靠性评价的初衷。随着可靠性研究的逐步发展,对公交可靠性的研究逐渐从运营者的角度转向乘客。国外的公交公司的企业性质是商业机构,公司的主要目标是盈利,从乘客的角度出发所研究的公交可靠性偏重于服务而非运营,因此,用服务来描述公交可靠性更能够从量化的角度体现公交运行的准点性和稳定性。Abkowitz[50]定义的公交服务可靠性是指在设备可用的情况下,对公交需求者和公交提供者的决策产生影响的公交服务属性的变动性。

然而,随着生活节奏的加快,人们物质生活水平不断提高,乘客在出行时为了实现尽快到达目的地,对公交系统的可靠性具有越来越高的要求。因此,如何保障并提高公共交通出行方式的可靠性越来越受到人们的重视。毛林繁[51]结合图论建立了双层规划模型以及求解算法,对城市公交网络的连通可靠性做出分析。范海雁等人[52]对公交线路运行时间可靠性进行了定义,并对公交运行时间可靠性的蒙特卡洛算法进行了完善。戴帅等人[45]从不同角度分析了公交系统运行时间可靠性、等候时间可靠性以及服务质量可靠性,并建立了相应的模型。陆奇志[53]研究了不同公交线路之间的运行时间可靠性问题,并应用 Matlab-Simulink 仿真给出了公交运行时间可靠性的分析和评价方法。宋晓梅和于雷[54]对公交运行可靠性进行定义,即在一定条件下,公交车辆在规定时间内将乘客安全、舒适的运送到目的地的概率。在公交服务可靠性方面,魏华[55]构建了公交服务水平评价体系,并在此基础上对公交服务可靠性做出定义以及其度量指标,通过建立系统效能模型对公交服务可靠性进行了综合评价。赵航和宋瑞[56]在系统工程理论的基础上建立了公交服务可靠性模型,并结合大型活动的特点应用蒙特卡洛仿真技术对大型活动期间如何改善公交服务的途径做出了分析。关于公交服务可靠性考核指标的研究有很多,虽然体系各异,但无外乎行程时间、等待时间、服务频率等公交运行特性以及车内舒适度(拥挤程度、车内温度等)、驾驶人态度等公交服务特性两类。高桂凤等人[57]从公交服务质量的角度出发,将公交车辆运行的发车间隔可靠性、运行时间可靠性、运行准点可靠性等纳入公交服务可靠性评价体系,建立了公交服务质量可靠性评价 ADC 模型,以西安市两条公交线路为背景进行了实例分析。张凡等人[58]研究了在信息条件下单条线路公交车交通服务水平评价指标及方法。安健等人[59]在对服务客体对于服务系统的感知及其行为进行演化的基础上,提出了公交服务可靠性测度模型和方法,并以上海 49 路公交线路为例对公交服务可靠性进行分析评价。以此来提高公交系统出行时间的可靠性。从而提高道路交通网络出行时间可靠性。

除此之外,基于可靠性的研究,很多研究者将可靠性理论应用在路径选择问题上,进行了考虑路网可靠性的路径选择研究。在一般的路径选择问题中,考虑到不同路径的通行能力,有用户均衡与随机用户均衡模型。但当路网受到自然因素、道路维护或交通事故的影响后,会产生不同程度的降级,可靠性降低,出行者在出行者进行路径选择时,通常保留一个安全余量,以避免出行时间的变化(即路网的不可靠性)带来的影响。基于这种路径选择行为,研究者通过加入与可靠性相关的 Gumbel 分布随机项、建立“最稳固路径选择”、从可靠性角度考虑 Wardrop 平衡模型拓展等不同研究思路,在经典的用户随机模型基础上加入了对可靠性因素的分析。同时,考虑到出行是未来某时刻的行为,而道路交通状态随机波动,因此,交通网络交通流的预测结果将为出行者提供的状态信息,为出行者提供更可靠的出行路径选择。其中,Williams[60]最早将交通流序列的季节性考虑到模型中,提出了季节性 ARIMA 模型,季节性 ARIMA 模型有一个简单的结构形式,季节项提供了交通流系列历史平均水平的指数平滑，季节性 ARIMA 的提出大大提高了 ARIMA 的预测精度。Smith 等人进行了单点短时交通流预测中参数回归模型与非参数回归模型的对比，检查非参数回归的理论基础，试图提高非参数回归模型的预测性能[61]。Yiannis 等人[62]用线圈检测器数据比较了时间序列的四种模型：历史平均、ARIMA、VARMA 和 STARIMA，分别提出了在不同条件下模型的优劣性。Xue 等人[63]提出了混沌时间序列理论的交通流预测方法。通过两步优化选择方法，考虑相邻点与预测点之间的欧几里得距离与平等系数，提出与局部多项式方法结合来接近相邻点的方法。Stathopoulos[64]基于重点城市区域的线圈检测器数据，建立了灵活、明确的多元时间序列的状态空间模型。模型结果显示，不同时间段应用不同的模型可以提高预测精度。Dia[65]通过面向对象的神经网络模型，预测 5min 交通速度和 15min 出行时间。并用此方法预测澳大利亚高速公路路段。结果显示，5min 速度预测准确度高达 90% ~94%，15min 时间预测高达 93% ~95%，验证了模型的准确性。Zhang 等人[66]用主成分分析的方法进行数据处理，用联合神经网络的方法进行短期交通流预测。Abdi 等人[67]提出了改进神经网络模型，提高了预测的精确性，降低了预测计算时间，符合预测算法的多对象性。Vlahogianni 等人[68]提出了先进的基于遗传算法的多层结构优化策略，拓展了神经网络模型，这种策略可以更好地描述交通流的时空分布特性，从而有助于准确的神经网络结构的选择。Manoel[69]进行了针对突发事件下交通流的短期预测，提出了在线支持向量机回归模型 OL-SVR，预测典型、非典型情况下的短期交通流，实验结果证明，OL-SVR 模型比高斯最大似然法、霍尔特指数平滑法、人工神经网络模型更适合于突发情况。Wei 提出了支持向量回归的交通流预测模型，采用混合遗传算法，模拟退火算法等确定参数组合[70]，经比较，所提出模型比季节性自回归综合性移动平均，反向传播神经网络等模型更优。同时，他还提出将连续蚁群优化算法与支持向量回归模型相结合预测城市交通流，预测结果比季节性自回归综合移动平均的时间序列模型更精确。

各种交通流预测模型均在发展，而各种模型又有其各自的优劣性，所以很多学者将几种模型进行了组合，提出了精确度更高的组合模型进行预测。1969 年，Bates 最早提出了运用组合模型进行预测的方法，组合模型可以结合各模型之所长，达到更好的预测效果[71]。在组合模型中，Mascha Van Der 等人[72]提出的神经网络与基于统计理论模型的组合方法，KA-RIMA 方法取得了较好的效果。2010 年，夏英等人考虑交通流的时空关联特征，改进以往预测模型中预测因子选取的方法，在支持向量机模型中引入空间权重矩阵和时间延迟来定义时空相关因子[73]。2011 年，高为等人在使用 RBF 神经网络研究交通流量预测时，选取的训练样本中包括预测路段及其相邻路段的交通流量数据的时间序列[74]；Min 和 Wynter 在预测算法中考虑许多有参数，例如路段间的距离和路段的平均速度等，然后利用路段之间时间和空间的关联特征来估计参数，从而使模型能够在一段时间内保持较高预测精度[75]。2012 年，曾嵘[76]考虑多个路段的时间序列，提出基于时空关联特征的多断面交通流量预测模型，用卡尔曼滤波的方法递推得到预测时间段内的交通流量，最后将所提出的模型与只考虑单断面的模型预测结果对比，结果表明考虑时空关联性的模型预测精度更高。2014 年，Zhang 等人[77]分析了异构道路网络系统连接点的交通流量特征，然后利用特定路段与其他路段流量数值之间的关系，建立带有动态的相关系数的 RBF 神经网络模型，论文中预测模型的相对误差在 15% 左右，说明考虑异构道路网络系统连接点特征因素的重要性。然而，大部分的学者所做的预测都是基于高速公路或者城市快速路等连续流的交通预测。如果要对整个道路网络的交通状态进行预测,就需要涉及对城市主干道以及其他支路交通状态的预测。但是由于城市的主干路或者支路由于已受到信号灯控制的影响,其交通流是间断流,预测起来十分困难。因此,关于城市道路网络层面的交通状态预测的研究还处于起步阶段。2014 年,Vlahogianni[78]指出最适合做城市道路网络短时交通预测的方法是基于数据驱动的方法,因为这类方法可以根据自适应信号的不可预知性和交通流自组织的复杂性提供灵活多变的结构调整方式。此外,研究城市路网的短时交通状态要考虑到路网中路段的时空相关性,基于这个思路,一些学者们在近几年来开始尝试做城市路网的短时交通预测。2012 年,Haworth 和 Cheng 采用核回归模型和 K 近邻回归模型相结合的方式研究伦敦市中心路段的单位出行时间的预测,组合模型能够填补因检测器故障所导致的数据缺失难题,并且适用于高峰的时间段[79]。Kamarianakis[80]等人则改进了经典的时间序列模型,考虑基于非线性动力学的流量变化时空相关性,并设计自适应绝对收缩率和选择算子来进行模型选择和系数估计,将路段实时路况的预测扩展到整个城市网络;Gao 等人提出单链路和多链路的概念,采用基于高斯过程回归的贝叶斯经典模型研究网络规模的短时交通流预测[81]。2014 年,Zou 等人[82]整合了出行的空间和时间信息来预测车辆在路网中的出行时间,预测精度可达一个小时。

纵观国内外的城市道路网络可靠性及相关研究现状,随着网络可靠性研究阶段的进展,国际社会对路网可靠性评价技术更加关注,出行者对道路交通网络可靠性的需求越来越高,在一大批国内外专家学者的推动下,形成了数以千篇的道路交通网络可靠性相关领域的基础研究及实证研究,有力地推动了交通网络可靠性及相关研究的进展,为未来交通路网的可靠性提供基础理论与技术支撑。

1.4 本书主要内容

本书主要基于北京市六里桥区域浮动车数据,根据复杂网络基础理论及交通流理论,建立适用于评价路网状态的评价指标和计算模型,主要内容如下:

(1)出行时间可靠性模型研究。建立城市快速路不同服务水平等级下出行时间可靠性模型,对模型中的出行时间分布参数进行估算;基于城市快速路浮动车数据,进行城市快速路单位距离出行时间分布检验,并估算分布参数,对模型中的车辆在每条路段实际走行距离参数进行计算;对拥堵发生时,城市快速路路段上交通运行特点、交通流状态以及交通流参数进行分析,基于分析结果计算车辆在路段上的走行距离,对所建立的可靠性模型进行仿真与验证。

(2)研究了交通路网中的时空关联特征,提出改进的 K 近邻回归模型、分时段的 K 近邻回归模型和路网出行时间分布预测模型。首先,综合考虑实际路网中路段间的物理距离和在路网中采集到的数据信息,建立路段间等效距离的关系,重新定义路段间的相对距离。其次,在时间序列的基础上,考虑了预测路段与其他路段的关联性,将关联路段按照等效距离从小到大构建空间路段序列,根据路段交通数据时间序列和空间序列组成时空状态矩阵确定预测路段的交通状态。综合考虑历史数据与当前状态的距离与变化趋势的一致性,采用高斯加权欧式距离,选择出更为相似的近邻历史数据。通过系统聚类法将一天中 22 个预测小时划分为3类时段,对不同的时段分别标定模型参数,并通过计算得到不同预测时间、不同预测路段、不同预测步长的预测偏差,补偿预测结果。最后,将提出的预测模型应用于路网出行时间分布估算的实例之中。

(3)研究城市公共交通可靠性。建立公交运营可靠性评价指标,分别从公交的站点、线路和网络三个层面研究公交服务静态可靠性评价方法;其次,根据对静态公交服务可靠性的分析方法,基于实时数据对公交站点和线路进行公交服务实时可靠性评价;然后,基于预测数据,并在预测公交到站时间的基础上,以公交运行准点可靠性为评价指标,对公交服务可靠性进行预测评价;最后,通过实际公交数据对提出的三种公交服务可靠性评价方法进行实证研究。

(4)城市路网拥堵传播与消散问题。基于浮动车数据以及北京市道路网络、轨道网络的拓扑关系,在单网络以及静态耦合网络的基础上,利用耦合映像格子模型,引入交通流并对网络其进行单路段或多路段攻击,导致网络出现不同程度的拥堵传播,从而考察网络局部拥堵的传播对整个交通网络系统造成的影响、多耦合网络之间拥堵传播的特性以及拥堵的消散过程和特征,最后从交通管制层面和网络物理结构层面提出缓解拥堵的策略。

(5)基于路网可靠性的交通瓶颈识别。深入总结当前网络可靠性、复杂网络关键节点识别理论;着重分析目前瓶颈识别理论模型、适用条件及优缺点,选取适用于动态交通网络结构与特征的瓶颈识别算法。复杂网络瓶颈点识别技术利用复杂网络研究理论和参数对交通流数据进行分析,提炼瓶颈识别中需要的重要指标,对复杂网络瓶颈点识别方法进行比选与可行性分析;对网络节点统计特征参数进行分析,搭建网络层级的瓶颈统计指标体系,筛选实际中的拥堵节点,将实际数据的拥堵点进行统计对并其特性参数进行统计,与瓶颈模型识别结果对比,同时验证识别精度;重新进行可靠性角度下的拥堵判别理论与交通瓶颈定义,展开对城市交通网络瓶颈及其可靠性动态特性的综合分析和规律总结。

(6)基于渗流理论的交通瓶颈识别。针对城市交通系统,运用渗流理论研究巨大连通子团的尺寸随节点失效后剩余节点比例的变化关系,并基于北京市中心区域的实际交通数据信息,发现了城市交通的组织呈现出明显的由全局流社团分裂成局部流社团的渗流特点;着重分析了当前状态下网络节点的拥堵情况和动态功能交通网络可靠性指标的关系,得到网络的运行可靠性评价,对动态交通系统进行渗流分析,并进一步对不同路径选择行为下的交通渗流进行仿真,验证交通渗流的特征分析。

(7)考虑路段重要性的城市道路网络修复策略。针对常发性交通拥堵,从修复的角度,对路网中的路段进行重要性评价,主要包括评价指标和评价算法。在资源有限的情况下,根据路段重要性优先修复有效的关键路段,综合提出城市道路网络的修复策略,为实践中缓解交通拥堵提供新思路、新方法。

(8)城市交通系统运行可靠性仿真平台。主要包括交通网络可靠性与脆弱性仿真模块和出行时间可靠性仿真分析模块研究两部分。交通网络可靠性与脆弱性仿真模块主要利用Visual Studio 2012,SQL Server 2012等软件平台,基于浮动车数据和北京市道路网络的拓扑连接关系,通过对静态网络进行不同时间点、不同路段饱和度的可视化与统计,表现路网的可靠性,并利用交通网络耦合映像格子模型,对路网拓扑网络进行单路段或多路段的攻击,观察并统计交通拥堵传播与消散的特征,探究交通网络的脆弱性。出行时间可靠性仿真分析模块在浮动车数据的基础上,建立起 OD(Original and Destination)间出行时间可靠性模型,估计当前或预测未来出行时间可靠性。主要是在多路段、不同交通流参数的情况下,依靠城市道路浮动车采集的数据,计算 OD 间的出行时间可靠性,并通过改变路段平均速度,模拟在交通流参数变化的情况下,仿真 OD 间出行时间可靠性的变化趋势。

1.5 章节结构

本书内容围绕以下章节展开论述:

第 1 章为绪论,介绍本书的研究背景和研究意义、国内外研究综述、主要研究内容等。

第 2 章为城市路网结构特性及复杂性,介绍了城市交通网络的基本统计特征及演化模型,基于交通流理论分析了城市快速路交通流特性。

第 3 章为城市路网运行随机性,利用实测数据对路网的路段平均速度和路段走行时间的波动性进行分析,揭示了供给需求的失衡是导致交通网络的随机波动性的主要原因。

第 4 章为常态下的城市路网可靠性,利用北京市六里桥区域浮动车数据,基于交通波理论建立了快速路出行时间可靠性模型,并进行了模型验证。此外,基于实测数据对路段的出行时间进行短时预测研究,进而得到路网在不同时刻的出行时间分布及可靠性特征。

第 5 章为城市公共交通服务可靠性,基于公交运营可靠性评价指标,主要研究了公交服务静态可靠性评价方法、公交服务实时可靠性评价方法研究以及公交服务预测可靠性评价方法研究,并通过实际公交数据对这三种公交服务可靠评价方法进行实证研究。

第 6 章为城市路网拥堵传播与消散机理,根据复杂网络理论,利用实测数据加载到路网上,建立耦合映像格子模型,探讨道路网络、地铁网络、公交网络和复合网络交通拥堵传播和消散机理。

第 7 章为基于路网可靠性的交通瓶颈识别,利用路网的实测数据,分别介绍了基于最短路算法、改进的可达性指标和 MCL 方法对北京市六里桥区域路网进行瓶颈识别研究。

第 8 章为基于渗流理论的交通瓶颈识别,利用北京市六里桥区域数据,基于渗流理论和交通网络可靠性指标——最大连通子图对交通瓶颈进行识别,并进一步通过仿真来验证交通渗流的特征。

第 9 章为考虑路段重要性的城市道路网络修复策略,基于路段重要性评价算法,对不同修复策略进行分析比较。

第 10 章为城市交通系统运行可靠性仿真平台,在第 4 章和第 6 章研究成果的基础上,基于实际浮动车数据库,构建用户可交互的出行时间可靠性、交通网络可靠性与脆弱性可视化平台。

本章参考文献

[1] 国家统计局.中国统计年鉴[M].北京:中国统计出版社,2013.
[2] 陆化普.智能运输系统[M].北京:人民交通出版社,2002.

[3] 赵玲. 城市道路网络结构分析及其对交通流的影响研究[D]. 南京:中南大学,2013.

[4] Taylor M A P,Susilawati. Remoteness and accessibility in the vulnerability analysis of regional road networks[J]. Transportation Research Part A Policy & Practice,2012,46(5):761-771.

[5] Ip W H,Wang D. Resilience and friability of transportation networks:evaluation,analysis and optimization[J]. IEEE Systems Journal,2011,5(2):189-198.

[6] Matisziw T C,Murray A T,Grubesic T H. Exploring the vulnerability of network infrastructure to disruption[J]. The Annals of Regional Science,2009,43(2):307-321.

[7] Ash J,Newth D. Optimizing complex networks for resilience against cascading failure[J]. Physica A Statistical Mechanics & Its Applications,2007,380(1):673-683.

[8] Mazaré P-E,Dehwah A H,Claudel C G,et al. Analytical and grid-free solutions to the Lighthill-Whitham-Richards traffic flow model[J]. Transportation Research Part B Methodological,2011,45(10):1727-1748.

[9] Maerivoet S,Moor B D. Sustainability effects of traffic management systems[J]. Neuropharmacology,2014,85(10):142-150.

[10] Gong H,Liu H,Wang B H. An asymmetric full velocity difference car-following model[J]. Physica A Statistical Mechanics & Its Applications,2008,387(11):2595-2602.

[11] Chandler R E,Montroll E W. Traffic dynamics:studies in car following[J]. Operations Research,2012,6(2):165-184.

[12] Kometani E,Sasaki T. A safety index for traffic with linear spacing[J]. Operations Research,1900,7(6):704-720.

[13] Brackstone M,Mcdonald M. Car-following:a historical review[J]. Transportation Research Part F Traffic Psychology & Behaviour,1999,2(4):181-196.

[14] Chakroborty P,Kikuchi S. Evaluation of the general motors based car-following models and a proposed fuzzy inference model[J]. Transportation Research Part C Emerging Technologies,1999,7(4):209-235.

[15] 张天然. 改进的交通分配起点用户均衡算法[J]. 上海交通大学学报,2011,45(4):510-516.

[16] 刘景星,宋学劳. 交通平衡分配模型算法研究[J]. 哈尔滨建筑大学学报,2000,33(4):105-107.

[17] Lo H K,Szeto W Y. A cell-based dynamic traffic assignment model:Formulation and properties[J]. Mathematical & Computer Modelling,2002,35(7-8):849-865.

[18] Szeto W Y,Hong K L. A cell-based simultaneous route and departure time choice model with elastic demand[J]. Transportation Research Part B Methodological,2004,38(7):593-612.

[19] Troutbeck R J,Kako S. Limited priority merge at unsignalized intersections[J]. Transportation Research Part A Policy & Practice,1999,33(3-4):291-304.

[20] Harwood D W,Mason J M,Brydia R E. Design policies for sight distance at stop-controlled intersections based on gap acceptance[J]. Transportation Research Part A Policy & Practice,1997,33(3-4):199-216.

[21] Al-Madani H M N. Dynamic vehicular delay comparison between a police-controlled roundabout and a traffic signal[J]. Transportation Research Part A Policy & Practice, 2003, 37(8):681-688.

[22] Zhao D, Dai Y, Zhang Z. Computational Intelligence in Urban Traffic Signal Control: A Survey[J]. IEEE Transactions on Systems Man & Cybernetics Part C, 2012, 42(4):485-494.

[23] Long J, Gao Z, Orenstein P, et al. Control strategies for dispersing incident-based traffic jams in two-way grid networks[J]. IEEE Transactions on Intelligent Transportation Systems, 2012, 13(2):469-481.

[24] Long J, Gao Z, Zhao X, et al. Urban traffic jam simulation based on the cell transmission model[J]. Networks and Spatial Economics, 2011, 11(1):43-64.

[25] Li Y F, Gao Z Y, Li J. Vehicle routing problem in dynamic urban network with real-time traffic information[J]. Xitong Gongcheng Lilun Yu Shijian/system Engineering Theory & Practice, 2013, 33(7):1813-1819.

[26] Vasirani M, Ossowski S. A computational market for distributed control of urban road traffic systems[J]. IEEE Transactions on Intelligent Transportation Systems, 2011, 12(2):313-321.

[27] Roberg P. Development and dispersal of area-wide traffic jams[J]. Traffic Engineering & Control, 1994.

[28] Roberg P. A distributed strategy for eliminating incident-based traffic jams from urban networks[J]. Traffic Engineering & Control, 1995, 36.

[29] Roberg P, Abbess C R. Diagnosis and treatment of congestion in central urban areas[J]. European Journal of Operational Research, 1998, 104(1):218-230.

[30] Robergorenstein P, Abbess C, Wright C. Traffic jam simulation[J]. Journal of Maps, 2012, 3(1):107-121.

[31] Wright C, Roberg P. The conceptual structure of traffic jams[J]. Transport Policy, 1998, 5(1):23-35.

[32] Wright C R-O P. Simple models for traffic jams and congestion control[J]. Proceedings of the Institution of Civil Engineers Transport, 1999:135(133):123-130.

[33] 龙建成. 城市道路交通拥堵传播规律及消散控制策略研究[D]. 北京:北京交通大学,2009.

[34] 张敖木翰,高自友,任华玲. 突发事故下交通拥堵控制策略[J]. 中国科学:技术科学,2011,(7):955-961.

[35] Wunderlich K. A simulation-based assessment of route guidance benefits under variable network congestion conditions[J]. Mathematical & Computer Modelling, 1998, 27(9-11):87-101.

[36] Levinson D. The value of advanced traveler information systems for route choice[J]. Transportation Research Part C Emerging Technologies, 2003, volume11(1):75-87.

[37] Scemama G. CLAIRE: an independent, AI-based supervisor for congestion management[J].

Traffic Engineering & Control,1995,36:604-612.

[38] Bretherton D, Wood K, Baker K, et al. Congestion and incident management using the SCOOT UTC system[C]//Congestion and incident management using the SCOOT UTC system. Eeding of the 10 Th Road Transport Information & Control Conference. 96-100.

[39] Sheu J B, Chou Y H, Chen A. Stochastic modeling and real- time estimation of incident effects on surface street traffic congestion[C]//Stochastic modeling and real-time estimation of incident effects on surface street traffic congestion. Intelligent Transportation Systems, 2001 Proceedings. 74-87(14).

[40] Bogers E, Van Zuylen HJ, Bogers E A I, et al. The importance of reliability in route choices in freight transport for various actors on various levels[J]. Proceedings of the European Transport Conference, 2004:149-161.

[41] Mine, H, Kawai H. Mathematics for Reliability Analysis[M]. Tokyo: Asakura-shoten, 1982.

[42] Asakura Y, Kashiwadani M. Road network reliability caused by daily fluctuation of traffic flow[C]// Road network reliability caused by daily fluctuation of traffic flow. PTRC Summer Annual Meeting, 19th, 1991, University of Sussex, United Kingdom.

[43] Bates J, Polak J, Jones P, et al. The valuation of reliability for personal travel[J]. Transportation Research Part E Logistics & Transportation Review, 2001, 37(2-3):191-229.

[44] Bowman L A, Turnquist M A. Service frequency, schedule reliability and passenger wait times at transit stops[J]. Transportation Research Part A General, 1981, 15(6):465-471.

[45] 戴帅,陈艳艳,荣建. 基于公共交通一体化的换乘可靠性研究[C]//基于公共交通一体化的换乘可靠性研究. 交通运输领域国际学术会议.

[46] 戴帅,姜华平,陈海泳,等. 公共交通换乘时间可靠性研究[J]. 公路交通科技,2007,24(9):124-126.

[47] Turnquist M A. Strategies for improving reliability of bus transit service[M]. 1981.

[48] Yafeng Yin W H K L, Mark A. Miller. A simulation-based reliability assessment approach for congested transit network[J]. Journal of Advanced Transportation, 2003, 38(1):27-44.

[49] Mazloumi E, Currie G, Sarvi M. Assessing measures of transit travel time variability and reliability using AVL data[C]//Assessing measures of transit travel time variability and reliability using AVL data. Transportation Research Board Annual Meeting, 87th, 2008, Washington, DC, USA.

[50] Abkowitz M, Slavin H, Waksman R, et al. Transit Service Reliability(ReportNo. UMTA-MA-06-0049-78-1). Washington DC: U. S. Department of Transportation[J]. 1978.

[51] 毛林繁. 城市公交网络可靠性的双层规划模型[J]. 中国公路学报,2002,15(3):88-91.

[52] 范海雁,杨晓光,严凌,等. 蒙特卡罗法在公交线路运行时间可靠性计算中的应用[J]. 上海理工大学学报,2006,28(1):59-62.

[53] 陆奇志,艾力·斯木吐拉. 基于 Matlab 仿真的公交系统运行时间可靠性评价方法[J].

城市交通,2006,4(4):70-75.

[54] 宋晓梅,于雷.基于到达间隔可靠性的公交运输系统可靠性研究[J].物流技术,2009,28(6):96-97.

[55] 魏华.城市公交服务质量与可靠性评价研究[D].西安:长安大学,2005.

[56] 赵航,宋瑞.公共交通系统营运可靠性研究[J].公路交通科技,2005,22(10):132-135.

[57] 高桂凤,魏华,严宝杰.城市公交服务质量可靠性评价研究[J].武汉理工大学学报交通科学与工程版,2007,31(1):140-143.

[58] 张凡,上官晨博,邹吉聪,等.公共汽车交通服务水平评价系统[J].山西大学学报(自然科学版),2010,33(2):198-206.

[59] 安健,杨晓光,刘好德,等.基于乘客感知的公交服务可靠性测度模型[J].系统仿真学报,2012,24(5):154-159+175.

[60] Williams B M,Hoel L A. Modeling and forecasting vehicular traffic flow as a seasonal stochastic time series process[J]. Dissertation Abstracts International, Volume:60-01, Section:B, page:0292; Adviser:Lester A Hoel, 1999.

[61] Smith B L,Williams B M,Oswald R K. Comparison of parametric and nonparametric models for traffic flow forecasting[J]. Transportation Research Part C Emerging Technologies, 2002, 10(4):303-321.

[62] Kamarianakis Y,Vouton V. Forecasting traffic flow conditions in an urban network: comparison of multivariate and univariate approaches[J]. Transportation Research Record, 2003, 1857(1):74-84.

[63] Xue J,Shi Z. Short-time traffic flow prediction based on chaos time series theory[J]. Journal of Transportation Systems Engineering & Information Technology, 2008, 8(5):68-72.

[64] Stathopoulos A,Karlaftis M G. A multivariate state space approach for urban traffic flow modeling and prediction[J]. Transportation Research Part C Emerging Technologies, 2003, 11(2):121-135.

[65] Dia H. An object-oriented neural network approach to short-term traffic forecasting[J]. European Journal of Operational Research, 2001, 131(2):253-261.

[66] Zhang X L,Guo-Guang H E. Forecasting approach for short-term traffic flow based on principal component analysis and combined neural network[J]. Systems Engineering - Theory & Practice, 2007, 27(8):167-171.

[67] Abdi J,Moshiri B,Abdulhai B,et al. Forecasting of short-term traffic-flow based on improved neurofuzzy models via emotional temporal difference learning algorithm[J]. Engineering Applications of Artificial Intelligence, 2012, 25(5):1022-1042.

[68] Vlahogianni E I,Karlaftis M G,Golias J C. Optimized and meta-optimized neural networks for short-term traffic flow prediction: A genetic approach[J]. Transportation Research Part C Emerging Technologies, 2005, 13(3):211-234.

[69] Castro-Neto M,Jeong Y S,Jeong M K,et al. Online-SVR for short-term traffic flow predict ion under typical and atypical traffic conditions[J]. Expert Systems with Applications, 2009,

36(3):6164-6173.

[70] Hong W C, Dong Y, Zheng F, et al. Hybrid evolutionary algorithms in a SVR traffic flow forecasting model[J]. Applied Mathematics & Computation, 2011, 217(15):6733-6747.

[71] 王进,史其信. 短时交通流预测模型综述[J]. Its 通讯,2005,1(1):92-98.

[72] Voort M V D, Dougherty M, Watson S. Combining kohonen maps with arima time series models to forecast traffic flow[J]. Transportation Research Part C Emerging Technologies, 1996, 4(5):307-318.

[73] 夏英,梁中军,王国胤. 基于时空分析的短时交通流量预测模型[J]. 南京大学学报自然科学,2010,46(5):552-560.

[74] 高为,陆百川,贠天鹂,等. 基于时空特性和 RBF 神经网络的短时交通流预测[J]. 交通信息与安全,2011,29(1):16-19.

[75] Min W, Wynter L. Real-time road traffic prediction with spatio-temporal correlations[J]. Transportation Research Part C Emerging Technologies, 2011, 19(4):606-616.

[76] 曾嵘. 基于时空关联状态的多路段断面短时交通量预测模型研究[D]. 西安:长安大学,2012.

[77] Zhang L L, Jia Y H, Niu Z H, et al. Research on short-term traffic flow forecasting for junction of isomerism road network based on dynamic correlation[J]. Procedia-Social and Behavioral Sciences, 2014, 138:446-451.

[78] Vlahogianni E I, Karlaftis M G, Golias J C. Short-term traffic forecasting: Where we are and where we're going[J]. Transportation Research Part C Emerging Technologies, 2014, 43:3-19.

[79] Haworth J, Cheng T. Non-parametric regression for space-time forecasting under missing data[J]. Computers Environment & Urban Systems, 2012, 36(6):538-550.

[80] Kamarianakis Y, Shen W, Wynter L. Real-time road traffic forecasting using regime-switching space-time models and adaptive LASSO[J]. Applied Stochastic Models in Business and Industry, 2012, 28(4):297-315.

[81] Gao Y, Sun S, Shi D. Network-scale traffic modeling and forecasting with graphical lasso[J]. Journal of Transportation Engineering, 2012, 138(11):1358-1367.

[82] Zou Y, Zhu X, Zhang Y, et al. A space-time diurnal method for short-term freeway travel time prediction[J]. Transportation Research Part C Emerging Technologies, 2014, 43:33-49.

第 2 章　城市路网结构特征及复杂性

2.1　城市交通网络的统计特征

复杂网络研究中涉及很多统计特征参数,这些统计参数能够表征复杂网络的特点,其中主要特征参数包括度及度的分布、聚类系数及其分布和介数等。

度是描述复杂网络特征最基础的参数。复杂网络中一个节点 i 的度 k_i 定义为与它相连的节点的数目。一个节点的度越大就意味着这个节点越重要。对于有向图,一个节点的度可分为两类。节点 i 的入度定义为指向节点 i 的节点的数目,出度定义为被节点 i 指向的节点的数目。

度分布 $p_i(k)$ 为节点 i 度的概率分布函数,表示节点 i 有 k 条边相连的概率,即 $p_i(k)$ 为网络中度值等于 k 的节点数目与网络中所有节点总数的比值:

$$p_i(k) = \frac{n(k)}{N} \tag{2-1}$$

式中:$n(k)$——度等于 k 的节点个数;

　　N——网络节点总数。

在复杂网络特征描述中,聚类系数也是一个重要的参数,一般用于描述网络聚集程度。复杂网络中,如果一个节点 i 存在 k_i 个边连接别的节点,那么节点 i 就会有 k_i 个点与其成为邻居,那么 k_i 条边最多可以有 $k_i(k_i-1)/2$ 条边。

聚类系数就是邻居之间实际存在边的数目除以最多可能存在边的数目,即:

$$CC_i = \frac{2E_i(k)}{k_i(k_i-1)p_i(k)} = \frac{n(k)}{N} \tag{2-2}$$

式中:$E_i(k)$——k_i 个节点之间实际存在的边数。

网络中所有节点聚类系数求和的平均值代表复杂网络的聚类系数,即:

$$CC = \sum_i^N \frac{CC_i}{N} \tag{2-3}$$

其中,N 为复杂网络所有节点数目。由此可以看出,聚类系数值一般都小于等于 1,只有当网络是全局耦合时,其值才会等于 1。

介数一般由边介数和点介数组成。其中,复杂网络中,所有经过边 j 的最短路径的数目就是边介数;同理,所有经过节点 i 的最短路径的数目就是点介数。由点介数和边介数的定义可得,介数能够表示一个节点或者边在网络中的地位,对应在交通网络中,介数值大的点或者边,很可能成为出行者优先选择通过的路径,所以这些路段很容易造成拥堵,具有较强的脆弱性。

点介数计算公式为：

$$B_{\mathrm{d}}(i)=\sum_{s<t}^{N}\frac{g_{st,j}}{n_{st}} \tag{2-4}$$

式中：$g_{st,j}$——节点 s 与 t 之间的最短路径中经过节点 t 的个数；

n_{st}——节点 s 和 t 之间存在的最短路径数的总和；

N——网络中所有节点的个数。

复杂网络中每一个点介数求和的平均值等于该复杂网络整体的点介数值：

$$B=\frac{\sum_{s<t}^{N}\frac{g_{st,j}}{n_{st}}}{N} \tag{2-5}$$

其中，边介数的公式可以参考点介数的公式。

介数对于复杂网络有着很强的现实意义，介数代表了该节点或者边在整个网络中的重要性。例如在城市道路网络中，交叉口或路段的介数分别反映了交叉口或路段在整个网络中的地位，保护这些关键的交叉口、路段对整个路网有着重要意义。

2.2　复杂网络可靠性下的瓶颈识别特征参量

在复杂网络的基本特征参数下，考虑复杂网络的可靠性问题，主要讨论的是城市交通网络中的两个子问题：一是复杂网络的拥塞特征；二是用户提供服务的概率或标准的服务水平。而网络脆弱性分析作为广义上可靠性的一大分支，在不同的研究领域长期备受关注。在不同的研究中可靠性作为隐含概念，经常与网络脆弱性、风险或连通性以及一些更新的概念如可达性等相交叉[1]。但是学者们逐渐达成共识的是，网络的脆弱性应是可靠性衡量的一个重要标准，这不仅体现在可靠性研究，而且在交通网络规划和交通网络评价中也具有重要意义[2-3]。

基于2.1节各类指标，道路网络可靠性的主要研究测度与研究手段（参照Gai等人的研究）通常包含了研究以下几个方面：节点之间的路径节点的加权平均数、关键路径、负载能力与网络可容忍度[4-5]，以及前述反映网络状态的可达性水平变化程度等。复杂网络主要节点度量特征及其在道路网络中的对应特性见表2-1。

复杂网络主要节点度量特征及其在道路网络中的对应特性　　表2-1

评价指标	特征意义	对应的道路网络特性描述
度	节点与周围节点之间的连接程度	拥堵蔓延至该点的可能性
聚集度	网络传播效率的体现	该节点瘫痪时造成网络其他节点瘫痪的效率
介数	网络中节点的控制程度	网路中的核心节点，主干线路、道路出行必经点
特征向量	网络受到间接影响的可能性	该节点由于其他节点造成级联瘫痪的可能性

在具体识别参量维度、复杂网络特征（静态）的研究方面，基于复杂网络相关参数构建的参数体系在网络可靠性研究分析和描述中起到了重要作用。与可靠性关系较为密切的参数包括度与度分布、特征路径长度与特征向量中心度、网络效率与模块化系数、介数中心度、聚集系数等，它们共同描述了网络拓扑结构的基本特征。

通过对复杂网络可靠性的城市交通瓶颈识别及建模方法的研究综述可知，原有研究方法主要借鉴复杂网络对网络静态拓扑的衡量、网络脆弱性测度和思路；目前的研究方法主要是充分考虑现有数据（结合拥堵—饱和度指标的提取）、拓扑之间的级联影响（可达性测度）、动态变化测度（MCL）挖掘了隐含的 OD 交通发生吸引信息、拓扑级联下拥堵扩散与传播信息等综合因素的综合考量。关于城市交通网络瓶颈点识别下的网络可靠性（脆弱性）特征分析方面，主要借助拥堵—饱和度指标的提取作为测度因子，以及网络拓扑本身的介数中心度特征参量，对初始网络进行处理与分析。

2.3 典型网络拓扑特性及演化模型

复杂网络的拓扑结构是一个网络的基础特征，现有研究表明不同拓扑结构的复杂网络特性相差很大。

2.3.1 规则网络

如果一个复杂网络中所有节点的度值相同，并且节点和边之间的关系确定，例如图论中经常出现的二叉树结构、超环形结构以及星形结构的复杂网络，均为规则网络。但上述网络的拓扑结构在现实中很难实现，实际网络一般较为稀疏，不具备规则网络的特征。

2.3.2 随机网络

随机网络，顾名思义就是网络的构成存在随机性，一个网络中（节点个数等于 N）最多存在 $N(N-1)/2$ 条边，那么随机选择一部分边进行连接构成的网络就是随机网络。

2.3.3 小世界网络

1998 年，在《自然》杂志上，Watts 和 Strogtz 第一次提出小世界网络模型，并从数学上定义了小世界概念，并预言它会在社会、自然、科学技术等领域具有重要的研究价值[7]。所谓小世界网络，就是相对于同等规模节点的随机网络，具有较短的平均路径长度和较大的聚类系数特征的网络模型。通过大量的研究，很多学者发现在具有小世界特征的动力系统中，信息的传播能力、计算能力等都得到了增强。

2.3.4 无标度网络

1999 年，Barabúsi 和 Albert 首先提出无标度网络模型，并且表明无标度网络模型具有一个重要的特性，就是网络度分布服从幂律分布，据此很多学者发现现实网络中很多复合网络都具有无标度网络的特性[8]。无标度网络存在中枢节点，即有小部分节点的度值很大，大部分节点的度值很小，这样的特征导致了无标度网络具有脆弱性和鲁棒性。脆弱性和鲁棒性并不是相互矛盾的特征，这是因为脆弱性是指网络中节点度值较大的点受攻击后，网络发生失效的可能性很大，而鲁棒性指攻击部分节点后不会发生大规模的瘫痪。这是因为无标度网络度值较大的点数目很小，被随机移除的概率非常小。

在实际的网络中，很多网络都是无标度网络。对于互联网，如果少数路由器遭受病毒攻击,那么其他路由器也会接连受到攻击,并且速度会很快,这也是互联网病毒影响互联网安全的重要特点。对于电网,如果输电线路相继过载,由于电流的特性,其他线路也会相继过载,从而导致网络全部停电,例如2003年北美大停电事故。对于交通网络,同样存在类似情况,如果路段或者交叉口由于车辆较多达到饱和,该路段发生拥堵,其他路段的车辆难以进入该路段或者交叉口,造成相邻路段车辆停滞,拥堵由部分路段引起,将会传播至其他路段,发生相继故障。

因此,根据复杂网络的度及其度分布可以发现,交通网络具备无标度网络特征。因此,正如2.2节复杂网络可靠性下的瓶颈识别特征参量所述,研究交通网络的脆弱性和鲁棒性可为交通管理者缓解交通拥堵提供决策支持。

2.4 城市交通网络复杂性研究现状

复杂网络理论被应用到很多研究领域,例如信息网络、电力网络、社会人文网络以及交通网络等[9]。交通网络中的动力学问题、拓扑结构问题、可靠性问题等均是目前交通研究中的主要问题。Nagel对交通阻塞的涌现行为进行了研究,指出交通阻塞的流出量会自组织形成一个最大流量的临界状态,在下游的微小扰动就会造成新的交通拥堵,且阻塞的概率服从指数分布[10]。成思危以生物进化、技术革新、经济发展、社会进步等复杂系统进行类比,分析了城市交通系统的复杂性原因[11]。卢守峰等[12]将这些系统与城市交通系统进行类比,认为城市交通系统的复杂性原因在于:城市路网中的车辆数、路段、交叉口、交通工程设施等数量众多,且各组分之间联系紧密,构成了一个网络。城市交通系统的组分具有智能性,能够对周围环境做出反应,具有自组织、自适应、自驱动能力。路网中运动的车辆之间存在非线性相互作用,同时城市交通系统具有层次性和整体性。城市交通系统可以处于非平衡状态。城市交通系统具有动态性、随机性,处于不断地发展变化之中。积累效应、奇怪吸引性、开放性进一步加深了城市交通系统的复杂程度。

研究复杂网络理论的实际目的是通过研究实际复杂系统的特殊结构形式,为掌握其动力学行为及运行机理提供科学支持。因此,复杂网络拥堵传播以及复杂网络节点重要性程度识别成为目前学者研究的重点。网络拥堵传播属于动力学研究范畴,国内外学者利用复杂网络中的基本理论对拥堵的产生、拥堵传播的路由策略以及拥堵传播的评价等方面进行了大量研究,最主要应用的理论就是相继故障。很多学者从不同的角度去研究相继故障的过程,包括网络拓扑结构、网络连通性、不同攻击策略以及网络鲁棒性等。相继故障中有一个能够较准确地描述交通系统本质的特征模型——耦合映像格子模型。Xu和Wang在耦合映像格子模型的基础上,将不同拓扑结构的复杂网络进行仿真模拟,发现拓扑结构对网络相继故障过程产生不同的影响[13]。Di C等人通过对原始耦合映像格子模型进行改进,研究随机网络和无标度网络的相继故障过程[14]。因此,研究城市交通网络结构变化能够更好地了解城市交通系统的复杂性演化规律。其次,由于网络拥塞甚至可以导致整个网络陷入瘫痪状态,如何控制这些大型枢纽中心的交通流量,避免大规模车辆拥堵也是复杂网络中的热门研究方向。国内学者在交通网络拥塞控制和识别的相关领域的研究主要集中在交叉口信号控制和交通网络抗毁性等方面。

由于城市交通网络规模越来越大、城市交通时空演化复杂以及受到交通环境和社会因素的影响，交通界学者逐渐对复杂网路复杂性进行理论研究，随着大数据时代的到来，基于大数据挖掘分析，从实证的角度研究交通网络复杂性成为现阶段研究的主要趋势。

2.5　城市快速路交通流特性分析

目前，各大城市正在广泛开展城市快速道路的建设，但对快速道路的建设标准仍未完全明确。由于城市快速道路发展整体起步较晚，对于其交通流方面的研究较少，对快速路交通流特征仍缺乏深入的了解。为了充分发挥快速路的功能，对快速道路交通流特性的调查研究是非常重要的举措。根据交通流理论的知识经验作为研究基础，对城市快速路的交通流特性进行如下分析。

高速公路作为一个特殊的城市快速路，作为一种现代化的公路运输通道，在当今社会经济中正在发挥着越来越重要的作用。然而，高速公路上交通事故频发，发生交通事故后会带来严重的交通拥堵，拥堵的产生会引发交通波的形成，从而对事故上游路段的出行时间造成严重的影响。随着汽车智能化的发展，其中车车协同系统可以依据 GPS 等传感检测技术、WIFI 等无线通信技术将数据信息在车辆之间进行传递，从而实现车车协同运行，达到增强道路交通安全性、缓解拥堵、提高交通效率的目的。因此，车车协同系统在缓解交通拥堵、降低出行延误、提高出行可靠性、增强出行安全和出行质量方面起到了重要作用。尤其是在提高出行安全方面，车车协同系统的意义重大。当高速公路上发生交通事故，驾驶人需要一定的交通流信息来估算道路上的可靠性，从而做出正确的出行决策。驾驶人可以通过传统的信息采集方式，如线圈、雷达、视频等方式获取交通流信息，但是这些传统的方式会带来很大的时间延误，从而造成更严重的拥堵，引发时间和金钱的附加费用。而车车协同系统中车辆可以发送实时信息给临近车辆，辅助驾驶人做出正确的路径选择决策。

接下来，本节以高速公路为例，分析在发生交通事故时高速公路的交通流特性。

某一车辆在受到交通事故影响的高速公路上通行，见图 2-1。假定事故发生时间为 t_0（假定 $t_0=0$），发生地点为图中 A 点所示位置，事故发生后，协同车辆迅速发送事故信息给临近车辆，信息内容包括事故地点、事故类型（决定事故持续时间 t_D）等。发生事故后，上游车辆被迫停止，导致上游到达车辆和停止车辆之间产生不同的交通流量和密度，进而产生集结交通波，并且集结波向上游移动。

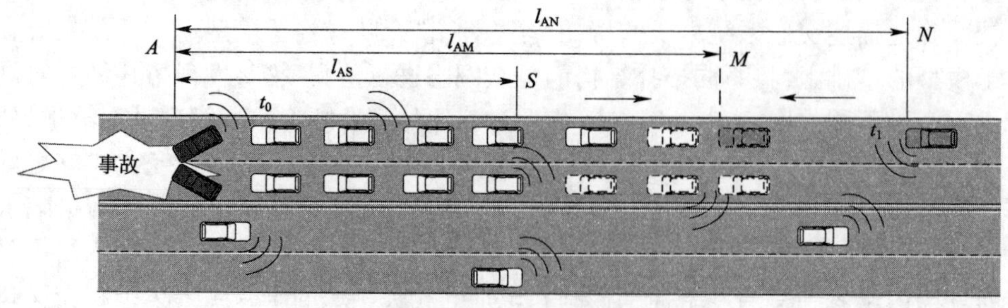

图 2-1　发生交通事故的高速公路

交通事故下游的交通流参数，包括流率、密度、速度等都是出行时间可靠性模型中的必要参数。这些信息可以通过特定车辆与事故地点之间的协同车辆传递获得。速度数据可以通过 GPS 设备获取，流率可以通过车头时距计算得到：

$$q = \frac{1}{h_t} \tag{2-6}$$

式中：h_t——车头时距，可以通过相邻两车的 GPS 位置信息计算得到；

q——流率，密度可以根据交通流基本模型得到。

车辆在发生事故的高速公路上的行进过程以及相应的交通流变化情况将在下面若干小节中介绍。

2.5.1　车辆接收车车协同系统信息

假定高速公路事故上游某一车辆以速度 v_1 行驶，在 t_1 时刻（即时间延误）于位置 N 接收到交通事故信息（图 2-1），事故点与车辆之间的距离 AN 为 l_{AN}。此时，车辆下游的集结交通波由于波的动态性而移动到 S 点，波速 v_{sq}，交通事故点与波阵面之间的距离 AS 为 l_{AS}。若假定车辆行驶速度 v_1 的方向为正方向，则集结波的波速 v_{sq} 可以根据下式计算：

$$v_{sq} = \frac{\Delta q}{\Delta k} = \frac{0 - q_1}{k_j - k_1} = \frac{\bar{v}_1}{1 - k_j \bar{h}_{t1} \bar{v}_1} \tag{2-7}$$

其中，0 和 k_j 分别代表拥堵流量和密度；$q_1 = 1/\bar{h}_{tj}$ 和 $k_1 = q_1/\bar{v}_1$ 分别为高速公路事故前原始的交通流量和密度，如图 2-2 所示。$\bar{h}_{t1}$ 和 $\bar{v}_1$ 是相应的车头时距和速度，可以从车车协同系统中的临近车辆获取。

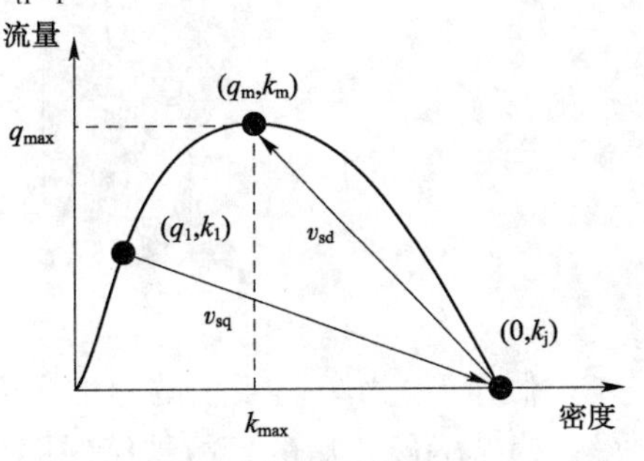

图 2-2　交通流基本图

进而，波阵面与事故点之间的距离 l_{AS} 可以根据波速进行计算：

$$l_{AS} = v_{sq} \cdot t_1 = \frac{\bar{v}_1 \cdot t_1}{1 - k_j \bar{h}_{t1} \bar{v}_1} \tag{2-8}$$

距离 l_{AN} 可以根据事故车辆与特定车辆的 GPS 位置信息进行计算。

2.5.2　车辆与交通波相遇

接收事故信息后，车辆继续向下游行进，在点 M 遇到集结波的波阵面后，车辆停止。从车辆接收事故信息到车辆停止，车辆走过的距离为 l_{MN}，所用时间为 t_{MN}，事故地点到车辆停止之间的距离为 l_{AM}。根据图 2-1 可知：

$$l_{MN} = v_1 t_{MN} \tag{2-9}$$

$$t_{MN} = \frac{l_{AN} - l_{AS}}{v_1 - v_{sq}} \tag{2-10}$$

$$l_{AM} = l_{AN} - l_{MN} \tag{2-11}$$

2.5.3　拥堵消散

交通事故处理完毕后，车辆开始以自由流状态消散，速度为 $\bar{v}_2$，见图 2-3。此时，消散车辆与停止车辆之间会形成消散交通波，消散波同样向上游移动，速度为 v_{sd}，根据交通波定义，消散波波速可以计算为：

$$v_{sd}=\frac{\Delta q}{\Delta k}=\frac{q_m-0}{k_m-k_j}=\frac{\bar{v}_2}{1-k_j\bar{h}_{t2}\bar{v}_2} \tag{2-12}$$

其中，$q_m=1/\bar{h}_{t2}$，$k_m=q_m/\bar{v}_2$ 分别为饱和流率与饱和密度。$\bar{h}_{t2}$ 和 $\bar{v}_2$ 是饱和流率下的平均车头时距与平均速度。

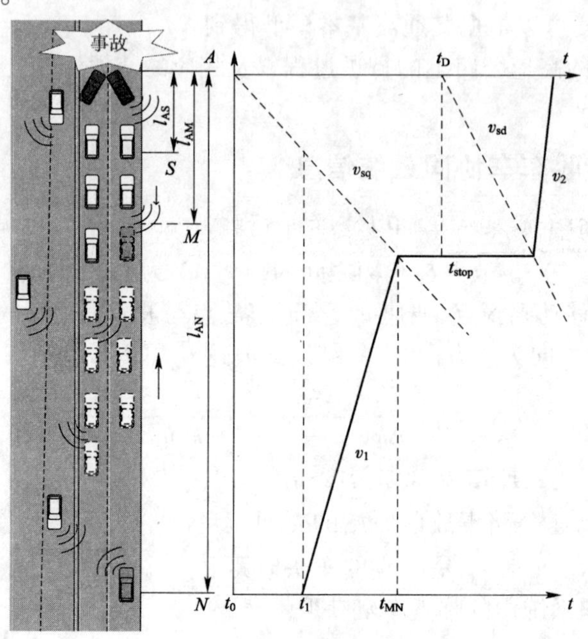

图 2-3 事故下车辆在高速公路的行进过程

假定 t_{stop} 为车辆停止的总时间（图 2-3），则可以将停止时间分为两个部分：第一部分 $t_{stop.1}$ 为车辆停止后的事故持续时间（假定 $t_{stop.1}>0$），第二部分为事故处理完毕后，前方车辆开始消散至特定停止车辆开始移动所需要的时间。停车时间可以通过式(2-13) ~ 式(2-15)进行计算：

$$t_{stop.1}=t_D-(t_{MN}+t_1) \tag{2-13}$$

$$t_{stop.2}=\frac{l_{AM}}{v_{sd}} \tag{2-14}$$

$$t_{stop}=t_{stop.1}+t_{stop.1} \tag{2-15}$$

其中，事故持续时间 t_D 服从对数正态分布，即 $t_D\sim\log-N(\mu_n,\sigma_n^2)$，$\mu_n$ 与 σ_n^2 为对数正态分布对应的正态分布的均值和方差。对数正态分布的均值 μ_D 和方差 σ_D^2 可根据相应正态分布的均值方差计算：

$$\mu_D=e^{\mu_n+\sigma_n^2/2} \tag{2-16}$$

$$\sigma_D^2=e^{2\mu_n+\sigma_n^2}(e^{\sigma_n^2}-1) \tag{2-17}$$

μ_D 和 σ_D^2 都将影响车辆总的停车时间 t_{stop}，进而影响路段上的出行时间可靠性。图 2-3 为车辆从接收交通事故信息到通过事故点全过程，图中同时注明了因交通事故形成的集结交通波与消散交通波。

基于上述分析,根据交通流状态的变化能够估计当前高速公路的运行状态,包括出行时间、拥堵程度、排队长度等。不仅对出行者的出行行为选择提供准确的参考,而且对道路管理者在遇到交通突发事件时给予应急管理措施。因此,研究城市快速路的交通流特性对于分析快速路网的可靠性研究有着至关重要的作用。

本章参考文献

[1] Wang Z, Chan A P C, Yuan J, et al. Recent advances in modeling the vulnerability of transportation networks[J]. Journal of Infrastructure Systems, 2014, 21(2).

[2] Janić M. Modelling the resilience, friability and costs of an air transport network affected by a large-scale disruptive event[J]. Transportation Research Part A Policy & Practice, 2015, 71: 1-16.

[3] Taylor M A P, Susilawati. Remoteness and accessibility in the vulnerability analysis of regional road networks[J]. Transportation Research Part A Policy & Practice, 2012, 46(5): 761-771.

[4] Ip W H, Wang D. Resilience and Friability of Transportation Networks: Evaluation, Analysis and Optimization[J]. IEEE Systems Journal, 2011, 5(2): 189-198.

[5] Rosenkrantz D J, Goel S, Ravi S S, et al. Structure-based resilience metrics for service-oriented networks[J]. Lecture Notes in Computer Science, 2005, 3463: 345-362.

[6] 张璇. 通信网络理论与道路网络理论关键节点分析的对比研究[D]. 北京: 北京邮电大学, 2013.

[7] Watts B D J, Strogatz S. Collective dynamics of small-world networks,Nature[J]. 2015.

[8] Barabasi A L, Albert R. Albert, R.: Emergence of scaling in random networks[J]. Science, 1999, 286(5439): 509-512.

[9] Hu J, Yu J, Cao J, et al. Topological interactive analysis of power system and its communication module: A complex network approach[J]. Physica A Statistical Mechanics & Its Applications, 2014, 416: 99-111.

[10] Nagel K. A cellular automaton model for freeway traffic[J]. Journal of Physics I France, 1992, 2(12): 2221-2229.

[11] 成思危. 复杂性科学探索[M]. 北京: 民主与建设出版社, 1999.

[12] 卢守峰, 杨兆升, 刘喜敏. 基于复杂性理论的城市交通系统研究[J]. 吉林大学学报(工), 2006, 36(s1): 153-156.

[13] Xu J, Wang X F. Cascading failures in scale-free coupled map lattices[C]// Cascading failures in scale-free coupled map lattices. IEEE International Symposium on Circuits and Systems. 3395-3398 Vol. 3394.

[14] 崔迪, 高自友, 郑建风. Tolerance of edge cascades with coupled map lattices methods[J]. Chinese Physics B, 2009, 18(3): 992-996.

第3章　城市路网运行随机性

3.1　城市路网运行随机性分布分析

城市网络交通状态的随机性主要包括道路交通量波动性、道路出行时间的变化以及车速的波动性等。而道路交通流量的动态变化使得同一路段上车辆的行程车速和不同时刻的行程时间发生变化。因此,本节将根据北京六里桥浮动车数据,分别分析其道路路段车速的随机波动以及路段行程时间的随机分布情况。

3.1.1　城市道路路段车速的随机波动分析

道路交通量的动态变化使得同一路段上各车辆的行程车速各不相同;选取2013年3月4日在北京六里桥区域采集到的浮动车数据分析部分路段在一天内不同时刻的行程车速波动情况,如图3-1~图3-5所示。

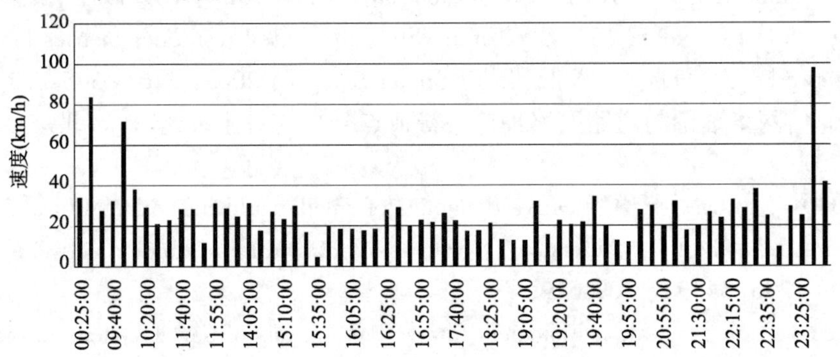

图3-1　北京六里桥No.3230不同时刻行程车速的变化

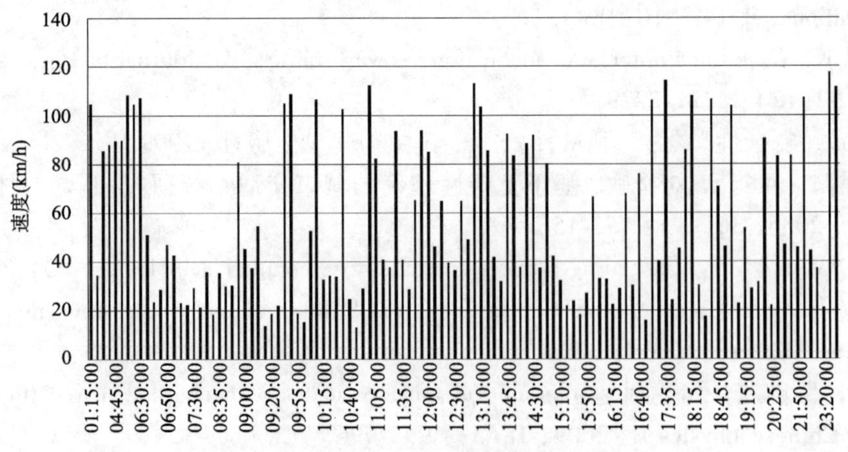

图3-2　北京六里桥No.3231不同时刻行程车速的变化

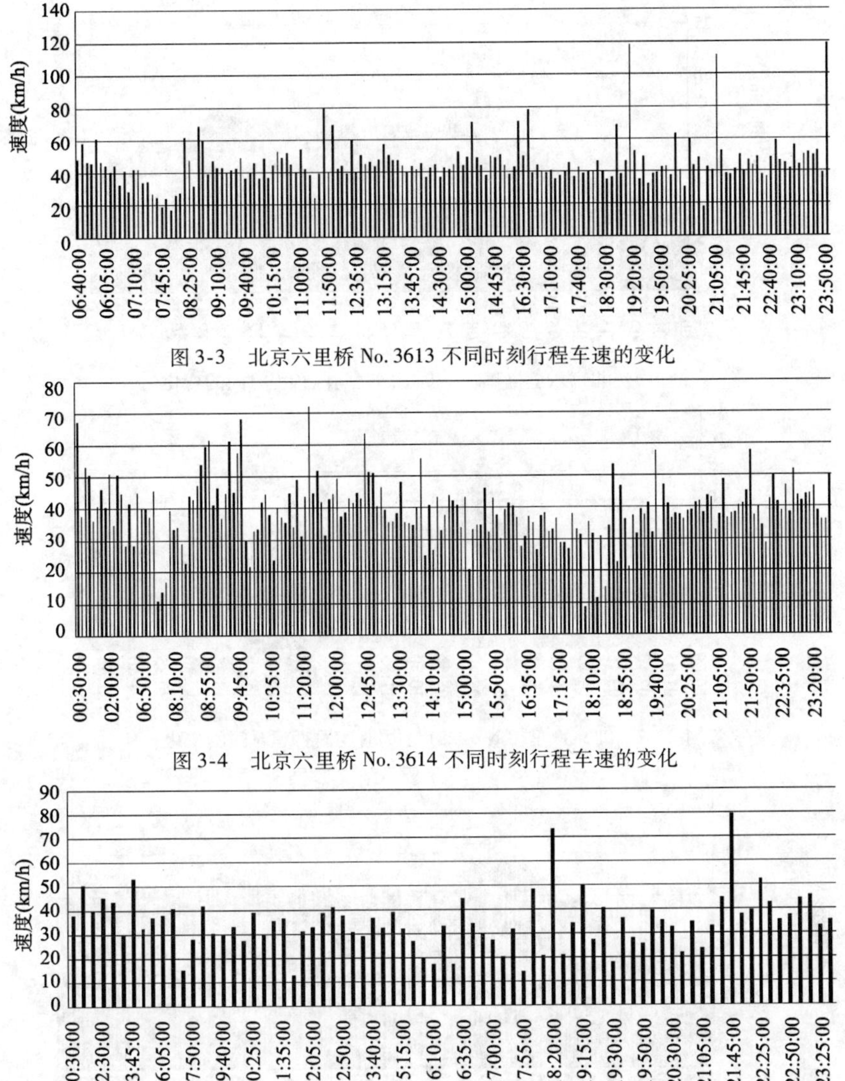

图 3-3 北京六里桥 No. 3613 不同时刻行程车速的变化

图 3-4 北京六里桥 No. 3614 不同时刻行程车速的变化

图 3-5 北京六里桥 No. 3602 不同时刻行程车速的变化

从图 3-1 ~ 图 3-5 可以看出，同一路段在不同时刻的车速变化很大，部分路段早晚高峰时刻车速明显低于平峰时刻车速。因此，道路流量即交通需求的波动影响了车速的随机分布。

3.1.2 城市道路路段行程时间的随机分布分析

道路路段的车速变化使得同一路段不同时段的行程时间也不相同；图 3-6 ~ 图 3-10 为选取北京六里桥区域部分路段在一天 24h 内不同时段行程时间均值的变化情况。

从图 3-6 ~ 图 3-10 可以发现，同一路段的出行时间在早晚高峰相差较大。同时不同路段早晚高峰的出现时间段以及平峰与高峰的波动性大小也不相同，因此，出行时间的波动与路段的供给与需求的波动密切相关，城市交通的供需平衡影响着整个道路网络的稳定性。

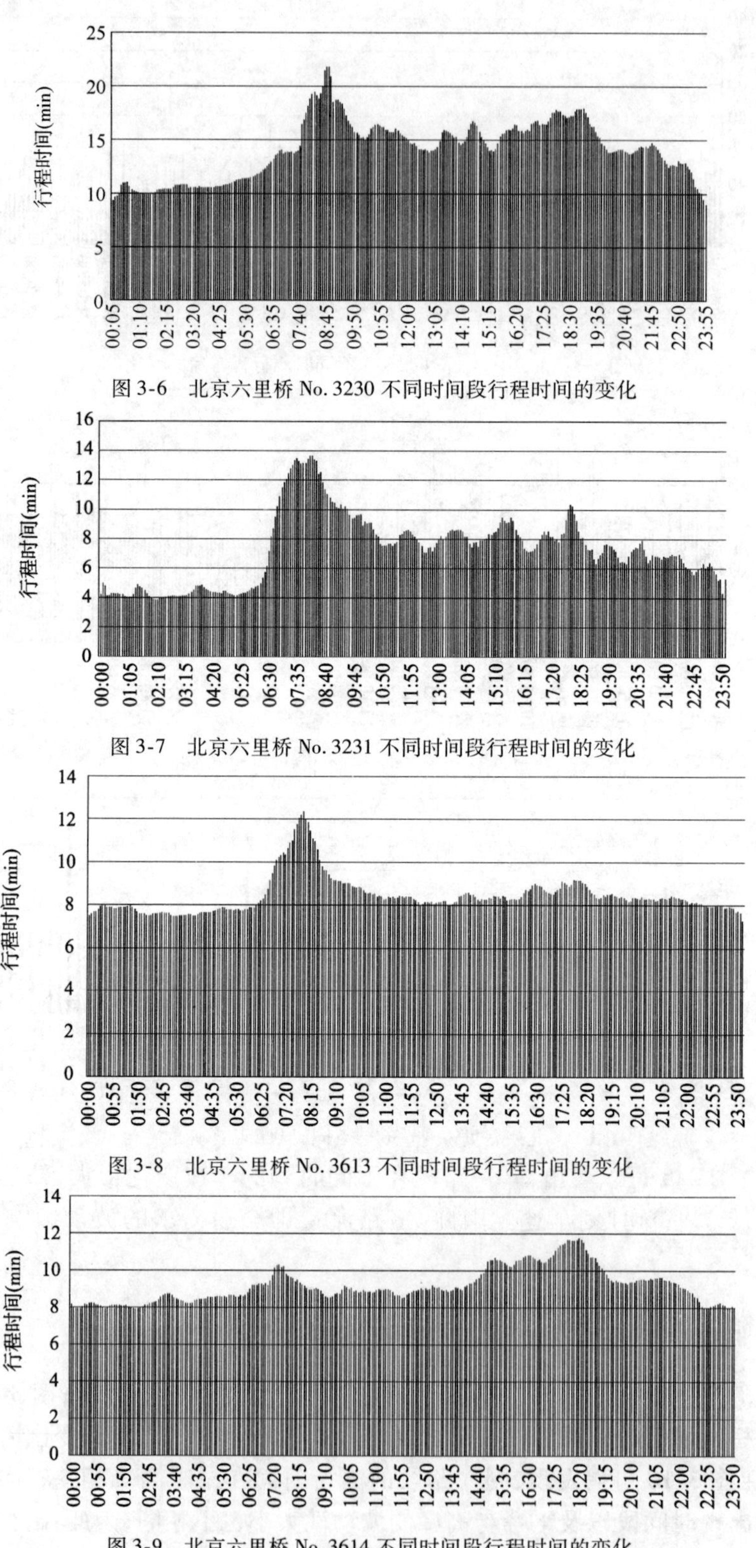

图 3-6　北京六里桥 No. 3230 不同时间段行程时间的变化

图 3-7　北京六里桥 No. 3231 不同时间段行程时间的变化

图 3-8　北京六里桥 No. 3613 不同时间段行程时间的变化

图 3-9　北京六里桥 No. 3614 不同时间段行程时间的变化

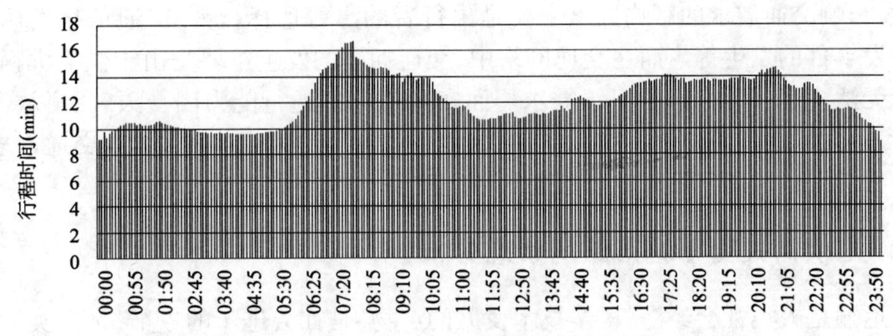

图3-10　北京六里桥 No.3602 不同时间段行程时间的变化

3.2　城市路网供需侧失衡分析

影响城市路网运行状态的因素虽然很多，但归根结底是通过道路的通行能力与交通流量两个变量对路网的运行状态产生影响，也就是交通供给与需求的变化决定了路网的交通运行状态。因此，本节将从交通供给与需求两个方面来分析路网随机性的影响因素。

3.2.1　影响交通供给的因素

道路通行能力是指道路设施所能疏导交通流的能力，即在一定的时段（通常取15min或1h）和正常的道路、交通、管制及运行质量要求下，道路设施通过交通流质点的能力。通行能力实质上是道路负荷性能的一种量度，它既反映了道路疏通交通的最大能力，也反映了在规定特性前提下，道路所能承担车辆运行的极限值。

影响城市道路通行能力的因素主要取决于道路条件、交通条件及服务水平等因素。道路条件一般指道路分类、道路横断面、车道宽度、道路线型、交叉口形式、路面抗滑能力等；交通条件指大型车辆、公共交通、自行车的混入、超车、车道分布、交通量的变化、交通管理、交通管制等；而服务水平指道路使用者根据交通状态从速度、舒适、方便、经济和安全等方面所能得到的服务程度。

3.2.2　影响交通需求的因素

交通需求是指出于各种目的的人和物在社会公共空间中以各种方式进行移动的要求，它具有需求时间和空间的不均匀性、需求目的的差异性、实现需求方式的可变性等特性。包括人的出行需求（出行本身具有目的性的直接性或者本源性需求；满足他人的活动或者经济欲望的派生性需求）、派生性交通需求（是本源性交通需求的前提）、货物的运输需求。

影响交通需求变化的根本原因在于出行者出行行为的随机选择性变化，由于每个出行者选择出行的出发时间、目的地、出行方式、出行路径的随机变化，从而造成了交通需求的随机波动，进而影响路网的可靠性。随着智能交通的发展，网联汽车的问世，交通管理者可以通过各种信息诱导出行者的出行选择，从而影响交通需求的变化。

因此,影响交通需求的影响因素主要是出行者的出行选择行为、交通信息的诱导、大型活动及突发事件的发生等。而在交通网络中,交通拥堵的发生主要是由于供需失衡所致,即交通供给无法满足日常人们的出行需求。而实际道路的通行能力因受天气、事故等随机因素的干扰,也同样是不确定值。因此,交通拥堵的发生也是随机事件,其中交通需求与通行能力的随机性是造成路网运行状态服务水平随机变化的主要原因。

3.2.3 供需失衡下城市路网状态分析

交通运输是人类社会经济、科学技术发展的产物,是社会进步的象征,是人类活动、经济文化交流的大动脉,而气象条件的变化对车辆本身、驾驶人的判断和反应能力、路况以及交通管理设备等方面会产生很大影响。不同的气象要素和条件,对交通的影响方面和程度有所不同,这些影响在很大程度上决定了城市道路的运行条件和交通安全状况,最终也对交通供需条件及交通运行状态产生影响。

例如,在强降雨时,路面产生的积水可使路面和车轮之间的摩擦系数减小,制动距离延长,要保障安全行驶就必须相应地降低车辆的行驶速度,加大车辆间的距离,对道路的通行能力造成较大的折减;如果路面有积冰,车辆制动或转弯时,还会发生侧滑现象,在灯光的照射下会产生炫目反光,影响驾驶人观察路况且容易造成视觉疲劳,极易发生交通事故,从而加剧交通拥堵。

2012 年 7 月 21 日,中国的很多地区遭遇特大暴雨,其中北京及其周边区域遭受 61 年以来最大的暴雨灾害。本次降雨对北京的基础设施以及居民正常生活造成了巨大的影响,出现大面积的交通拥堵或者交通瘫痪。如图 3-11 所示,以 7·21 特大暴雨前北京市三环部分路段浮动车采集的速度数据可知,路段的平均车速大约为 60km/h。

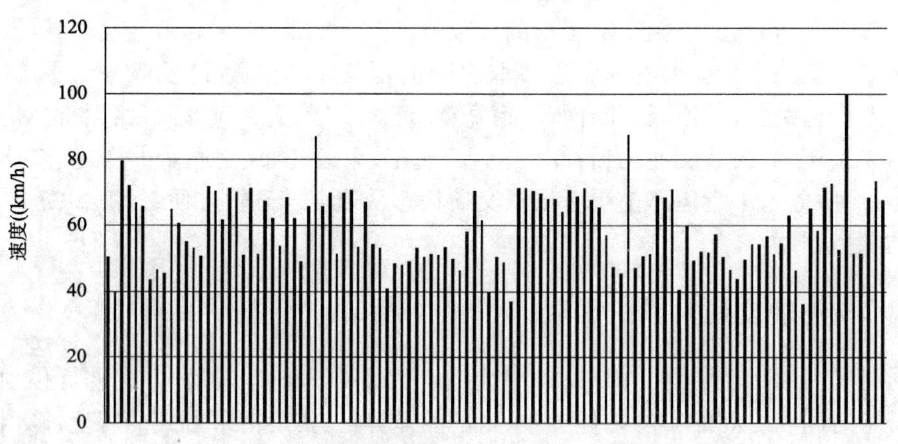

图 3-11　北京三环部分路段车速的变化(7·21 暴雨前)

如图 3-12 ~ 图 3-17 所示,7·21 特大暴雨后从 14:20 到 18:20 时间段,相对于暴雨前车速发生明显的变化。由于道路的供给能力骤降,而道路的需求并没有发生实质性的变化,从而导致道路供需失衡,路网交通状态恶化,影响路网运行可靠性。因此,围绕供给和需求两个层面改善路网运行可靠性,是从根本上缓解目前我国大城市交通拥堵问题的关键所在。

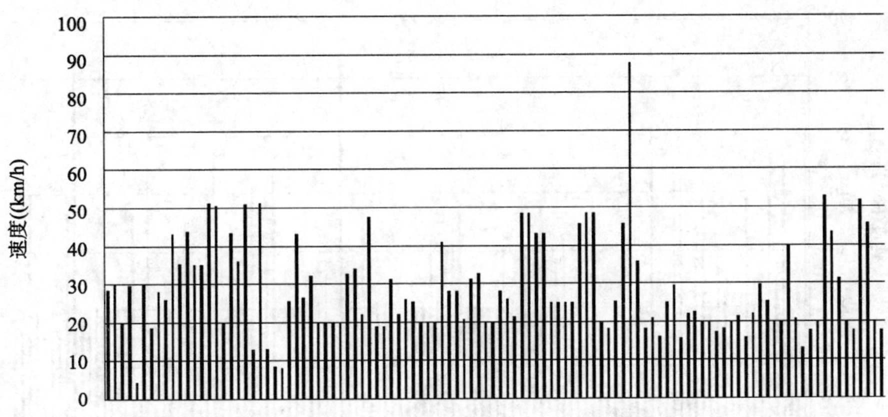

图 3-12 北京三环部分路段车速的变化(7·21 暴雨 14:20 时)

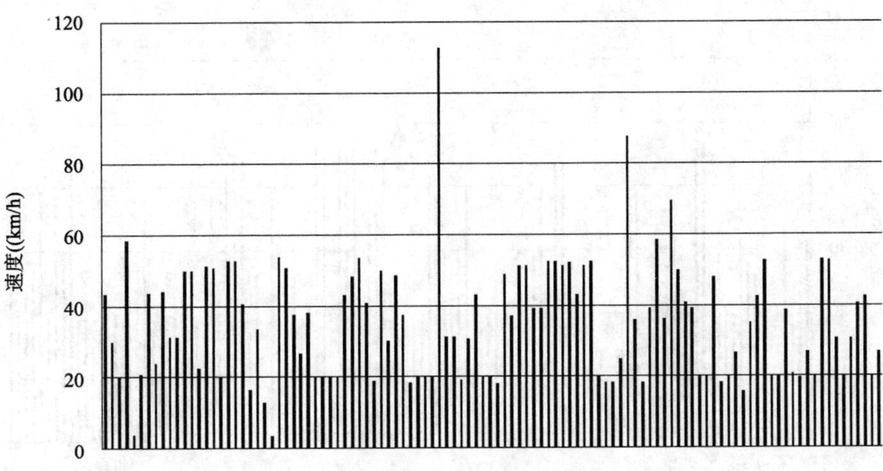

图 3-13 北京三环部分路段车速的变化(7·21 暴雨 14:50 时)

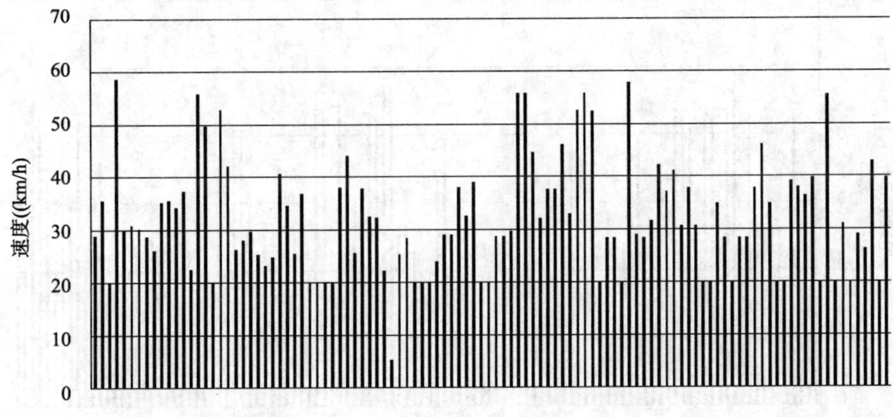

图 3-14 北京三环部分路段车速的变化(7·21 暴雨 15:20 时)

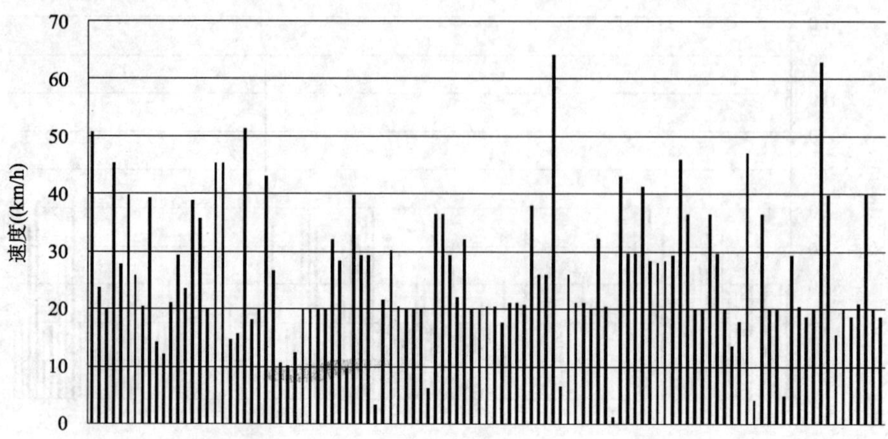

图 3-15　北京三环部分路段车速的变化(7・21 暴雨 17:20 时)

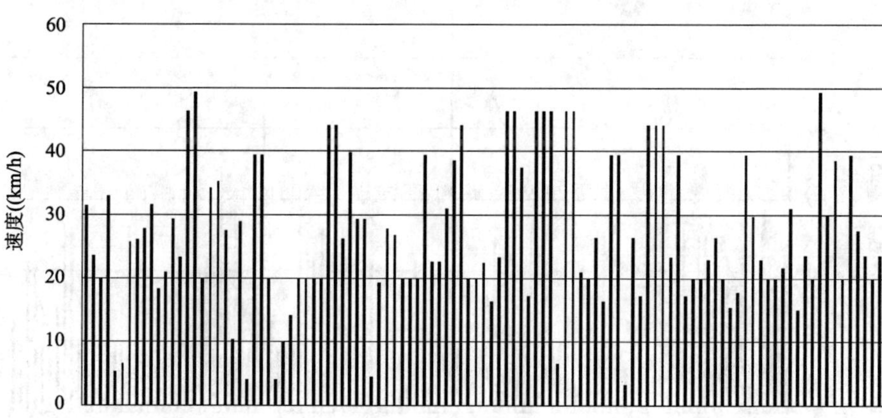

图 3-16　北京三环部分路段车速的变化(7・21 暴雨 17:50 时)

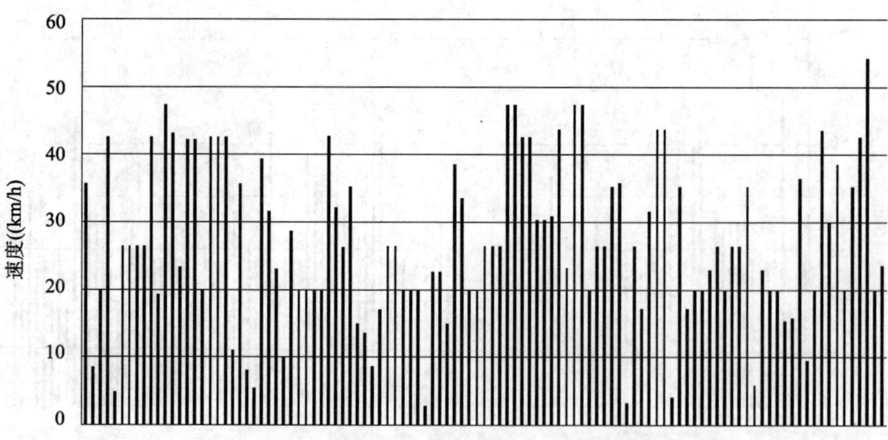

图 3-17　北京三环部分路段车速的变化(7・21 暴雨 18:20 时)

第4章　常态下的城市路网可靠性

4.1　路网可靠性定义

城市路网可靠性是指在规定的条件下和规定的时间内，道路网络所提供的各种服务能够满足出行者出行需求的能力，它是衡量路网质量的重要指标之一。现代城市道路网络日益庞大、复杂，而且人们对出行质量的要求越来越高，使得路网可靠性问题突显。可靠性作为一个重要的概率测度参数能有效地评价交通网络运行状态，特别是由于外界因素的干扰使得交通需求和道路供应条件发生变化时，更能体现这一概率指标的适用性。

4.2　常态下路网可靠性测算

路网可靠性可以很好地度量交通网络的可靠程度，当前阶段，对路网可靠性的研究主要有连通可靠性、出行时间可靠性、路网容量可靠性、畅通可靠性等[1]。

4.2.1　连通可靠性

1982年，Kawai提出了连通可靠性[2]，用来分析路网是否连通。连通可靠性的定义为道路网络两点之间能够连通的概率。在路网可靠性研究领域中，关于连通可靠性的研究及应用最为广泛，取得了较好的成果。对于网络连通可靠性的测算方法，研究者也进行了大量研究，但是这些方法的差别大多仅体现在概率方面[3]。目前很多研究中的网络连通可靠性是指节点对可靠性，包括两节点可靠性和全节点可靠性[3]。在连通可靠性思想基础之上，Nieholson[4]提出了受损交通系统的综合均衡计算模型，对灾害引起的交通系统损害而造成的社会经济受损情况进行了评价。但是，就目前的研究来说，连通可靠性算法并不是十分完善，对于流量突变的路网，适用性较差。

4.2.2　出行时间可靠性

出行时间可靠性是从人们所关心的出行时间的角度衡量一个交通网络是否可靠，更加面向道路使用者。出行时间可靠性的概念最早出现在Asakura[5]的研究中，1991年，他提出路网的可靠程度可以反映在出行时间的长短之上，并解释出行时间可靠性为：在某一OD之间，一定时间内，一定需求水平下，通行者能够到达目的地的概率值。1996年，Asakura[6]将研究深化，分析了当路网的通行能力降低时的出行时间可靠性问题。1997年，Bell定义了概率角度的出行时间可靠性：一定服务水平和通行时间内，通行者能够到达目的地的概率值。

1999 年,Iida[7]提出,出行时间可靠性不同于连通可靠性取决于每个 OD 对,它由每个不同的路径决定,并在假设出行时间服从正态分布的前提下,建立了出行时间可靠性模型。1999 年 Bell[8]提出的灵敏度分析法、1999 年 William 提出的交通流模拟器模型以及 2002 年 Chen[9]提出的通过 Monte Carlo 模拟计算出行时间可靠性的方法等都从不同角度对出行时间可靠性进行了计算,使得出行时间可靠性研究得到了极大的发展。而后,诸多研究者根据不同的研究方向与研究需求,提出了多种可靠性模型,并将出行时间可靠性应用于出行者路径选择、交通区域控制等不同方面。

交通管理部门主要使用可靠性指标来进行可靠性的测算,FHWA[10]使用的测算指标主要包括:

(1)预留时间。指出行者为了保证顺利到达目的地而在平均出行时间水平之上的预留时间,该值越小越好。

(2)90%或95%出行时间。是测算出行时间可靠性的最简单指标,估算了交通最拥堵时道路上的延误。

(3)预留指数。预留指数代表了出行者在道路上花费的超出平均出行时间的额外时间。

(4)计划时间指数。计划时间指数表征出行者期望按时到达目的地所要预留的时间。

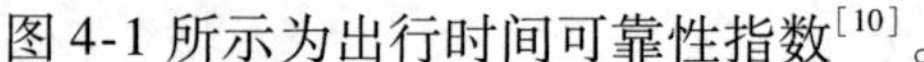

图 4-1 所示为出行时间可靠性指数[10]。

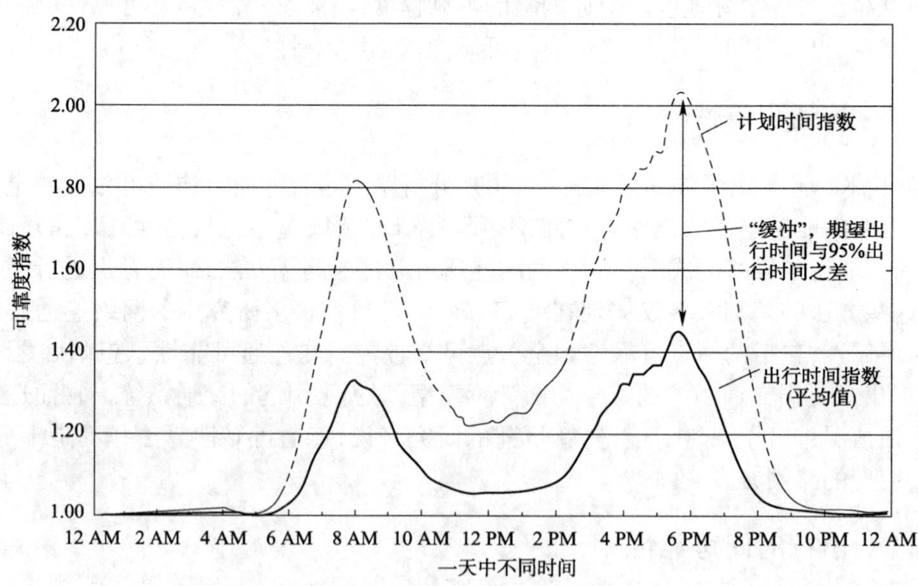

图 4-1 出行时间可靠性指数[10]

美国联邦公路管理局(FHWA)、华盛顿州交通部等交通管理部门均已对这些指数进行测算,通过信息的发布来进行出行者的出行引导。国内上海交通管理部门也提出了相应的出行时间可靠性指标[11],来表征时间可靠性的变化,为出行者提供信息,除上述指标还包括:出行时间窗、方差百分数、方差指数等几个指标。北京市交通委员会也提出了用交通指数来衡量道路网络可靠性情况,进行交通出行信息的发布。

4.2.3 路网容量可靠性

路网容量可靠性是指在给定的服务水平下，道路网络的容量大于需求的概率值。这个概念由美国 Anthony[9] 率先提出。路网容量的可靠性更侧重于宏观角度，对于路段单元的交通流状态无法体现，此外，容量可靠性的计算方法十分复杂，因而应用较少。

4.2.4 畅通可靠性

畅通可靠性是指工作日早晚高峰，路网正常运行时，道路网络能够达到畅通状态的概率，由我国研究者梁颖[12]首先提出。畅通可靠性与连通可靠性相似，计算方法也相近，因此存在同样的问题，目前还没有找到适应于任意网络的有效算法。因而畅通可靠性仅在理论上可行，对于实际应用还需要大量研究。

4.3 出行时间可靠性模型

道路出行时间分布分析是可靠性建模研究的基础，可靠性模型的建立大多是在出行时间分布的基础之上完成的。

Berry[13]是最早研究出行时间分布的学者之一，他发现出行时间分布与点速度的分布相关，假定路段出行时间服从正态分布。为了更精确地分析出行时间的分布特征，为可靠性的测算奠定基础，很多研究者建立了随机性能模型、矩阵方程、链路性能函数等分布模型[14]描述出行时间的分布。Miller-Hooks[15]提出，一天之内，出行时间的分布随时间的变化而不同，提出了不同路段上依赖时间的离散概率分布模型。Kharoufeh[16]等人提出了考虑影响出行时间随机因素的偏微分方程来描述出行时间分布，并通过拉普拉斯变换求解方程。Kharoufeh 将环境假定为一个连续时间的马尔可夫链，得到了随机、动态的路段出行时间分布的矩阵方程。

另一部分学者基于大量的实测数据，来进行出行时间分布检验。Herman 和 Lam[17]、Richardson 和 Taylor[18]发现了出行时间变化的偏斜性，提出用对数正态分布模拟出行时间分布。Susilawati[19]等人的研究表明，对数正态分布不能很好地描述出行时间的偏斜性，提出用 burr 分布描述出行时间分布的长拖尾现象。而后，Sumalee[20]等人在标准正态分布的基础上加入了表征出行时间在不同交通状态下不同的偏斜参数，提出了偏斜正态分布。这种分布的优点在于综合考虑了自由流状态时的标准正态分布以及在非自由流状态下分布的偏斜性。当偏斜参数为正数时，分布为正偏，当偏斜参数为负数时，分布为负偏，当参数为零时，则为正态分布(图 4-2)。通过数据验证，得到了较好的结果。

研究发现，目前对于出行时间分布的研究多以“天”或者“周”为周期来进行分布模型的检验，较少将一天划分为不同时段或者依据道路不同拥挤程度进行研究。国内对于出行时间分布的研究较少，且大多沿用正态分布进行分析和计算[21]。

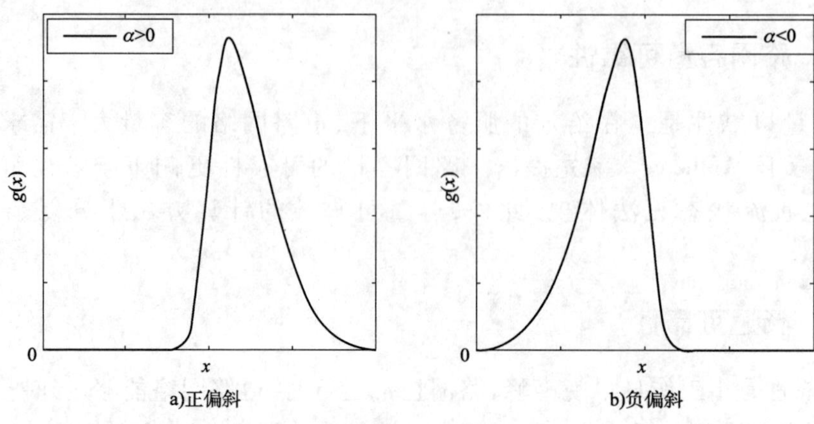

图 4-2　偏斜正态分布

4.3.1　出行时间可靠性定义

出行时间可靠性能够很好地衡量交通网络的可靠程度,此外,出行时间可靠性也是通勤者十分关心的交通指标。1991 年,Asakura[5] 最早提出了出行时间可靠性。1997 年,Bell 定义出行时间可靠性为:一定服务水平和通行时间内,出行者能够到达目的地的概率值。美国高速公路管理局 2014 年对出行时间可靠性的最新定义为:每一天或者一天的不同时间内出行时间的一致性或可信程度。

本章从概率论的角度对出行时间可靠性进行分析,继续采用 Bell 的定义:一定服务水平和通行时间内,通行者能够到达目的地的概率值。定义式如式(4-1):

$$r(T_{\mathrm{sum}}) = p_{\mathrm{r}}(T_{\mathrm{sum}} < T_{\mathrm{c}} \mid s) \tag{4-1}$$

式中:T_{sum}——车辆总出行时间;

T_{c}——给定的出行时间阈值,阈值的大小根据出行者的出行目以及个人认知水平的区别而有所差异;

s——饱和度,s = 流量/通行能力,代表路段的服务水平等级。

4.3.2　出行时间可靠性基本模型

卷积的意义为函数 f 翻转和平移后与函数 g 重叠部分的累积,记作 $f \times g$。其基本的表达式为:

$$(f \times g)(t) = \int f(\tau) g(t - \tau) \mathrm{d}\tau \tag{4-2}$$

从城市交通网络的角度理解卷积的意义,把 OD 对之间一整条路径当作一个系统,则这个系统可以看成由若干条独立的路段串联而成。以两条路段串联的系统为例,当计算系统小于某一阈值的可靠性时,两条路段的出行时间有多种组合,当一段路上的出行时间增大时,由于阈值为定值,则在另外一条路段上可用的出行时间就会缩短,因而,整个系统的概率密度函数可以看成两条路段概率密度函数的卷积。依据这个计算原理,当系统由多个路段串联而成时,整个系统的概率密度函数也可以通过所有路段概率密度函数的卷积计算得到。

从出行时间可靠性的定义来看,若要计算出路段上的出行时间可靠性,需要计算给定时间内完成出行的概率大小。根据分布函数的定义可以得到,阈值小于 T_{c} 的概率即为分布函数 $F(T_{\mathrm{c}})$,即:

$$p_r(T_{sum} \leqslant T_c | s) = F(T_c) \tag{4-3}$$

式中：T_{sum}——车辆在路径上的总出行时间；

s——饱和度，为流量与通行能力的比值，代表路段的服务水平等级。

用概率密度函数表征，则有：

$$F(T_c) = \int_0^{T_c} f_r(T_{sum} | s) \mathrm{d}T_{sum} = p_r(T_{sum} < T_c | s) \tag{4-4}$$

式中：$f_r(T_{sum}|s)$——路径出行时间的概率密度函数。

从而得到出行时间可靠性与概率密度函数之间的关系式：

$$r(T_{sum}) = \int_0^{T_c} f_r(T_{sum} | s) \mathrm{d}T_{sum} \tag{4-5}$$

当车辆通过某一路径时，若整条路径由若干路段串联而成，将整条路段看作一个整体分析，计算其概率密度函数误差较大，且并不具备通用性。因而，考虑分别计算每一个路段的概率密度函数，再通过卷积的方法将各条路段组合来计算整条路径的概率密度函数，进而获得整条路径的出行时间可靠性。

路径卷积的计算流程如下：

首先，将第一条路段与第二条路段的概率密度函数进行卷积，所得卷积结果与第三条路段的概率密度函数进行卷积，卷积的结果再与第四条路段进行卷积，以此类推，前 $N-1$ 条路段的卷积结果与第 N 条路段进行卷积，最终得到整条路径的概率密度函数卷积结果，流程图见图4-3。

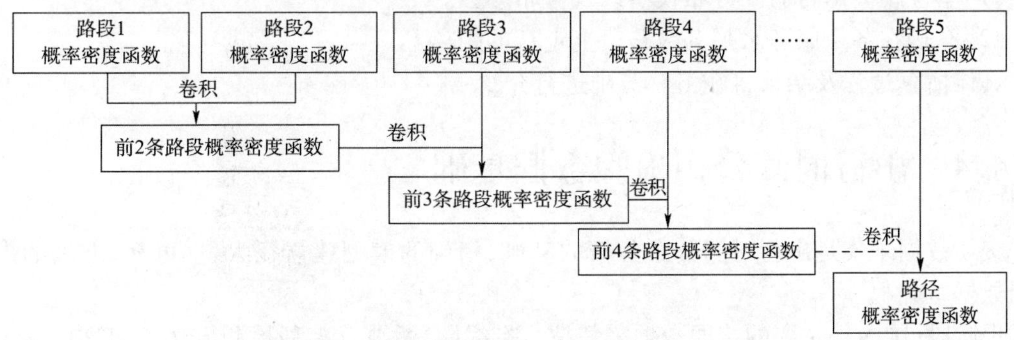

图4-3　卷积流程图

4.3.3　基本模型的参数估计

根据以上流程，两条路段的卷积模型为：

$$f_r(T_{sum} | s) = \int_0^{T_c} f_{r1}(T_1 | s_1) f_{r2}(T_{sum} - T_1 | s_2) \mathrm{d}T_1 \tag{4-6}$$

式中：T_1——第一条路段的通行时间。以此类推，可以得到整条路径的卷积模型：

$$\begin{aligned} f_r(T_{sum} | s) &= \cdots[[f_{r1}(T_1 | s_1) \times f_{r2}(T_2 - T_1 | s_2)] \times f_{r3}(T_3 - T_2 | s_3)]\cdots \times \\ &\quad f_{ri}(T_i - T_{i-1} | s_i)\cdots \times f_{rn}(T_{sum} - T_{n-1} | s_n) \\ &= \int_0^{T_n}\cdots[\int_0^{T_i}\cdots\int_0^{T_3}[\int_0^{T_2} f_{r1}(T_1 | s_1) f_{r2}(T_2 - T_1 | s_2)\mathrm{d}T_1] \times f_{r3}(T_3 - T_2 | s_3)\mathrm{d}T_2]\cdots \times \\ &\quad f_{ri}(T_i - T_{i-1} | s_i)\mathrm{d}T_{i-1}]\cdots \times f_{rn}(T_{sum} - T_{n-1} | s_n)\mathrm{d}T_{n-1} \end{aligned} \tag{4-7}$$

其中，假定 $T_0=0$，$f_{ri}(T_i-T_{i-1}|s_i)$ 是第 i 个服务水平等级路段上出行时间的概率密度函数，n 为路段总条数，s_i 代表第 i 个路段的服务水平等级，T_i 是从车辆进入路径到车辆与第 i 个交通波相遇所用的时间。

从而，路径的出行时间可靠性模型可以推导为：

$$r(T_{\text{sum}}) = \int_0^{T_c}\int_0^{T_n}\cdots\left[\int_0^{T_i}\cdots\left[\int_0^{T_3}\left[\int_0^{T_2} f_{r1}(T_1 \mid s_1)f_{r2}(T_2-T_1 \mid s_2)\mathrm{d}T_1\right]\times f_{r3}(T_3-T_2 \mid s_3)\mathrm{d}T_2\right]\cdots\times f_{ri}(T_i-T_{i-1} \mid s_i)\mathrm{d}T_{i-1}\right]\cdots\times f_{rn}(T_{\text{sum}}-T_{n-1} \mid s_n)\mathrm{d}T_{n-1}\mathrm{d}T_{\text{sum}} \tag{4-8}$$

定义 t_i 为第 i 个服务水平等级路段上的单位距离出行时间，l_i 为车辆在第 i 个服务水平等级路段上走行的距离，则车辆在第 i 个服务水平等级路段上走行的总时间 T_i-T_{i-1} 可以表示为：

$$T_i-T_{i-1}=t_i l_i \tag{4-9}$$

其中，l_i 是车辆在相应的服务水平等级上走行的距离。从而，第 i 个服务水平等级路段上的出行时间概率密度函数可以表示为：

$$f_{ri}(T_i-T_{i-1}|s_i)=f_{ri}(t_i l_i|s_i) \tag{4-10}$$

概率密度函数 $f_{ri}(t_i l_i|s_i)$ 的模型以及参数可根据 $f_{ri}(t_i|s_i)$ 的分布参数乘以系数 l_i 得到，而概率密度函数 $f_{ri}(t_i|s_i)$ 可以根据路段上单位距离出行时间的分布函数获得。

根据式(4-8)，若要计算出行时间可靠性模型，需要计算两个模型参数：

(1)单位距离出行时间分布模型以及分布参数。

(2)车辆在各个服务水平等级路段上走行的距离 l_i。

具体估算过程及结果将在下一节中进行介绍。

4.4 出行时间分布检验数据基础

交通数据采集是出行时间分布分析的基础，精确的模型建立在大量、可靠、准确的出行时间数据基础上。

现阶段，国内外主要的交通数据采集技术有线圈、微波等多种检测方法。但这些固定型检测方式存在很多缺陷及局限性，例如，对于交通流速度、出行时间等的检测受布控检测器位置的影响，从而导致无法采集到理想的信息；此外，部分检测器受气候的影响也很大，在环境较为恶劣的地区无法工作。

现代浮动车系统由装备 GPS 等定位设备、WIFI 等无线通信装置的车辆组成，有着覆盖面广、信息采集准确、投资相对较少等优点，可以有效地收集道路交通状态信息，辅助交通管理者更好地掌控路网交通状态，对交通诱导等交通管控措施也有十分重要的作用。

北京市交通委员会交通发展研究中心建立了出租车、公交车浮动车系统，搭建了集成历史与实时浮动车数据分析功能的浮动车交通信息示范平台，可以完成路网评价、拥堵评价、出租车运营分析等多种任务。北京市约 12% 的出租车进入浮动车系统，共计约 8000 辆，占北京市汽车保有量的 2.8%。虽然在汽车保有量中的比重所占不大，但是已有的浮动车所回传的数据能够覆盖北京市五环内 90% 的路网以上，每天 900 万条的数据量已经足够支持北京市路网运行的实时分析。

本章从北京市交通委交通发展研究中心获取了北京市六里桥区域的浮动车数据。数据详细信息如下：

(1)数据空间范围。六里桥区域北京市西三环北至新兴桥，南至丽泽桥，西至宝莲路，东至红莲南路，全区共1005个节点，如图4-4所示。六里桥是京石高速的出口，是以省际客运为主的综合交通枢纽，车流量人流量都较大。

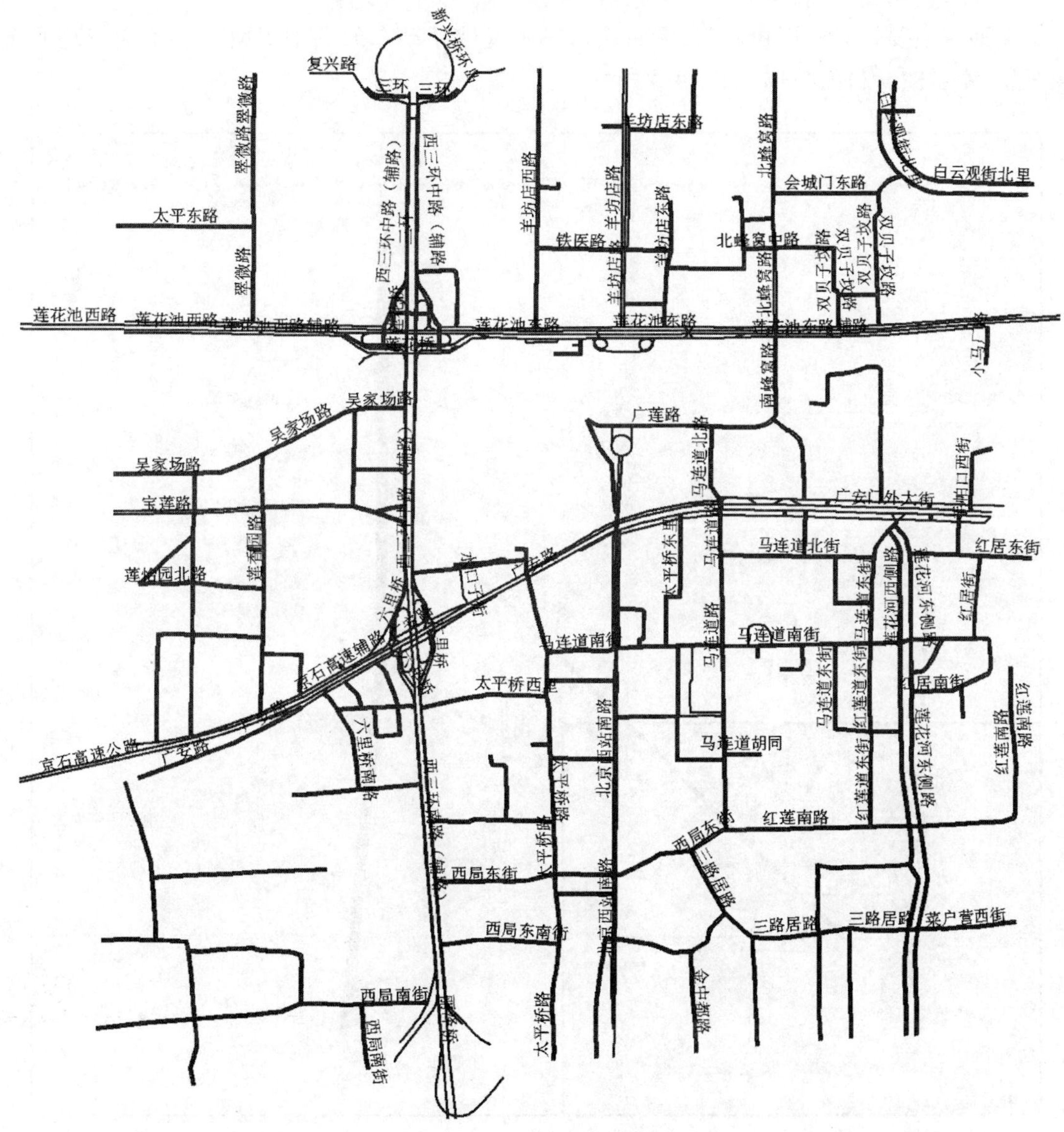

图4-4 六里桥区域地图

(2)数据时间范围。样本间隔5min，包括2012年和2013年涵盖工作日、双休日共14天从凌晨0:00至夜间24:00全天的数据。有效研究数据分别是3月第2周前6天4日、5日、6日、7日、8日、9日和3月第5周前6天25日、26日、27日、28日、29日、30日，其中在这12

天内,9 日和 30 日是双休日,其余天为工作日。

(3)路段划分。研究获得的浮动车数据是每 5min 各条路段上的时间平均速度。路段的划分节点是城市道路交叉口或者城市快速路的出入口匝道,即遇到交叉口或者出口匝道,则视为下一个路段的开始。

(4)数据类型。车辆速度、路网内各条路段长度、路段车道数、车道功能等。

为了方便研究,对获取的浮动车原始数据进行了以下处理:

①研究主要针对城市快速路,因而从六里桥区域浮动车数据中提取了北京西三环北至新兴桥、南至丽泽桥的数据,如图 4-5 所示。

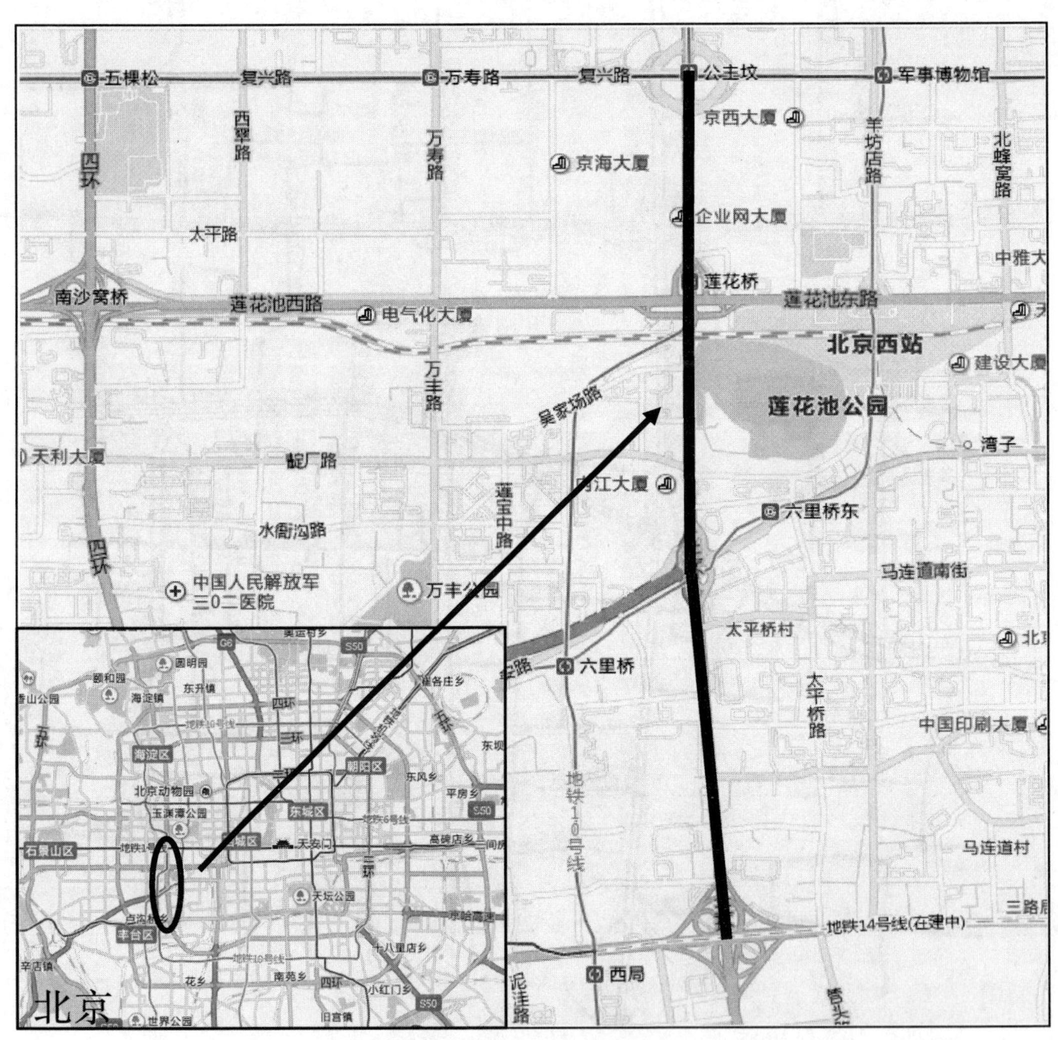

图 4-5　研究用数据位置图

②考虑到空间平均速度能够更好地描述空间路网的一般特征,因而将浮动车的时间平均速度转换为各个路段上的空间平均速度。Wardrop[22] 通过给定空间平均速度方差的系数表示空间平均速度与时间平均速度的关系:

$$\overline{u}_t = \overline{u}_t + \frac{\sigma_s^2}{\overline{u}_s} \tag{4-11}$$

式中：$\overline{u}_t$——时间平均速度；

$\overline{u}_s$——空间平均速度；

σ_s^2——空间平均速度方差。

空间平均速度略低于时间平均速度。为方便计算，《道路通行能力手册》[23]中给出了时空平均速度之间更为便捷的转换方法：

$$\overline{u}_s = 1.026\,\overline{u}_t - 3.035 \tag{4-12}$$

公式中，时间、空间平均速度的单位为 km/h。

③根据空间平均速度以及路段长度信息，通过计算获得了车辆在每条路段上的通行时间数据。

服务水平(LOS)可以表征道路运行情况，用速度、时间、自由度、舒适度、方便程度等指标来描述。美国《道路通行能力手册》(HCM 2000)[23]将服务水平划分为 A ~ F 六级，我国将服务水平等级划分为四级。本章采用美国通行能力手册的标准，划分为 A ~ F 六级。

城市道路的服务水平等级是由无转弯车辆的平均速度决定的。根据《道路通行能力手册》(HCM 2000)[23]，城市道路级别见表 4-1。

城市道路级别划分 表 4-1

设计等级	功能分类	
	主干道	次干道
快速路	Ⅰ	N/A
郊区路	Ⅱ	Ⅱ
联络道	Ⅱ	Ⅲ或Ⅳ
街道	Ⅲ或Ⅳ	Ⅳ

由表 4-1 可知，本章所研究的城市快速路属于城市一级道路。表 4-2 是城市道路中不同服务水平等级的分级标准。

城市道路服务水平分级标准 表 4-2

城市街道等级	Ⅰ	Ⅱ	Ⅲ	Ⅳ
自由流速度(km/h)	90 ~ 70	70 ~ 55	55 ~ 50	50 ~ 40
典型自由流速度(km/h)	80	65	55	45
服务水平	平均行程速度			
A	72	59	50	41
B	56 ~ 72	46 ~ 59	39 ~ 50	32 ~ 41
C	40 ~ 56	33 ~ 46	28 ~ 39	23 ~ 32
D	32 ~ 40	26 ~ 33	22 ~ 28	18 ~ 23
E	26 ~ 32	1 ~ 26	17 ~ 22	14 ~ 18
F	≤26	≤21	≤17	≤14

4.5 城市快速路出行时间可靠性分析

寻找最优的出行时间分布是可靠性模型测算中的重要环节,准确的出行时间分布可以有效提高可靠性模型的测算精度。现有的出行时间分布主要有Burr分布、对数正态分布、双峰高斯分布等,虽然都描述了出行时间的偏斜特性,但准确度还有待进一步提高。

4.5.1 单位距离出行时间分布

精确的出行时间分布很难获得,而出行时间分布对于可靠性的研究至关重要,几乎所有关于可靠性研究的第一步均是需要获得出行时间的分布函数。在寻找恰当的出行时间分布函数研究方面,很多研究者都做了大量工作,也提出了很多不同的分布形式,从最开始简单的正态分布,到后来发现了出行时间分布的偏斜性后提出的Burr分布、对数正态分布等,再到后来研究者出于对精准的出行时间分布的需求而提出了自己定义的复杂分布模型。但是到目前为止,关于最为精确地描述出行时间分布的问题上,仍没有统一的定论。

此外,目前的研究很少划分一天内不同时段或者不同的服务水平等级来描述出行时间分布。由于一天中不同时间段内路段上的交通流量状态差异很大,不同的服务水平等级下道路状况也大不相同,用统一的出行时间分布很难进行详细的、有针对性的描述,这对精确的可靠性研究有很大的限制。

因而,在获得了实际数据的基础上,本章并不沿用已有的研究成果,而是通过实际数据划分不同服务水平等级(A~F),对每一服务水平等级分别进行出行时间分布的检验。所用的数据是上节中介绍的北京西三环快速路的浮动车历史数据。服务水平划分的标准是依据快速路上的通行速度,详见表4-2。

需要说明的是,本章进行出行时间分布检验时,是对单位距离的出行时间进行分布检验,而非对某一整条路段的出行时间进行分布检验,单位距离选取为1m。对单位距离的出行时间进行研究,可以消除因为路段长度不同而带来的影响,使得差异集中在不同的单位距离行程速度。此外,获得单位距离出行时间的分布后,如果知道任一条路段的路段长度信息,就可以获得任意路段的出行时间分布,从而获得该路段的概率密度模型。而如果只针对某一条路段进行出行时间分布的检验,则不能够将结论应用于其他路段,当需要获得其他路段的概率密度模型时,需要不停重复该计算过程。因此,单位距离的出行时间分布具有普遍适用性,本章对单位距离的出行时间分布进行检验。

在寻找最优分布过程中,选取了广义极值、Burr分布、正态分布等多种常用分布进行对比,为方便比较,研究根据p值选取显著性水平为0.05。对各个服务水平等级、各分布检验结果的K-S统计量和p值统计量结果见表4-3。

各等级服务水平分布统计结果　　表4-3

A等级服务水平			
分布	K-S统计量	p值	是否拒绝 α=0.05(临界值=0.0563)
广义极值分布	0.0481	0.1317	否

续上表

A 等级服务水平			
分布	K-S 统计量	p 值	是否拒绝 $\alpha=0.05$(临界值=0.0563)
Burr 分布	0.0600	0.0289	是
Dagum 分布	0.0757	0.0024	是
广义帕累托分布	0.1078	0.0000	是
威布尔分布	0.1140	0.0000	是
高斯逆分布	0.1335	0.0000	是
正态分布	0.1335	0.0000	是
逻辑回归分布	0.1340	0.0000	是
伽马分布	0.1388	0.0000	是
爱尔朗分布	0.1449	0.0000	是
对数正态分布	0.1413	0.0000	是
皮尔逊 6 分布	0.1430	0.0000	是
均匀分布	0.1684	0.0000	是
帕累托分布	0.4550	0.0000	是
B 等级服务水平			
分布	K-S 统计量	p 值	是否拒绝 $\alpha=0.05$(临界值=0.0563)
广义帕累托分布	0.0183	0.2564	否
均匀分布	0.0259	0.0338	是
广义极值分布	0.0457	0	是
高斯逆分布	0.0574	0	是
正态分布	0.0604	0	是
Dagum 分布	0.0606	0	是
皮尔逊 6 分布	0.0617	0	是
对数正态分布	0.0623	0	是
伽马分布	0.0625	0	是
Burr 分布	0.0717	0	是
逻辑回归分布	0.0739	0	是
爱尔朗分布	0.0759	0	是
威布尔分布	0.0788	0	是
帕累托分布	0.1971	0	是

续上表

C 等级服务水平

分布	$K\text{-}S$ 统计量	p 值	是否拒绝 $\alpha=0.05$(临界值 $=0.0563$)
广义帕累托分布	0.0110	0.7237	否
广义极值分布	0.0479	0	是
对数正态分布	0.0654	0	是
均匀分布	0.0654	0	是
伽马分布	0.0658	0	是
Burr 分布	0.0677	0	是
爱尔朗分布	0.0684	0	是
正态分布	0.0738	0	是
高斯逆分布	0.0783	0	是
逻辑回归分布	0.0945	0	是
威布尔分布	0.1080	0	是
帕累托分布	0.1328	0	是
Dagum 分布	0.1595	0	是
皮尔逊 6 分布	0.3279	0	是

D 等级服务水平

分布	$K\text{-}S$ 统计量	p 值	是否拒绝 $\alpha=0.05$(临界值 $=0.0563$)
广义帕累托分布	0.0222	0.7638	否
广义极值分布	0.0536	0.0117	是
对数正态分布	0.0717	0	是
Gamma 分布	0.0737	0	是
皮尔逊 6 分布	0.0746	0	是
爱尔朗分布	0.0766	0	是
正态分布	0.0802	0	是
高斯逆分布	0.0817	0	是
均匀分布	0.0890	0	是
逻辑回归分布	0.0973	0	是
帕累托分布	0.1180	0	是
威布尔分布	0.1249	0	是
Burr 分布	0.1267	0	是
Dagum 分布	0.1554	0	是

续上表

E 等级服务水平			
分布	K-S 统计量	p 值	是否拒绝 $\alpha=0.05$(临界值=0.0563)
广义帕累托分布	0.0270	0.8848	否
均匀分布	0.0533	0.1441	是
广义极值分布	0.0698	0.02227	是
爱尔朗分布	0.0763	0.00932	是
皮尔逊6分布	0.0805	0.00511	是
对数正态分布	0.0814	0.0045	是
Gamma 分布	0.0816	0.00432	是
正态分布	0.0840	0	是
Burr 分布	0.0854	0	是
高斯逆分布	0.0895	0	是
威布尔分布	0.1056	0	是
逻辑回归分布	0.1063	0	是
帕累托分布	0.1441	0	是
Dagum 分布	0.2085	0	是
F 等级服务水平			
分布	K-S 统计量	p 值	是否拒绝 $\alpha=0.05$(临界值=0.0563)
广义帕累托分布	0.0488	0.0373	否
广义极值分布	0.0708	0	是
帕累托分布	0.0734	0	是
对数正态分布	0.0999	0	是
皮尔逊6分布	0.1021	0	是
高斯逆分布	0.1142	0	是
Gamma 分布	0.1257	0	是
正态分布	0.1352	0	是
爱尔朗分布	0.1435	0	是
逻辑回归分布	0.1454	0	是
威布尔分布	0.1528	0	是
均匀分布	0.1819	0	是
Dagum 分布	0.5915	0	是
Burr 分布	No fit		

最终选出的各等级服务水平路段所适合的最优分布见表4-4。结果显示,A等级服务水平的单位距离出行时间所适合的最优分布为广义极值分布,其余B~F等级服务水平单位距离出行时间适合的分布均为广义帕累托分布。

各等级服务水平最优分布　　表4-4

服务水平等级	分　布	K-S统计量	p　值
A	广义极值分布	0.0481	0.1317
B	广义帕累托分布	0.0183	0.2564
C	广义帕累托分布	0.0110	0.7237
D	广义帕累托分布	0.0222	0.7638
E	广义帕累托分布	0.0270	0.8848
F	广义帕累托分布	0.0488	0.0373

A等级服务水平的单位距离出行时间所适合的最优分布广义极值分布的概率密度函数为:

$$f(t_i;k_i,\mu_i,\sigma_i)=\frac{1}{\sigma_i}\left[1+k_i\left(\frac{t_i-\mu_i}{\sigma_i}\right)\right]^{(-1/k_i)-1}\exp\left\{-\left[1+k_i\left(\frac{t_i-\mu_i}{\sigma_i}\right)\right]^{-1/k_i}\right\} \tag{4-13}$$

其中,$1+k_i(t_i-\mu_i)/\sigma_i>0$。$u_i\in R$是位置参数,$\sigma_i>0$是范围参数,$k_i\in R$是形状参数。这些参数均由Pitman[24]定义。

B~F等级服务水平单位距离出行时间适合的分布广义帕累托分布的概率密度函数为:

$$f(t_i;k_i;\mu_i,\sigma_i)=\frac{1}{\sigma_i}\left[1+k_i\left(\frac{t_i-\mu_i}{\sigma_i}\right)\right]^{(-1/k_i)-1} \tag{4-14}$$

其中:当$k_i>0$时,$t_i>\mu_i$;当$k_i<0$时,$u_i\leqslant t_i\leqslant u_i-\sigma_i/k_i$。同样,$u_i\in R$是位置参数,$\sigma_i>0$是范围参数,$k_i\in R$是形状参数。

各个服务水平等级分布的参数通过极大似然估计方法计算,结果见表4-5。

各等级服务水平单位距离出行时间分布参数　　表4-5

服务水平等级	分　布	参　数　值		
		k	$\sigma(\times10^{-2})$	$\mu(\times10^{-2})$
A	广义极值分布	-0.8590	0.1951	4.8504
B	广义帕累托分布	-1.0731	1.5837	5.1102
C	广义帕累托分布	-0.6238	1.8975	6.6110
D	广义帕累托分布	-0.5529	1.6034	9.4480
E	广义帕累托分布	-0.7968	2.6498	12.0210
F	广义帕累托分布	-0.0447	9.7837	14.7430

以上,在对浮动车数据进行处理的基础上,对城市快速路路段上的单位距离出行时间分布进行了检验,选取了广义极值分布(A等级服务水平)与广义帕累托分布(B~F等级服务水平)为最优分布,以方便对路段上一天内不同时刻以及不同的道路情况进行研究。最后通过极大似然估计的方法对分布的参数进行了估计,获取的分布参数可直接用于可靠性建模

的计算中。

4.5.2　城市快速路出行时间可靠性模型理论分析

由于交通波的动态性,一定服务水平等级下的路段长度也在时刻变化,计算车辆在每一种服务水平等级路段上的实际走行距离,是可靠性模型测算中另外一项重要工作。对路段上的交通流特性进行分析是车辆在路段上实际走行距离计算工作的基础。

交通流是行人流与车流的统称[22]。交通流的基本参数包括交通量、速度和密度。交通量是一定时空范围内的人流、车流数量。

车速有宏观车速和微观车速之分。微观车速是指某个特定车辆的速度或某个特定地点的车辆速度,也叫地点车速。宏观车速是指在一定的空间或者时间范围内车速的总体情况,即平均车速。平均车速有时间平均车速与空间平均车速之分。时间平均车速是一定时空范围内所有车辆地点车速的算术平均值。空间平均车速是车辆行驶距离与行驶时间的比值;也有定义空间平均车速为某一时刻,某条路段上所有车辆的地点车速平均值。一般情况下,认为空间平均速度能够更好地描述空间路网的一般特征。

密度指某时单位距离车道上的车辆数。

交通流基础模型表征了流量、速度和密度的关系:

$$q = \bar{u}_s k \tag{4-15}$$

式中:q——交通量;

k——密度;

$\bar{u}_s$——空间平均速度。

此外,交通流模型还包括三个交通流参数两两之间的关系模型,即速度—流量模型、速度—密度模型、流量—密度模型。

最早的、也是应用最广泛的速度—密度模型是格林希尔兹于 1935 年提出来的线性关系模型:

$$u = u_f \left(1 - \frac{k}{k_j}\right) \tag{4-16}$$

式中:u_f——自由流速度度;

k_j——阻塞密度。

直接使用格林希尔兹模型需获知自由流速度 u_f 和阻塞密度 k_j。自由流速度较容易获得,一般介于道路限速和设计车速之间。对于所研究的城市快速路,以北京市三环道路为代表,限速为 80km/h,自由流速度根据北京市三环快速路全天速度的 90 百分位确定,得到自由流速度 $u_f = 68.4$km/h(19m/s)。阻塞密度一般在 115 ~ 155veh/km 范围内,本章选取阻塞密度 $k_j = 125$veh/km。除线性的格林希尔兹模型之外,常用的速度—密度模型还有格林伯格的对数模型、安德伍德指数模型以及伊迪组合模型。

同样,使用广泛的格林希尔兹线性流量—密度模型,以及速度—流量模型,分别为:

$$q = k u_f \left(1 - \frac{k}{k_j}\right) \tag{4-17}$$

$$q = k_j \left(u - \frac{u^2}{u_f}\right) \tag{4-18}$$

当道路发生拥堵时，前方车辆减速或停止，会看到后方车辆像水流一样逐渐减速或停止（图 4-6），这种现象称为车流的波动。产生的交通波并不是静止的，而是以一定的速度向前或者向后移动，速度的正负以及大小取决于波阵面两端两相邻交通流状态区域交通流参数的大小。交通波模型为：

$$u_w = \frac{q_2 - q_1}{k_2 - k_1} \tag{4-19}$$

式中：u_w——交通波的波速；

q_1、q_2——路段上、下游的交通流量；

k_1、k_2——路段上、下游的交通流密度。

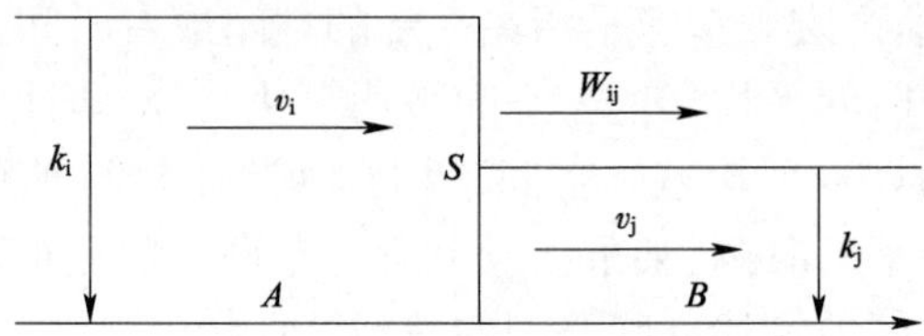

图 4-6　交通波理论图

图 4-7 中 A、B、C 三点对应三种不同的交通流状态，任意两种状态相遇都会产生交通波。从 A 到 B 是集结波，从 B 到 A 是消散波，但两者都是前进波。从 B 到 C 以及 C 到 B 的波速 u_w 均为负值，为后退波。

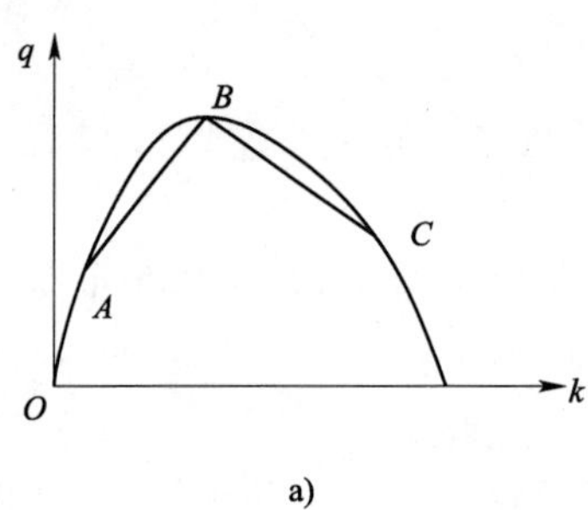

b)

图 4-7　交通波含义示意图

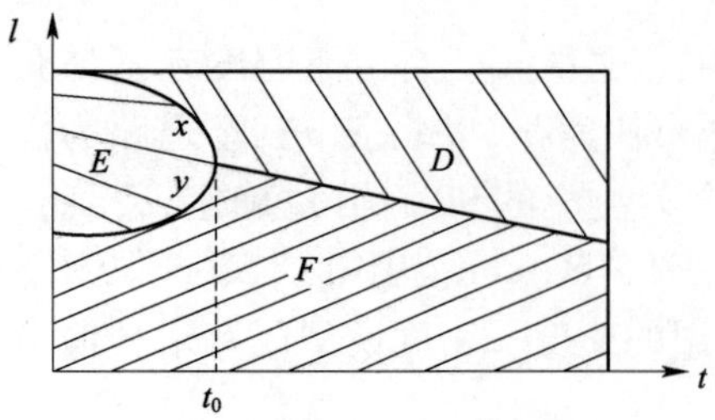

图 4-8　交通特征曲线

根据交通波性质，当交通流状态 D 和 E 形成交通波 x，交通流状态 E 和 F 形成交通波 y，一段时间后，交通波 x 与 y 相遇形成新的交通波 z，此时状态 E 不再存在，而交通流状态 D 与 F 并不会发生改变。如图 4-8 所示。

一辆车（图 4-9 深色车辆）在长为 L 的快速路上通行。通行过程中，车辆会通过 N 个服务水平等级的区域。本章把每一个服务等级的区域定义为一条路段，那么车辆会经过 N 条路段。由于两相邻路段交通流参数的不同，路段的交界面会有交通波产生，因而，车辆会穿过 N-1 个交通波的波阵面。此外，由于交通波的动态性，波阵面左右移动，使得车辆在每条路段上的走行距离动态变化。

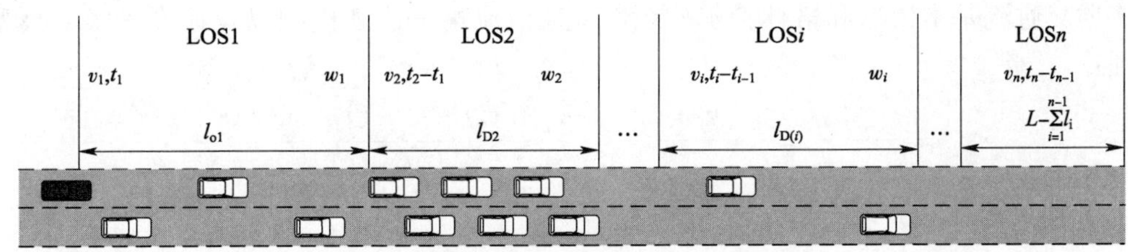

图4-9 车辆在多交通波传播的城市快速路通行

假定当车辆通位于第 i 个服务等级路段 LOSi($i=1,2,\cdots,n$)时,在路段内的速度为恒定值 v_i,下一个相邻波阵面 w_i($i=1,2,\cdots n-1$),波速 $v_s(i)$,车辆进入路段时与 w_i 距离 $l_{o(i)}$,与 w_{i+1}距离 $l_{D(i+1)}$,以此类推。车辆在第 i 个服务水平等级路段上的实际走行距离为 l_i。定义车辆通过整条路径所用时间为 T_{sum},T_i 为车辆进入路径到经过波阵面 w_i 所用时间,因而,车辆在第 N 条路段上的通行时间为 T_i-T_{i-1}(假设 $T_0=0$)。设车辆速度 v_i 方向为正方向。

交通波的左右移动以及交通波相遇等情况都会对车辆在每一种服务水平等级路段上的走行距离造成影响。如图4-10所示,假定车辆在快速路通行过程中,只有上游、下游两个相邻的交通波会对车辆的通行造成影响,因而只分析上游 $w_{up.(i-1)}$、下游 $w_{down.i}$两相邻交通波的运动情况。

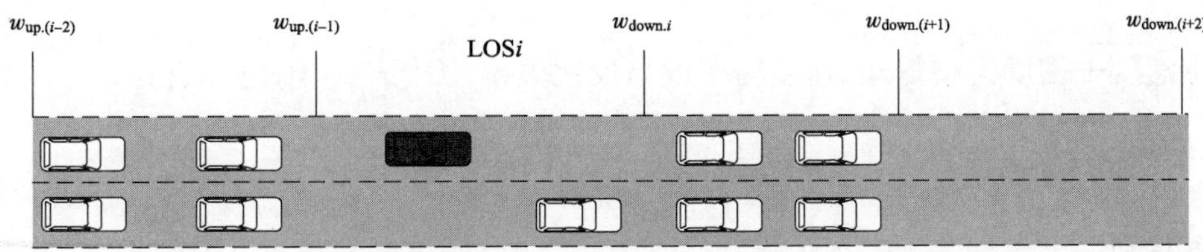

图4-10 车辆走行过程中交通波与车辆相对位置示意图

1)上下游交通波都无相遇情况

当车辆在第 i 个服务水平等级路段通行过程中,上游 $w_{up.(i-1)}$、下游 $w_{down.i}$两交通波都未与其他交通波相遇,当车辆进入此路段时,与下游交通波 $w_{down.i}$之间的距离为 $l_{o(i)}$,在 P 点与交通波 $w_{down.i}$相遇,在第 i 个服务水平等级路段内走行距离为 l_i,如图4-11所示。

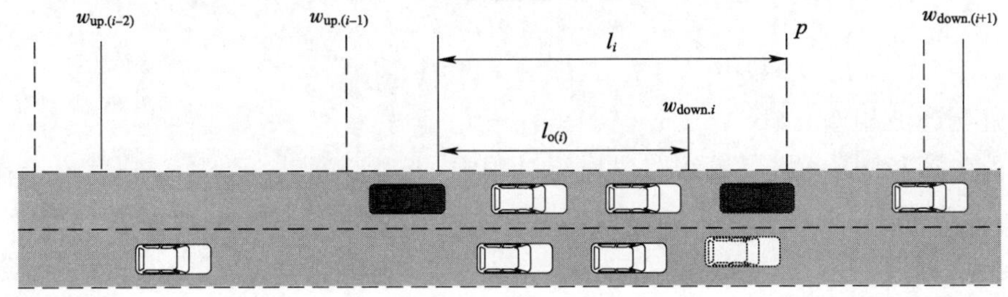

图4-11 无交通波相遇

根据交通波模型,交通波 $w_{down.i}$的波速为 $v_{s(i)}$:

$$v_{s(i)}=\frac{q_{i+1}-q_i}{k_{i+1}-k_i} \tag{4-20}$$

式中:k_i、q_i——第 i 个服务等级路段上的密度和流率;

k_{i+1}、q_{i+1}——第 $i+1$ 个服务等级路段上的密度和流率。

依据交通流基本模型和格林希尔兹线性交通流流量—速度模型以及速度—密度模型可以得到：

$$v_{s(i)}=\frac{q_{i+1}-q_i}{k_{j+1}-k_i}=\frac{k_j\cdot(\bar{v}_{i+1}-\bar{v}_{i+1}^2/v_f)-k_j\cdot(\bar{v}_i-\bar{v}_i^2/v_f)}{k_j\cdot(\bar{v}_{i+1}-\bar{v}_{i+1}^2/v_f)/\bar{v}_{i+1}-k_j\cdot(\bar{v}_i-\bar{v}_i^2/v_f)/\bar{v}_i}=\bar{v}_i+\bar{v}_{i+1}-v_f \tag{4-21}$$

式中：$\bar{v}_i$、$\bar{v}_{i+1}$——第 i 个和第 $i+1$ 个服务等级路段上的平均速度；

v_f——自由流速度。

车辆在第 i 个服务水平等级路段通行所用的时间为：

$$T_i-T_{i-1}=\frac{l_{o(i)}}{v_i-v_{s(i)}} \tag{4-22}$$

为了验证式(4-22)是否成立，进行以下推导。交通波模型可以表示为：

$$v_{s(i)}=\frac{dq_i}{dk_i} \tag{4-23}$$

根据交通流基本模型有：

$$\frac{dq_i}{dk_i}=v_i+k_i\frac{dv_i}{dk_i} \tag{4-24}$$

依据速度—密度模型得知，速度与密度呈反比关系，因而$\frac{dv_i}{dk_i}<0$，进而有：

$$v_i+k_i\frac{dv_i}{dk_i}\leqslant v_i \tag{4-25}$$

因而得到：

$$v_{s(i)}=v_i+k_i\frac{dv_i}{dk_i}\leqslant v_i \tag{4-26}$$

当 $v_{s(i)}=v_i$ 时，$dv_i=0$，交通波不存在，所以 $v_{s(i)}<v_i$。因而，由式(4-22)可以计算出行时间。在这种情况下，车辆在第 i 个服务水平等级路段通行的实际距离 l_i 为：

$$\begin{cases}l_i=v_i\cdot(T_i-T_{i-1})=\dfrac{v_i l_{o(i)}}{v_i+v_f-(\bar{v}_i+\bar{v}_{i+1})},i=1,2,3,\cdots,n-1\\ l_i=L-l_1-\cdots l_i\cdots-l_{n-1},i=n\end{cases} \tag{4-27}$$

2）上游交通波相遇

当车辆在第 i 个服务水平等级路段通行过程中，上游交通波 $w_{up.(i-1)}$ 与 $w_{up.(i-2)}$ 在 q 点相遇(图 4-12)。根据交通波性质，当交通流状态 D 和 E 形成交通波 x，交通流状态 E 和 F 形成交通波 y，一段时间后，交通波 x 与 y 相遇形成新的交通波 z，此时状态 E 不再存在，而交通流状态 D 与 F 并不会发生改变，如图 4-8 所示。由此可知，上游交通波的相遇并不会对车辆的运行状态、运行时间以及在相应服务水平等级路段的走行距离造成影响。因而在这种情况下，路段长度 l_i 的计算方法与上下游交通波都无相遇情况相同，参照式(4-27)。

3）下游交通波相遇

由于下游交通波的移动与相遇会对车辆的运行造成影响，且可能会有多个交通波相遇的情况发生，这种情况最为复杂。

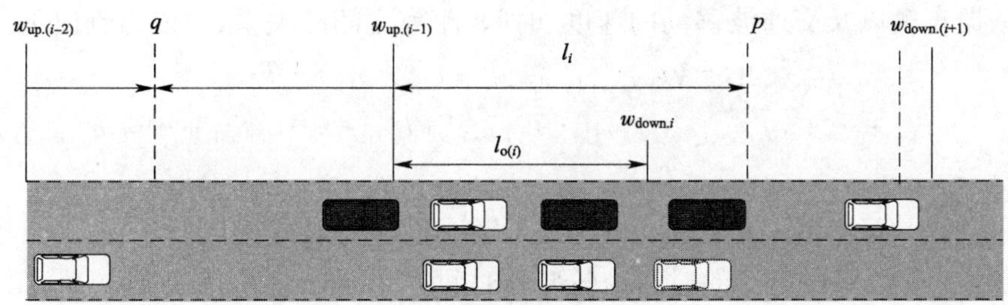

图 4-12 上游交通波相遇

当车辆在第 i 个服务水平等级路段通行过程中，下游交通波 $w_{\text{down.}(i)}$ 和 $w_{\text{down.}(i+1)}$ 在 q 点相遇（图 4-13）并形成新的交通波 $w_{\text{down.}(i)(i+1)}$。一段时间后，车辆与新形成的交通波 $w_{\text{down}(i)(i+1)}$ 相遇，也就是说，车辆在第 i 个服务水平等级路段通行过程中发生了一次交通波相遇的情况。

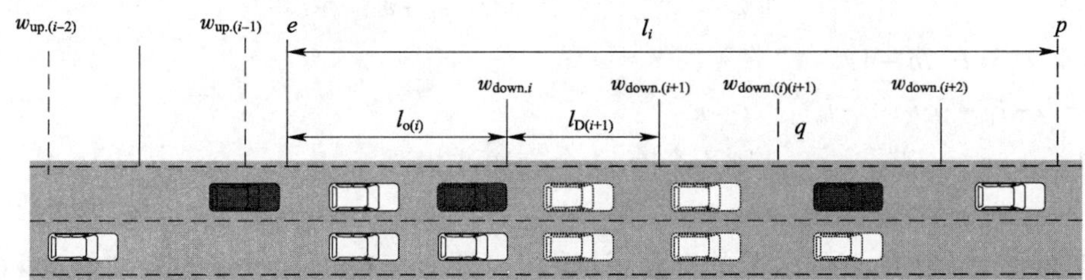

图 4-13 下游交通波相遇

根据式(4-21)，得到新形成的交通波 $w_{\text{down}(i)(i+1)}$ 的波速为 $v_{s(i)(i+1)}$：

$$v_{s(i)(i+1)} = \bar{v}_i + \bar{v}_{i+2} - v_f \tag{4-28}$$

依据车辆以及交通波移动的速度、时间、距离之间的关系，可以得到以下关系式：

$$l_{D(i+1)} = (v_{s(i)} - v_{s(i+1)}) \cdot T_{i.1} \tag{4-29}$$

$$v_{s(i)} \cdot T_{i.1} + l_{o(i)} - v_i \cdot T_{i.1} = (v_i - v_{s(i)(i+1)}) \cdot T_{i.2} \tag{4-30}$$

其中，$T_{i.1}$是车辆在 e 点（图 4-13）进入第 i 个服务水平等级路段到下游的两个交通波在 q 点相遇所用的时间。$T_{i.2}$是从下游两个交通波相遇到在 q 点车辆通过相遇的交通波为止所用的时间。

此时，车辆在第 i 个服务水平等级路段走行的时间为两部分时间之和，即：

$$T_{i.1} + T_{i.2} = T_i - T_{i-1} \tag{4-31}$$

$T_{i.1}$与 $T_{i.2}$的值可以根据式(4-29)与式(4-30)得到。依据式(4-28)～式(4-31)可以计算车辆在此服务等级路段上走过的距离：

$$l_i = v_i \cdot (T_i - T_{i-1}) = v_i \cdot \left[\frac{l_{o(i)} + l_{D(i+1)} \cdot (\bar{v}_{i+1} - \bar{v}_{i+2})/(\bar{v}_i - \bar{v}_{i+1})}{v_i - \bar{v}_i - \bar{v}_{i+2} + v_f} \right] \tag{4-32}$$

将下游只有一次交通波相遇的结论推广到一般情况，即当车辆在第 i 个服务水平等级路段走行的过程中，下游发生了 m 次交通波的相遇（$m \geqslant 2$）。

第 m 次相遇所形成的交通波 $w_{s(i)(i+1)\cdots(i+m-1)}$ 的波速为 $v_{s(i)(i+1)\cdots(i+m-1)}$。根据交通波模型的推广公式(4-21)得到：

$$v_{s(i)(i+1)\cdots(i+m-1)} = \bar{v}_i + \bar{v}_{i+m} - \bar{v}_f \tag{4-33}$$

同样依据车辆以及交通波移动的速度、时间、距离之间的关系，可以得到以下关系式：

$$l_{D(i+m-1)}=(v_{s(i)(i+1)\cdots(m-2)}-v_{s(i+m-1)})\cdot T_{i.(m-1)} \tag{4-34}$$

$$\begin{aligned}&v_{s(i)}\cdot T_{i.1}+\cdots+v_{s(i)(i+1)\cdots(i+m-2)}\cdot T_{i.(m-1)}+l_{o(i)}-v_i\cdot(T_{i.1}+\cdots+T_{i.(m-1)})\\&=(v_i-v_{s(i)(i+1)\cdots(i+m-1)})\cdot T_{i.m}\end{aligned} \tag{4-35}$$

同理，$T_{i,m}$是从第 $m-1$ 次交通波相遇到车辆通过最终形成交通波所用的时间。车辆在第 i 个服务水平等级路段走行的时间为各部分时间之和，即：

$$T_{i.1}+T_{i.2}+\cdots+T_{i,m}=T_i-T_{i-1} \tag{4-36}$$

于是，得到了当有 m 次交通波的相遇时，车辆在第 i 个服务水平等级路段的一般化走行距离计算公式：

$$\begin{cases}l_i=v_i\cdot(T_i-T_{i-1})=v_i\cdot\left[\dfrac{l_{o(i)}+l_{D(i+1)}\cdot\dfrac{\bar{v}_{i+1}-\bar{v}_{i+m}}{\bar{v}_i-\bar{v}_{i+2}}+\cdots l_{D(i+m-1)}\cdot\dfrac{\bar{v}_{i+m-1}-\bar{v}_{i+m}}{\bar{v}_i-\bar{v}_{i+m}}}{v_i-\bar{v}_i-\bar{v}_{i+m}+v_f}\right]\\ i=1,2,3,\cdots,n-1\\ l_1=L-l_1-\cdots l_i\cdots-l_{n-1}\quad i=n\end{cases} \tag{4-37}$$

其中，$\bar{v}_i\neq\bar{v}_{i+m}$，若 $\bar{v}_i=\bar{v}_{i+m}$，则不会有 m 个交通波相遇。

4）交通波相遇情况判定

考虑到以上列出的三种情况的存在，计算时需要对车辆走行过程中遇到的实际情况进行判定，即判断出车辆走行过程中，上下游交通波相遇的实际情况，从而计算出车辆在相应的服务水平路段上走过的实际距离。

当车辆在第 i 个服务等级路段上通行时，若下游交通波 $w_{\text{dowm}(i)}$ 与 $w_{\text{down}(i+1)}$ 相遇，则根据车辆及交通波走行距离、速度、时间关系可以得到如下关系式：

$$v_iT_{i.1}<l_{o.i}+v_{s(i)}T_{i.1} \tag{4-38}$$

根据交通波速度计算公式可以得到：

$$\frac{v_i-\bar{v}_i-\bar{v}_{i+1}+v_f}{\bar{v}_i-\bar{v}_{i+1}}l_{D(i+1)}\leqslant l_{o(i)} \tag{4-39}$$

其中，$\bar{v}_i\neq\bar{v}_{i+2}$，如果 $\bar{v}_i=\bar{v}_{i+2}$，不会有 m 个交通波相遇。

式(4-39)即为车辆在相应路段上通行时，下游两个交通波相遇所需要满足的条件。若将此关系式拓展到一般情况，当下游有 m 个交通波相遇时，有如下关系式：

$$v_i(T_{i.1}+T_{i.2}+\cdots+T_{i.(m-1)})<l_{o(i)}+v_{s(i)}T_{i.1}+v_{s(i)(i+1)}T_{i.2}\cdots+v_{s(i)(i+1)}\cdots_{(i+m-2)}T_{i.(m-1)} \tag{4-40}$$

结合上式与交通波速度计算公式(4-27)，可以得到：

$$\frac{v_i-\bar{v}_i-\bar{v}_{i+1}+v_f}{\bar{v}_i-\bar{v}_{i+2}}l_{D(i+1)}+\frac{v_i-\bar{v}_i-\bar{v}_{i+2}+v_f}{\bar{v}_i-\bar{v}_{i+3}}l_{D(i+2)}+\cdots+\frac{v_i-\bar{v}_i-\bar{v}_{i+m-1}+v_f}{\bar{v}_i-\bar{v}_{i+m}}f_{D(i+m-1)}\leqslant l_{o(i)} \tag{4-41}$$

式(4-39)即为车辆在相应路段上通行时，下游 m 个交通波相遇所需要满足的条件。式(4-42)为不会有 $m+1$ 个交通波相遇的判定公式。也就是说，结合式(4-40)与式(4-41)可以计算出车辆在第 i 个服务等级路段通行时，下游总共相遇的交通波的个数 m。

$$\frac{v_i-\bar{v}_i-\bar{v}_{i+1}+v_f}{\bar{v}_i-\bar{v}_{i+2}}l_{D(i+1)}+\cdots+\frac{v_i-\bar{v}_i-\bar{v}_{i+n-1}+v_f}{\bar{v}_i-\bar{v}_{i+n}}l_{D(i+m-1)}+\frac{v_i-\bar{v}_i-\bar{v}_{i+m}+v_f}{\bar{v}_i-\bar{v}_{i+m+1}}l_{D(i+m)}>l_{o(i)} \tag{4-42}$$

综合以上分析,得到车辆通行时交通波相遇的判定流程:

首先根据式(4-39)判断车辆下游两个相邻交通波是否会相遇。若公式成立,则说明车辆在第 i 个服务等级路段通行时,下游两个交通波相遇,进而根据式(4-41)与式(4-42)判断车辆在第 i 个服务等级路段通行时,下游相遇交通波的总个数 m,而后根据式(4-37)对车辆在第 i 个服务等级路段通行的实际距离进行计算;若判断式(4-39)不成立,则根据式(4-27)对车辆的通行距离进行计算。流程结束后,进行下一路段的判定。交通波相遇情况判定以及通行距离计算的具体流程见图 4-14。

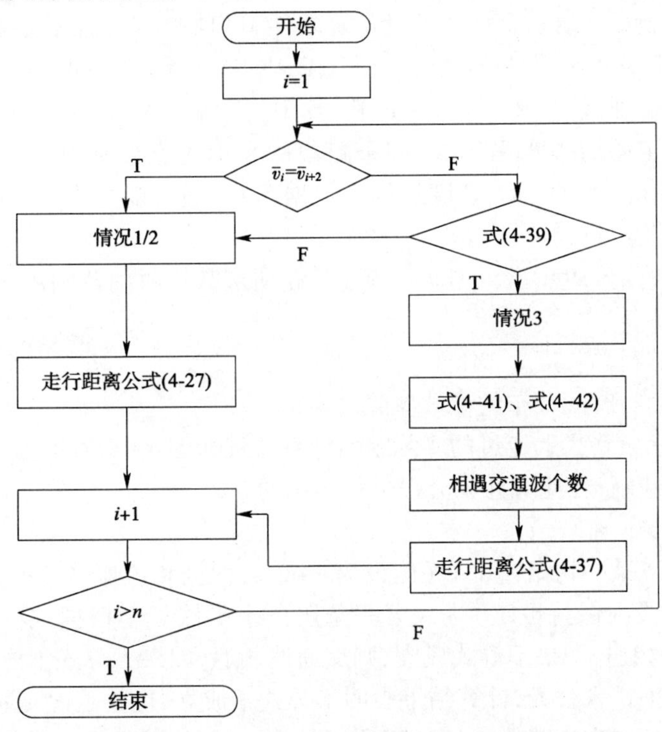

图 4-14 交通波相遇与通行距离计算流程图

通过对出行时间可靠性基本模型以及模型参数的研究,将模型参数的计算与基本模型相结合,得到出行时间可靠性的具体计算形式。

其中概率密度函数形式为:

$$\begin{aligned} f_{ri}(T_i-T_{i-1}|s_i) &= f(l_it_i;k_i,l_i\mu_i,l_i\sigma_i) \\ &= \frac{1}{l_i\sigma_i}\left[1+k_i\left(\frac{l_it_i-l_i\mu_i}{l_i\sigma_i}\right)\right]^{(-1/k_i)-1}\exp\left\{-\left[1+k_i\left(\frac{l_it_i-l_i\mu_i}{l_i\sigma_i}\right)\right]^{-1/k_i}\right\} \end{aligned} \tag{4-43}$$

或者

$$f_{ri}(T_i-T_{i-1}|s_i)=f(l_it_i;k_i,l_i\mu_i,l_i\sigma_i)=\frac{1}{l_i\sigma_i}\left[1+k_i\left(\frac{l_it_i-l_i\mu_i}{l_i\sigma_i}\right)\right]^{(-1/k_i)-1} \tag{4-44}$$

式中：k_i、μ_i 和 σ_i——单位距离出行时间分布的分布参数，l_i 是车辆在相应服务水平等级路段上走过的实际距离（参照图4-14计算）。

在交通流基本理论的支撑下，本节重点分析了在交通波作用下，处于不同服务水平等级的城市快速路的交通流特征。同时通过对不同交通波相遇情况的讨论，分别推导了车辆上下游均无交通波相遇、车辆上游有交通波相遇、车辆下游有交通波相遇三种情况下，车辆在相应的服务水平等级路段上走行距离的计算公式，从而计算车辆总的走行距离，为出行时间可靠性模型的建立与计算奠定基础。

4.5.3 城市快速路出行时间可靠性模型仿真分析

为更好地解释本章所提出的出行时间可靠性模型，本节给出了基于模型的四条路段组成的路径的仿真案例。仿真过程应用数学仿真软件MATLAB完成。仿真参数设置如下：

（1）四条路段服务水平等级依次为C、F、D、E，则C－F等级之间，F－D等级之间，D－E等级之间形成三个交通波，定义为波C－F、F－D、D－E。

（2）根据所设定的服务水平等级，四条路段的平均速度分别设为：$\bar{v}_1=13.3\text{m/s}$，$\bar{v}_2=6.1\text{m/s}$，$\bar{v}_3=10\text{m/s}$，$\bar{v}_4=8.1\text{m/s}$。速度的设定根据《道路通行能力手册》中相应服务水平等级速度划分边界的均值进行计算。

（3）自由流速度 $v_f=19\text{m/s}$，根据北京市三环路所选数据时间范围内所有速度数据的90百分位确定。

（4）假定所选路径总长度 $L=4\text{km}$。各条路段初始长度 $l_{o(1)}=l_{D(2)}=l_{D(3)}=l_{D(4)}=1\text{km}$。

（5）单位距离出行时间分布的参数参照表4-5。

（6）车辆在每一条路径上走过的实际距离计算流程如图4-14所示。为了使车辆走行距离的计算过程更加清晰，在此对计算流程进行详细的介绍：

①首先判定 $\bar{v}_1\neq\bar{v}_2\neq\bar{v}_3\neq\bar{v}_4$；

②假定一辆车以某一初始速度 v_1（假设为14m/s，依据相应服务水平等级设定，且假定在同一服务水平路段内保持恒定）进入第一条服务水平路段。根据式（4-39）判断交通波C－F与F－D是否相遇，如果不等式成立，则交通波相遇，如果不等式不成立，则两个交通波不相遇。将速度数据带入公式，计算结果表明不等式不成立，也就是说交通波C－F与F－D并不相遇。因而前两个交通波的走行过程属于情况1或2，则根据式（4-27）计算车辆在C等级服务水平路段内的走行距离。计算结果为 $l_1=1029.4\text{m}$。

③而后，车辆进入F等级服务水平路段，初始速度 v_2（假定为5m/s），进行与步骤②相同的程序，根据式（4-39）计算F－D与D－E两个交通波相遇的情况。计算结果公式成立，即F－D与D－E两个交通波相遇。

④由于交通波的相遇，则判定为情况3发生，需要根据式（4-41）与式（4-42）计算交通波相遇的个数 m。而后，根据式（4-37）计算车辆在F服务水平等级路段内走过的实际距离。计算结果为 $l_2=994.9\text{m}$。

⑤由于交通波的相遇，车辆并不走过D等级服务水平而直接进入E等级服务水平路段，在路段内的走行距离为 $l_3=L-l_1-l_2=1975.7(\text{m})$。

至此，车辆实际走行距离的计算流程结束，计算得到了车辆在三个服务水平路段内的实际走行距离。

获得以上参数,运用 MATLAB 进行仿真,仿真结果如图 4-15 与图 4-16 所示。图中显示,由于交通波的相遇,车辆只经过三个不同服务水平路段,即 C、F、E 服务水平等级路段。

可靠性曲线如图 4-15 所示,整条路径的可靠性远低于各条路段。此外,由可靠性曲线可以获得车辆出行时间的波动范围,例如,通过整条路径的时间范围为[408s,660s],估算结果可以辅助驾驶人更合理地安排出行。

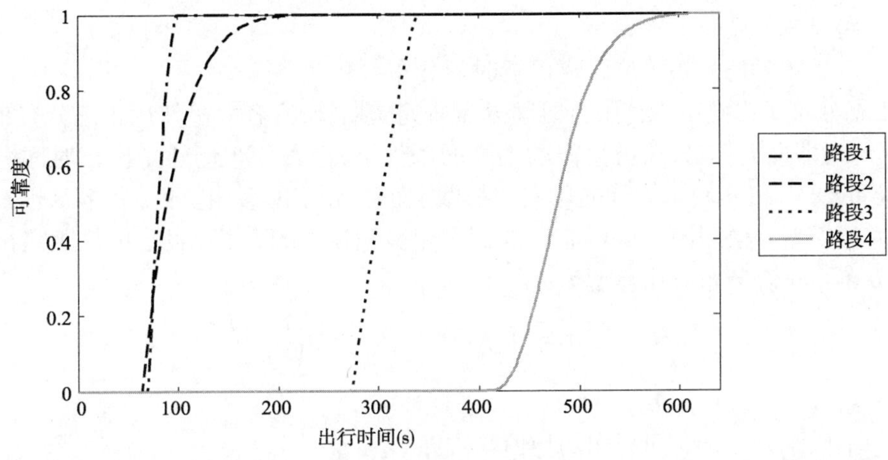

图 4-15 可靠性仿真曲线

出行时间概率密度曲线图(图 4-16)显示出出行时间分布明显的偏斜特性,即长拖尾特征。这与 Taylor[25] 和 van Lint[26] 的研究结果一致。观察图像发现,服务水平等级越低,偏斜特征越明显,这与实际出行经验一致。

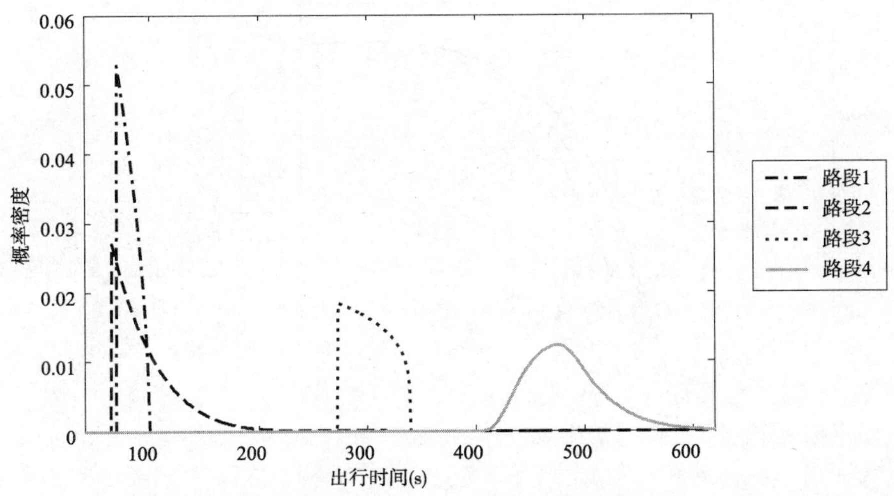

图 4-16 出行时间概率密度仿真曲线

通过将本章提出的出行时间可靠性模型与常用的出行时间可靠性模型进行对比,来验证本章模型的正确性,共对比了以下 3 个出行时间可靠性模型:

(1)本章所提出的出行时间可靠性模型。

(2)广义帕累托对比模型。这个模型从概率定义角度建立,但是模型中未考虑道路不同服务水平等级以及交通波的存在。广义帕累托对比模型中单位距离出行时间服从广义帕累托分布。这个模型中未考虑广义极值分布,因为在实际道路上,车辆处于A等级服务水平的情况较少,即服从广义极值分布的出行时间数据较少,大多数据均服从广义帕累托分布。因而采用广义帕累托分布模型进行对比分析。广义帕累托分布对比模型为:

$$p_{\mathrm{r}}(t \leqslant t_{\mathrm{c}} \mid s) = \int_0^{t_{\mathrm{c}}} f_{\mathrm{r}}(t \mid s)\,\mathrm{d}t = \int_0^{t_{\mathrm{c}}} \frac{1}{L\sigma}\left[1 + k\left(\frac{t - L\mu}{L\sigma}\right)\right]^{(-1/k)-1}\mathrm{d}t \tag{4-45}$$

式中:L——路段总长度;

k、σ、μ——广义帕累托分布单位距离出行时间分布参数。

(3)正态分布对比模型。在出行时间分布研究初期,研究者大多使用正态分布来描述出行时间的分布,即使近年来,在精度需求不高的条件下,正态分布仍然是出行时间分布的普遍选择,Alvarezz[27]和Rakha[28]等的研究中都做了正态分布的假定。因而,本章也对比了正态分布可靠性模型。模型同样从可靠性的概率定义角度进行建模,假定单位距离出行时间服从正态分布。正态分布对比模型为:

$$p_{\mathrm{r}}(t \leqslant t_{\mathrm{c}} \mid s) = \int_0^{t_{\mathrm{c}}} f_{\mathrm{r}}(t \mid s)\,\mathrm{d}t = \Phi\left(\frac{t_{\mathrm{c}} - L\bar{t}}{L^2\sigma^2}\right) \tag{4-46}$$

式中:L——路段总长度;

$\bar{t}$、σ^2——单位距离出行时间分布的均值与方差。

选定3种模型后,通过仿真的方法分别对比了3种模型的可靠性曲线与概率密度曲线,对比结果见图4-17与图4-18。

可靠性对比曲线(图4-17)表明,当出行时间高于30s后,相同出行时间下,本章模型的可靠性预测值要略高于正态分布对比模型与广义帕累托分布对比模型的可靠性预测值。

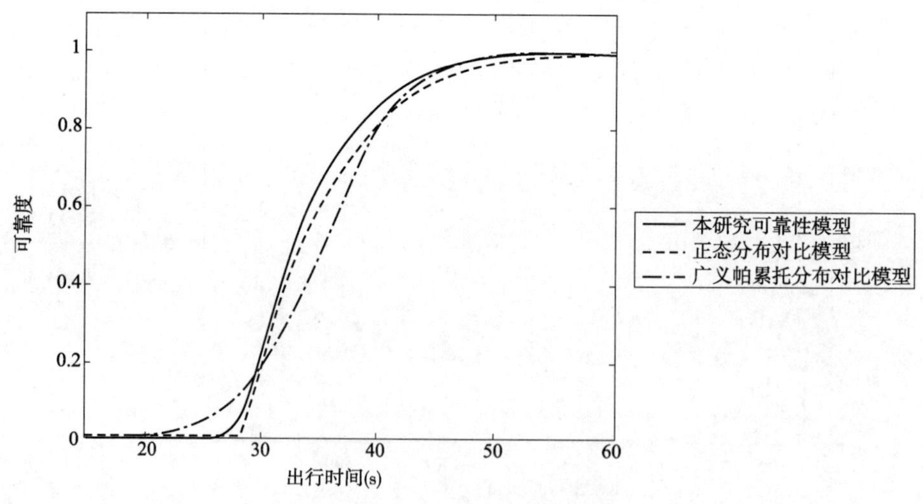

图4-17 3种模型可靠性对比结果

概率密度曲线的对比(图4-18)表明,正态分布模型并不能描述出行时间分布的偏斜性,广义帕累托分布对比模型对于出行时间分布偏斜性的预测要大于本章所提出的出行时间可靠性模型。

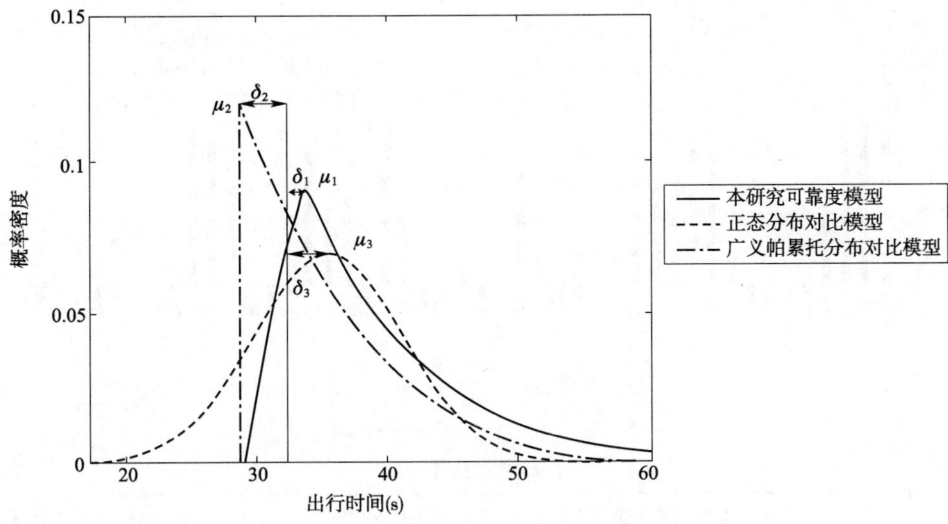

图 4-18 3 种模型概率密度对比结果

选取概率密度曲线中的最大值μ为模型预测的出行时间，则本章所提出可靠性模型、正态分布对比模型、广义帕累托分布对比模型 3 个模型的预测值分别为μ_1、μ_2、μ_3。将 3 个模型的预测出行时间与实际出行时间进行对比，将预测值与实际值之间的距离定义为偏差δ，则本文所提的可靠性模型、正态分布对比模型、广义帕累托分布对比模型 3 个模型的偏差值分别为δ_1、δ_2和δ_3。偏差值越小，说明模型的预测精度越高。

共获取 44 组有效实验数据，因而进行了 44 组有效的实验，统计对比 3 个模型的预测偏差大小。预测结果见图 4-19 ~ 图 4-21 与表 4-6。

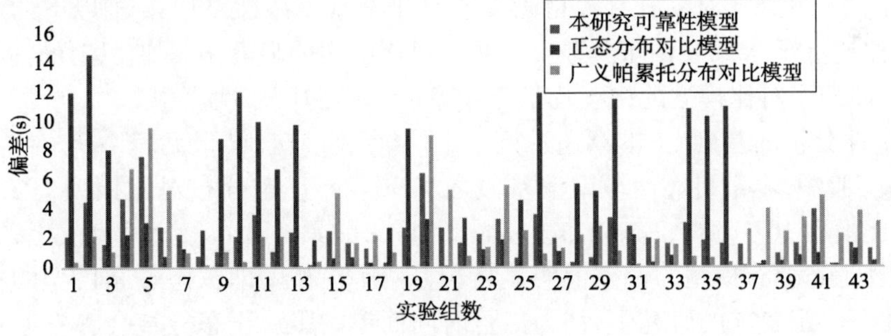

图 4-19 偏差值对比

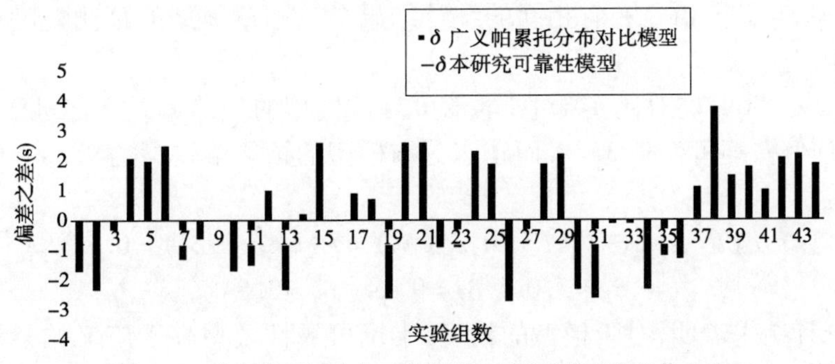

图 4-20 广义帕累托分布对比模型与可靠性模型偏差值之差

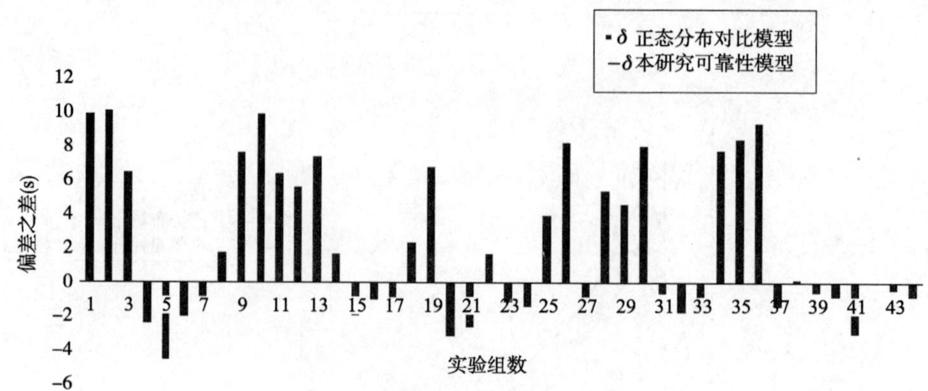

图 4-21 正态分布对比模型与可靠性模型偏差值之差

偏差值对比结果 表 4-6

模型	本研究可靠度模型(s)	广义帕累托对比模型(s)	正态分布对比模型(s)
求和	96.2	107.5	197.5
均值	2.2	2.5	4.5
80 百分位	3.0	3.8	9.8

根据对比结果图与统计表,得出以下结论:

(1)图 4-19 是 44 组实验中三个出行时间可靠性模型预测偏差值的对比柱状图,柱形条越高,偏差越大,精度越低。从对比图中明显看出,正态分布可靠性对比模型的精度要明显低于另两个可靠性模型。

(2)图 4-20 和图 4-21 是两个可靠性对比模型与本章模型预测偏差值之差的统计柱状图。x 轴以上的柱状条表征对比模型的偏差要高于本章可靠性模型,x 轴以下的柱状条表征对比模型的偏差低于本章可靠性模型。从两个对比图中明显看出,x 轴以上的柱状条明显多于 x 轴下方,即两个对比模型的精度均低于本章所提出的可靠性模型。

(3)在定性分析的基础上,本章还进行了定量统计。统计结果见表 4-6。结果表明:

①44 组实验中,本章可靠性模型偏差值之和 96.2s、正态分布对比模型 197.5s、广义帕累托分布对比模型 107.5s。正态分布模型最高,广义帕累托分布对比模型次之,本章模型偏差值最低。且正态分布模型的偏差值明显高于另两个模型。即正态分布模型的精度相对较低,在对精度有一定要求的研究中,认为出行时间简单的服从正态分布会有一定的偏差。

②44 组实验中,本章可靠性模型偏差均值 2.2s、正态分布对比模型 4.5s、广义帕累托分布对比模型 2.5s,与偏差值之和有相同的统计结果。且本章模型的预测精度均值较正态分布缩小了 1/2 以上。

③统计结显示,80% 的对比实验中,本章可靠性模型的预测偏差都能低于 3.0s,广义帕累托分布模型预偏差度可低于 3.8s,而正态分布模型的预测偏差高达 9.8s。见式(4-47)与式(4-48):

$$P(t < \mu_1 \pm \delta_1) = P(t < \mu_2 \pm \delta_2) = P(t < \mu_3 \pm \delta_3) = 0.8 \tag{4-47}$$

$$\delta_1 = 3.0\text{s} \quad \delta_2 = 9.8\text{s} \quad \delta_3 = 3.8\text{s} \tag{4-48}$$

(4)以上统计结果表明,对于模型的精度,本章可靠性模型高于广义帕累托分布模型高于正态分布模型。此外,还表明了对于出行时间分布的描述,广义帕累托分布要优于正态分布。

（5）图4-22是本章可靠性模型与正态分布模型对比实例之一，实例表明，即使当本章可靠性模型与正态分布对比模型的预测精度接近时，所提出的可靠性模型也能够大大减小对于出行时间的预测范围。

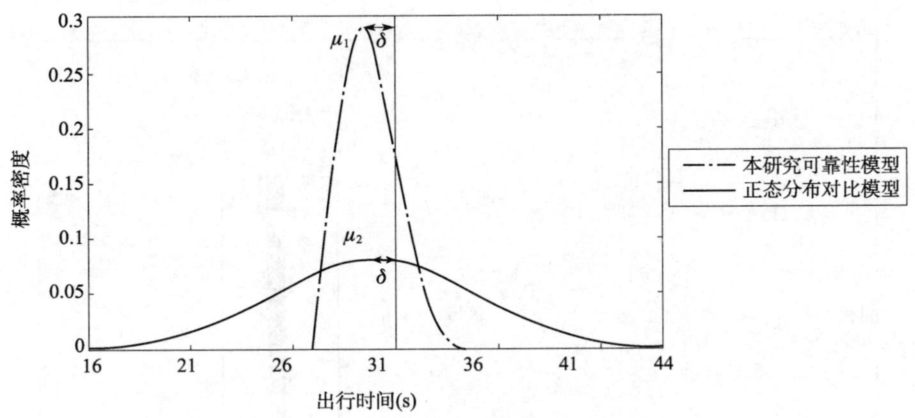

图4-22　出行时间预测范围

综上所述，本章所提出的出行时间可靠性模型可以提高出行时间的预测精度，缩短出行时间预测范围，进而极大地提高了对于出行时间可靠性的估算精度。

本节对出行时间可靠性模型进行了验证分析。首先，对模型进行了仿真分析；然后，介绍了模型验证所用的手机GPS基础数据；最后，通过本章提出的可靠性模型、广义帕累托可靠性模型、正态分布可靠性模型三种模型的对比验证了模型的准度与精度。

4.5.4　模型应用实例分析

建立交通模型的最终目的是应用模型解决实际交通问题。出行者关心的交通可靠性问题主要包括常态下的交通拥堵问题以及异常突发事件导致的出行时间不可控问题。应用模型解决实际问题，可以更好地为出行者提供交通服务。

将提出的可靠性模型应用到北京市西三环实际路段上，分析西三环快速路出行时间可靠性的变化情况。本章选取路段为北京市新兴桥到六里桥两个相邻路段上1天的浮动车数据，见图4-23。区域1是上游路段，长为645.8m，区域2为下游路段，长度116.3m。

图4-24展示了两个区域的速度日变化趋势。以5min为单位绘制的速度曲线波动较大，为了方便分析，绘制了两区域速度的移动平均曲线。如图4-25所示，两条路段的速度虽略有差异，但走势基本一致。全天凌晨0点~5点速度最高，在60km/h左右上下波动，5点之后速度开始下降，8点左右进入早高峰。晚高峰速度达到全天最低，为20km/h左右，19点后晚高峰结束，速度开始逐渐回升，至凌晨又回到速度最高值。在21点左右，速度还有一次下降，分析其原因，可能与该路段位置处的单位工作时间或活动性质有关。

依据本章出行时间可靠性模型，在两区域实际数据基础上，绘制了一天内两区域组成路段的出行时间可靠性变化曲面图，见图4-25。可靠性曲面表征了路径上一天内出行时间可靠性的波动情况：

在早晚高峰时刻，路段上的出行时间可靠性明显较低，其中，晚高峰的降低程度最为明显。这与本章对两区域速度变化趋势的分析相符，即一天内路段的出行时间可靠性变化趋势与速度的变化趋势一致。

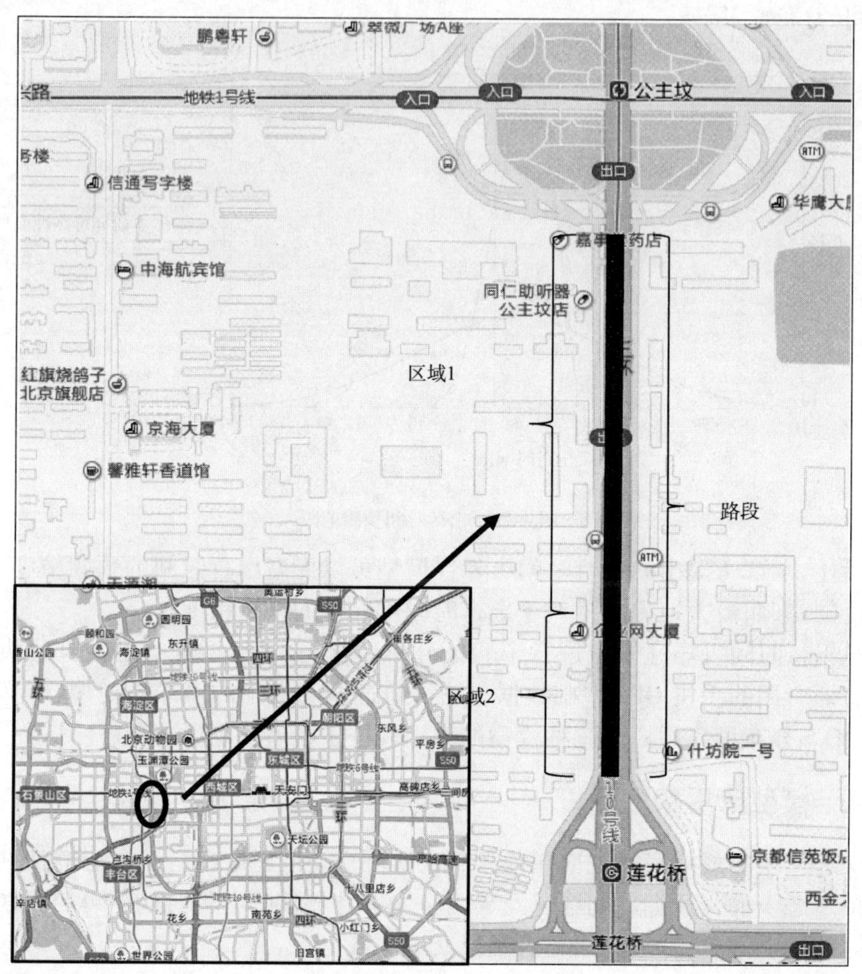

图 4-23　实例路段选取

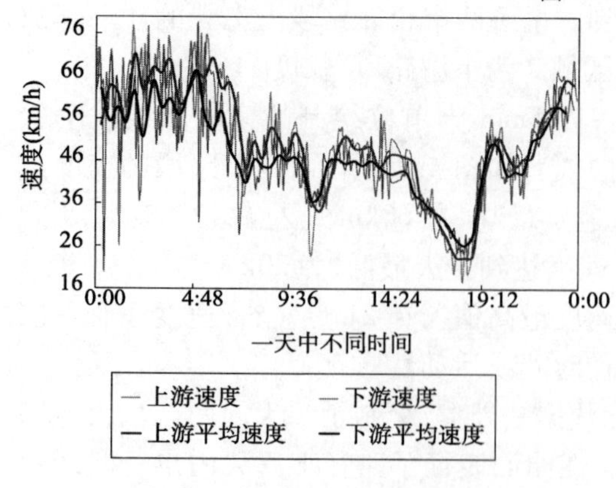

图 4-24　一天内速度变化趋势图

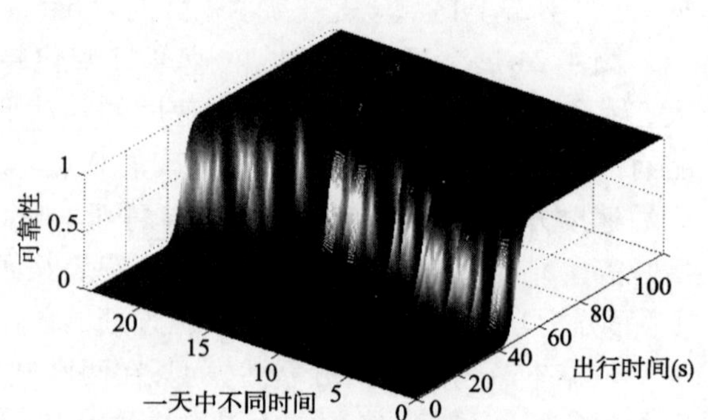

图 4-25　一天内路径出行时间分布变化曲面

4.6 基于短时交通预测的路网出行时间分布研究

首先,本章介绍了研究所使用的浮动车数据情况,包括数据采集的空间位置、数据的类型和数据的时间范围。此外,为了方便接下来的工作,本节对原始数据采取相应的预处理措施,包括异常数据过滤、缺失数据修复、数据当量化及滤波处理。

其次,本章介绍了传统的K近邻回归模型的基本步骤。然后,结合路段的时空关联特征,提出路段间等效距离、时空状态矩阵、高斯加权法等措施来改进传统的K近邻回归模型,并利用实际数据标定模型的参数。通过实例验证,将改进的K近邻回归模型的预测效果与其他预测模型进行比较。

采用K近邻回归模型来研究短时交通预测需要首先确定当前时刻的交通状态,然后在历史数据库中寻找与其相似的交通状态,通过研究相似的交通状态的演化规律来完成对当前时刻的预测。传统的K近邻回归模型的一般步骤为:(1)采用历史数据构建样本数据库,预测交通状态通常采用交通量或速度作为参数。(2)定义合适的参数时间序列来描述当前及历史时刻的交通状态。(3)计算历史样本数据和当前状态的数据时间序列之间的欧式距离来选择k个样本数据作为近邻样本。(4)通过计算近邻样本在之后时刻数值序列的均值作为预测路段未来交通状态的预测。

传统的K近邻回归模型已经被应用到许多的研究中,但模型本身还存在着需要进一步改进的空间。由于传统的K近邻模型使用的方法过于简单,只是考虑了预测路段自身的数据,而没有综合考虑预测路段及其周围路段的数据,导致其预测结果通常精度不高且具有时间滞后性。因此,本章考虑了时空关联特征,并采用了高斯加权法来改进传统的K近邻回归模型。

4.6.1 浮动车数据情况

浮动车技术是一种采集交通数据的常用方法,它通常由车载无线通信设备、无线通信网络及信息处理中心构成完整系统,实时采集路网运行车辆的数据。信息处理中心接收到装有卫星定位装置的浮动车传送回来的位置、时间信息,然后对信息进行存储和预处理,之后进行地图匹配,并计算出车辆的行驶速度、行驶时间等参数。城市浮动车系统主要是利用运营的出租汽车采集数据,同时方便出租车调度中心实时获取出租车位置信息,实现对路网中出租车辆的调度,而更深层的应用是可以利用浮动车数据来分析交通路网运行状态,为城市交通管控策略的制订提供决策支持。

图4-26 北京西三环附近地区

本章所用的数据是由北京交通发展研究中心提供的北京市浮动车速度数据,数据区域是在北京市丰台区西三环附近地区(图4-26)。区域中的路网被分割为多个路段,路段类型包括快速路、主干路、次干路及其他支路。数据时间范围是 2013 年中 3 月和 9 月中各两个星期,数据时间间隔是 5min,即每个路段一天完整数据是 288 个。每条数据记录的字段包括记录时间、车辆速度、所在路段起讫点的信息和路段长度等。

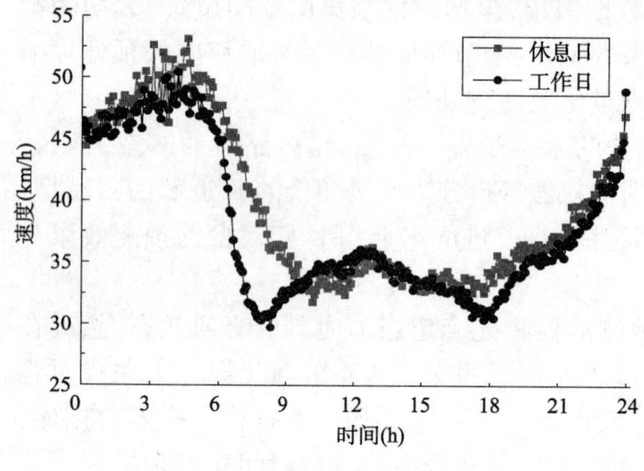

图 4-27　工作日和休息日路网平均速度对比

城市居民在工作日和休息日有不同的出行行为,路网中道路的平均速度也具有不同的规律。工作日和休息日路网平均速度的对比见图 4-27,从图中可知,在工作日,路网的整体平均速度较低,且由于通勤行为的影响,在早晚高峰时段路网的平均速度明显低于其他时段;休息日里路网的整体平均速度较高,早高峰时段略晚于工作日,而晚高峰的时段则略早于工作日,高峰时间段与其他时段的路网平均速度的差别较小。考虑到工作日和休息日路网不同的交通状态,为保证数据时间序列在不同天的变化规律具有一致性,本章实际使用的是 20 个工作日的数据。

1)数据修复

在原始的浮动车数据中,常常有数据异常的情况,如果在使用数据时没有预先进行处理,会影响到模型有效性的验证。本节首先用置信区间的方法来过滤异常数据。具体的做法是计算每个路段所有天数据的平均值和标准差,然后建立数据样本 95% 的置信区间,从而剔除掉落在区间外的样本点。

除了数据异常之外,实际的交通数据中还往往存在数据缺失现象,数据缺失的原因往往有很多,包括自然缺失、偶然性缺失、条件缺失[29],对于浮动车数据来说,数据缺失的原因主要是自然缺失,即在某一时刻特定的路段内没有浮动车车辆,导致在该时刻无法采集到该路段的速度信息。缺失数据通常出现在车流低潮时间,例如夜间时间段,也与不同的路段类型相关,快速路和主干路缺失现象较少,而次干路及其他支路由于道路上交通量较小,容易出现缺失的现象。数据缺失会给基于数据的挖掘分析工作带来很多困难,甚至会由于数据缺失使估计结果与真实结果有很大出入。因此,数据在使用之前需要先进行修复。

本节修复缺失数据的方法包括两个步骤,修复流程示意图见图 4-28。首先,对于缺失数据用该路段在其他天的平均值来补充数据[图 4-28a)];其次,如果还有部分缺失,则利用路段上下时间数据进行线性插补[图 4-28b)]。补充完整的数据以 5min 为间隔从 0:00 ~ 23:55,一天包括 288 个时间步长的数据。

2)数据当量化

由于本节考虑的路网包含不同的道路类型,为了使模型具有普遍适用性,浮动车数据还需要进行当量化处理,即路段的浮动车速度值与所在路段的自由流速度的比值,从而得到当量速度。

路段的自由流速度是指路段不受上下游交通流的影响,车辆在道路上自由行驶的速度。路段自由流速度通常有两种计算方法,一种是用道路的限速水平作为自由流速度,但由于实际道路的自由流速度往往很难和理论的限速水平一致，因此，这种方法的精确度不高；另一种方法是根据路段采集到的实际行驶速度数据来计算自由流速度。本节采用后一种计算方法，具体做法是使用路段所有天的实际数据绘制累计频率曲线（图4-29），并选择85%分位的速度作为路段的自由流速度，即将图4-29中85%分位的虚线与累计频率曲线交点对应的速度值作为该路段的自由流速度。

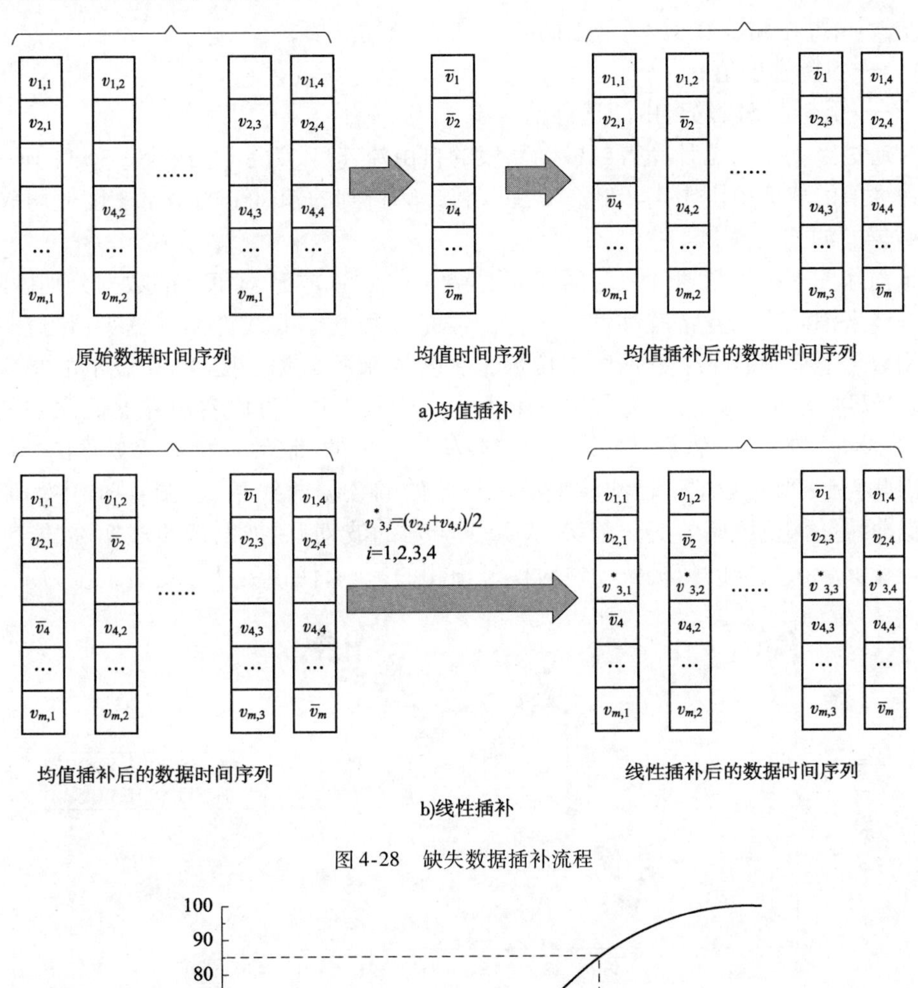

a)均值插补

b)线性插补

图4-28　缺失数据插补流程

图4-29　速度样本的累计频率曲线

当量速度的计算公式如下：

$$\hat{v}_{i,j}=\frac{v_{i,j}}{fs_j}\quad i\in[1,m_0],j\in[1,n_0]$$

式中：m_0——每个路段实际数据样本数；

n_0——最大路段数；

$\hat{v}_{i,j}$——第 j 个路段在第 i 个时间步长时的当量速度值；

$v_{i,j}$——实际速度值；

fs_j——第 j 个路段的自由流速度值。

本节通过浮动车数据计算得到各个路段的自由流速度，为了便于当量速度的应用，本节将当量速度值的取值范围限定于 0 ~ 1 之间，将计算得到的超过 1 的当量速度值均取值为 1。

3）数据的滤波处理

为了消除一天中当量速度值时间序列的异常波动性，本节对每天的数据分别做阶数为 7 的中值滤波来消除这些异常波动性。中值滤波是一种基于非线性的数据平滑方法，具体操作是使用数据值周围若干个数据的中位数来替换原来的数据。图 4-30 表示的是所选取的路段 No. 25744 中值滤波前后当量速度值时间序列的对比。可以看出在滤波之前的路段平均速度的波动性较大，这是浮动车数据自身随机性造成的，而路段的实际交通状态是连续变化的。因此，有必要对数据进行滤波平滑。与原始的数据曲线相比，图 4-30 中的滤波平滑后的数据曲线能保留原始的变化趋势，并减少异常的波动，更加贴近路段实际的交通状况。滤波处理能够减少数据的随机波动性对模型预测的影响，使预测结果更有说服力。

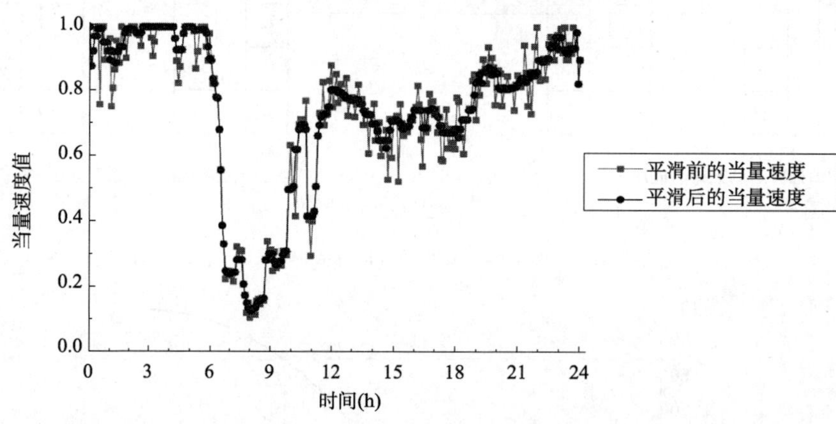

图 4-30　No. 25744 路段中值滤波前后当量速度对比

本节对所用的浮动车数据情况进行介绍，并介绍了异常值过滤、缺失值插补、数据当量化和滤波等处理过程，预处理后的浮动车数据将被用到下文中模型的参数确定和模型验证中。

4.6.2　时空关联特性分析与应用

首先，利用历史的速度数据构造样本数据库。其次，计算预测路段与周围路段之间的等效距离来确定与预测路段具有时空关联特性的路段，选定这些路段的时间序列构建时空状态矩阵来描述交通状态。然后，计算当前时刻的交通状态和历史样本数据中的交通状态的高斯加权欧式距离，从而将 k 个匹配距离小的历史样本作为近邻样本。最后，采用高斯加权平均的方法整合 k 个近邻样本在之后时刻的数值序列，从而得到预测路段未来时间的预测序列。

与传统的 K 近邻回归模型相比，改进 K 近邻回归模型的创新点主要有以下两个方面：一是考虑了路段间的时空关联特征，提出了等效距离方法和时空状态矩阵，从而更好地描述路网的交通状态；二是在模型中引入了高斯加权法，优化了搜索近邻样本的匹配距离公式和预测结果的整合公式。

1）路段间等效距离

在交通网络中，路段的交通状态通常容易受到其上下游路段的影响，例如，交通拥堵通常首先发生在一个或者多个路段，然后随着时间的推演蔓延到其他的路段，最后导致区域性的交通拥堵现象[30]。图 4-31 表示的是北京六里桥区域在某天早高峰的拥堵变化情况，其中黑色、浅灰色和深灰色的线条分别代表拥堵、轻微拥堵和畅通的路段，从图中可以看出交通拥堵在路段之间的扩散现象，从而说明了路段之间的时空相关特征。过去，多数学者在做短时交通预测时只关心预测路段的数据，而本节则考虑了路段之间的时空关联性，提出的改进模型用到的数据不仅有预测路段的数据，还包括预测路段周围关联路段的数据。

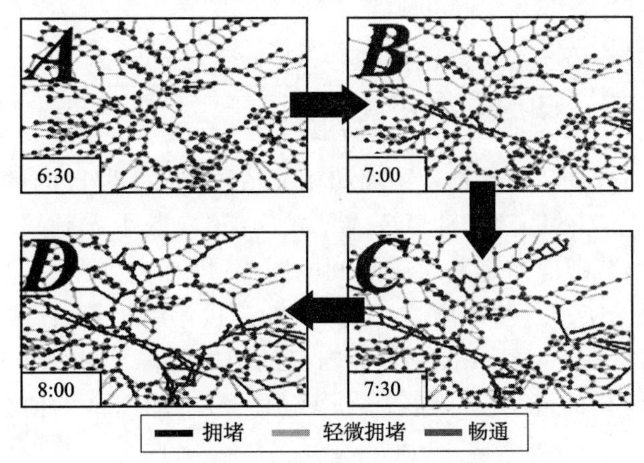

图 4-31　交通网络中的拥堵蔓延

本节通过分析路网的物理结构和路段时间序列间的特征，进而确定路段之间的时空关联特性。在实际研究中，交通路网通常被人为地划分成由节点和线条构成的抽象网络（图 4-32），这里的线条代表的是路段中的各个路段，而浮动车数据也是基于划分完的各个路段分别采集。按照路网的划分情况，本节建立了一个应用于局部路网中的路段间相对连接等级。第一等级代表的是预测路段，第二等级是与预测路段直接相连的路段，第三等级是和第二等级路段直接相连的路段，以此类推可以确定路网中各个路段的等级。由划分的规则可以看出，除了第一等级只包含预测路段一个路段之外，其他等级都包含若干个路段。连接等级不考虑路段的实际长度以及路段的相对位置，而仅仅考虑了路段之间的相互连接的关系。因此，路段连接等级可以反映出路网中路段之间的实际连接关系的远近。

在路网中，物理距离是一个通常的概念，指的是路段与路段通过路径连接，能够从一个路段到达另一个路段的实际长度。然而用物理距离并不能反映路段之间的交通流关联特性。路段数据时间序列间的相关系数是另一个常见的概念，它反映了路段之间的交通流关联特性，相关系数 r 可以由实际数据计算得到。例如，X 和 Y 代表两个路段，而交通状态对应的时间序列分别为 $\{x_1,x_2,\cdots,x_N\}$ 和 $\{y_1,y_2,\cdots,y_N\}$，那么相关系数的表达式见式(4-49)，其中 N 代表时间序列的长度。

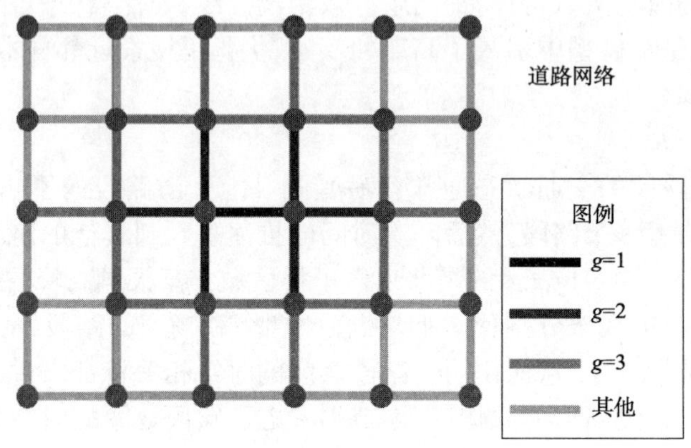

图 4-32 路网连接等级示意图

$$r=\frac{\mathrm{Cov}(X,Y)}{\sqrt{DX}\cdot\sqrt{DY}}=\frac{\sum_{i=1}^{N}(x_i-\overline{x})(y_i-\overline{y})}{\sqrt{\sum_{i=1}^{N}(x_i-\overline{x})^2\sum_{i=1}^{N}(y_i-\overline{y})^2}} \tag{4-49}$$

本节结合路段间的连接等级、物理距离和相关系数定义了路段间的等效距离，用来衡量路段间时空关联程度。等效距离的计算公式见式(4-50)，其中 h 是路网中路段间的物理距离。为了计算方便，本节考虑的是路段中点间的距离，即在实际路网中，车辆从一个路段中点到另一个路段中点的实际行驶距离。g 是路段的连接等级。等效距离的定义中包含路网中的物理特性和数据特性。对于预测路段与自身的距离而言，因为 $g=1,h=0,r=1$，由此得到 dist $=1$，这是等效距离的最小值。随着 h、g 或 $(1-r)$ 增加，dist 的值会逐渐变大。

$$\mathrm{dist}=\begin{cases}(h\cdot g)^{1-r} & g\neq 1\\ 1 & g=1\end{cases} \tag{4-50}$$

等效距离通常的计算过程如下：首先，选择合适的 g 的最大值来确定区域网络的大小，考虑在所选的区域网络中的路段。其次，计算预测路段和所有路段的时间序列间的相关系数。然后，根据式(4-49)来计算预测路段和所有路段的时间序列间的相关系数，进而根据式(4-50)来计算等效距离。最后，确定等效距离的阈值，并选择与预测路段之间的等效距离小于阈值的路段作为时空关联路段，将这些所选的路段根据等效距离的数值从小到大组成空间路段序列。显而易见，随着等效距离阈值的增加，所选的路段数量也会增多，而这个阈值的确定跟特定的路网环境有关，关于等效距离阈值的确定将在之后的章节进行详细叙述。

2）时空状态矩阵

类似于传统的 K 近邻回归模型中建立一维的时间序列来确定交通状态，本节根据数据时间序列和空间路段序列联合建立了一个二维的时空状态矩阵 $V(m,n)$，这里 m 是时间序列的长度，n 是路段序列中路段的个数。矩阵中的元素代表某个路段在某一时间的速度值。

由 m 个时间序列和 n 个关联路段的数据来确定交通状态如式(4-51)所示。与一维时间序列相比,本节建立的二维时空状态矩阵使用的数据量更大,不仅包含预测路段的时间序列,还包含其他关联路段的时间序列。时空状态矩阵反映的是预测路段周围局部路段的交通状态。实际上,用传统的一维时间序列匹配方式来搜索近邻类似于一种"线对线"的匹配过程,而用时空状态矩阵的匹配方式则类似于一种"面对面"的匹配过程,匹配精度也得到提高。

$$V(m,n)=\begin{bmatrix} v_{1,1} & v_{1,2} & \cdots & v_{1,n} \\ v_{2,1} & v_{2,2} & \cdots & v_{2,n} \\ \vdots & \vdots & \ddots & \vdots \\ v_{m,1} & v_{m,2} & \cdots & v_{m,n} \end{bmatrix} \tag{4-51}$$

3)高斯加权欧式距离

传统的 K 近邻回归模型常常使用欧式距离来计算当前时刻和历史时刻交通参数之间的距离,从而寻找相似的历史交通状态作为近邻样本来做预测。然而,交通状态的变化趋势却很难通过欧式距离反映出来。2014 年,Zheng 和 Su 提出了用相关系数距离来选择最近邻样本[31],他们更多的是关注与交通状态的变化趋势的相似性而忽略了交通状态间的绝对距离值。本节综合考虑数据的绝对距离和变化趋势,提出新的距离计算公式,即采用高斯加权欧氏距离来确定两个时空状态矩阵间的相似性。高斯加权欧式距离是在传统的欧式距离的基础上,引入了高斯函数对时空状态矩阵中的各个元素设置权重。这里的时间权重是根据与预测时刻的时间差来确定,空间权重是根据与预测路段之间的等效距离来确定。

本节将时间权重矩阵定义为 W_t,空间权重矩阵定义为 W_s,他们中的元素则相应地定义为 w_t 和 w_s,见式(4-52)和式(4-53)。如果用 V 和 $V_p(m,n)$ 分别表示当前和历史的交通状态,则可以通式(4-54)来确定他们之间的高斯加权欧式距离,这里定义为不同交通状态之间的相似度,用 SD 来表示。

$$\begin{cases} W_t=\begin{pmatrix} w_{t,1} & & & \\ & w_{t,2} & & \\ & & \ddots & \\ & & & w_{t,m} \end{pmatrix} \\ w_{t,i}=\dfrac{1}{4\pi a_1^2}\exp\left(-\dfrac{|t_i-t_m|^2}{4a_1^2}\right), i\in[1,m] \end{cases} \tag{4-52}$$

$$\begin{cases} W_s=\begin{pmatrix} w_{s,1} & & & \\ & w_{s,2} & & \\ & & \ddots & \\ & & & w_{s,n} \end{pmatrix} \\ w_{s,i}=\dfrac{1}{4\pi a_2^2}\exp\left(-\dfrac{|\mathrm{dist}_j|^2}{4a_2^2}\right), j\in[1,n] \end{cases} \tag{4-53}$$

$$SD_p=\|W_t V W_s - W_t V_p W_s\|_2 = |W_t(V-V_p)W_s\|_2 \tag{4-54}$$

式(4-52)中,t_m 是当前时刻,t_i 代表 t_m 之前距离$(m-i)$个时间步长的时刻。式(4-53)中,dist_j 是第 j 个路段的等效距离。时间权重参数 a_1 和空间权重参数 a_2 可以由实际数据确定。

图4-33表示的是应用不同距离公式对应的预测结果，横轴表示预测所用到的30个预测路段，纵轴表示预测误差。在不同的实验中，除所使用的近邻匹配距离计算公式不同外，预测模型其他流程及所选参数均保持一致。从图中可以看出，对于大部分路段的预测结果，使用高斯加权欧式距离公式的预测误差均小于使用欧式距离和相关系数距离的误差。因此，采用高斯加权欧式距离来计算近邻匹配的方法证明有效。

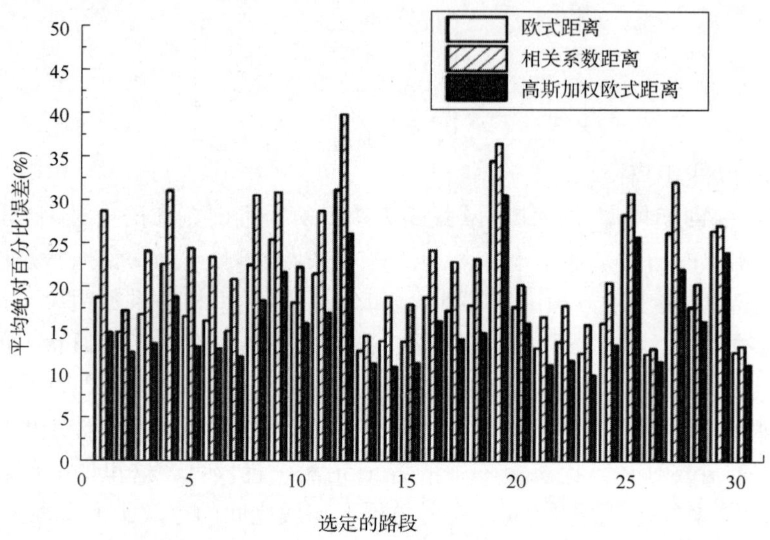

图4-33　应用不同距离公式的预测效果对比

4）近邻预测结果整合

K近邻回归模型的最后步骤是选择 k 个与当前状态相近的近邻样本，利用其之后时刻的状态演化情况进行预测。在传统的K近邻模型中，学者们通常将计算之后时刻数值的平均值来作为预测结果，然而由于近邻样本中不同的相似度，应用加权平均的方法会使得结果更为准确。本节使用高斯加权法来设置近邻样本权重值，并对权重进行归一化处理。第 q 个近邻样本的权重被定义为 λ_q，计算公式如下：

$$\lambda_q = \frac{1}{4\pi a_3^2}\exp\left(-\frac{|SD_q|^2}{4a_3^2}\right) \tag{4-55}$$

式(4-55)中，结果调整的权重参数 a_3 可以由实际数据来确定。因此，第 t_m 个时间点在第 l 个预测步长的预测结果被定义为 F_{t_m+l}，相应的公式为式(4-56)，其中 $\hat{v}_{q,t_{m+1}}$ 是第 q 个近邻样本距离当前时刻 t_m 之后 l 个预测步长的当量速度值。

$$F_{t_m+l} = \frac{\sum_{s=1}^{k}\hat{v}_{q,t_m+l}\cdot\lambda_q}{\sum_{s=1}^{k}\lambda_q} \quad q\in[1,k] \tag{4-56}$$

4.6.3 基于时空关联特性的K近邻回归模型分析

短时交通预测模型的预测效果可以由平均绝对百分比误差（MAPE）、均方根误差（Root Mean Square Error，RMSE）进行评价，相关的公式见式(4-57)和式(4-58)。平均绝对百分比误差是预测效果最重要的衡量标准，均方根误差则有放大误差的作用，在特定的预测路段、预测时间点和预测步长下如果误差较大，则会对整体结果造成较大的影响。此外，本节还使用平均绝对百分比误差的中位数(Median of Mean Absolute Percentage Error，MDAPE)防止由于某些路段的异常数据对整体预测结果的影响。

$$\mathrm{MAPE} = \frac{1}{M \cdot L \cdot Num} \sum_{\alpha=1}^{M} \sum_{l=1}^{L} \sum_{cnt=1}^{Num} \frac{\left| F_{t_m+l,cnt}^{\alpha} - \hat{v}_{t_m+l,cnt}^{\alpha} \right|}{\hat{v}_{t_m+l,cnt}^{\alpha}} \tag{4-57}$$

$$\mathrm{RMSE} = \sqrt{\frac{1}{M \cdot L \cdot Num} \sum_{\alpha=1}^{M} \sum_{l=1}^{L} \sum_{cnt=1}^{Num} \left| F_{t_m+l,cnt}^{\alpha} - \hat{v}_{t_m+l,cnt}^{\alpha} \right|^2} \tag{4-58}$$

式(4-57)和式(4-58)中 M 是预测路段数($M=30$)，L 是最大的预测步长($L=12$)，l 是预测步长($l \in [1,L]$，两个连续的预测步长间隔为5min)，$cnt \in [1,2,\cdots,Num]$表示每个路段数据的个数。$F_{t_m+l,cnt}^{\alpha}$ 和 $\hat{v}_{t_m+l,cnt}^{\alpha}$ 分别表示第 α 路段在 t_m 时间点之后 l 个预测步长的预测值和实际值。

本节在参数校准中采用的误差衡量标准是MAPE。本节将20个工作日的浮动车数据分成三部分，第一部分用作建立历史数据库，第二部分用作校准参数，第三部分用作评估模型。时空状态矩阵中的时间维度在本节中设置为12，即1h，而空间路段序列的维度则由dist的阈值来确定。Zheng和Su提出了搜索近邻样本需有时间限制[31]，本节限制为3h(36个时间步长)。例如，如时间状态矩阵包含从07:00到07:55(共12个步长)的数据，则在历史数据库的一天中从06:00到08:45至多可得到20个可能的近邻样本。

根据预实验的结果，连接等级 g 最大值设置为3。图4-34所示的是模型预测效果随着dist的阈值增加的变化情况，从图中可以看到，dist的阈值从1～3.5变化时，MAPE下降十分迅速，而在3.5之后，几乎不再下降。因此，考虑到MAPE的变化规律和模型计算速度，本节中dist的阈值确定为3.5。表4-7表示的是路段No. 25744的数值实验结果，从中选择10个dist值低于3.5的路段作为关联路段。

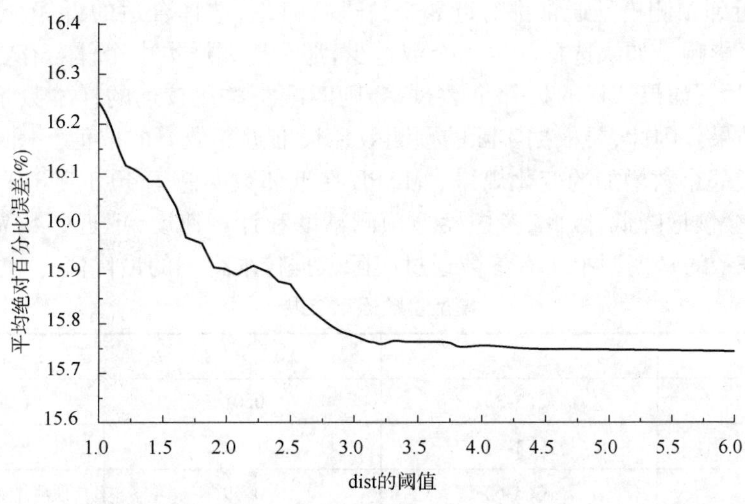

图4-34　模型预测精度随着dist的阈值增加的变化

No. 25744 附近路段的 dist 数值计算 表 4-7

路段编号	g	h	r	dist	路段编号	g	h	r	dist
25744	1	0.00	1.00	1.00	14552	3	289.64	0.91	1.88
14091	2	205.76	0.84	2.62	14554	3	240.19	0.78	4.33
25741	2	251.64	0.98	1.14	25228	3	361.86	0.86	2.75
25742	2	216.73	0.92	1.64	25641	3	808.65	0.90	2.10
25743	2	317.43	0.98	1.15	25728	3	294.25	0.78	4.59
14399	3	490.59	0.97	1.21	25731	3	235.96	0.77	4.66
14455	3	494.40	0.98	1.18					

图 4-35 是应用改进 K 近邻回归模型研究短时交通多步预测过程中,模型各个参数值变化对模型预测误差 MAPE 的影响,可以根据各个曲线的变化特征,选择合适的参数值。图 4-35a)表示的是预测精度与式(4-51)中时间权重系数 α_1 之间的关系。MAPE 随着 α_1 增加而增加,而 α_1 取值足够小时,模型的预测精度达到最大。因此,在符合精度要求的情况下,α_1 取值为 0.01。由式(4-51)可以看出,当 α_1 取值很小时,时间权重序列中最后一项 $w_{t,m}$ 的数值远远大于其他项的数值,这意味着在时空状态矩阵中的时间维数可以仅仅为一维,只考虑离预测时刻最近的时刻的数据来描述即时交通状态。图 4-35b)表示的预测精度与式(4-52)中空间权重系数 α_2 之间的关系。空间权重参数取值的大小影响到预测路段周围的各个关联路段的被分配的权重,α_2 越大则说明各个关联路段的权重分配越平均,而 α_2 趋于 0,改进 K 近邻回归模型就会退化为传统的 K 近邻回归模型。当 α_2 增加时,从图中可以看出 MAPE 首先迅速降低,随后缓慢下降,并且当 α_2 的值为 1.01,MAPE 达到最小,α_2 取值为 1.01。图 4-35c)表示的是 MAPE 和式(4-54)中的参数 α_3 之间的关系。当 α_3 增加时,从图中可以看出,MAPE 首先是迅速降低,随后则是缓慢地下降,且当 α_3 时,MAPE 值达到最小,模型的预测结果最优。

已有的 K 近邻预测模型通常都对近邻个数进行讨论,选择合适的近邻个数对预测结果的精度具有显著影响。如果选择的近邻个数过少,那么近邻样本中个体若存在异常值,则对预测结果影响很大;如果选择的近邻个数过多,则匹配距离比较远的样本数量过多,会影响到整体的预测结果。因此,要根据实际的预测效果校准近邻数 k 的取值。图 4-35d)表示的是 MAPE 随着近邻个数增加的变化规律。MAPE 在近邻数 k 低于 40 时迅速降低,在 k 大于 40 时,MAPE 则缓慢地降低,因此,考虑模型预测精度和计算速度,把近邻数 k 定为 40 比较合适。表 4-8 表示的是模型中所有参数通过实际数据校准得到的最优值。

模型参数标定结果 表 4-8

参　数	公　式	标 定 值	. 描　述
α_1	式(3-3)	0.01	时间权重系数
α_2	式(3-4)	1.01	空间权重系数
α_3	式(3-6)	0.49	预测结果调整权重参数
k	式(3-7)	40	近邻数

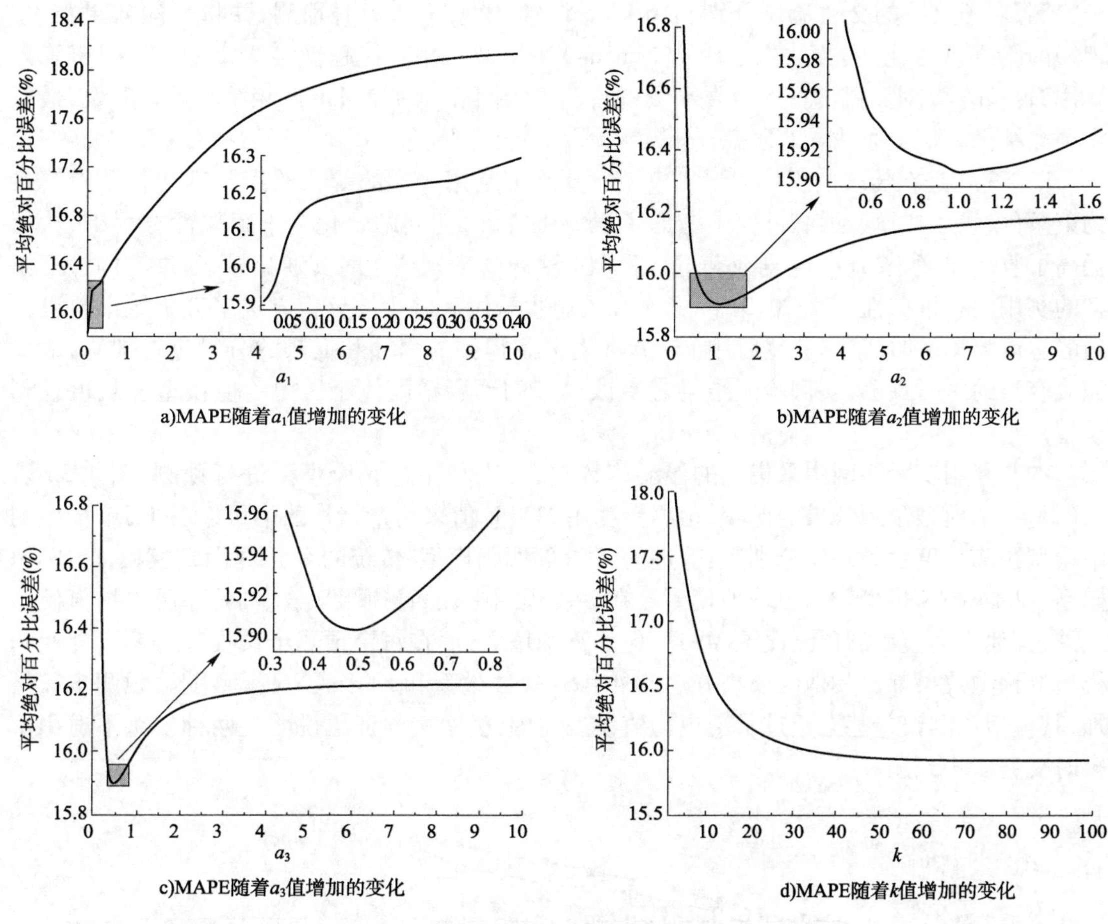

图4-35 模型参数变化对预测精度的影响

在预测效果对比实验中,本节选用历史均值模型、Elman 神经网络(Elman Neural Network,Elman-NN)模型,最小二乘支持向量机(Least Squares Support Vector Machine,LS-SVM)模型和传统的 K 近邻回归模型来与改进的 K 近邻模型做比较。

历史均值模型是最早的预测模型,在 20 世纪末被应用于实际交通预测。历史均值模型是将预测路段同一时刻的历史数据取平均得到的均值曲线作为预测时间序列曲线。历史均值法预测的特点是预测模型不考虑预测路段交通状态的时空特征,只通过计算历史数据的均值来预测,因此预测效果较差,好处是模型简单,预测精度不会随着预测步长变大而降低,也不会有预测的时间延迟现象。

Elman-NN 模型和 LS-SVM 模型也是近年来被多位学者应用于短时交通预测研究中的模型。Elman-NN 模型是基于传统的反馈神经网络模型中发展起来的,主要结构除了包括一般神经网络中的输入层、中间层和输出层之外,比较特殊的是它还包含一个隐含层,这个隐含层会将上一次输入的隐含层状态和下一次的输入状态结合起来作为新的输入,因此,Elman-NN 也被称作局部回归的神经网络。相比于一般的反馈神经网络,Elman-NN 模型有较好的记忆和及时反应的功能,因此预测速度较快且稳定性好,已经有不少学者将其用于短时交通预测的研究中。2010 年,董春娇等人分析了道路网络的整体特征,并将其划分为不同的子路网,对子路段的交通流量分别利用 Elman-NN 模型进行短时预测,并将预测效果与 BP 神经网络进行对比,实验效果证明了 Elman-NN 模型的相对优越性[32]。2011 年,刘宁等人采用 Elman-NN 对路网的交通流量预测进行建模,并利用 C#和 Matlab 相结合进行开发,最后将预测结果用作交通诱导的研究[33]。

LS-SVM 是在传统的支持向量机模型的基础上是用线性的等式约束条件代替了不等式约束条件,然后在模型训练过程中考虑了误差平方和,把问题转化为求解线性方程组,从而提高了收敛速度。2011 年,刘亚萍等人采用 LS-SVM 来预测短时交通流量,通过实例验证模型的实用性和推广性[34]。2013 年,杨军和侯忠生采用离散小波分析方法来分析城市轨道交通的客流数据的时间序列,然后用 LS-SVM 对分解得到的高频和低频的分量进行训练,最终完成客流的短时预测,实例验证结果表明该模型的预测精度优于历史均值模型和灰色预测模型[35]。

本节利用实际路网中采集到的浮动车数据,分别利用这 5 个模型进行预测,图 4-36 表示的是 5 个模型预测效果的比较,预测精度用 MAPE 值来衡量。从图中可以看出,单步预测中模型预测精度由高到低分别是:改进的 K 近邻回归模型、传统的 K 近邻回归模型、LS-SVM 模型、Elman-NN 模型和历史均值模型。在多步预测中,随着预测步数增加,除历史均值模型之外,其他 4 个模型的预测误差 MAPE 值均逐渐增大,而在每个预测步长改进的 K 近邻回归模型的预测效果都比其他的模型好。此外,LS-SVM 模型和 Elman-NN 模型随着预测步长增加,其模型预测误差甚至超过了历史均值模型。因此,实例验证也说明这两种模型不适用于短时交通多步预测。

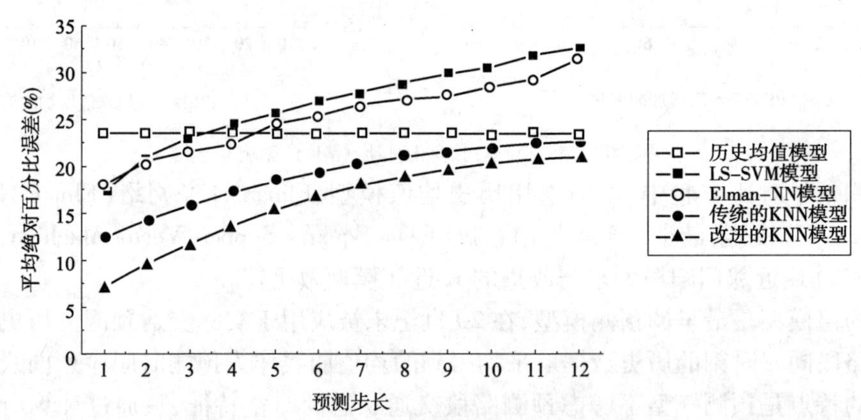

图 4-36 不同模型的预测效果对比

从具体数值上分析,本节中采用 5 个模型完成 30 个路段的短时交通预测。表 4-9 和表 4-10 给出了单步和多步预测误差结果具体数值。从表中可以发现,相比于传统的 K 近邻回归模型,改进模型在单步预测误差的 MAPE 减少 5.29%,在多步预测误差的 MAPE 减少 2.94%。从单步和多步的预测误差比较,随着预测步长变大,改进模型的平均预测误差从 7.45%增大到 21.33%,误差增大速度逐渐变缓。

模型预测对比结果体现了考虑了时空关联特征的 K 近邻回归模型更适合应用于短时交通多步预测中。此外,表 4-9 和表 4-10 还给出了 RMSE 和 MDAPE 两种误差衡量参数的结果,在 5 个预测模型中,改进的 K 近邻回归模型的预测精度都是远高于其他模型。

不同预测模型单步预测结果的误差比较 表4-9

模　型	MAPE(%)	RMSE	MDAPE(%)
历史均值模型	23.57	0.15	22.41
LS-SVM 模型	17.25	0.11	16.73
Elman-NN 模型	17.83	0.11	16.47
传统 KNN 模型	12.28	0.08	11.35
改进 KNN 模型	6.99	0.05	6.38

不同预测模型多步预测结果的误差比较 表4-10

模　型	MAPE(%)	RMSE	MDAPE(%)
历史均值模型	22.39	0.15	22.39
LS-SVM 模型	26.68	0.17	26.34
Elman-NN 模型	25.28	0.16	25.52
传统 KNN 模型	18.93	0.12	17.53
改进 KNN 模型	15.99	0.10	14.19

本节提出了 K 近邻回归模型的改进措施，主要包括：采用路段间等效距离重新定义路网中路段之间的相对距离，以便于在短时交通预测中选择与预测路段相关联的周围路段；采用时空状态矩阵来描述路段交通状态的时空特征，以便于更准确地完成近邻历史样本的搜索；采用高斯加权法来赋予匹配距离权重和调整近邻预测结果，使最终得到的预测结果更为精确。

本节中还利用实际道路采集到的浮动车数据来确定模型中设置的参数。在模型效果校验中，本节将改进的 K 近邻回归模型的预测效果与历史均值模型、Elman-NN 模型、LS-SVM 模型、传统的 K 近邻回归模型进行比较，从比较结果中可以看出改进的 K 近邻回归模型比其他的模型预测精度更高，因此，考虑时空关联特征的改进措施是有效的。

4.6.4 分时段交通状态预测模型

本节在之前改进模型的基础上，考虑交通网络不同时段的动态变化性，提出分时段 K 近邻回归模型。根据不同的交通状态特征，用聚类算法将时段划分为不同的类别，对不同时段分别标定改进模型参数，并加入预测偏差调整策略，从而进一步提高预测结果的精度。

在实际的道路网络中，交通状态特性往往随人们一天中不同时段的出行行为而呈现出动态变化特征，在早上和傍晚时段，由于人们通勤行为使得路网中出行的车辆数剧增，道路上的车辆行驶速度变低，交通路网变得拥挤；在夜间时段，由于大多数人们处于休息时间，路网中的车辆数较少，所以绝大多数的路段都处于畅通状态，道路上的车辆行驶速度接近于自由流速度。

本节具体分析了选作预测的 30 个路段在不同时段的平均速度变化情况，图 4-37a）中各个线条代表的是 30 个路段在 10 个工作日内车辆速度的均值线。从图中可以看出夜晚时间段内的路段当量速度均值比白天时间中的都要高，在白天时间内，随着人们出行行为的变化路段的交通状态可分为高峰和非高峰时段。在高峰时间段内，拥堵往往不可避免，而且高峰时段的速度方差也大于非高峰时段,这导致高峰时段的交通状态往往较难预测。

图 4-37b)表示 30 个路段在不同小时内的预测精度(一天中除去第一个和最后一个小时,共包含 22 个预测小时),从图中可以看出,高峰时段的预测精度和波动性都比非高峰时段大。

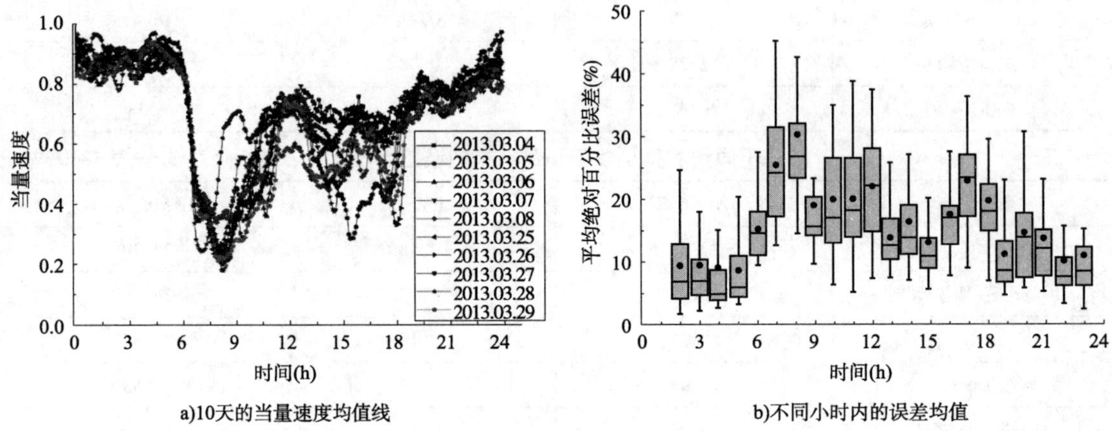

图 4-37 交通网络动态变化特性

通过综合观察图 4-37 中两个图中曲线的变化情况,可以看出 30 个路段的当量速度均值和预测偏差 MAPE 随着时间变化的趋势之间有一定联系。本节计算了各个小时当量速度均值和 MAPE 均值之间的相关系数的数值是 -0.75,两者具有显著负相关性,即 MAPE 随着当量速度均值的变化而变化,当当量速度均值较大时,MAPE 较小,当当量速度均值较小时,MAPE 则较大。本节以当量速度值为自变量 x,MAPE 值为因变量 y,对两者进行线性拟合,拟合关系式为 $y=33.09-25.49x$,拟合效果图见图 4-38。经计算得到,拟合直线的判别系数 R_2 为 0.54,F 值为 25.81,查表得知在置信水平 0.05 下,临界值 $F(1,20)$ 为 9.94,由于 F 值 > 临界值 $F(1,20)$,因此,这里的线性拟合具有显著性。

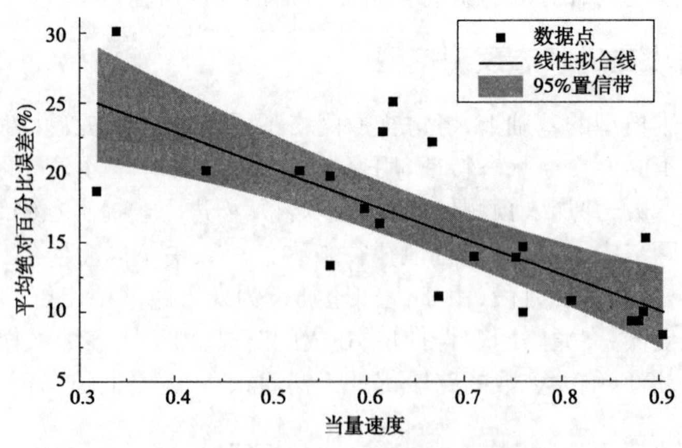

图 4-38 MAPE 与当量速度的线性拟合

由此可见,短时交通预测的精度随一天中不同时段的道路上车辆速度情况变化而变化,因此,本节综合考虑不同时段内道路的不同交通状态特征,尝试建立分时段的短时交通预测模型。

分时段的预测模型首先要考虑时段的划分。本节使用系统聚类法根据一天中不同的交通状态特征来划分22个预测小时,分为3类时段。聚类过程考虑的影响参量有不同小时路段的平均速度、方差和预测的误差均值,聚类前先将三组数分别标准化(各组数据分别除去各自的最大值,保证结果介于0~1之间),具体的数据如表4-11所示。系统聚类法的思路是首先将所有的对象各自一类,分别计算不同类间的距离,合并距离最小的两个类作为新类,之后重复这个过程,每次合并距离最小的两个类,直至剩余的类数与聚类之前所规定的类数相等为止。聚类所用距离的计算公式是常用的欧式距离。

划分时段聚类数据 表4-11

小时	当量速度	方差	预测误差	小时	当量速度	方差	预测误差
2	0.99	0.02	0.31	13	0.79	0.12	0.47
3	0.99	0.03	0.32	14	0.61	0.47	0.55
4	1.00	0.03	0.31	15	0.49	0.62	0.43
5	1.00	0.02	0.28	16	0.57	0.71	0.58
6	1.00	0.01	0.51	17	0.63	0.64	0.76
7	0.64	0.11	0.63	18	0.54	1.00	0.66
8	0.24	0.07	1.00	19	0.72	0.36	0.37
9	0.21	0.74	0.84	20	0.86	0.02	0.49
10	0.31	0.39	0.67	21	0.84	0.02	0.46
11	0.41	0.43	0.67	22	0.88	0.02	0.33
12	0.68	0.41	0.74	23	0.95	0.01	0.36

聚类的结果如图4-39所示,第一类包含{8,9},第二类包含{7,10,11,12,14,15,16,17,18},第三类包含{2,3,4,5,6,13,19,20,21,22,23}。从分类结果上看,第一类时段主要是早高峰交通网络比较拥堵的小时,第二类时段主要是白天的其他小时,第三类时段主要是夜间的时间。

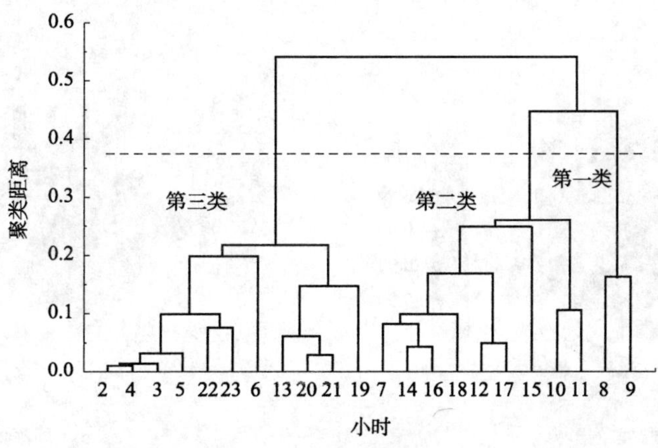

图4-39 划分时段聚类结果

对于不同等级时间段内的预测模型参数应该不同,因此,本节基于实际路网采集的数据,对分时段的预测模型重新进行参数校准,校准的结果见表4-12。

不同时段等级的模型参数标定结果　　表 4-12

等　级	a_1	a_2	a_3	k
1	0.01	3.21	1.78	40
2	0.01	1.28	0.35	40
3	0.01	0.94	0.43	40

时间权重系数 a_1 和近邻数 k 不随着时间变化而变化，与改进 K 近邻回归模型中的数值一致，而 a_2 和 a_3 标定结果则与之前不同，在不同等级的时间段有各自的最优值。从不同时段的参数数值上看，在第一类时段内，a_2 的值比其他时间段内的数值大，这说明在该时间段内(早高峰拥堵时间段)预测路段更容易受到周围路段交通状态的影响。因此，拥堵时段内的短时交通预测更要综合考虑预测路段及其周围的关联路段数据，才能得到较好的预测结果。同样，在第一类的时段内，a_3 的数值也比其他两类时段的数值大，而 a_3 的增加表示与预测时间点交通状态越接近的历史样本分配的权重越多，说明在拥堵时段，路网的交通状态动态变化更大，短时交通预测时不用考虑过长的时间区间。

对于不同的预测时段，本节参照表 4-12 中改进 K 近邻回归模型的参数，采用该模型来做短时交通多步预测。本节还考虑了由于预测倾向对预测结果的影响，预测倾向的衡量标准是 *MPE*，相应的计算公式见式(4-59)，公式中的参数与式(4-56)和式(4-57)类似。一个好的预测模型通常不会产生预测倾向，这点从式(4-59)可以看出，预测偏差 *MPE* 会正负抵消，即 *MPE* 接近于 0，而如果出现反常的 *MPE*，则说明模型中存在明显的过度预测或预测不足的现象[36]。图 4-40 所示的是模型在不同路段和不同预测步长的 *MPE* 变化情况，从图中可以看出，对于不同的路段，*MPE* 的变化规律各不一样；而对于不同的小时，*MPE* 的变化规律也不一样。因此，为了消除预测倾向对预测结果的影响，本节计算每个路段在每个时间点、每个预测步长的历史 *MPE* 均值来补偿预测结果。

$$MPE = \frac{1}{M \cdot L \cdot Num} \sum_{\alpha=1}^{M} \sum_{l=1}^{L} \sum_{cnt=1}^{Num} \frac{F_{t_m+l,cnt}^{\alpha} - \hat{v}_{t_m+l,cnt}^{\alpha}}{\hat{v}_{t_m+l,cnt}^{\alpha}} \tag{4-59}$$

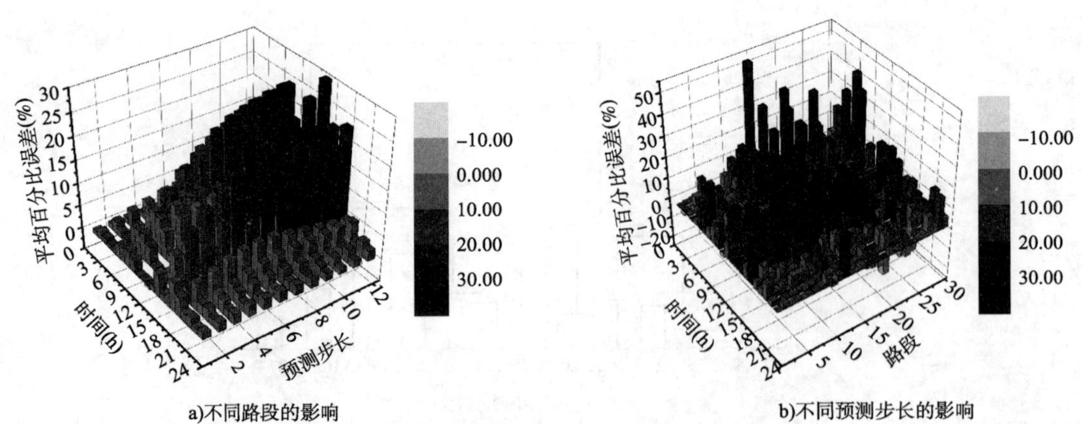

图 4-40　不同因素对 *MPE* 的影响

本节把通过分时段措施和预测偏差调整修正后的模型称为分时段 K 近邻回归模型，这里将其与之前的改进 K 近邻回归模型的预测效果对比,两者的预测结果如图 4-40 所示。从图中可以看出,对于不同的预测步长和不同的预测时间,分时段模型均比改进模型预测效果好,说明了分时段措施和预测偏差调整措施的有效性,其中改进 K 近邻回归模型预测误差 *MAPE* 均值为 16.0%,而分时段 K 近邻回归模型预测误差 *MAPE* 均值为 15.4%,误差减少 0.6%。

然而分时段的 K 近邻回归模型在早、晚高峰时间段内预测效果依然不好,分析可能的原因,一是高峰时段的交通流变化较大,预测难度高;二是由于高峰时段的道路中车辆行驶速度值低,导致 *MAPE* 值较大,仅考虑 *MAPE* 作为误差衡量标准不够合理。因此,本节采用了另外一个误差衡量标准 *RMSE* 来比较两个模型的预测效果,结果见图 4-41。与图 4-41b)中的曲线相比,图 4-42 中的曲线波动性较小,高峰和非高峰时段的 *RMSE* 值的高低峰值差别相对较小。

通过实例验证说明,分时段的 K 近邻回归模型比改进的 K 近邻回归模型在短时交通多步预测上的预测精度更高。

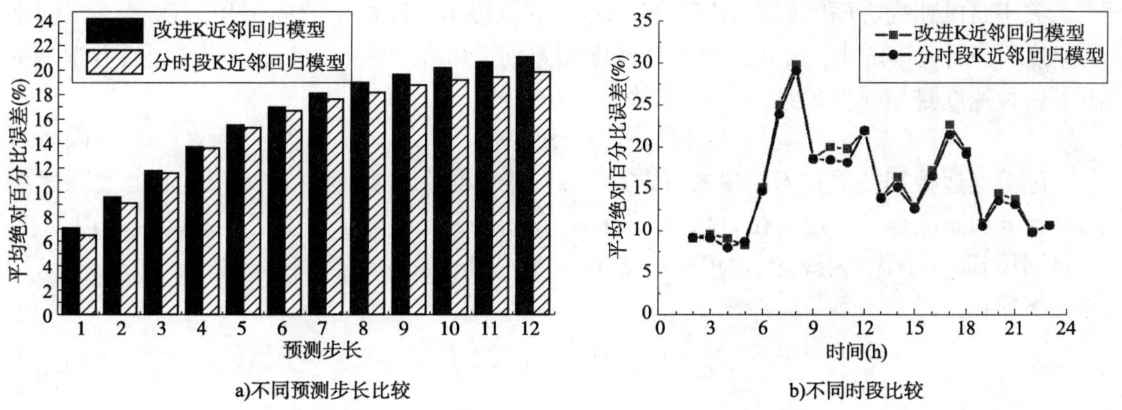

图 4-41 改进 K 近邻模型与分时段 K 近邻模型预测效果对比

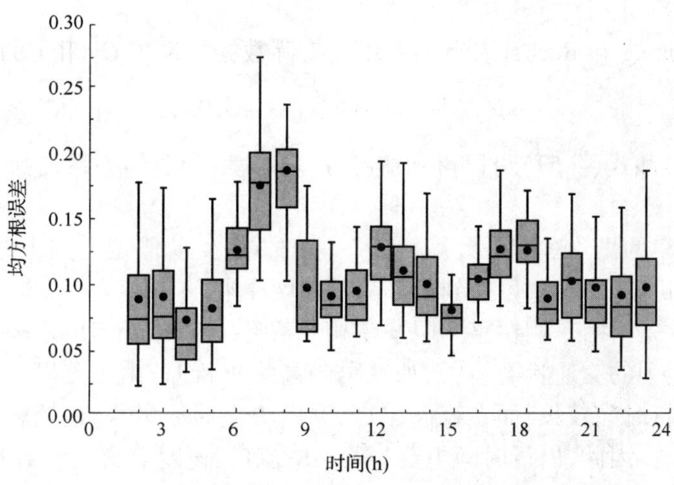

图 4-42 不同时间段内的 *RMSE*

本节根据一天中不同的交通状态将 22 个预测小时划分成 3 类时段，对不同时段分别标定改进模型的参数，并通过计算不同路段、不同预测步长、不同时间点的预测偏差来调整预测结果。实例验证结果表明，分时段 K 近邻回归模型能够进一步提高短时交通多步预测的精度。

4.6.5 路网出行时间分布预测

为了更好地服务于交通网络中的出行者合理选择出行路线和出行时间，本节研究了短时交通多步预测模型在路网出行时间分布预测上的应用。本节通过探究路段平均速度和速度方差之间的关系，产生路段中随机车辆样本，再借助出行时间计算公式，得到路段的出行时间累计频率曲线。依照上述思路，在前文中路段平均速度预测的基础上，完成出行路线上出行时间累计频率曲线的预测。

基于浮动车数据提供的路段平均速度，本节尝试模拟产生道路中运行的车辆样本数据，这里先探讨路段速度方差和平均速度之间的关系。

关于路段速度方面的研究，1952 年，Wordrop 就提出了路段中时间平均速度 $\bar{v}_t$ 和空间平均速度 $\bar{v}_s$ 两个不同的概念，并指出两种速度的差别大概在6% ~12%之间[37]，之后有学者提出了两种速度是呈线性关系的，关系式如式(4-60)所示。

$$\bar{v}_t = p\,\bar{v}_s + q \tag{4-60}$$

随着交通数据获取技术的发展，许多学者基于实际采集数据对这两种速度的关系式中的参数 p 和 q 进行了标定。在 2005 年，Rakha 和 Zhang 则提出了速度变异系数(speed coefficient of variation，CV)的概念，这里忽略 $\bar{v}_t$ 和 $\bar{v}_s$ 的差别，统一视为 $\bar{v}$，将 σ_t 和 σ_s 视为 σ[38]，则有如下转化公式：

$$\bar{v}_t - \bar{v}_s = \frac{\sigma_t^2}{\bar{v}_t} = \frac{\sigma_s^2}{\bar{v}_s} = CV \cdot \sigma = CV^2 \cdot \sigma \tag{4-61}$$

即得到速度变异系数的定义：

$$CV = \frac{\sigma}{v} \tag{4-62}$$

在 2014 年，Chung 和 Recker 在其研究中用实际数据标定了 CV 和 $\bar{v}$ 的关系式[39]：

$$\ln(CV) = 0.5\ln\left(\frac{3.8}{\bar{v}} - 0.05\right) \tag{4-63}$$

联立式(4-62)和式(4-63)可以得到速度方差和速度均值的关系式：

$$\sigma^2 = 3.8\bar{v} - 0.05\bar{v}^2 \tag{4-64}$$

因此，由浮动车的平均车速可计算得到车速的方差。若假定道路上的车速分布服从正态分布，则利用随机数发生器，可得到大量随机速度样本。

出行时间通常是指由车辆在路网中按照某一条路径完成出行所花费的时间。出行时间的长短通常与路网中的交通状态有关，如在早晚高峰出行时，由于路网中的交通流量大，路网中道路拥挤，出行时间较长；而在夜间出行，路网中交通流量小，道路畅通，同样路线的出行时间则相对较小。因此，出行时间主要与路网中流量、速度等交通参数有关。出行时间的计算通常定义为自由流速度下出行时间与路阻函数的乘积，而路阻函数中变量就是路网中的交通流量、速度等参数。比较典型的出行时间计算公式是美国联邦公路局函数(简称 BPR

函数),其具体公式为:

$$t = t_0\left[1 + \alpha\left(\frac{q}{c}\right)^{\beta}\right] \tag{4-65}$$

式中:t——实际通过该路段所需要的时间;

t_0——路段的自由行驶时间,可以由路段距离比路段自由流速度计算得到;

q——路段的当前交通量,pcu/h;

c——路段的实际通行能力,pcu/h;

α、β——模型待定参数,可以根据实际道路的历史数据标定,参数推荐值为:$\alpha = 0.15$,$\beta = 4$。

2009 年,王素欣等人指出 BPR 函数是严格单调递增函数,如果按照公式计算出行时间,在畅通的情况下,交通量随着交通密度增大而增大,出行时间也随之不断增大,但在拥挤条件下,交通量随着交通密度的增大而减小,计算得出的出行时间也是逐渐减小,这与实际情况是不符合的,因此,王素欣等人在传统的 BPR 函数的基础上提出了分段的 BPR 函数,如下式所示[40]:

$$t = t_0[1 + \alpha(y)^{\beta}],\text{其中}\begin{cases} y = \dfrac{q}{c} & \text{畅通} \\ y = \dfrac{2c - q}{c} & \text{拥挤} \end{cases} \tag{4-66}$$

式中:t——路段实际出行时间;

t_0——路段自由流(无路阻)状态下的出行时间;

q、c——路段的实际交通量和设计交通量。

本节考虑交通流三参数的线性关系式,见式(4-67)[41]:

$$\begin{cases} v = v_{\mathrm{f}}\left(1 - \dfrac{k}{k_{\mathrm{j}}}\right) \\ q = kv \end{cases} \tag{4-67}$$

式中:k——路段交通密度;

k_{j}——阻塞密度;

v_{f}——自由流速度。

可将式(4-67)中的 q/c 用 v 和 v_{f} 的关系式替换,推导公式如下:

$$\frac{q}{c} \approx \frac{q}{q_{\mathrm{m}}} = \frac{kv}{q_{\mathrm{m}}} = \frac{vk_{\mathrm{j}}\left(1 - \dfrac{v}{v_{\mathrm{f}}}\right)}{\dfrac{1}{4}k_{\mathrm{j}}v_{\mathrm{f}}} = 4\,\frac{v}{v_{\mathrm{f}}}\left(1 - \frac{v}{v_{\mathrm{f}}}\right) \tag{4-68}$$

式中:q_{m}——路段的最大交通量,通常与路段的设计交通量相近。

联立式(4-67)和式(4-68)可以得到出行时间与车辆速度之间的关系式:

$$t = \begin{cases} t_0\left\{1 + \alpha\left[4\,\dfrac{v}{v_{\mathrm{f}}}\left(1 - \dfrac{v}{v_{\mathrm{f}}}\right)\right]^{\beta}\right\} & v \geqslant \dfrac{1}{2}v_{\mathrm{f}} \\ t_0\left\{1 + \alpha\left[2 - 4\,\dfrac{v}{v_{\mathrm{f}}}\left(1 - \dfrac{v}{v_{\mathrm{f}}}\right)\right]^{\beta}\right\} & v < \dfrac{1}{2}v_{\mathrm{f}} \end{cases} \tag{4-69}$$

因此,由式(4-69)可以计算出前面用随机数发生器产生的车辆速度对应的出行时间,将这些出行时间样本从小到大排列,绘制出行时间的频率曲线,某一路段的曲线样例如图

4-43a)所示,从图中可以看出,出行时间分布曲线也近似于正态分布曲线特征。根据出行时间分布曲线,通过频率叠加的方法可以得到路段的出行时间累计频率分布曲线,称为出行时间可靠性曲线,如图4-43b)所示,累计频率从0～1。从图中可以得到在既定时间内,通过路段的车辆的百分比,如约有90%的车辆能在80s内通过该路段。

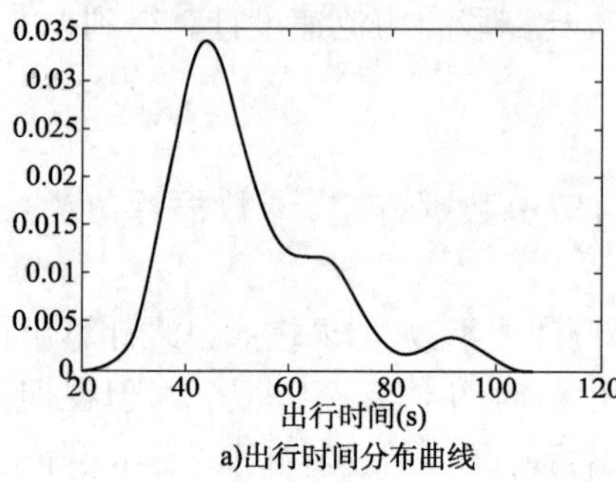

a)出行时间分布曲线

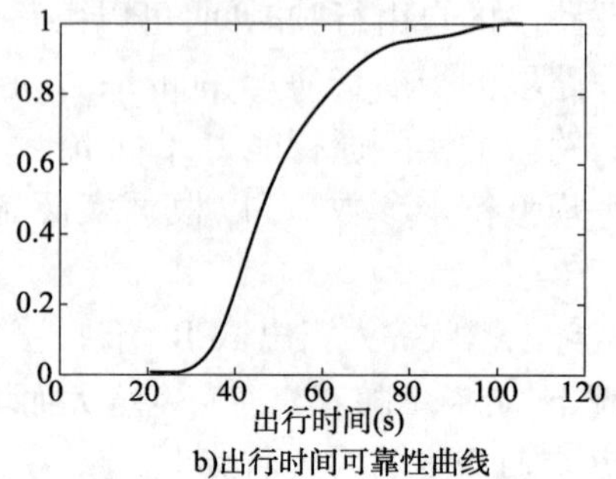

b)出行时间可靠性曲线

图4-43　出行时间分布和可靠性曲线

通常情况下,车辆在路网中出行通常会经过多个路段。在车辆出发时刻,由出行路径上通过的所有路段在该瞬时的出行时间可靠性曲线可以推导得到路径的出行时间可靠性曲线,本节将其定义为瞬时出行时间可靠性曲线。而在车辆行驶完成每个路段之后,根据每个路段当前的速度推导得到实际的出行时间可靠性曲线,在车辆完成整条路径出行之后,由各个路段实际的出行时间可靠性曲线可以推导得到路径的实际出行时间可靠性曲线。而在出发时刻,先预测出车辆的出行路径上所有路段未来时刻的出行时间可靠性曲线,由车辆行驶到各个路段的时刻所对应的出行时间可靠性曲线可以推导得到路径的预测出行时间可靠性曲线。

本节采用的是离散卷积的算法,由各个路段的出行时间可靠性曲线推导得到路径的出行时间可靠性曲线。假设$\omega_1(n_1)$和$\omega_2(n_2)$分别是两个子分布曲线的数值序列,其离散卷积计算公式见式(4-70),得到的路径出行时间可靠性曲线ω的数值序列长度为n_1+n_2-1。

$$\omega(\tau)=\sum_{i=1}^{\tau}\omega_1(i)\omega_2(\tau-i+1)\quad \tau\in[1,n_1+n_2-1] \tag{4-70}$$

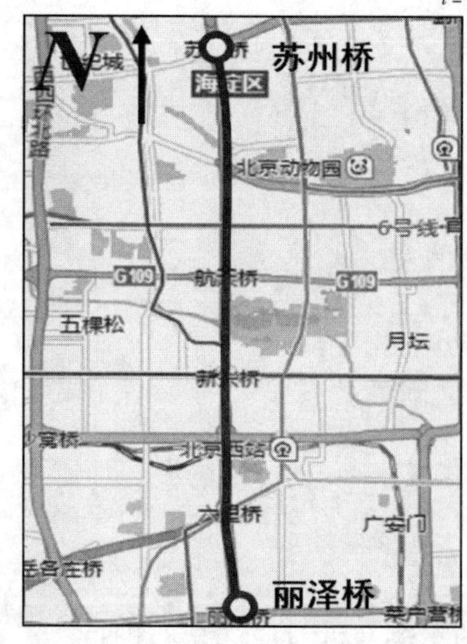

图4-44　西三环中丽泽桥到苏州桥的一段

本节选用西三环丽泽桥到苏州桥的路径做实例验证(图4-44),路径全长为10642m,划分为32个路段,研究的车辆出发时间点是早高峰的聚集时刻(上午7:30)和疏散时刻(上午9:00),应用之前提出的算法,分别计算出2013年9月16日至18日该行驶路径的瞬时出行时间可靠性曲线、预测出行时间可靠性曲线和实际出行时间可靠性曲线。

计算得到的出行时间可靠性曲线见图4-45,早高峰聚集和疏散时刻路网对应着不同的交通状态,出行时间可靠性曲线也不同。在聚集时段,路网中车辆平均速度不断下降,而在疏散时段,路网中车辆平均速度开始回升。因此,对于在上午7:30出行的车辆,其瞬时出行时间将少于实际出行时间,相比之下,预测出行时间虽然有预测延迟的影响,但仍更贴近实际出行时间;而对于在上午9:00出行的车辆,其瞬时出行时间将高于实际的出行时间,而预测出行时间也更接近于实际的出行时间。因此,通过短时交通多步预测得到路段的速度,再进一步预测得到预测出行时间可靠性曲线,能够给出行者提供更准确的出行指导。

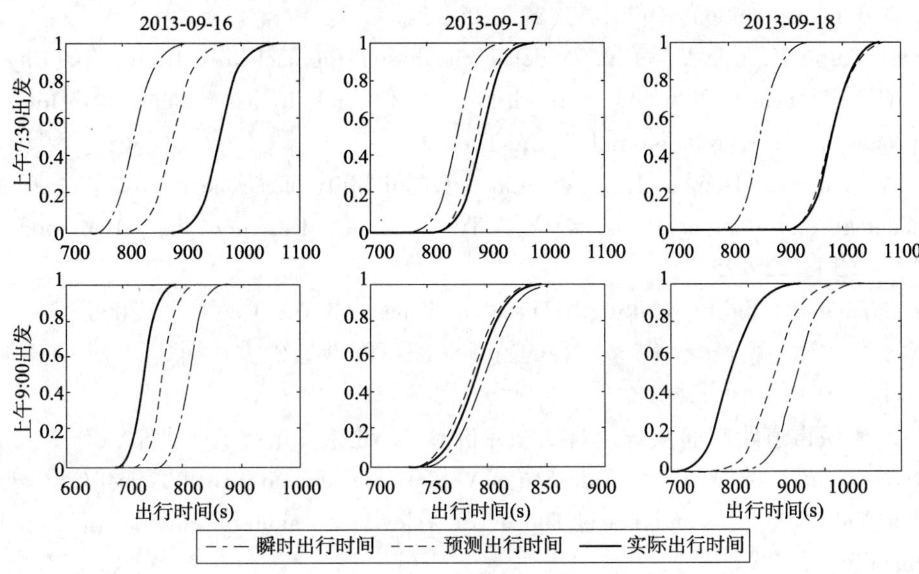

图4-45 三种出行时间可靠性曲线对比

本节介绍了基于浮动车数据的路网出行时间分布预测模型的理论推导和应用实例。首先,结合国内外其他学者的研究内容,推导出路段速度方差和平均速度之间的函数关系式;其次,借助交通流相关理论和BPR函数,完成路段出行时间分布预测;然后,基于路段出行时间可靠性曲线,采用离散卷积的算法,完成路网出行时间可靠性曲线的预测;最后,将本节中提出的模型应用到西三环丽泽桥—苏州桥路径出行时间可靠性曲线的预测上,结果表明,与瞬时出行时间可靠性曲线相比,预测出行时间可靠性曲线更贴近于实际出行时间可靠性曲线,能够更好地服务于出行决策。

本章参考文献

[1] 唐小勇, 王炜, 程琳. 交通网络旅行时间可靠性估计[J]. 土木工程学报, 2007, 40(6): 84-88.

[2] Bell M G H, Shield C M, Busch F, et al. A stochastic user equilibrium path flow estimator[J]. Transportation Research Part C Emerging Technologies, 1997, 5(s 3-4): 197-210.

[3] 高爱霞. 城市快速路运行时间可靠性研究[D]. 北京: 北京工业大学, 2003.

[4] Nicholson A, Du Z P. Degradable transportation systems: An integrated equilibrium model[J]. Transportation Research Part B Methodological, 1997, 31(3): 209-223.

[5] Asakura Y, Kashiwadani M. Road network reliability caused by daily fluctuation of traffic flow[C]//Road network reliability caused by daily fluctuation of traffic flow. PTRC Summer Annual Meeting, 19th, 1991, University of Sussex, United Kingdom.

[6] Asakura Y. Reliability Measures of an Origin and Destination Pair in a Deteriorated Road

Network with Variable Flows[M]. 1999.

[7] Y I. Basic concepts and future directions of road network reliability analysis[J]. Journal of Advanced Transportation, 1999, 33(2):125-134.

[8] Bell M, Cassir C, Iida Y, et al. A Sensitivity based approach to network reliability assessment[C]// A Sensitivity based approach to network reliability assessment. 14th International Symposium on Transportation and Traffic Theory.

[9] Chen A, Yang H, Hong K L, et al. Capacity reliability of a road network: an assessment methodology and numerical results[J]. Transportation Research Part B Methodological, 2002, 36(3): 225-252.

[10] Travel Time Reliability: Making It There On Time, All The Time[J]. 2006.

[11] 刘淼，黄进堂，蔡逸峰. 基于路径的行程时间可靠性评价方法研究[J]. 交通与运输：学术版, 2008, (1): 16-18.

[12] 梁颖. 大城市道路交通系统运营状态评价[D]. 北京：北京工业大学, 2002.

[13] Berry D S, Belmont D M. Distribution of Vehicle Speeds and Travel Times[C]// Distribution of Vehicle Speeds and Travel Times. Berkeley Symposium on Mathematical Statistics & Probability.

[14] Du L, Peeta S, Yong H K. An adaptive information fusion model to predict the short-term link travel time distribution in dynamic traffic networks[J]. Transportation Research Part B Methodological, 2012, 46(1): 235-252.

[15] Millerhooks E D. Least expected time paths in stochastic, timevarying transportation networks', Transportation Science[J]. 2000,34(2):198-215.

[16] Kharoufeh J P, Gautam N. Deriving link travel-time distributions via stochastic speed processes[J]. Transportation Science, 2004, 38(1): 97-106.

[17] Herman R, Lam T. Trip time characteristics of journeys to and from work[J]. 1974,6:57-86.

[18] Richardson A J, Taylor M a P. Travel time variability on commuter journeys[J]. High Speed Ground Transportation Journal, 1978, 12(1): 77-99.

[19] Susilawati S, Taylor M a P, Somenahalli S V C. Distributions of travel time variability on urban roads[J]. Journal of Advanced Transportation, 2013, 47(8): 720-736.

[20] Sumalee A, Pan T, Zhong R, et al. Dynamic stochastic journey time estimation and reliability analysis using stochastic cell transmission model: Algorithm and case studies[J]. Transportation Research Part C Emerging Technologies, 2013, 35(35): 263-285.

[21] 唐小勇. 交通网络旅行时间可靠性研究[D]. 南京：东南大学, 2007.

[22] 张生瑞. 交通流理论与方法[M]. 北京：中国铁道出版社, 2010.

[23] Washington D. Highway capacity manual[J]. Special Report, 1985, 1(1-2): 5-7.

[24] Pitman E J G. Tests of hypothses concerning location and scale parameters [J]. Biometrika, 1939, 31(1-2): 200-215.

[25] Taylor M A P, Susilawati. Modelling travel time reliability with the burr distribution[J].

Procedia-Social and Behavioral Sciences, 2012, 54(2290): 75-83.
[26] Lint J W C V, Zuylen H J V, Tu H. Travel time unreliability on freeways: Why measures based on variance tell only half the story[J]. Transportation Research Part A Policy & Practice, 2008, 42(1): 258-277.
[27] Alvarez P, Hadi M. Time-variant travel time distributions and reliability metrics and their utility in reliability assessments[J]. Transportation Research Record Journal of the Transportation Research Board, 2012, 2315(-1): 81-88.
[28] Rakha H, Elshawarby I, Arafeh M. Trip travel-time reliability: issues and proposed solutions[J]. Journal of Intelligent Transportation Systems, 2010, 14(4): 232-250.
[29] 杨贺. 基于 Active Learning 的数据修复补全策略研究[D]. 南昌: 南昌大学, 2014.
[30] Ma X, Yu H, Wang Y, et al. Large-scale transportation network congestion evolution prediction using deep learning theory[J]. Plos One, 2015, 10(3).
[31] Zheng Z, Su D. Short-term traffic volume forecasting: A k-nearest neighbor approach enhanced by constrained linearly sewing principle component algorithm[J]. Transportation Research Part C Emerging Technologies, 2014, 43: 143-157.
[32] 董春娇, 邵春福, 熊志华, 等. 基于 Elman 神经网络的道路网短时交通流预测方法[J]. 交通运输系统工程与信息, 2010, 10(1): 145-151.
[33] 刘宁, 陈昱颋, 虞慧群, 等. 基于 Elman 神经网络的交通流量预测方法[J]. 华东理工大学学报:自然科学版, 2011, 37(2): 204-209.
[34] 赵亚萍, 张和生, 杨军, 等. 基于最小二乘支持向量机的交通流量预测模型[J]. 北京交通大学学报, 2011, 35(2): 114-117.
[35] 杨军, 侯忠生. 基于小波分析的最小二乘支持向量机轨道交通客流预测方法[J]. 中国铁道科学, 2013, 34(3): 122-127.
[36] Odeck J. How accurate are national road traffic growth-rate forecasts? —The case of Norway[J]. Transport Policy, 2013, 27(3): 102-111.
[37] Wardrop J G. Some theoretical aspects of road traffic research[J]. Ice Proceedings Engineering Divisions, 1952, 1(5): 767-768.
[38] Rakha H, Zhang W. Estimating traffic stream space mean speed and reliability from dual-and single-loop detectors[J]. Transportation Research Record Journal of the Transportation Research Board, 2005, 1925(1): 38-47.
[39] Recker C L C, W. W. Characteristics of speed dispersion and its relationship to fundamental traffic flow parameters[J]. Transportation Planning & Technology, 2014, 37(7): 581-597.
[40] 王素欣, 王雷震, 高利, 等. BPR 路阻函数的改进研究[J]. 武汉理工大学学报(交通科学与工程版), 2009, 33(3): 446-449.
[41] 任福田, 刘小明, 荣建. 交通工程学 [M]. 2 版. 北京:人民交通出版社,2010.

第5章 城市公共交通服务可靠性

城市公共交通服务可靠性从最初政府、公交企业以及管理部门等各个机构关心的一个话题,到人们应用多种技术和方法来提高公交服务可靠性,再到其逐渐发展成为一门系统的理论,大概只经历了几十年的时间。21世纪是服务经济的时代,提升公交服务质量是实现公交优先发展、增强公交竞争力和提高公交出行比例的必然要求。美国《公交运力和服务质量手册》给出公共交通服务可靠性的定义,公共交通服务可靠性是指影响乘客日常到站时间、等车时间和行程时间以及车上舒适度水平的公交线路服务准点率或车头时距的规则性。

公共交通服务可靠性既是公交企业改善公交运营状况、提高公交服务质量、提升企业服务竞争力的保障,也是增强乘客公交出行便利性的重要基础。因此从实际意义来说,公交服务可靠性可以被定义为:公共交通系统在日常工作中,在一定的交通条件和动态因素的影响下,能够按计划完成规定任务的同时为乘客提供一定服务的能力。

对于公交管理者来说,公交车辆能否按照时刻表计划运行具有重要的意义。由于受到天气、交通条件、突发事件等因素的影响,会造成一定程度的公交延误,并容易造成前后车辆到达某一站点的时间间隔过长或过短,即长时间没有公交车辆到达或串车现象,这将会使得前车严重超载而后车空荡,造成客流不均衡,两辆车行车间距无法保证,甚至发生连锁反应,影响到后续车辆不能按正常时刻表运行。为了保证公交车辆的准点率,提高公交服务水平,公交管理者会采取调度的方式来缓解因交通堵塞的因素造成的公交延误或串车现象。

对于公交出行者来说,公交能否可靠地为乘客出行服务具有重要意义,这直接影响着公交的服务水平。乘客到达站点后,通常对候车时间、到达车辆满载率、乘车时间、乘车舒适度等方面具有一定的期望值。如果车辆到站时间波动性大,即公交车辆比乘客经验的到站时间提早到达或者推迟到达,将在一定程度上影响乘客的出行安排,甚至影响乘客形成规律乘车时间,给出行带来很大不便。公交服务可靠性对公交使用者的满意度具有最直接的影响,只有公交服务的可靠性高才能使乘客满意,进而保证已有乘客不向其他交通出行方式转化,同时吸引更多潜在乘客选择公交出行,实现其他交通出行方式向公交出行的转化,鼓励社会范围内更多地使用公交,达到公交优先的目的。

公共交通系统是一个综合系统,包括人、车、路以及环境等因素的相互作用,具有随机和动态的特点。一般来说,公共交通服务可靠性的影响因素有很多,如天气状况、交通状态、交通事故以及乘客的随机波动等。如果把公交线路服务看成是乘客与运行车辆之间的动态互动系统,可以将公共交通服务可靠性的影响因素分成内部因素和外部因素。影响公交服务可靠性的内部因素主要包括公交运营时刻表、车辆、驾驶人以及乘客四个方面;外部因素主要包括气候、交通以及突发事件三个方面。在日常公交运营中,可以通过分析公交服务可靠性影响因素来采取合理的政策和策略来提高服务可靠性。

5.1 公交运营可靠性评价指标分析

在进行公交服务可靠性评价时,可以基于管理者或出行者两个不同的角度进行分析。基于出行者的公交服务可靠性评价方法侧重于描述乘客在采用公交出行方式时享有的服务质量;基于管理者的公交服务可靠性评价立足于公交系统整体的稳定性、连通性和有效性。本书主要基于管理者对公交服务可靠性进行评价,即公交服务的运营可靠性。

5.1.1 运营可靠性评价方法

运营可靠性的具体评价方法主要有连通可靠性、运行准点可靠性等。

1)连通可靠性

连通可靠性是公共交通网络可靠性评价最基础的指标,它指交通网络中两点间保持连通的概率。该指标只考虑路段正常和失效,即0、1两种状态,0表示路段断开,1表示路段通顺。它关注的是OD对间存在可达路径并保持连通的概率。连通可靠性可以评价极端条件下的交通路网运行情况,如地震灾害时路网的情况。

2)运行准点可靠性

准点可靠性反映的是在动态的交通网络中,公交车辆按照时刻表规定的时间到达规定车站的能力,侧重于对公交运行质量的评价。如果按照到站时间偏差衡量,运行准点可靠性可以表示为实际到站时间偏差量小于准点限定范围的概率。公交运行准点限定范围的定义将对公交运行准点可靠性的评价产生影响,Bates等人首先界定了公交运行准点性的范围[1];美国波特兰公司对公交运行准点性的范围给出了离开公交站点时刻比公交时刻表计划离站时间早1min内或晚5min内的标准;高桂凤等人将运行准点可靠性评价指标分为5个标准等级[2],具体分级情况如表5-1所示。

运行准点性评价指标分级表 表5-1

标准等级	A [90,100]	B [80,90)	C [70,80)	D [60,70)	E [0,60)	备 注
公交车准点率(%)	95~100	90~95	85~90	80~85	<80	发车准点率
	85~90	80~85	75~80	70~75	<70	运行准点率
	80~85	75~80	70~75	65~70	<65	高峰准点率

5.1.2 公交服务可靠性评价指标

经过国内外学者的多年研究探索,得到了各种反映公交运行可靠性的指标,主要集中在准点方面和运行的稳定性评价方面,还有一些较为实用的指标如等待延误、等待费用、出行费用等。以下介绍目前常用的一些指标以及评价的方法。

1)准点率

准点率是指某条公交线路上准点运行的公车车数占所有运行公交车数的百分比。

准点率是在公交公司中应用最为广泛的可靠性评价指标,对于有公交到站时刻的公交线路而言,准点率的评价最为简单实用,公交到站点时刻与计划时刻相符合,可以减少乘客的预留等待的时间,节约了乘客的时间成本,方便乘客出行。

关于计算准点率,常用的有以下两种方法:

(1)对于线路的准点率而言,Bates 建议根据准点到达车辆数占所有运行车辆数的百分比来表征准点率[1],即:

$$OTP = \frac{N_{\text{on-time}}}{N_{\text{all}}} \times 100\% \tag{5-1}$$

式中:OTP——公交运行准点率;

$N_{\text{on-time}}$——运行准点的车辆数;

N_{all}——公交运行车辆总数。

(2)高贵凤认为准点率是一种概率,即公交车实际到站的时刻偏离程度小于某一限定值的概率[2],表示为:

$$p = P(|\sigma_i| \leqslant \gamma\sigma_{i0}) \tag{5-2}$$

式中:p——公交运行准点率;

σ_i——第 i 辆公交车实际到站时刻与规定到站时刻偏离量;

σ_{i0}——第 i 辆公交车到站时刻的限定偏离量;

γ——修正系数。

2)到站间隔可靠性

公交到站间隔是指的相邻两辆公交车到达相同的站点的时刻差,一般来说,到站间隔时间的长短与发车间隔有关,运行稳定的公交班次之间的到站间隔与发车间隔具有一致性。因此,可以用到站间隔来评价公交车辆在线路上分布情况。研究到站间隔的稳定性对于评价公交运行的可靠性有着重要意义。尤其是在高峰时段,对于发车间隔较小、发车频率较高的线路,乘客更加看重车辆到达的均匀性稳定性,保证一定的间隔可靠性可以使乘客较为均匀地乘坐各个班次,而在间隔可靠性较低的情况下,难免会出现串车和大间隔到站的情况,客流在各个班次的分布不均匀导致部分车辆过度拥挤,对乘客带来不便。

魏静用概率法定义间隔可靠性,即为一条线路上的两个相邻公交车到达某站点的间隔小于某一固定值(乘客的忍耐时间)的概率[3]。

对于站点间隔可靠性的概率模型为:

$$R_i = P \quad (h_i \leqslant h_0) \tag{5-3}$$

对于线路的间隔可靠性评价的概率模型为:

$$R_L = P \quad (H \leqslant H_0) \tag{5-4}$$

式中:R_i——第 i 个站点到达间隔可靠性;

h_i——相邻两辆公交车在 i 站点的到站间隔;

h_0——到站间隔的极限时间;

R_L——线路间隔可靠性;

H——所有站点到达间隔的集合;

H_0——线路能忍受的最大间隔时间。

3)运行时间可靠性

运行时间可靠性是指公交线路的运行时间在规定的范围内的概率,对于该时间范围的划分并没有统一的标准，高桂风认为公交车二十几年的运行时间在一个限定值的范围内即为可靠性[2]，而 Meyer 则认为公交运行时间的范围应以该线路运行平均时间的 10% 作为标准，相比较而言，相对时间的取值考虑了线路的长短后者更切合公交运行的情况，评价的模型为：

$$R = P\left(\frac{T_i - \overline{T}_{i0}}{\overline{T}_{i0}} \leqslant 10\%\right) \tag{5-5}$$

式中：R——运行时间可靠性；

T_i——实际运行时间；

$\overline{T}_{i0}$——线路的计划运行时间（或是多班次的实际运行时间的均值）。

4）其他指标

除以上三种之外，评价公交运行可靠性的指标还有等待延误，等待时间费用，变异系数，到站间隔的方差、标准差等。另外，如果根据公交车辆时空路径特性，还可以提出以下 4 个公交时间可靠性指标：

（1）单程准时度（One-way Punctuality Index，OWPI）

定义单程准时度为公车时空路径从 O 点到 D 点间的平均时间距离与设计的标准单程时间的相对误差与 1 的差值。设公车时空路径从 O 点到 D 点的平均时间距离为 dist_{ow}，设计的标准单程时间为 stdt_{ow}，则：

$$\text{stdt}_{\text{ow}} = t_2 - t_1 \tag{5-6}$$

相对误差为：

$$\delta_{\text{ow}} = \frac{|\text{dist}_{\text{ow}} - \text{stdt}_{\text{ow}}|}{\text{stdt}_{\text{ow}}} \tag{5-7}$$

则单程准时度：

$$\text{OWPI} = 1 - \delta_{\text{ow}} \tag{5-8}$$

单程准时度是用来衡量公交车单程行驶过程的准时程度，描述了一条公交线路一个方向上从出发点到终点行驶时间与设计的标准单程时间的偏差程度，且 $\text{OWPI} \leqslant 1$，越是接近 1 就表明该方向的准时程度越高。如果 $\text{OWPI} < 0$，则表明时间距离偏差达到一倍以上，已经处于非常不准时的状态，线路行驶非常不稳定。由于考虑了车辆行驶的方向，因此，一辆公交车的时空路径可以做两个方向上的计算。

（2）单程准时稳定度（Stability of One-way Punctuality Index，SOWPI）

单程准时稳定度是用来描述线路在一个方向上的准时度的变化程度，SOWPI 越小则表明准时的变化程度越小。单程准时稳定度属于路网级别宏观层次的衡量指标。公式如下：

$$\text{SOWPI} = 1 - \frac{\sqrt{\dfrac{\sum_{j=1}^{m}(\text{OWPI}_i - \overline{\text{OWPI}})^2}{m}}}{\overline{\text{OWPI}}} \tag{5-9}$$

式中：$\overline{\text{OWPI}}$——单程准时度的平均值。

（3）站点准时度（Station punctuality index，SPI）

定义：两条公交车时空路径在站点位置的时间距离的平均值与设计的标准车头时距的

相对误差与 1 的差值。设两条公交车的时空路径在指定站点位置的平均时间距离为 $dist_h$，指定线路的标准车头时距为 $stdt_h$，则相对误差：

$$\delta_h = \frac{|dist_h - stdt_h|}{stdt_h} \tag{5-10}$$

则站点准时度：

$$SPI = 1 - \delta_h \tag{5-11}$$

站点准时度描述了站点上某一班次的公交车发车间隔的准时程度，且 SPI≤1。SPI 越接近 1，公交车越能够按照指定的发车间隔通过，时间可靠性越高。从本质上来剖析，两条公交车时空路径在站点位置的时间距离是实际的车头时距，站点准时度反映的就是实际车头时距与设计车头时距的关系。SPI 越接近 1，实际车头时距与设计车头时距差别越小。

站点准时度可以从微观、中观和宏观 3 个尺度来衡量公交的可靠性。首先从定义上来看，站点准时度是站点层次，从微观角度来描述公交车运行的准时程度。站点准时度能够最直接地反映乘客所直观感受到的公交车的时间可靠性，是从乘客角度出发的可靠性衡量指标。同时，站点准时度可扩展到中观和宏观层次来反映公交的可靠性，比如，以线路站点的站点准时度平均值作为线路级别的站点准时度衡量指标，是中观尺度上的衡量标准；如果以整个路网的平均值作为衡量指标，则可以反映整个路网的站点准时度的情况。

（4）站点准时稳定度（Stability of Station Punctuality Index，SSPI）

其定义如式（5-12）：

$$SSPI = 1 - \frac{\sqrt{\frac{\sum_{j=1}^{m}(SPI_i - \overline{SPI})^2}{m}}}{\overline{SPI}} \tag{5-12}$$

其中$\overline{SPI}$是站点准时度的平均值。站点准时稳定度是用来衡量在站点层次上，站点准时度的变化程度，SSPI 的值越小，站点的准时度变化程度越小。SSPI 也可以扩展到线路和路网层次。

5.2 公交服务静态可靠性评价方法

为丰富公交服务可靠性研究内容，分析不同时段、不同交通状况对公交服务可靠性的影响，下面我们将从静态、实时和预测三个角度研究公交服务可靠性评价方法，用以评价城市公交网络的运行状况，对静态、实时和预测条件下的公交服务可靠性进行分析，研究城市公交网络可靠性的内在规律。从管理者的角度出发，选取公交运行准点可靠性评价指标作为研究基础，对公交服务可靠性进行分析。在这里，公交运行准点范围的界定将对公交运行准点性产生直接的影响，对于公交车辆到站是否准点的时间范围的界定，在目前的研究和实际应用中，有着不同的规定。

根据准点性的定义，准点性的数学描述常用准点率来表示，即指公交车运行准点的车辆数占公交车运行车辆总数的百分比。具体表示见式（5-1）。

目前国内外对公交系统服务的可靠性研究主要都是基于公共交通运营的历史数据进行分析的，我们称这种基于历史数据进行的可靠性分析为公交服务静态可靠性评价。静态可靠性评价的特点是具有规划性，它可以反映城市公共交通的整体状况，可以作为城市公交服务长远规划的基础依据。根据前面对公交可靠性的评价指标的介绍，本小节将从管理运营的角度入手，选取公交运行准点性作为评价指标对静态公交服务可靠性进行分析。公交运行准点性的评价指标是基于公交站点的，而对公交线路乃至公交线网的服务可靠性评价也是在评价公交站点的基础上进行的。因此，本节首先从公交站点入手，对基于站点的公交运行准点可靠性评价方法进行研究，在分析站点与公交线路和线网之间的联系的基础上，提出公交线路和公交线网可靠性的评价方法，具体流程如图 5-1 所示。

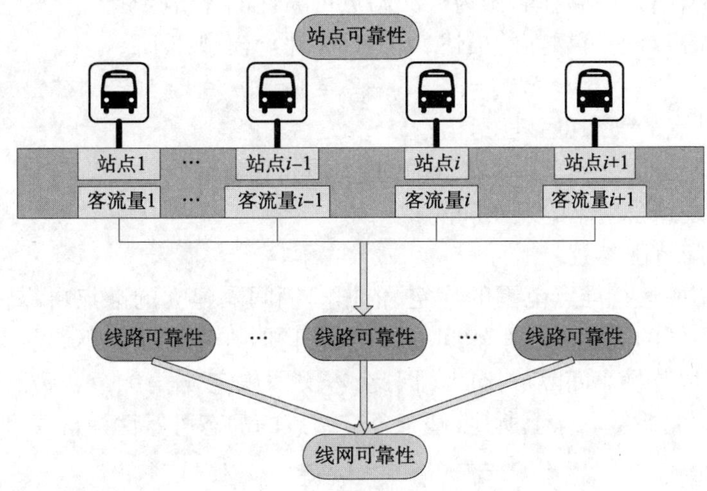

图 5-1 公交服务静态可靠性评价流程图

5.2.1 基于公交站点的静态可靠性评价方法

(1)静态可靠性评价指标分析

本节选取公交运行准点性作为公交服务可靠性评价的指标，公交运行准点可靠性是一个概率性指标，该指标反映了在一定时期内公交车辆按照时刻表规定的时刻到达规定车站的概率，侧重于对公交运行质量的评价，即概率越高，公交运行准点可靠性越好。

根据准点可靠性指标的定义，结合静态可靠性的特点，可以将公交可靠性的运行准点性静态评价指标表示为：

$$PSS_i = P\{T_{ri} - T_{pi} \in [\delta_1, \delta_2]\} \tag{5-13}$$

式中：PSS_i——i 站点的静态可靠性指标，它反映了车辆在规定时间范围内到达某一站点的概率；

δ_1、δ_2——时间范围系数；

T_{ri}——i 站点公交车辆的实际到达时间；

T_{pi}——i 站点公交车辆的计划到达时间。

(2)公交站点静态可靠性评价模型建立

根据前面对公交运行准点可靠性的数学分析，式(5-13)可以准确直接地反映公交车辆在某一站点的运行准点性。然而，由于我国常规公交的运营特性，受站点间路段长短、实际运营可行性等因素的影响，对于一般的线路，没有基于站点的计划到站时间，因此运用公交准点率来表达运行准点可靠性评价指标,在实际数据的选取上存在一定的难度。

基于以上分析,根据运行准点性的含义及特点,可将运行准点可靠性的数学描述进行转换。实际上,由于公交车辆具有相同的发车间隔,在理想状态下,车辆到达某一站点时,其与前一车辆到达该站点的时间间隔应保持不变,即等于发车间隔。然而受到交通状况、突发事件等因素的影响,在实际运行中,前后车辆到达某一站点时间间隔与发车间隔往往存在一定的偏差,与公交运行准点范围的意义相同,当前后车辆在某站点的实际时间间隔与发车间隔的偏差处于一定允许的偏差范围内时,即称车辆在该站点是可靠的。因此可以用车辆到达各个站点的时间间隔代替到站时间,做为公交站点可靠性的评价指标。

根据对公交站点静态可靠性的描述,给出具体评价模型如下:

$$PSS_i = P\{TS_i - T_0 \in [\sigma_1, \sigma_2]\} \tag{5-14}$$

式中:PSS_i——i 站点的静态可靠性指标;

TS_i——车辆与前一辆车在 i 站点的到达时间间隔;

T_0——该线路公交车的发车间隔;

σ_1、σ_2——时间范围参数。

参照上节介绍的运行准点范围的界定,依据车辆间隔建立的准点可靠性模型的时间范围参数也可以有不同的规定。由车辆间隔的定义可知,在理想状态下,模型中 σ_1 应取值为 0,而 σ_2 的取值可以与发车间隔成比例。因此,本文即规定 $\sigma_1 = 0, \sigma_2 = cT_0$,这里称 $\sigma_2 = cT_0$ 为运行准点的最大偏差量。综上所述,基于公交站点的静态可靠性评价模型可表示为:

$$PSS_i = P\{|TS_i - T_0| \in [0, cT_0]\} \tag{5-15}$$

式中:c——取值随实际情况而定。

5.2.2 基于公交线路的静态可靠性评价方法

(1)公交线路可靠性关键因素分析

公交线路是由公交站点以及相邻站点间的公交路段组成的,因此对公交线路的可靠性分析可以从该线路上的公交站点入手。由于每个公交站点的选址、公交线路的选取以及交通环境等存在一定的差异性,基于单一站点层次的可靠性评价将对整条公交线路的可靠性评价产生影响,将一条线路各个站点的可靠性按照一定权重加权,即可得到该线路的可靠性。

权重实质上反映了各站点在线路中的重要程度,各站点在线路中的重要程度集中体现在该时段的客流上。在某一时段内,若某站点客流较大,上车人数多,则该站点在这条线路中的重要程度较高;反之,某站点客流较小,上车人数少,则该站点的重要程度较低。

(2)公交线路静态可靠性评价模型建立

根据上面对公交线路可靠性的关键因素分析,在公交站点的基础上通过加权来获取公交线路的可靠性,取客流比例作为权重,即可逐步计算各条线路的可靠性。

由于本章介绍的静态可靠性是从站点的角度进行分析的,因此可以通过计算线路各个站点的客流量比例作为权重,逐步计算整条线路的可靠性,即:

$$PLS_L = \sum_{i=1}^{m} \frac{q_i}{Q_L} \times PSS_i \tag{5-16}$$

式中：PLS_L——公交线路静态可靠性指标；

q_i——线路 L 在 i 站点的客流量；

Q_L——线路 L 上所有站点的总客流量。

5.2.3　基于公交网络的静态可靠性评价方法

（1）公交网络可靠性关键因素分析

城市公交网络是由一条条公交线路组成的，对于城市公交网络的可靠性评价而言，每一条公交线路的可靠性是对公交网络可靠性的最直接的反映。由于每条公交线路的走向、长短等存在一定的差异性，其对整个公交网络的重要程度来讲也存在一定的高低。与公交站点和公交线路的关系类似，公交线网中每条公交线路的重要程度也集中体现在当前时段的客流量上。在某一时段内，若某条公交线路的整体客流较大，上车人数多，则该条线路在公交线网中的重要程度较高；反之，若某条线路的整体客流较小，上车人数少，则该条线路在公交线网中的重要程度较低。

（2）公交网络静态可靠性评价模型建立

根据前面对公交网络可靠性的关键因素分析，在公交线路的基础上通过加权来获公交网络的可靠性，取客流比例作为权重，在计算各条线路可靠性的基础上，通过加权，即可逐步计算公交网络的可靠性，即：

$$PNS_n = \sum_{l=1}^{m} \frac{Q_l}{F_n} \times PLS_l \tag{5-17}$$

式中：PNS_n——公交网络静态可靠性指标；

Q_l——第 l 条线路的客流量；

F_n——公交网络中所有线路的总客流量。

5.2.4　实例分析

根据本小节介绍的公交服务静态可靠性的评价方法，下面结合一个简单算例，对上文介绍的评价方法的具体计算过程进行简要分析。

设某条线路 L 在某一方向设有 5 个公交站点（如图 5-2 所示），计划发车间隔（不分高峰和平峰）为 5min，评价时间段为早上 8：00 ~ 8：45，表 5-2 和表 5-3 给出了各班次公交车在各站点的实际到站时间以及评价时段内各站点客流量汇总（按上车客流计算）。

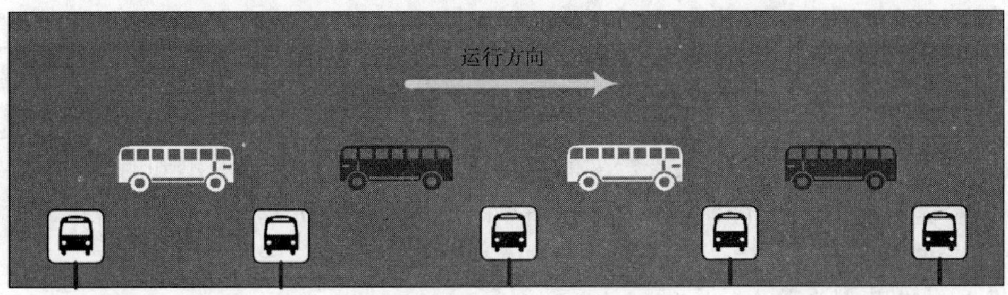

图 5-2　线路 L 示意图

车辆实际到站时间 表 5-2

车辆班次	站点 1	站点 2	站点 3	站点 4	站点 5
班次 1	8:00	8:05	8:11	8:17	8:25
班次 2	8:05	8:10	8:18	8:24	8:33
班次 3	8:10	8:16	8:25	8:31	8:38
班次 4	8:15	8:23	8:33	8:36	8:43
班次 5	8:20	8:29	8:38	8:42	8:49
班次 6	8:25	8:34	8:43	8:49	8:55
班次 7	8:30	8:42	8:49	8:54	9:00
班次 8	8:35	8:47	8:55	8:59	9:05
班次 9	8:40	8:54	9:00	9:06	9:12
班次 10	8:45	8:59	9:07	9:10	9:19

各站点客流量汇总 表 5-3

站点	站点 1	站点 2	站点 3	站点 4	站点 5
客流量汇总	40	80	50	30	0

根据算例中给出的车辆实际到站时间以及客流量总和，结合本节给出的静态可靠性评价方法，计算前后车辆在各个站点的到站时间间隔以及客流量权重比，计算结果如表 5-4 和表 5-5 所示。

各站点到站时间间隔(min) 表 5-4

到站时间间隔	站点 1	站点 2	站点 3	站点 4	站点 5
间隔 1	5	5	7	7	8
间隔 2	5	6	7	7	5
间隔 3	5	7	6	5	6
间隔 4	5	6	5	6	6
间隔 5	5	5	5	7	6
间隔 6	5	8	6	5	5
间隔 7	5	5	6	5	5
间隔 8	5	7	5	7	7
间隔 9	5	5	7	4	7

各站点客流权重比 表 5-5

站点	站点 1	站点 2	站点 3	站点 4	站点 5
客流量权重比	0.2	0.5	0.25	0.15	0

公交服务可靠性的评价结果受定义的可靠范围影响，即当 c 取值不同时，评价结果也会有所不同。这里将可靠性范围取值为单程站点的 ±10%（$c=0.1$）、±20%（$c=0.2$）、±30%（$c=0.3$）三种情况进行分析评价。

(1)可靠性范围为单程站点的 ±10%（$c=0.1$）

当 $c=0.1$ 时，到达间隔的最大偏差量为 0.5，即偏差范围为[0,0.5]。对应本案例，即当前后车辆在各个站点的实际到站时间间隔在 4.5 ~ 5.5min 之间时认为可靠。按照上述标准,对于算例中的 5 个站点,分别有 9、4、3、3、3 个实际到站时间间隔可靠,因此各个站点的公交服务静态可靠性 PSS_i 分别为 9/9、4/9、3/9/、3/9、3/9,转化为小数表示分别为 1、0.444、0.333、0.333、0.333。根据各站点的客流量权重比进行加权计算,可得该线路的静态服务可靠性 PLS_l 为 0.554。

(2)可靠性范围为单程站点的 ±20%($c=0.2$)

当 $c=0.2$ 时,到达间隔的最大偏差量为 1,即偏差范围为[0,1]。对应本案例,即当前后车辆在各个站点的实际到站时间间隔在 4 ~ 6min 之间时认为可靠。按照上述标准,对于算例中的 5 个站点,分别有 9、6、6、5、6 个实际到站时间间隔可靠,因此各个站点的公交服务静态可靠性 PSS_i 分别为 9/9、6/9、6/9/、5/9、6/9,转化为小数表示分别为 1、0.667、0.667、0.556、0.667。根据各站点的客流量权重比进行加权计算,可得该线路的静态服务可靠性 PLS_l 为 0.784。

(3)可靠性范围为单程站点的 ±30%($c=0.3$)

当 $c=0.3$ 时,到达间隔的最大偏差量为 1.5,即偏差范围为[0,1.5]。对应本案例,即当前后车辆在各个站点的实际到站时间间隔在 3.5 ~ 6.5min 之间时认为可靠。按照上述标准,对于算例中的 5 个站点,分别有 9、6、6、5、6 个实际到站时间间隔可靠,因此各个站点的公交服务静态可靠性 PSS_i 分别为 9/9、6/9、6/9/、5/9、6/9,转化为小数表示分别为 1、0.667、0.667、0.556、0.667。根据各站点的客流量权重比进行加权计算,可得该线路的静态服务可靠性 PLS_l 为 0.784。

对上述三种可靠性范围下的评价结果进行比较,如图 5-3 所示。

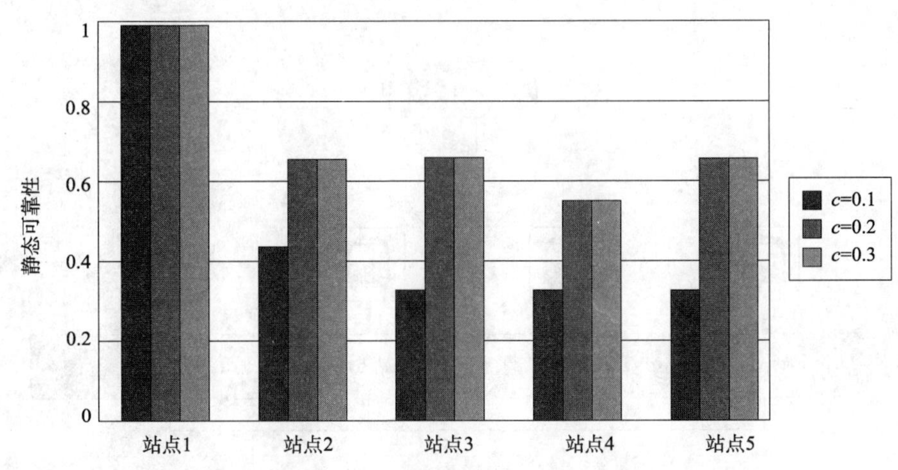

图 5-3 不同可靠性范围下静态评价结果

图 5-3 给出了在三种可靠性范围下各个站点以及整条线路的静态可靠性评价结果对比图,可以看出,$c=0.1$ 时各个站点及线路的静态可靠性值均低于 $c=0.2$ 和 $c=0.3$ 时各个站点及线路的静态可靠性,在计算中可以发现,c 取不同值时,可靠性范围相差 0.5min,而在公交实际运营过程中,实际的发车时间以及到达时间是无法精确到秒的,因此在下文的可靠性评价中,可以对可靠性范围采取"向上取整"的方法,即当 $c=0.1$ 和 $c=0.2$ 时的可靠性范围均为 4 ~ 6min(实际到站时间间隔),当 $c=0.3$ 时的可靠性范围为 3 ~ 7min。当取 $c=3$ 时,可

靠性范围偏大并不利于我们对可靠性的评价,因此,下文在进行实例分析时,均将 c 的取值定为 $c=0.2$。即将单程站点的 ±20% 作为可靠性的范围。

对于公交网络静态可靠评价,其评价方法与线路的静态可靠性评价相似,这里就不再应用算例进行介绍。

5.3 公交服务实时可靠性评价方法

上节介绍的可靠性评价方法,是基于历史数据进行计算的,具有静态的特点。目前对公交服务可靠性的研究大部分都是在历史数据的基础上进行评价的。这样的评价具有规划性,但不具备实时的特点,受天气、交通状况等突发性事件的影响。当前时刻某一站点或线路的可靠性并不可能总是和从历史数据计算得来的可靠性相符,而对于乘客来说,乘客更关心的是当前时刻所享受到的服务可靠性而非规划层面上的可靠性。因此,上节介绍的可靠性评价方法不能够为公交线路运行状况提供实时的依据,本节将介绍一种具有动态更新特点的公交服务的实时可靠性评价方法,它可以反映乘客在当前状态下所享受到的公交服务水平,能够最直接地为公交服务可靠性的改善提供依据,实时可靠性可以为有效公交调度提供时机,帮助提高公交服务水平。

本节介绍的用来评价公交服务可靠性的实时评价模型的数据来源具有实时性,即能反映公交车当前运营状态。本文称这种基于实时数据进行的可靠性分析为公交服务实时可靠性评价。参照上文对静态公交服务可靠性的分析,本节将在分析实时可靠性的特点的基础上,以公交运行准可靠性为评价指标,对动态公交服务可靠性进行评价,具体流程如图 5-4 所示。

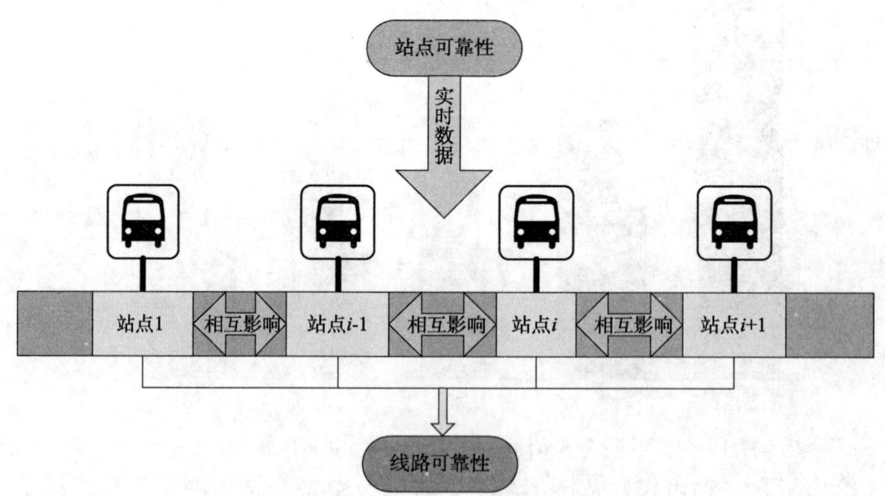

图 5-4 公交服务实时可靠性评价流程图

5.3.1 基于公交站点的实时可靠性评价方法

1)实时可靠性的核心因素分析

由于动态可靠性指标具有实时性,在描述可靠性指标的评价方法时,需要考虑公交运营的数据更新、道路交通状况对站点的相互影响等因素。根据动态实时性的特点，做以下核心因素分析：

(1)数据来源。

为了体现实时性，公交可靠性实时评价的数据来源于当前实际运营的车辆，车辆数据随时更新。我们将每5辆车的数据定为一个时间窗，而动态实时即体现在时间窗的数据更新上。

(2)站点间的影响。

受道路交通状况、突发事件等因素的影响，各个站点的动态可靠性将会存在一定相互影响。即 k 时刻站点 i 的运行准点可靠性将受到 k 时刻之前某一时刻在 i 站之前的各个站点的影响，并且，距离 i 站越近的站点，影响越大。

2)公交站点实时可靠性评价模型建立

根据上节对实时可靠性的特点分析可知，公交可靠性实时评价模型将由两部分组成，即站点 i 上纯准点性指标和受其他站点影响的准点性指标，下面分别对两种指标进行分析：

(1)纯准点性实时指标 $PSD_{k\to i}$

该指标是指在 i 站点根据随时更新的车辆数据得到的运行准点可靠性，它的含义为在 k 时刻 i 站点车辆的纯运行准点可靠性，参照静态可靠性的评价模型，纯准点性实时指标的数学描述为：

$$PSD_{k\to i} = P\{TD_i - T_0 \in [\theta_1, \theta_2]\} \tag{5-18}$$

式中：$PSD_{k\to i}$——k 时刻 i 站点的纯准点可靠性；

TD_i——车辆与前一辆车在 i 站点的到达时间间隔；

T_0——该线路公交车的发车间隔。

θ_1、θ_2——时间范围参数。

参照静态运行准点可靠性模型对时间范围参数的界定。这里规定 $\theta_1 = 0$，$\theta_2 = bT_0$，这里称 $\theta_2 = bT_0$ 为运行准点的最大偏差量。综上所述，实时评价模型下的纯准点可靠性评价指标可表示为：

$$PSD_{k\to i} = P\{TD_i - T_0 \in [0, bT_0]\} \tag{5-19}$$

式中：b——取值随实际情况而定。

(2)受其他站点影响的可靠性指标

可以通过对其他站点的可靠性实时评价指标赋予一定的权重来表示其他站点对当前站点产生的影响，距离当前站点越近的站点，权重越大。图5-5给出了其他站点对当前站点可靠性指标的影响关系示意图。

根据上述关系示意图，受其他站点影响的可靠性指标可表示为：

$$\alpha_1 \times PSD_{k_1\to i-1} + \alpha_2 \times PSD_{k_2\to i-2} + \cdots + \alpha_{i-1} \times PSD_{k_{i-1}\to 1} \tag{5-20}$$

式中：α_1、α_2、…、α_i——权重系数；

$PSD_{k_1\to i-1}$——k_1 时刻 $i-1$ 站点的实时可靠性指标；

$PSD_{k_2\to i-2}$——k_2 时刻 $i-2$ 站点的实时可靠性指标；

$PSD_{k_{i-1}\to 1}$——k_{i-1} 时刻1站点的实时可靠指标。

根据表达式(5-20)可以看出，在计算受其他站点影响的可靠性指标时，需要根据 i 站点

之前的 $i-1$ 个站点在某一时刻的纯准点性实时可靠性的值进行计算。下面对 k_{i-1}、k_{i-2}、…、k_1 时刻的具体取值进行介绍。

根据上文对于数据来源的介绍可知，我们将每 5 辆车的数据定为一个时间窗，而其他站点对当前 i 站点的可靠性影响的数据来源应该源于同一个时间窗，即相同的 5 辆车，因此在考虑 k_{i-1}、k_{i-2}、…、k_1 时刻的选择时，应该根据相同 5 辆车的数据进行计算。

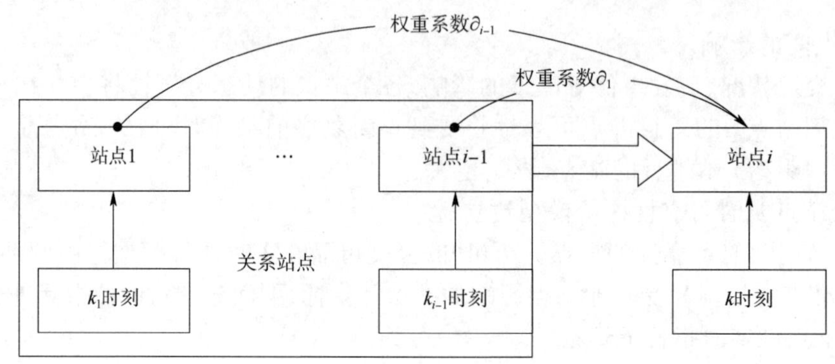

图 5-5　各站点影响关系示意图

当计算第 $i-1$ 站对应的 k_{i-1} 时刻时，k_{i-1} 时刻 = k 时刻 $-T_{i-1}$，这里 T_{i-1} 表示第 $i-1$ 站到 i 站点间的路段上相同时间窗内的 5 辆车的平均运行时间，即 $T_{i-1}=[\sum_{n=1}^{5}(t_i^n-t_{i-1}^n)]/5$，其中 t_i^n 表示第 n 辆车到达 i 站点的到站时间。

当计算 $i-2$ 站点对应的 k_{i-2} 时刻时，k_{i-2} 时刻 = k 时刻 $-T_2$，这里 T_2 表示 $i-2$ 站点到 i 站点间的路段上相同时间窗内的 5 辆车的平均运行时间，即 $T_2=[\sum_{n=1}^{5}(t_i^n-t_{i-2}^n)]/5$。

同理可知，当计算站点 1 对应的 k_1 时刻时，k_1 时刻 = k 时刻 $-T_1$，这里 T_1 表示 $i-1$ 站点到 i 站点间的路段上相同时间窗内的 5 辆车的平均运行时间，即 $T_1=[\sum_{n=1}^{5}(t_i^n-t_1^n)]/5$。

(3)公交可靠性实时评价模型

根据以上对可靠性实时评价指标的分析，公交站点可靠性实时评价模型可表示为：

$$PSD_{i,k}=\alpha_0\times PSD_{k\to i}+\alpha_1\times PSD_{k_{i-1}\to i-1}+\alpha_2\times PSD_{k_{i-2}\to i-2}+\cdots+\alpha_{i-1}\times PSD_{k_1\to 1} \tag{5-21}$$

式中：α_0、α_1、α_2、…、α_i——权重系数；

$PSD_{i,k}$——k 时刻 i 站点的实时可靠性指标，对于其他站点对当前站点的影响关系，距离当前站点越近的站点，对当前站点可靠性的影响越大，即权重系数越大。因此，我们规定模型中权重系数的取值为 $\alpha_0=\left(\frac{1}{2}\right)^1$、$\alpha_1=\left(\frac{1}{2}\right)^2$、$\alpha_2=\left(\frac{1}{2}\right)^2$、…、$\alpha_{i-1}=\left(\frac{1}{2}\right)^i$。

代入权重系数，最后，公交站点动态可靠性评价模型为：

$$PSD_{i,k}=\frac{1}{2}PSD_{k\to i}+\frac{1}{2^2}PSD_{k_{i-1}\to i-1}+\frac{1}{2^3}PSD_{k_{i-2}\to i-2}+\cdots+\frac{1}{2^i}PSD_{k_1\to 1} \tag{5-22}$$

5.3.2 基于公交线路的实时可靠性评价方法

与公交线路静态可靠性相同,在公交站点的基础上通过加权来获得公交线路的可靠性。取客流比例作为权重,在计算各站点可靠性的基础上,通过加权,即可逐步计算各条线路的可靠性。我们介绍的可靠性实时评价也是从站点的角度进行分析的,因此可以通过计算线路各个站点的客流量比例作为权重,逐步计算整条线路的可靠性,即:

$$PLD_{L,k} = \sum_{i=1}^{m} \frac{q_i}{Q_L} \times PSD_{i,k} \tag{5-23}$$

式中:$PLD_{L,k}$——k 时刻公交线路 L 的可靠性实时评价指标;

q_i——线路 L 在 i 站点的客流量;

Q_L——线路 L 上所有站点的总客流量。

5.3.3 实例分析

公交服务实时可靠性评价方法较静态可靠性相对复杂一些,根据公交服务站点实时可靠性的评价方法,本小节结合一个简单算例,以早高峰为例模拟公交实时信息,对介绍的公交站点实时可靠性评价方法的具体计算过程进行简要分析。

设某条线路 L 在某一方向设有 10 个公交站点,计划发车间隔(不分高峰和平峰)为 5min,实时评价的时刻为早上 8:30,现以站点 7 为例,评价早上 8:30 站点 7 的公交实时可靠性。表 5-6 给出了第 1 ~ 7 个站点在 8:30 之前各个站点的公交信息情况(假设车辆运行正常,没有发现超车等现象)。

第 1 ~ 7 站点公交信息数据 表 5-6

站点	公交车辆实际到站时间											
站点 7	8:30	8:22	8:16	8:11	8:03	7:59	7:52	7:46	7:40	7:33	7:28	7:22
站点 6	8:22	8:20	8:14	8:09	8:02	7:56	7:50	7:43	7:37	7:30	7:25	7:19
站点 5	8:20	8:16	8:10	8:05	8:00	7:50	7:47	7:40	7:35	7:31	7:25	7:19
站点 4	8:23	8:16	8:11	8:04	7:59	7:55	7:46	7:42	7:36	7:30	7:25	6:59
站点 3	8:22	8:17	8:10	8:03	7:57	7:51	7:47	7:40	7:35	7:30	7:24	7:19
站点 2	8:17	8:12	8:06	8:00	7:55	7:49	7:45	7:40	7:33	7:29	7:22	7:17
站点 1	8:14	8:08	8:02	7:55	7:51	7:45	7:40	7:34	7:29	7:25	7:20	7:14

表 5-6 给出了 8:30 以前第 1 ~ 7 个站点的公交车辆到站时间情况,依据给出的公交站点实时可靠性的评价方法,具体计算步骤如下:

(1)确定数据来源:实时可靠性的评价数据来源于当前实际运营的车辆,我们将每 5 辆车的数据定为一个时间窗,就本算例而言,要求站点 7 在 8:30 时刻的公交实时可靠性,其数据来源即为 8:30 之前到达站点 7 的最近 5 辆车的实际到站时间间隔(即最近 6 辆车的实际到站时间数据)。

(2)确定相关站点的影响时刻:要得到站点 7 之前的 6 个站点对站点 7 的实时可靠性的影响,就要分别计算这 6 个站点的影响时刻,进而得出在该影响时刻下前 6 个站点的纯实时可靠性指标。根据前面给出的计算公式进行计算。k_6 时刻 $=k$ 时刻 $-T_6$，$T_6=[\sum_{n=1}^{5}(t_7^n-t_{i-1}^n)/5=(10+8+7+9+7)/5=8.1$，即 k_6 时刻 $=8:30-0:80=8:22$。同理可得，$k_5=8:11$，$k_4=8:06$，$k_3=7:59$，$k_2=7:49$，$k_1=7:40$，根据表5-6给出的各站点的公交信息，确定每个站点的数据来源，具体情况如表5-7所示，其中浅灰背景的数据是计算实时可靠性时每个站点的数据来源。

各站点的公交数据来源 表5-7

站点	公交车辆实际到站时间										
站点7	8:30	8:22	8:16	8:11	8:03	7:59	7:52	7:46	7:40	7:33	7:28	7:22
站点6	8:22	8:20	8:14	8:09	8:02	7:56	7:50	7:43	7:37	7:30	7:25	7:19
站点5	8:20	8:16	8:10	8:05	8:00	7:50	7:47	7:40	7:35	7:31	7:25	7:19
站点4	8:23	8:16	8:11	8:04	7:59	7:55	7:46	7:42	7:36	7:30	7:25	6:59
站点3	8:22	8:17	8:10	8:03	7:57	7:51	7:47	7:40	7:35	7:30	7:24	7:19
站点2	8:17	8:12	8:06	8:00	7:55	7:49	7:45	7:40	7:33	7:29	7:22	7:17
站点1	8:14	8:08	8:02	7:55	7:51	7:45	7:40	7:34	7:29	7:25	7:20	7:14

（3）实时可靠性的计算：根据表5-7标出的计算各站点的纯准点性指标的数据来源可以得到每个站点的最新的5个车辆到站时间间隔的数据，对数据进行整理如表5-8所示。

车辆到站时间间隔数据 表5-8

站点	车辆到站时间间隔（min）				
站点7	8	6	5	8	4
站点6	6	5	7	6	4
站点5	5	5	10	3	7
站点4	5	4	9	4	6
站点3	6	4	7	5	5
站点2	4	5	7	4	7
站点1	6	5	4	5	6

这里进行的实例分析，将 c 的取值定为0.2，即将单程站点的 ±20% 作为可靠性的范围。当 $c=0.2$ 时，到达间隔的最大偏差量为1，即偏差范围为[0,1]。本案例的计划发车间隔为5min，因此前后车辆在各个站点的实际到站时间间隔在4～6min之间时认为可靠。对于算例中的7个站点，分别有3、4、2、4、4、3、5个实际到站时间间隔可靠，计算各个站点的纯准点性指标分别为 $PSD_{8:30\to7}=3/5=0.6$，$PSD_{8:22\to6}=4/5=0.8$，$PSD_{8:11\to5}=2/5=0.4$，$PSD_{8:06\to4}=4/5=0.8$，$PSD_{7:59\to3}=4/5=0.8$，$PSD_{7:49\to2}=3/5=0.6$，$PSD_{7:40\to1}=5/5=1$。结合本章介绍的实时可靠性评价模型对站点7在8:30的实时可靠性进行计算，即 $PSD_{7,8:30}=\frac{1}{2}\times0.6+\frac{1}{2^2}\times0.8+\frac{1}{2^3}\times0.4+\frac{1}{2^4}\times0.8+\frac{1}{2^5}\times0.8+\frac{1}{2^6}\times0.6+\frac{1}{2^7}\times1=0.64$。

根据同样的方法可以计算相同时刻线路 L 的其他站点的实时可靠性，再根据客流量加权的方法对 8:30 时刻整个线路 L 的公交服务实时可靠性进行评价，具体评价过程与 4.3.4 节实例分析相似，这里不再详细叙述。

5.4 公交服务预测可靠性评价方法

上节介绍的公交服务实时可靠性评价方法可以反映当前时刻道路公共交通服务可靠性情况，它代表着当前公交系统运行下的服务水平，为公交调度提供时机，如果当前时刻公交系统实时可靠性偏低，则可以考虑采用公交调度的方式来改善当前时刻系统运行可靠性，而具体的调度方案如何提出则需要对下一时刻公交系统的服务可靠性进行预测，这是因为公交实时可靠性评价的当前时刻系统的服务可靠性，它不能对下一时刻系统的可靠性做出反应。图 5-6 给出了某一站点的实时可靠性的两种可能的变化趋势，图中 O 点为该站点在当前时刻的实时可靠性，根据图中给出的两种不同的变化趋势来看，下一时刻该站点的实时可靠性将有两种变化，即上升或下降。

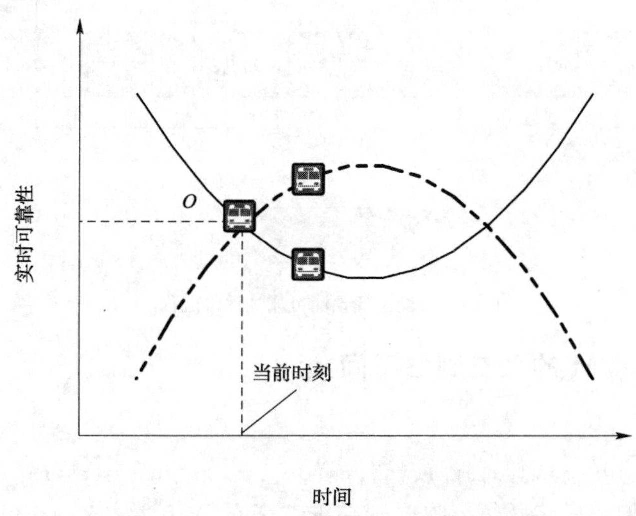

图 5-6 某站点实时可靠性变化趋势示意图

对于公交系统而言，当某一时刻系统可靠性偏低时（如图中的 O 点），可以考虑采取公交调度的方法来改善系统的可靠性，而具体的调度方案（如何调度、调度车辆数等）取决于下一时刻系统可靠性的变化（系统可靠性是继续降低还有所回升）。因此对于公交服务来说，若当前状态下公交系统服务可靠性偏低，那么对下一时刻服务可靠性的预测是十分有必要的。

公交服务的预测可靠性为实时公交调度的具体实施方案提供数据基础和理论依据。本节将介绍一种评价公交线路可靠性的实时评价模型，根据预测的公交到站时间来提供预测数据，来评价下一时刻公交服务可靠性，我们称这种基于预测数据进行的可靠性分析为公交可靠性预测评价。参照上文对公交服务可靠性的实时分析，本节将在预测公交到站时间的基础上，以公交运行准可靠性为评价指标，对公交服务可靠性进行预测评价，具体流程如图 5-7 所示。

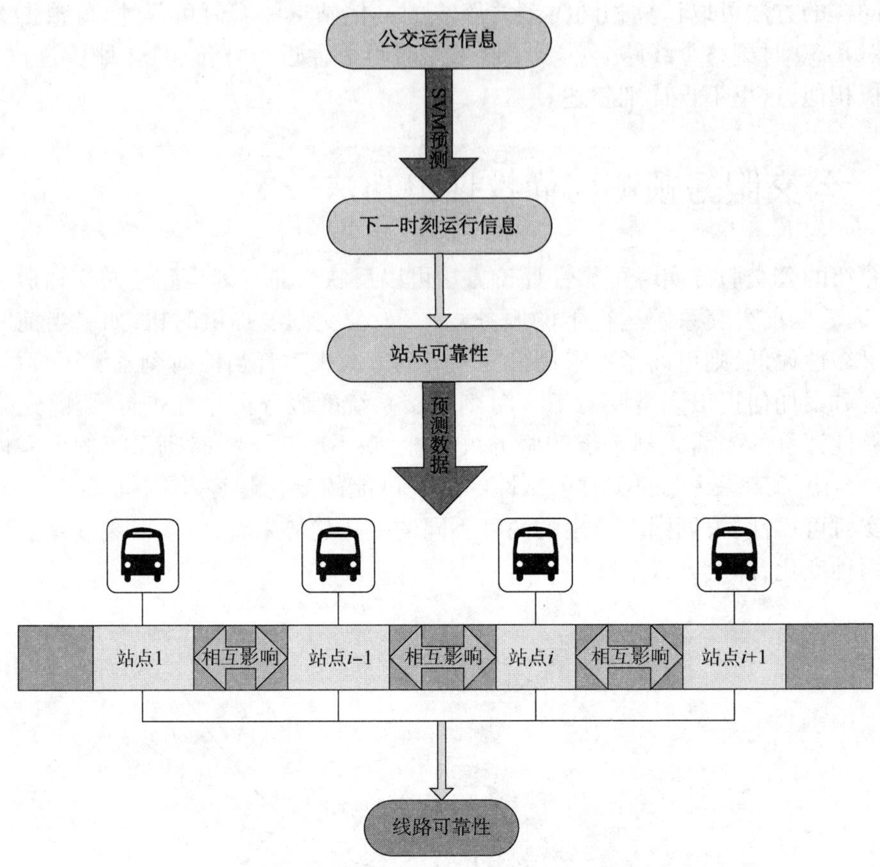

图 5-7 公交服务预测可靠性评价流程图

5.4.1 基于 SVM 的公交到站时间预测

(1)回归支持向量机

给定 l 组关系未知的样本$(x_1,y_1),(x_2,y_2),\cdots,(x_l,y_l)$ $(x_i \in X \subseteq R^n, y_i \in Y \subseteq R)$,SVM 可以利用一个非线性映射 ϕ,将数据 x 映射到高维特征空间 H,并在这个空间进行线性逼近,找到映射函数使其能够很好地逼近给定数据样本。由统计学理论可知,该函数具有以下形式:

$$f(x) = \omega \cdot \phi(x) + b \tag{5-24}$$

可以把回归估计的问题定义为对一个损失函数进行风险最小化的问题,最优的回归函数是通过在一定的约束条件下最小化规则化风险泛函:

$$\frac{1}{2}\|\omega\|^2 + C\frac{1}{l}\sum_{i=1}^{l} L_\varepsilon(y_i, f(x_i)) \tag{5-25}$$

式(5-25)中第一项使函数更为平坦,从而提高泛化能力,称为规则化项;第二项则为经验风险泛函,可由不同的损失函数确定,常数 $C>0$ 控制对超出误差 ε 的样本的惩罚程度。采用 ε - 不敏感损失函数:

$$L_\varepsilon(y_i, f(x_i)) = \max(|y_i - f(x_i)| - \varepsilon, 0) \tag{5-26}$$

对于 $L_\varepsilon(y_i,f(x_i))$,如果估计输出 $f(x_i)$ 与期望输出 y_i 的偏差的绝对值小于 ε,则它等于

0;否则,它等于偏差的绝对值减去 ε,通过引入非负的松弛变量 ζ_i,ζ_i^*,最小化式(5-25)可重新描述为:

$$\min \frac{1}{2}\|\omega\|^2 + C\frac{1}{l}\sum_{i=1}^{l}(\zeta_i + \zeta_i^*) \tag{5-27}$$

$$\text{s.t. } y_i - \omega \cdot \phi(x_i) - b \leqslant \varepsilon + \zeta_i \tag{5-28}$$

$$\omega \cdot \phi(x_i) + b - y_i \leqslant \varepsilon + \zeta_i^*, i = 1, \cdots, l \tag{5-29}$$

$$\zeta_i^* \geqslant 0 \tag{5-30}$$

式(5-27)的最小化是一个凸二次优化问题,引入拉格朗日函数,最终得出:

$$\omega - \sum_{i=1}^{l}(\alpha_i - \alpha_i^*)x_i = 0 \tag{5-31}$$

这样:

$$f(x) = \sum_{i=1}^{l}(a_i - a_i^*)\phi(x_i) \cdot \phi(x) + b \tag{5-32}$$

将核函数 $K(x_i,x_j)$ 带入式(5-32)从而得到如下表达式:

$$f(x) = \sum_{i=1}^{l}(a_i - a_i^*)K(x_i,x) + b \tag{5-33}$$

$K(x_i,x_j)$ 是向量 x_i 和 x_j 在特征空间 $\phi(x_i)$ 和 $\phi(x_j)$ 上的内积,即 $K(x_i,x_j) = \phi(x_i) \cdot \phi(x_j)$。利用核函数可以直接在输入空间上计算,使得所有的运算都不需要映射到高维空间。可以说,核函数是支持向量机理论的核心,不同的核函数可以构造不同的支持向量机。

(2)应用 SVM 预测车辆的到站时间

公交车辆的到站时间与车辆在路段上的运行时间有关,而公交车辆在路段上的运行时间受到很多因素的影响,实时获得道路的交通状况非常困难。我们采用先前经过的公交车辆在拟预测区间的运行时间来近似反映该区间的交通状况。我们提出的 SVM 模型结构如图 5-8 所示,选择的输入变量如下:第 s 辆车到达 i 站点的实际到站时间 t_i^s,第 $s-1$ 辆车在 i 路段(i 站到 $i+1$ 站之间的路段)上的运行时间 $x_{i\to i+1}^{s-1}$,…,第 $s-n$ 辆车在 i 路段上的运行时间 $x_{i\to i+1}^{s-n}$。通过这 $n+1$ 个输入变量可以预测第 s 辆车在 i 路段上的运行时间 $y_{i\to i+1}^{s}$,然后结合 t_i^s 输入第 s 辆车到达 $i+1$ 站点的到站时间 $\hat{t}_{i+1}(s)$。当第 s 辆公交车完成 i 路段的运行后,其运行时间 $x_{i\to i+1}^{s}$ 则将作为预测后续公交车辆的输入变量,随着车辆的运行,数据随时更新,直至预测结束。

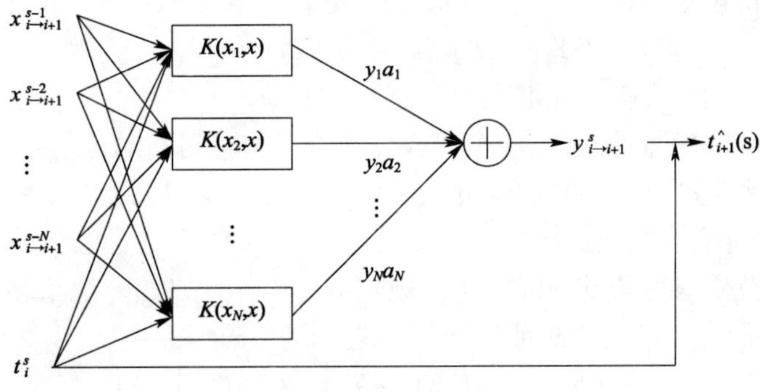

图 5-8 SVM 模型结构图

确定了 SVM 的结构后，还需要对其进行训练，寻找用来预测的支持向量，然后应用训练好的 SVM 预测各路段的运行时间，再结合车辆在当前站点的实际到站时间预测下一站公交车辆的到站时间。

5.4.2 基于公交站点的预测可靠性评价方法

1）预测可靠性的核心因素分析

由于对可靠性指标的预测是在实时评价基础上对未来某一时刻的公交可靠性进行预测，所以该预测指标具有实时性，不仅要考虑道路交通状况对站点的相互影响等因素外，还要注意考虑公交运营的预测数据的更新。根据预测可靠性的特点，做以下核心因素分析：

（1）数据来源：在实时数据随时更新的基础上，根据公交车辆实时运行情况对未来时刻车辆运行数据进行预测，并根据预测的数据对可靠性进行分析评价，即可靠性预测评价的数据来源于根据实时数据计算的预测数据。

（2）站点间的影响：与实时评价相似，可靠性预测评同样要考虑道路交通状况以及突发事件等因素的影响，即要考虑各个站点的相互影响。

2）公交站点预测可靠性评价模型建立

根据上节对公交可靠性预测评价的特点分析可知，在建立预测可靠性评价模型之前，首先要获得预测数据，在获得预测数据的基础上结合实时可靠性评价的模型特点，建立基于预测数据的公交可靠性评价模型。对于模型的建立本节将做出以下分析：

（1）预测车辆到站间隔

根据前面介绍的基于 SVM 的公交到站时间预测方法，根据预测的车辆到站时间，k 时刻车辆与前一辆车在 i 站点的到达间隔预测数据 TY_i 可表示为：

$$TY_i = \hat{t_i}(s) - t_i(s-1) \tag{5-34}$$

式中：$\hat{t_i}(s)$——预测出的当前车辆 s 在 i 站点的到站时间；

$t_i(s-1)$——第 $s-1$ 辆车在 i 站点的实际到站时间。

（2）纯准点性预测指标 PSY_{k-i}

与可靠性实时评价相类似，该指标是指在 i 站点根据预测的车辆数据得到的运行准点可靠性，它的含义为根据预测数据得出的在 k 时刻 i 站点车辆的纯运行准点可靠性，参照公交可靠性的实时评价模型，纯准点性预测指标的数学描述为：

$$PSY_{k-i} = P\{TY_i - T_0 \in [\alpha_1, \alpha_2]\} \tag{5-35}$$

式中：PSY_{k-i}——k 时刻 i 站点的纯准点可靠性预测指标；

TY_i——预测的车辆与前一辆车在 i 站点的到达时间间隔；

T_0——该线路公交车的发车间隔；

α_1、α_2——时间范围参数。

与上文对时间范围参数界定相同，这里规定 $\alpha_1 = 0, \alpha_2 = bT_0$。综上所述，公交可靠性预测评价模型下的纯准点可靠性预测评价指标可表示为：

$$PSY_{k-i} = P\{TY_i - T_0 \in [0, bT_0]\} \tag{5-36}$$

式中：b——取值随实际情况而定。

(3)受其他站点影响的可靠性指标

与实时评价相似,可以通过对其他站点的可靠性评价指标赋予一定的权重来表示其他站点对当前站点产生的影响,距离当前站点越近的站点,权重越大。然而由于预测时间具有随机性,在考虑应用其他站点的可靠性数据时,要注意预测时间的影响,由于预测时间的长短会随当前路况等因素变化,因此在应用预测站点之前各站点的可靠性数据进行计算时,某些站点的数据可能来自于预测数据。下面根据预测时间对其他站点可靠性数据的选取进行分析:

第一步:确定需要对 i 站点进行可靠性预测的具体预测时刻 k_0,则预测时间为 $T_0 = k_0 -$ 当前时刻。

第二步:根据 T_0 来预测该时间段内每一辆公交车的线路运行情况,包括每辆公交车到达各站点的到站时间以及在各路段上的运行时间。

第三步:根据预测得出的每辆车的运行情况确定计算 i 站点可靠性的时间窗的数据来源,即 k_0 时刻前经过 i 站点的 5 辆公交车的运行数据。

第四步:在计算其他站点影响的可靠性指标时,要考虑到时刻的不同,同理于实时评价,根据选取的 5 辆公交车的运行数据确定 k_1、k_2、…、k_{i-1}时刻的具体值,这里 k_1、k_2、…、k_{i-1}的计算公式与实时评价相同。

根据以上分析,受其他站点影响的可靠性预测指标可表示为:

$$\alpha_1 \times [\zeta_{i-1} PSD_{k_{i-1}\to i-1} + (1-\zeta_{i-1}) PSY_{k_{i-1}\to i-1}] + \alpha_2 \times [\zeta_{i-2} PSD_{k_{i-2}\to i-2} + (1+\zeta_{i-2}) PSY_{k_{i-2}\to i-2}] \cdots + \alpha_{i-1} \times [\zeta_1 PSD_{k_1\to 1} + (1-\zeta_1) PSY_{k_1\to 1}] \tag{5-37}$$

其中:

$$\zeta_1 = \begin{cases} 0, k_1 \text{ 时刻} > \text{当前时刻} \\ 1, k_1 \text{ 时刻} \leqslant \text{当前时刻} \end{cases}$$

$$\zeta_2 = \begin{cases} 0, k_2 \text{ 时刻} > \text{当前时刻} \\ 1, k_2 \text{ 时刻} \leqslant \text{当前时刻} \end{cases}$$

$$\cdots$$

$$\zeta_{i-1} = \begin{cases} 0, k_{i-1} \text{时刻} > \text{当前时刻} \\ 1, k_{i-1} \text{时刻} \leqslant \text{当前时刻} \end{cases}$$

(4)公交可靠性预测评价模型

根据以上对可靠性预测评价指标的分析,公交站点可靠性实时评价模型可表示为:

$$PSY_{i,k} = \alpha_0 \times PSY_{k\to i} + \alpha_1 \times [\zeta_{i-1} PSD_{k_{i-1}\to i-1} + (1-\zeta_{i-1}) PSY_{k_{i-1}\to i-1}] + \alpha_2 \times [\zeta_{i-2} PSD_{k_{i-2}\to i-2} + (1-\zeta_{i-2}) PSY_{k_{i-2}\to i-2}] + \cdots + \alpha_{i-1} \times [\zeta_1 PSD_{k_1\to 1} + (1-\zeta_1) PSY_{k_{i-1}\to 1}] \tag{5-38}$$

式中:α_0、α_1、α_2、…、α_i——权重系数;

$PSY_{i,k}$——k 时刻 i 站点的可靠性预测指标,对于其他站点对当前站点的影响关系,距离当前站点越近的站点,对当前站点可靠性的影响越大,即权重系数越大。因此本文规定模型中权重系数的取值为 $\alpha_0 = \left(\frac{1}{2}\right)^1$、$\alpha_1 = \left(\frac{1}{2}\right)^2$、$\alpha_2 = \left(\frac{1}{2}\right)^2$、…、$\alpha_{i-1} = \left(\frac{1}{2}\right)^i$。

代入权重系数,最后,公交站点可靠性预测评价模型为:

$$PSY_{i,k}=\frac{1}{2}\times PSY_{k\to i}+\frac{1}{2^2}\times[\zeta_{i-1}PSD_{k_{i-1}\to i-1}+(1-\zeta_{i-1})PSY_{k_{i-1}\to i-1}]+\frac{1}{2^3}\times[\zeta_{i-2}PSD_{k_{i-2}\to i-2}+(1-\zeta_{i-2})PSY_{k_{i-2}\to i-2}]+\cdots+\frac{1}{2^i}\times[\zeta_1 PSD_{k_1\to 1}+(1-\zeta_1)PSY_{k_1\to 1}] \quad (5\text{-}39)$$

5.4.3 基于公交线路的预测可靠性评价方法

与前两节相同,在公交站点的基础上通过加权来获得公交线路的可靠性,取客流比例作为权重,在计算各站点可靠性的基础上,通过加权,即可逐步计算各条线路的可靠性。我们介绍的可靠性预测评价也是从站点的角度进行分析的,因此可以通过计算线路各个站点的客流量比例作为权重,逐步计算整条线路的可靠性,即:

$$PLY_{L,k}=\sum_{i=1}^{m}\frac{q_i}{Q_L}\times PSY_{i,k} \quad (5\text{-}40)$$

式中:$PLY_{L,k}$——k 时刻公交线路 L 的可靠性预测评价指标;

q_i——线路 L 在 i 站点的客流量;

Q_L——线路 L 上所有站点的总客流量。

5.4.4 实例分析

公交服务预测可靠性评价应用支持向量机进行到站时间预测,从而得到车辆到站时间间隔的预测数据,并以实时可靠性评价方法为基础对服务可靠性进行预测评价。根据本节介绍的公交服务预测可靠性的评价方法,以早高峰为例模拟公交运行信息,对介绍的预测可靠性评价方法的具体计算过程进行简要分析。设某条线路 L 在某一方向设有 10 个公交站点,计划发车间隔(不分高峰和平峰)为 5min。

1)获得预测数据

支持向量机在实施过程中的模型选择主要有两个步骤:①核函数的选择;②支持向量机本身的两个参数 C、ε 以及所选取的对应核函数的参数。这里选用径向基核函数,并采用网格搜索的方法确定最优的参数为(2^{-2},2^{-5},0.22)。

选取早高峰时段共获取 50 组有效数据,每组数据包括公交车辆到达站点的到站时间。由于 SVM 的输入变量为车辆的到站时间和路段的运行时间,因此需要将调查数据转换成每辆公交车在两个区间的运行时间,并对数据进行归一化处理。在样本中选取 6 组数据作为检验样本和测试样本,具体信息如表 5-9 所示,剩下 44 据为训练样本。

检验样本和测试样本原始数据　　表 5-9

车辆编号	公交车辆到站时间						
	站点 1	站点 2	站点 3	站点 4	站点 5	站点 6	站点 7
车辆 1	7:49	7:55	8:03	8:11	8:16	8:22	8:30
车辆 2	7:43	7:50	7:57	8:04	8:10	8:14	8:22
车辆 3	7:38	7:44	7:51	7:59	8:05	8:09	8:16
车辆 4	7:32	7:38	7:44	7:50	7:57	8:02	8:11
车辆 5	7:26	7:31	7:38	7:43	7:50	7:56	8:03
车辆 6	7:19	7:25	7:31	7:36	7:43	7:50	7:59

由表5-9将车辆原始数据转换成每辆公交车在两个区段间的运行时间,具体信息如表5-10所示。

车辆在区段间的运行时间　表5-10

车辆编号	路段运行时间(min)					
	1~2	2~3	3~4	4~5	5~6	6~7
车辆1	6	8	8	5	6	8
车辆2	7	7	7	6	4	8
车辆3	6	7	8	6	4	7
车辆4	6	6	6	7	5	9
车辆5	5	7	5	7	6	7
车辆6	6	6	5	7	7	9

(1)SVM模型的检验

首先以6组数据作为检验样本,假设表5-9和表5-10中带有浅灰色背景的数据为公共运行实际数据,带有深灰色背景的数据为待预测数据,根据本节介绍的SVM模型进行数据输入,分别预测车辆1和车辆4在站点2到站点7的车辆到站时间。具体预测结果如表5-11所示,并与实际数据进行比较。

车辆1和车辆4到达各站点的预测到站时间结果　表5-11

站点	站点2	站点3	站点4	站点5	站点6	站点7
车辆1预测数据	7:54	8:03	8:12	8:16	8:22	8:29
车辆1实际数据	7:55	8:03	8:11	8:16	8:22	8:30
车辆4预测数据	7:38	7:43	7:49	7:57	8:03	8:12
车辆4实际数据	7:38	7:44	7:50	7:57	8:02	8:11

将预测结果与实际数据进行比较可知,本节介绍的SVM模型的预测误差较低,可以用于对车辆到站时间进行预测,从而得车辆到站时间间隔的预测数据。

(2)基于SVM模型预测车辆到站时间

以表5-9给出的6组原始数据为基础,应用SVM模型对车辆到站时间进行预测。假设当前时刻为早上7:50,根据假设情况将原始数据进行分析,结果如表5-12所示。

预测样本原始数据分析　表5-12

车辆编号	公交车辆到站时间						
	站点1	站点2	站点3	站点4	站点5	站点6	站点7
车辆1	7:49	7:55	8:03	8:11	8:16	8:22	8:30
车辆2	7:43	7:50	7:57	8:04	8:10	8:14	8:22
车辆3	7:38	7:44	7:51	7:58	8:05	8:08	8:17
车辆4	7:32	7:38	7:44	7:50	7:58	8:01	8:10
车辆5	7:26	7:31	7:38	7:43	7:50	7:56	8:03
车辆6	7:19	7:25	7:31	7:36	7:43	7:50	7:59

由于当前时刻为早上7:50,表5-12中带有浅灰色背景的数据为已知的车辆实际运行数据,带有深灰色背景的数据均为未知数据,需要应用SVM模型对未知数据进行预测。具体预测结果如表5-13所示,其中带有深灰色背景的数据为应用SVM模型得到的预测结果。

预测数据结果　表5-13

车辆编号	公交车辆到站时间						
	站点1	站点2	站点3	站点4	站点5	站点6	站点7
车辆1	7:49	7:55	8:03	8:10	8:16	8:21	8:30
车辆2	7:43	7:50	7:56	8:04	8:10	8:14	8:22
车辆3	7:38	7:44	7:50	7:59	8:05	8:09	8:16
车辆4	7:32	7:38	7:44	7:50	7:57	8:02	8:11
车辆5	7:26	7:31	7:38	7:43	7:50	7:55	8:03
车辆6	7:19	7:25	7:31	7:36	7:43	7:50	7:58

2)可靠性预测

基于以上车辆到站时间的预测结果,现以站点7为例,预测早上8:30时刻站点7的公交服务可靠性(假设车辆运行正常,没有超车等现象)。

(1)确定相关站点的影响时刻

这里对影响时刻的计算与实时评价方法相同,不再详细叙述,最后计算结果为$k_6 = 8:22, k_5 = 8:17, k_4 = 8:10, k_3 = 8:04, k_2 = 7:57, k_1 = 7:54$,根据计算得到的影响时刻与当前时刻进行比较,确定预测可靠性的计算公式为:

$$PSY_{7,8:30} = \frac{1}{2} \times PSY_{8:30\to7} + \frac{1}{2^2} \times PSY_{8:22\to6} + \frac{1}{2^3} \times PSY_{8:17\to5} + \frac{1}{2^4} \times PSY_{8:10\to4} \cdots + \frac{1}{2^5} \times PSY_{8:04\to3} + \frac{1}{2^6} PSY_{7:57\to2} + \frac{1}{2^7} \times PSY_{7:54\to1}$$

(2)预测可靠性的计算

结合表5-13预测得到的车辆到站时间数据以及计算得到的各站点的影响时刻,可以得到每个站点车辆到站时间间隔的预测数据,对数据进行整理如表5-14所示。

车辆到站时间间隔预测数据　表5-14

站　点	车辆到站时间间隔(min)				
站点7	8	6	5	8	5
站点6	7	5	7	7	5
站点5	6	5	8	7	7
站点4	6	5	9	7	7
站点3	7	6	6	6	7
站点2	5	6	6	7	6
站点1	6	5	6	6	7

将 c 的取值定为0.2。即将单程站点的 ±20% 作为可靠性的范围。当 $c=0.2$ 时,到达间隔的最大偏差量为1,即偏差范围为[0,1]。本案例的计划发车间隔为5min,因此前后车辆在各个站点的实际到站时间间隔在4~6min之间时认为可靠。对于算例中的7个站点,分别有3、2、2、2、3、4、4个实际到站时间间隔可靠,计算各个站点的纯准点性指标分别为 $PSY_{8:30\to7}=3/5=0.6$,$PSY_{8:22\to6}=2/5=0.4$,$PSY_{8:17\to5}=2/5=0.4$,$PSY_{8:10\to4}=2/5=0.4$,$PSY_{8:04\to3}=3/5=0.6$,$PSY_{7:57\to2}=4/5=0.8$,$PSY_{7:54\to1}=4/5=8$。结合前面给出的预测模型计算站点7在8:30的预测可靠性结果为 $PSY_{7,8:30}=0.49$。整条线路 L 的预测可靠性计算方法与5.3.3节实例分析相似,这里不再详细叙述。

5.5 公交服务可靠性评价案例

为加深读者对5.3节~5.5节所讲公交可靠性评价方法的认识,下面我们将建立贵阳市公交服务可靠性信息数据库,在实测数据的基础上,运用前文提出的静态、实时以及预测公交服务可靠性评价方法,从公交线路、公交站点和公交网络三个层次对贵阳市公交服务可靠性进行分析。

5.5.1 公交服务可靠性数据采集

1)公交服务可靠性评价数据需求分析

根据前面给出的评价方法,要进行城市公交服务可靠性的评价,所需数据主要包括如下三类:

(1)公交运营基础数据

常规公交运营基础数据是公交服务可靠性评价的基础和重要参照,由线路基础数据和运营基础数据两部分组成。其中,线路基础数据包括线路名称、线路长度、站点名称、站点位置、站间距等;运营基础数据主要包括车辆发车间隔、单程运行时间等。

(2)车辆实际运行数据

车辆实际运行数据是城市公交服务可靠性评价的核心数据,其实质是公交车辆在运行过程中,到达各个公交站点的时刻,根据车辆到站时间可以计算得到可靠性评价中所需要的前后车辆到达某一站点的时间间隔,公交车辆在路段的实际运行时间以及在路段运行速度等数据。

(3)客流数据

由上文的分析可知,在计算线路以及线网的公交服务可靠性时需要以客流数据作为权重。因此,实际客流量数据在城市公交服务可靠性评价中起着重要作用,主要包括在不同时段各个线路在每个站点上下车的人数。

2)贵阳市交通基本概况

贵阳市地处贵州省中部,为贵州省会,是西南地区的重要中心城市之一。由于受地形的限制,城市范围较小,中心城区人口密度大。贵阳市土地总面积 $8034km^2$,其中市区面积 $2403km^2$。全市道路主次干道长度为 $668.6km^2$,中心区道路长度为 $472km^2$,其中主干道长

64 公里、次干道长 173km²，支路长 235km²。

随着贵阳市经济、文化、旅游业的发展，市区房建速度加快，人口和机动车数量不断增加，目前贵阳市机动车总量已逼近 40 万辆。贵阳市公共交通集团作为贵阳市唯一一家城市公共交通运营企业，承担着城市市民生产、出行需要的公共交通客运服务。目前，贵阳市公共交通集团拥有各种运营车辆 3239 辆，运营公交线路共 161 条，其中包括市区大公交线路 77 条、郊区大公交线路 27 条、社区大公交线路 15 条、专线线路 7 条、夜间大公交线路 6 条、金阳巴士线路 5 条、中高级快巴线路 17 条、小型巴士线路 7 条，总运营里程 2.31 亿 km，年客运量 6.09 亿人次。

3）贵阳市公交服务可靠性调研样本选取

由于研究的是城市公共交通服务可靠性评价，其研究对象主要集中在城区，而贵阳市公共交通集团是贵阳市唯一一家城市公交运营企业，因此在公共交通集团下的公交运营线路中选取一定数目的公交线路，作为调查样本。

为了充分反映贵阳市公共交通的整体服务水平，根据上节介绍的贵阳市交通基本状况，选取的调研公交线路应满足如下特征：

（1）所选线路尽量覆盖整个贵阳市，线路分布均匀，以市区为主，郊区为辅。

（2）所选线路来源于现有环路以及主干道行驶的主要线路，同时按比例选择一定的支线线路。

根据以上线路选取特征，共选取 12 条公交线路，其中市区公交线路 11 条，郊区公交线路 1 条。由于调研人员的限制，除 2 条环线外，其余每条公交线路只考虑一个运行方向，具体线路信息如表 5-15 所示。

调研公交线路信息表 表 5-15

线路编号	线路名称	始发站	终点站	站点数
1	2 路	火车站	火车站	9
2	4 路	宅吉小区	军区干休所	23
3	9 路	兴隆花园	鹿冲关路	27
4	10 路	富源北路	富源北路	16
5	18 路	丽景阳天	城南枫竹苑	25
6	20 路	黄山冲	火车站	19
7	21 路	兴隆花园	东新路	22
8	27 路	水电九局宿舍区	宅吉小区	19
9	51 路	梅兰山	松山路口	24
10	54 路	广信四季花园	红岩桥	19
11	69 路	贵大蔡家关校区	冒沙井	25
12	253 路	景云山	火车站	29

12 条调研线路具体分布如图 5-9 所示。

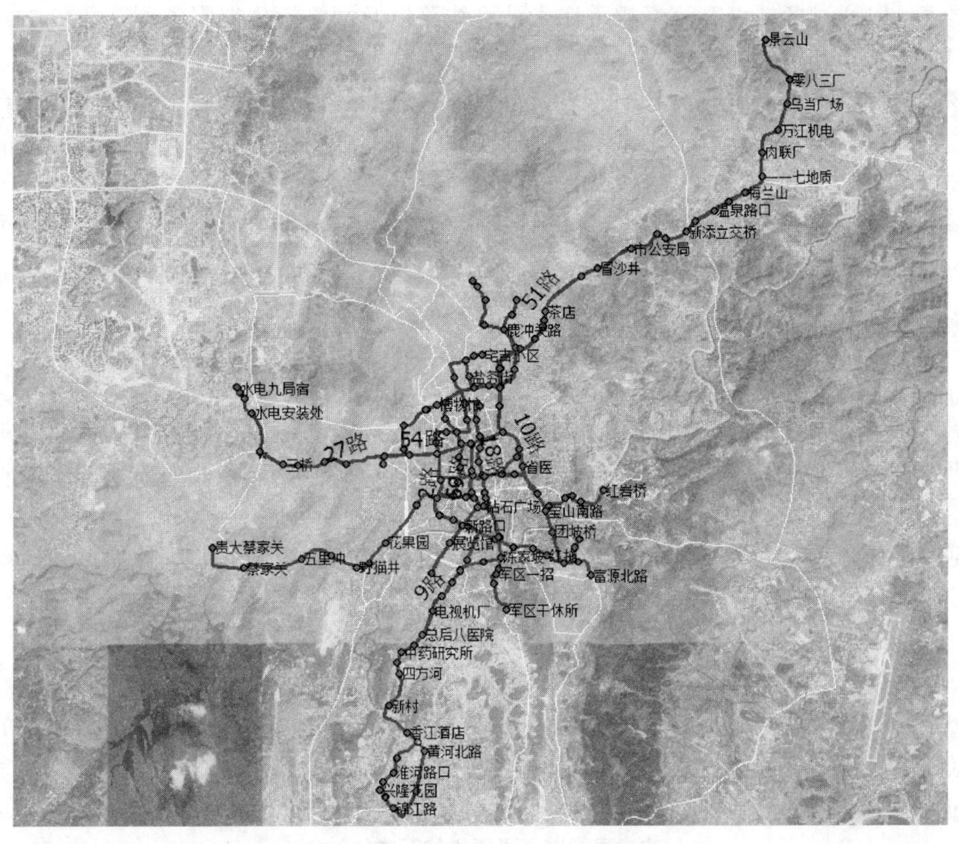

图 5-9　调研公交线路分布图

5.5.2　公交服务可靠性信息数据库

结合上面所述的城市公交服务可靠性评价数据需求分析以及贵阳市公交服务可靠性的具体调研方案,利用 Microsoft Excel 工具,通过对原始调研数据的录入,建立贵阳市公交服务可靠性评价信息数据库。根据上文介绍的公交服务可靠性评价方法的特点,该数据库主要由四个数据表构成,具体构成如下:

(1)线路信息基础数据表

由两部分构成,即线路总表和分线路信息表。线路总表包括线路编号、线路名称、线路运行方向、始发站、终点站、线路计划发车间隔(分高峰、平峰、晚高峰三个时段);分线路信息表包括线路名称、运行方向、站点编号、站点名称、站间距。

(2)调研信息汇总表

包括线路名称、线路运行方向、车辆班次号、站点名称、车辆到站时间、车辆到站间隔、上下车人次等具体信息。它是整个公交服务可靠性评价数据库的核心,是实际评价过程中最主要的数据。本文所做的静态、实时和预测的可靠性评价都是以该信息汇总表为依据进行的。

(3)公交客流量数据表

包括不同时段、线路名称、站点编号、各站点客流量、线路总客流量、运行方向等信息。

该数据表可以通过各站点客流量权重比来计算线路以及网络的公交服务可靠性。

(4)时间间隔预测数据表

该表的数据来源于调研信息汇总表,包括线路名称、运行方向、站点名称、路段运行时间等信息。该数据表用来预测未来某一时刻车辆的到站时间,进而计算基于预测数据的到站间隔,进行基于预测数据的可靠性评价。

基于上述各数据表,通过合并、选择、计算等相关操作,即可得出下文分析中各种可靠性评价的数据结果。

5.5.3 公交服务可靠性评价

1)公交服务静态可靠性评价

从规划的角度出发,基于历史数据对贵阳市公共交通服务进行总体评价,得出的可靠性静态评价指标将有助于为改善贵阳市整体公交服务水平提出长远有效的措施。本节将分别从站点、线路和线网三个层次对贵阳市公共交通服务可靠性进行评价并对结果进行分析。这里要注意,本章所进行的可靠性评价中涉及的可靠性范围均以单程站点的 ±15% 作为标准。

(1)基于公交站点的可靠性评价

公交站点是构成公交线路和公交网络的最基本元素,公交站点的运行准点可靠性是整个公交服务可靠性评价的基础。对于乘客来讲,乘客在选择公交方式出行时,最关心的是某个站点的可靠性程度。根据第 3 章介绍的静态评价模型,应用历史数据对调研的 19 条公交线路的各个站点进行运行准点可靠性评价,总体公交站点可靠性评价结果如表 5-16 所示。

站点运行准点可靠性的基本统计值 表 5-16

站点可靠性评价	样本站点数	最小值	最大值	均值
早高峰	275	0.154	0.696	0.423
平峰	275	0.314	0.881	0.62
晚高峰	275	0.134	0.748	0.394
全天	275	0.213	0.665	0.467

由表 5-16 可见,就全天的公交服务可靠性来看,贵阳市公交站点整体运行准点可靠性的均值为 0.467,可靠性值最小的站点是宅急小区,属于 27 路公交线路,可靠性最大的站点是黄山冲站,属于 20 路公交线路。

由于站点数量较多,这里给出 2 条典型线路的各站点的可靠性计算值,评价结果如图 5-10 ~ 图 5-15 所示。

2 路为市区公交环线,线路总长 9.6km,共有站点 16 个。该条线路站点的可靠性均值要高于调研的 12 条线路的所有站点的可靠性均值。早高峰时段站点的运行准点可靠性均值为 0.429,其中可靠性最大的为火车站站,最小的为黔灵公园站。平峰时段站点的运行准点可靠性均值为 0.77,其中可靠性最大的为大西门站,最小的为邮电大楼站。晚高峰时段站点的运行准点可靠性均值为 0.432,其中可靠性最大的为火车站站,最小的为瑞北路口站。

27 路公交线路为市区公交线路,线路总长 9.4km,共有站点 19 站。该条线路站点的可靠性均值均低于调研的 12 条线路的所有站点的可靠性均值。早高峰时段站点的运行准点可靠性均值为0.326,其中可靠性最大的为水电九局宿舍区站,最小的为云岩广场站。平峰时段站点的运行准点可靠性均值为0.533,其中可靠性最大的为水电九局宿舍区站,最小的为六中站。晚高峰时段站点的运行准点可靠性均值为0.215,其中可靠性最大的水电九局宿舍区站,最小的为六中站。

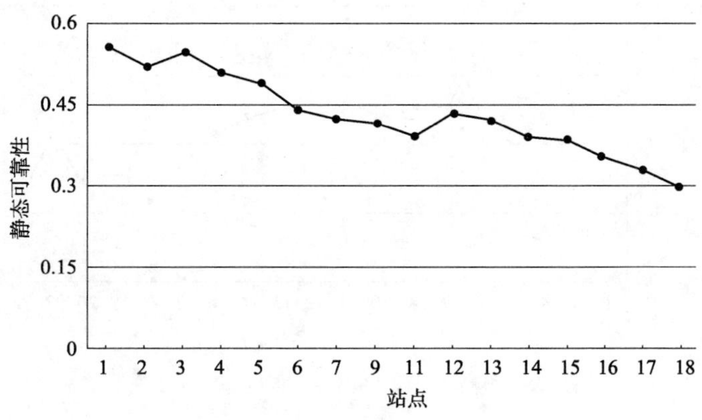

图5-10　早高峰时段2路各站点运行准点可靠性

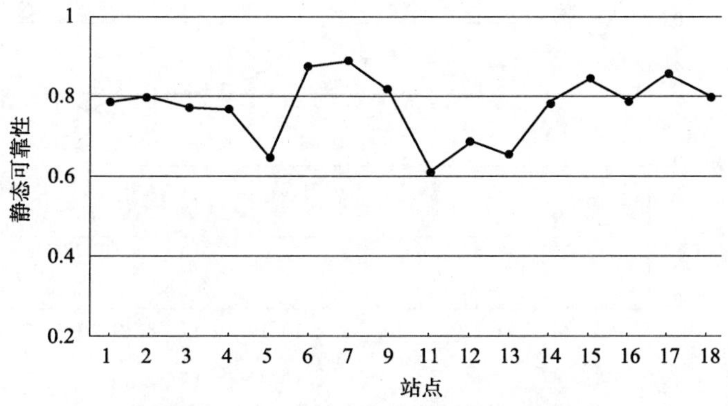

图5-11　平峰时段2路各站点运行准点可靠性

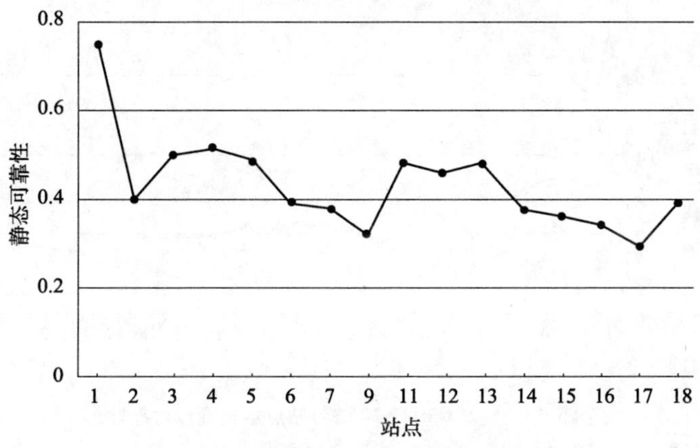

图5-12　晚高峰时段2路各站点运行准点可靠性

图5-10～图5-15给出了2条典型线路各站点的在不同时段的公交服务可靠性情况,由

于在高峰时期和平峰时期路段的交通状况会有所不同,因此各站点在不同交通时段的可靠性表现也会存在差异。

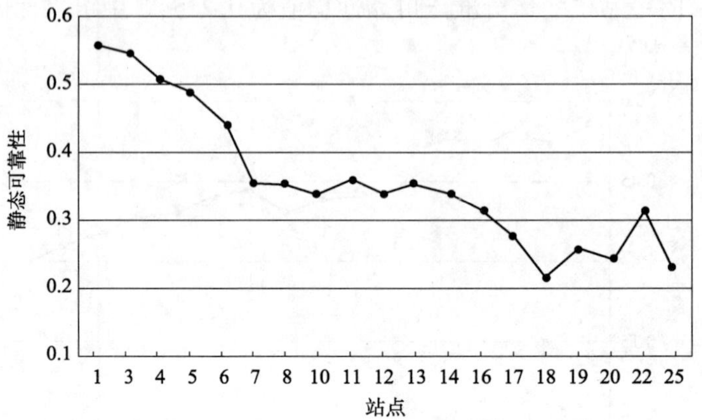

图 5-13 早高峰时段 27 路各站点运行准点可靠性

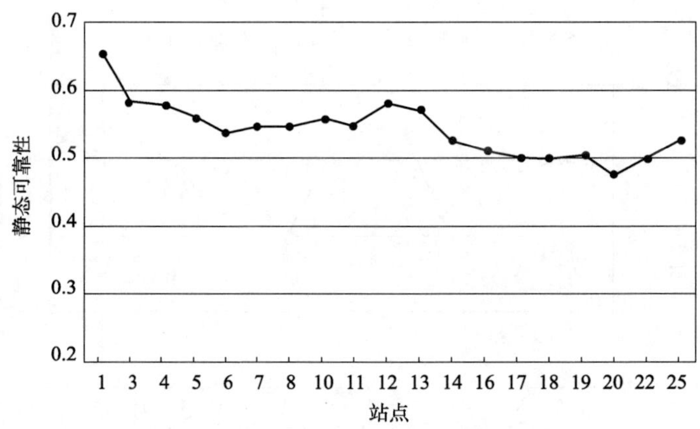

图 5-14 平峰时段 27 路各站点运行准点可靠性

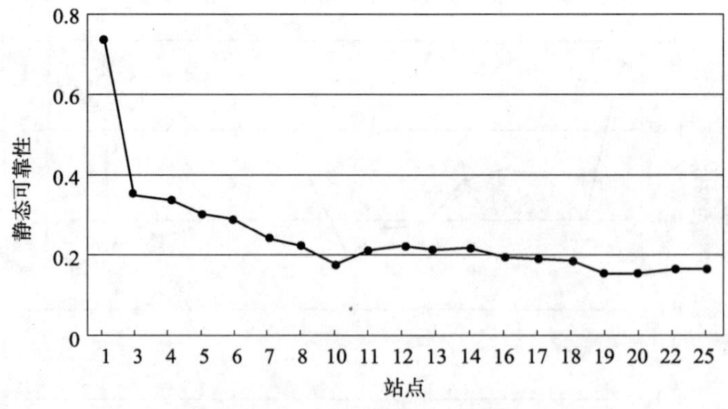

图 5-15 晚高峰时段 27 路各站点运行准点可靠性

(2)基于公交线路的可靠性静态评价

在计算公交站点可靠性数值的基础上,通过客流量加权,即可计算每条线路的公交服务可靠性,图 5-16 为 2 路和 27 路在不同时段的公交服务可靠性比较结果。

由上图可以看出在不同时段2路的公交线路静态可靠性均大于27路，该变化趋势主要受每条线路各自的公交站点的静态可靠性影响。而全天的线路可靠性数值更接近于高峰时段线路可靠性，这是由于在高峰时段线路客流量要高于平峰时段，因此高峰期线路可靠性对全天线路可靠性的影响最大。

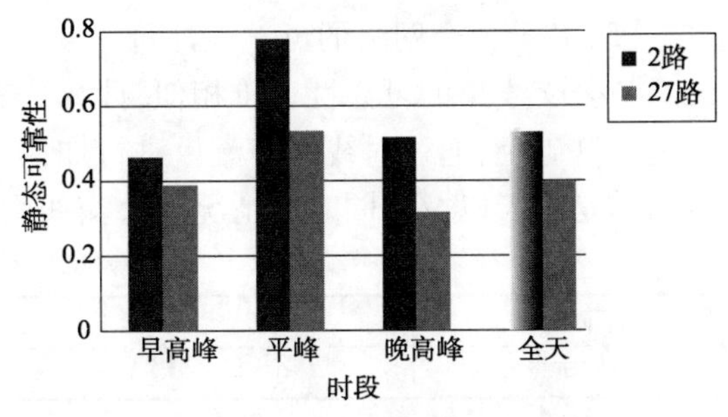

图5-16　不同时段2路和27路公交线路的静态可靠性

同理，根据客流量数据表计算调研线路的各站点所占权重，得出12条调研线路公交服务可靠性评价结果如表5-17所示。

调研线路的公交运行准点可靠性　　表5-17

线路名称	线路可靠性	线路名称	线路可靠性
2	0.53	21	0.45
4	0.59	27	0.39
9	0.46	51	0.56
10	0.53	54	0.57
18	0.49	69	0.49
20	0.59	253	0.52

表5-17给出的12条调研线路的全天的线路静态可靠性，其均值为0.51，线路可靠性最大的为20路，线路可靠性最小的为27路。图5-17给出了根据各调研线路的全天线路静态可靠性数值得到的调研线路静态可靠性示意图，其中深灰色线路为可靠性数值低于调研线路平均值，共5条，分别为9路、18路、21路、27路、69路。浅灰色线路为可靠性数值高于调研线路平均值的7条线路，分别为2路、4路、10路、20路、51路、54路、253路。

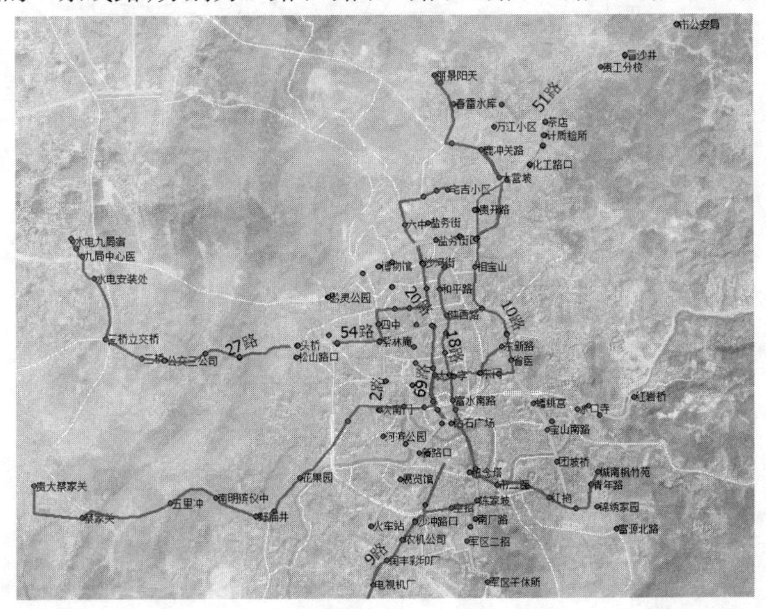

图5-17　调研线路静态可靠性示意图

(3)基于公交网络的可靠性评价

与公交线路的可靠性评价相似,计算公交网络的可靠性时,可以在计算公交线路可靠性数值的基础上,通过对线路客流量进行加权,即可得到整个公交线网的服务可靠性。表5-18给出的是全天以及不同时段情况下公交线网的服务可靠性。

公交网络可靠性评价 表5-18

不同时段	全天	早高峰	平峰	晚高峰
线网可靠性	0.51	0.50	0.68	0.48

2)公交服务实时可靠性评价

公交服务可靠性的实时评价的特点在于数据的动态更新以及前后站点的影响关系,而对公交可靠性的实时评价更贴近于乘客,更能有效地反映当天当前时刻乘客采用公交方式出行时所享受到的公交服务水平,更有利于公交实时调度的有效实施。本节将以9路公交线路为例,以2011年12月11日当天9路公交车运营数据为背景对公交服务可靠性实时评价进行计算和分析。

在早高峰、平峰、晚高峰三个时段分别选取一个小时进行分析(早高峰7:30~8:30,平峰12:00~13:00,晚高峰17:00~18:00),由于对线路的可靠性评价是在站点的基础上进行的,因此以9路公交线路各个站点中客流量比例最大的新村站为例进行评价,最后评价结果如图5-18~图5-20所示。

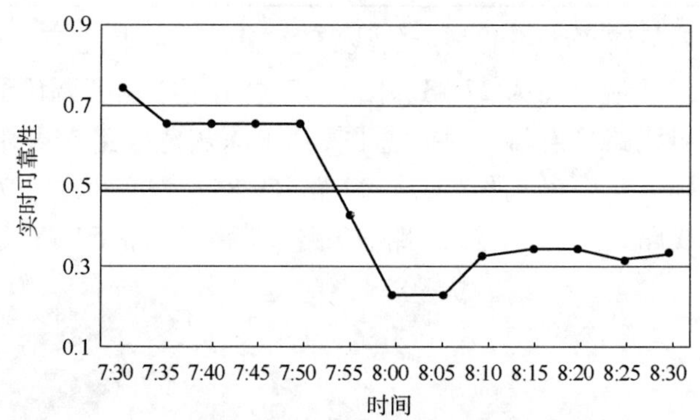

图5-18 9路新村站早高峰7:30~8:30间的实时可靠性

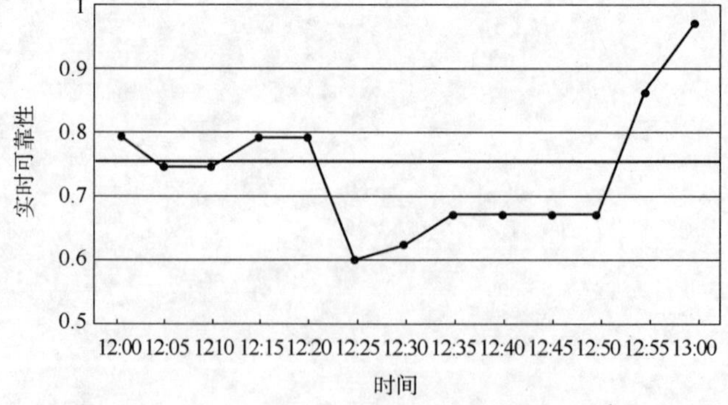

图5-19 9路新村站平峰12:00~12:30间的实时可靠性

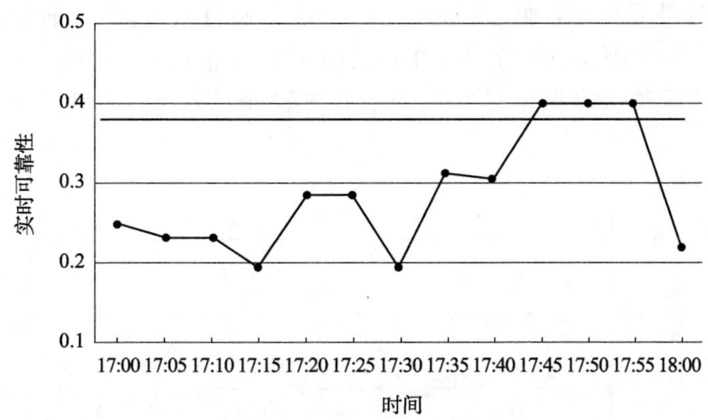

图 5-20　9 路新村站晚高峰 17:00 ~ 18:00 间的实时可靠性

图 5-18 中折线图为 9 路新村站在早高峰 7:30 ~ 8:30 时段内的实时可靠性情况，黑色直线为该站点的静态可靠性，相比较可以发现，新村站在测试时段内的实时可靠性情况与静态可靠性值相差较大，在 7:30 ~ 7:50 时段内实时可靠性值均高于静态可靠性，7:50 ~ 8:30 时时段内实时可靠性值均低于静态可靠性，在 8:00 和 8:05 时刻实时可靠性达到最低点。

图 5-19 中折线图为 9 路新村站在平峰 12:00 ~ 12:30 时段内的实时可靠性情况，黑色直线为该站点的静态可靠性，由图中可以看出，在 12:20 之前该站点的实时可靠性情况与静态可靠性几乎相同，在 12:25 ~ 12:50 时段内实时可靠性值均低于静态可靠性，但相差不大，在 12:15 时刻实时可靠性达到最低点。总体来看，平峰时段新村站的实时可靠性与静态可靠性情况大体一致，上下波动较小。

图 5-20 中折线图为 9 路新村站在晚高峰 17:00 ~ 18:00 时段内的实时可靠性情况，黑色直线为该站点的静态可靠性，相比较可以发现，新村站在测试时段内的实时可靠性情况与静态可靠性值相差较大，在 17:00 ~ 17:40 时段内实时可靠性值均低于静态可靠性，偏离量处于 25% ~50% 之间，只有 17:45 ~ 17:55 时段内的实时可靠性趋近于静态可靠性，但在 18:00 时实时可靠性数值锐减。

根据图 5-18 ~ 图 5-20 三个不同时段的实时可靠性与静态可靠性情况的比较可以看出，在高峰时期站点的实时可靠性与静态可靠性相差很大，当高峰时单纯凭借静态可靠性来评价当前站点的运营状况是不全面的，需要根据站点的实时可靠性情况即时采取措施以提高公交的运营状况。

同理可得在不同时刻 9 路各个站点的可靠性数值，图 5-21 ~ 图 5-23 给出的是在高峰 8:00时刻、平峰 12:30 时刻和晚高峰 17:30 时刻 9 路各站点的实时可靠性。

由图 5-21 可以看出 8:00 时新村站之后的各站点的实时可靠性值均小于 0.4，其中可靠性最低的站点为大营坡站，其值接近为 0，可靠性最高的站点为锦江路口站。总体来看，8:00 时 9 路各站点的运营状况偏低。

由图 5-22 可以看出平峰 12:30 时 9 路各个站点的实时可靠性情况较好，其中可靠性最高的是电视机厂站，可靠性最低的贵开路站，各站点的可靠性均值为 0.66，总体来讲，平峰时 9 路各站点的可靠性变化相对较小，线路的运营状况较稳定。

由图 5-23 可以看出，晚高峰 17:30 时刻 9 路线路的整体运营状况很差，尤其在新村站以后,各个站点的实时可靠性非常低,在沙冲路口站以后略有改善,但可靠性值仍低于0.4。

根据早高峰8:00和晚高峰17:30时的实时可靠性情况来看,线路整体的运营状况较差,此时即可以考虑采取公交调度的方式来改善当前时刻系统的运营状况。

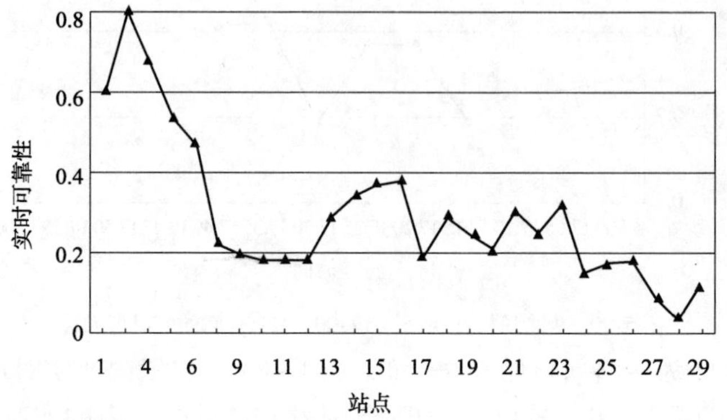

图5-21 早高峰8:00 9路各站点的实时可靠性

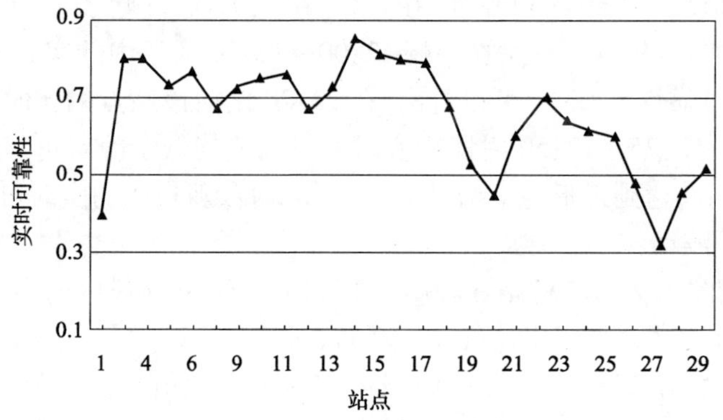

图5-22 平峰12:30 9路各站点实时可靠性

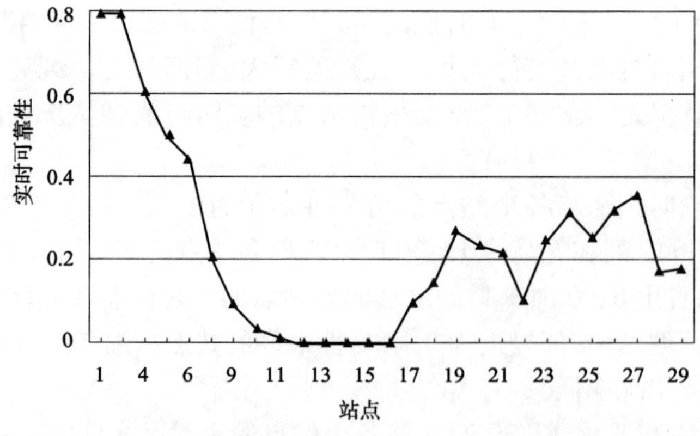

图5-23 晚高峰17:30 9路各站点实时可靠性

根据不同时段2路各个站点的客流量加权,计算2路整体公交线路的实时可靠性值,以上面三个图计算的各站点实时可靠性为基础,图5-24给出了9路公交线路在早高峰8:00、平峰 12:30 以及晚高峰 17:30 三个时刻的实时可靠性，并与静态可靠性评价进行比较。

3）公交服务预测可靠性评价

根据上述对公交服务实时可靠性的分析，我们发现对于公交站点或线路来说，它的服务可靠性在任何时刻都是随时变化的，并且受一些特定条件（天气、交通状况等）的影响，其变化趋势可能会偏离静态可靠性所表现出来的该站点或线路的情况。因此，通过实时可靠性所体现的数值，当一条线路中某一站点的实时可靠性非常低时，就需要考虑用一些即时的手段如公交实时调度来缓解当前时刻的交通压力，而如何调度就需要我们对接下来某一时刻该站点的可靠性进行预测，并根据预测结果来实施调度方案。本节在上一节实时可靠性评价的结果基础上，针对实时可靠性所表现出来的站点或线路的信息进行预测。

对于图 5-18 给出的 9 路线路新村站在 2011 年 12 月 11 日早高峰 7:30 ~ 8:30 时段的公交服务实时可靠性情况，假设当前时刻为 8:00（表示 8:00 后的公交运行信息未知），根据之前公交实时可靠性的信息可以看出，7:55 和 8:00 时的实时可靠性数值偏低，均小于该站点的静态可靠性值，此时该站点的车辆到站情况会影响当前时刻乘客乘车的满意度，可以考虑采取公交调度的方式来改善当前公交运行情况，因此可以对 8:00 后该站点的服务可靠性进行预测。图 5-25 给出了对 8:00 后 6 个时刻（8:05、8:10、8:15、8:20、8:25、8:30）该站点的服务可靠性预测结果。

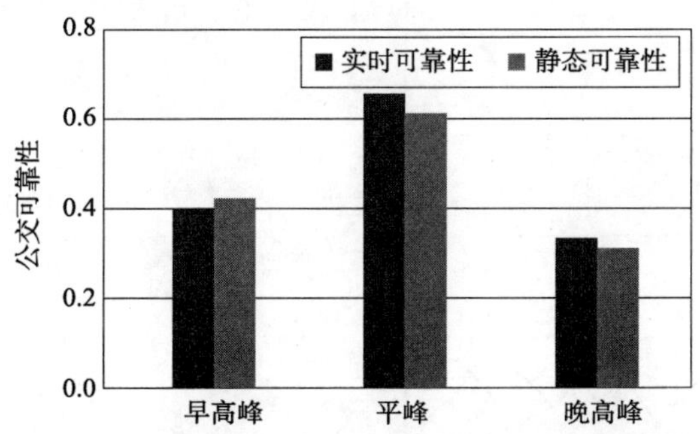

图 5-24　9 路公交线路在 8:00、12:30 以及 17:30 时刻的实时可靠性

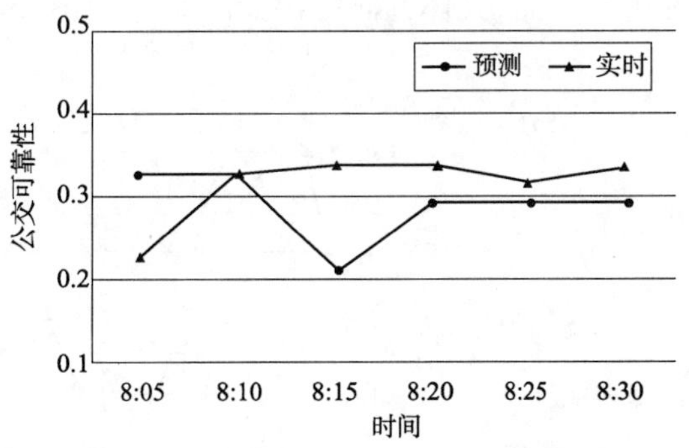

图 5-25　9 路新村站 8:00 ~ 8:30 的预测可靠性结果

根据图 5-25 给出的预测结果可以看出，该时段预测的可靠性与实际数据计算得到的实时可靠性情况较为相似，只有 8:15 时相差较大。因此，当 8:00 时实时可靠性的数值较低需要采取公交调度时，对 8:00 后一段时间内的可靠性预测就可以为公交调度的实施方案提供数据基础。

9 路新村站在平峰 12:00 ~ 13:00 时段的实时可靠性情况与静态可靠性相差不大，并且在平峰时段该站点的实时可靠性值较高，此时并不需要采取公交调度的方式对当前状况进行改善，因此也不需要对将来时刻的可靠性进行预测。

对于图 5-20 给出的晚高峰 17:30 ~ 18:30 时段 9 路新村站的实时可靠性情况可以看出，当天该时段的可靠性大部分时间要低于静态可靠性数值，因此这里假设当前时刻为 17:15（17:15 后的公交信息未知），根据之前该站点的实时可靠性情况判断需要采取公交调度来改善此时公交运行状况，因此对 17:15 之后的站点可靠性情况做出预测，图 5-26 给出了对 17:15 后 6 个时刻（17:20、17:25、17:30、17:35、17:40、17:45）该站点的服务可靠性预测结果。

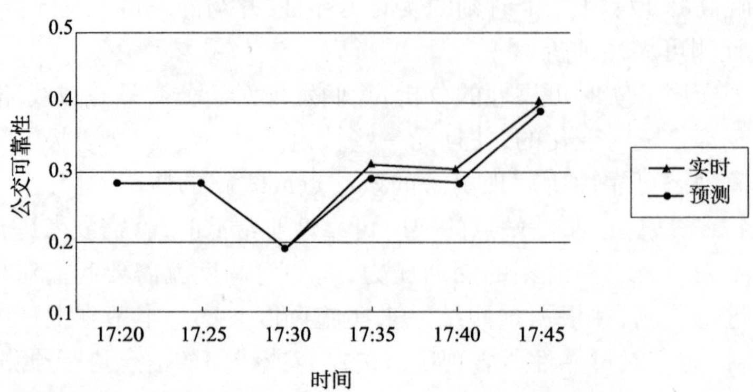

图 5-26　9 路新村站 17:15 ~ 17:45 的预测可靠性结果

根据图 5-26 给出的预测结果看以看出，8:00 ~ 8:30 时段内对新村站的可靠性预测与实际数据计算得到的可靠性数值几乎一致，这更有助于根据预测结果提出公交调度方案。

同样，若当前时刻公交线路各个站点的实时可靠性情况较差，可以对整条线路在将来某一时刻各个站点的可靠性情况进行预测，为公交调度方案提供帮助。根据图 5-21 和图 5-23 给出的 9 路各站点的实时可靠性情况，对 8:10 和 17:40 时两个时刻 9 路各站点的可靠性情况进行预测，具体预测结果如图 5-27 和图 5-28 所示。

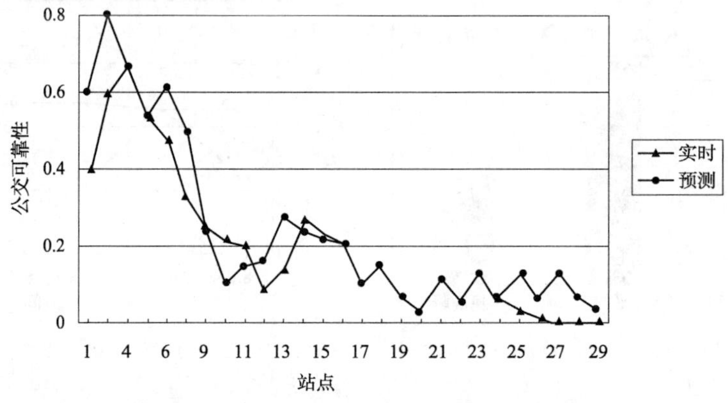

图 5-27　9 路各站点在 8:10 时的预测可靠性结果

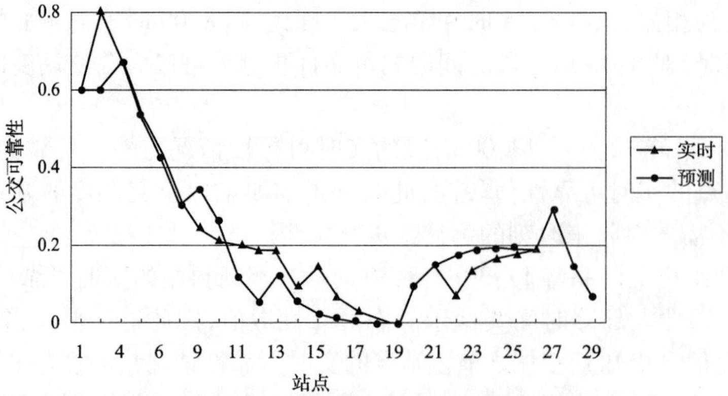

图 5-28　9 路各站点在 17:40 时的预测可靠性结果

根据线路各个站点的预测可靠性情况，通过客流量加权同样可以预测整条公交线路的可靠性情况，但对于公交线路的当前运行状况来讲，对可靠性的预测情况应以站点为主，因此这里只给出9路整体线路在8:10和17:40时的预测可靠性结果，并与实时可靠性和静态可靠性结果进行对比，如图5-29所示。

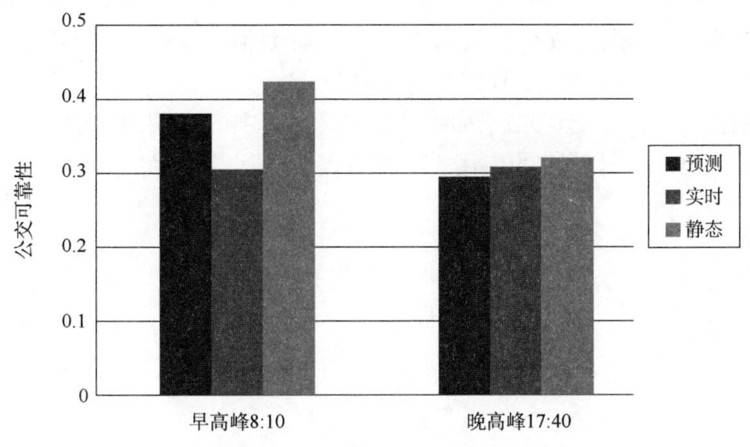

图5-29 9路线路预测可靠性结果

5.5.4 评价结果分析

(1)不同时段公交服务可靠性评价结果分析

从评价结果可以看出，无论是基于任何数据得到的可靠性评价指标，平峰时段的公交服务可靠性均高于高峰时段，这说明公交系统在平峰时段运行准点性要高于高峰时段，早晚高峰时段的可靠性偏低，这说明在不同时段其公交服务可靠性的差异比较显著。

对于早、晚高峰，早高峰时段的可靠性普遍高于晚高峰，这是由于晚高峰与早高峰相比，人们的出行目的更为多变并且相对分散，晚高峰时段的道路条件较早高峰更为复杂，道路的交通状况对公交服务可靠性的影响更大，因而不利于公交系统提供稳定的公交服务。

(2)不同角度公交服务可靠性评价结果分析

本章分别从静态、实时和预测三个角度对贵阳市公交服务可靠性进行了评价，结果表明，贵阳市静态可靠性评价结果偏低，就调研线路的全天平均可靠性仅为0.51，由实时可靠性的评价结果可以看出，公交服务系统的可靠性处于实时的波动状态下，对于相同站点，在同一交通时段不同时刻的实时可靠性可能相差50%以上。将静态可靠性与实时可靠性相比较可以发现，两者的可靠性数值在绝大多数情况下相差较大，静态可靠性只能反映公交服务的在一定时期内的平均水平，而无法反映乘客在当前时刻所享受的可靠性服务水平，由此可见评价公交系统的实时可靠性提高当前时刻乘客的出行质量是非常重要的。此外，上节做出的公交服务预测可靠性评价具有很高的精准度，其预测误差小于10%。本文介绍的可靠性预测方法可以用于实际评价中，当系统的实时可靠性偏低时，可以通过对未来时刻的可靠性进行预测来做出决策，并提出措施来改善公交系统的服务水平。

本章参考文献

[1] Bates J, Polak J, Jones P, et al. The valuation of reliability for personal travel[J]. Transportation Research Part E Logistics & Transportation Review, 2001, 37(2-3): 191-229.

[2] 高桂凤, 魏华, 严宝杰. 城市公交服务质量可靠性评价研究[J]. 武汉理工大学学报(交通科学与工程版), 2007, 31(1): 140-143.

[3] 魏静. 蒙特卡罗法在公交到站间隔时间可靠性计算中的应用[C]// 蒙特卡罗法在公交到站间隔时间可靠性计算中的应用. 世界华人交通运输学术大会.

第6章　城市路网拥堵传播与消散机理

6.1　路网拥堵的定义

如何定义交通拥堵,目前为止各国并没有一个统一的标准。不同目的的出行者对交通拥堵的感受、定义是不同的,如有急事要办理的出行者会觉得多等5min都属于拥堵的交通状况,他们在等待时会烦躁不安,而以购物散心为目的的出行者可能会觉得多花半小时在路上也不会影响自己的心情。例如在北京的出行者今早比平时早高峰少用20min可能就会觉得今天的道路较为畅通,而小城市的出行者多等了一个红灯可能就会认为拥堵。由此可见,交通拥堵这一定义较难统一。

交通拥堵是指交通供需不平衡,即交通需求大于交通供给导致车辆在道路上形成滞留的现象[1]。日本定义道路排队长度达到1km以上,或者排队时间达到10min以上为交通拥挤;美国认为车速低于22km/h的车流不稳定,并将其称为拥挤车流。我国公安部对拥堵交叉口的定义是:车辆在无信号控制的交叉路口的车行道上受阻且排队长度超过250m,或车辆在信号控制的交叉路口3次绿灯时间内未通过路口的状态。

交通瓶颈是交通拥挤产生的根源,在Wright等[2]的研究中交通瓶颈被划分为三类:暂时性路障、网络本身永久性通行能力不足、需求的波动。目前主要的拥堵是由暂时性路障导致的偶发性交通拥堵。一般来说,导致偶发性交通拥堵的交通事件往往无规律,即通行能力下降的路段分布无规律,并且事件持续的时间越长,造成的后果越严重。在路网中,交通拥堵空间可以分为三种类型:点拥堵、线拥堵和面拥堵[3]。如何解决交通拥堵,减少社会资源的浪费是亟须解决的交通运输难题。

6.2　路网拥堵传播与消散模型

6.2.1　耦合映像格子模型

复杂网络相继故障模型已经非常成熟,其中能够有效描述系统时空特征的模型之一是由金子邦彦提出的耦合映像格子模型(coupled map lattices,CML)[4]。该模型形式较为简单,时间域和空间域在模型中被离散化,但是状态域能够保持连续。耦合映像格子模型具有以下优点:

(1)形式简单,运行过程数值模拟计算不复杂[5]。

(2)能够从半宏观半微观的角度对交通系统进行描述,既可以考虑每一个交通路段的特征,也可以研究网络全局特征,并且已经被应用到很多系统上去表征时空特性[6]。耦合映像格子模型符合对交通网络拥堵与传播的研究目的。

假设某复杂网络中有 N 个节点,那么耦合映像格子模型为:

$$x_i(t+1)=\left|\frac{(1-\varepsilon)f[x_i(t)]+\varepsilon\sum_{i=1,i\neq j}^{N}\alpha_{i,j}f[x_j(t)]}{k(i)}\right| \tag{6-1}$$

其中,$x_i(t)$表示节点 i 在 t 时刻的状态;$\varepsilon\in(0,1)$表示为耦合强度;$k(i)$表示节点 i 的度;$A=(a_{ij})_{N\times N}$是邻接矩阵,用来表示网络的物理结构,如果节点 i 和节点 j 之间存在边,则 $a_{ij}=a_{jt}=1$;否则,$a_{ij}=a_{jt}=0$;$f(x)=\mu x(1-x)$是混沌 Logistic 映射,其中 $\mu\in(0,4]$,用来表征节点的动态行为;式(6.1)中的绝对值符号用于确保每个节点的非负饱和状态。

因此,本章主要介绍耦合映像格子模型在城市路网拥堵传播与消散研究中的应用。

6.2.2 城市路网拥堵传播与消散模型构建

本节主要在耦合映像格子原始模型的基础上,结合交通网络特征对模型进行改进,并且提出故障恢复机制,使其更符合实际情况,为后续的仿真研究提供模型基础。

式(6-1)没有考虑网络的有向性,对于交通网络,一个重要特征就是网络的有向性。实际城市道路网络中存在单行道和双行道,在研究中将道路网络抽象成为有向网络更加符合实际情况,因此,研究网络拥堵传播与消散的模型也需要能够体现交通网络的有向性特征。通过在原始耦合映像格子模型的基础上进行改进达到上述目标。交通网络中的路段存在上游路段和下游路段,在复杂网络理论中,能够用出度与入度来表征路段相互之间的连接关系。式(6-1)中 $k(i)$只表示节点 i 的度,因此,对式(6-1)进行改进,使得模型能够区分路段的入度与出度,进而能够表征实际交通网络中的上游路段和下游路段。

改进后的耦合映像格子模型,即城市路网拥堵传播与消散模型如下所示。

$$x_i(t+1)=\left|(1-\varepsilon_1-\varepsilon_2)f[x_i(t)]+\varepsilon_2\sum_{i=1,i\neq j}^{N_1}\frac{b_{ij}f[x_j(t)]}{k(i)+\varepsilon_i}\sum_{j=1,i\neq j}^{N_2}\frac{b_{ji}f[x_i(t)]}{k^+(i)}\right|\quad i,j=1,2,n \tag{6-2}$$

其中,$x_i(t)$在原始耦合映像格子模型中表示节点 i 在 t 时刻的状态,但是对于实际的道路网络,这里代表路段 i 在 t 时刻的饱和度;b_{ij}表示网络的邻接矩阵 $B=(b_{ij})_{N\times N}$中,i 行和 j 列对应的值,如果 i 节点到 j 节点存在边,那么 $b_{ij}=1$;否则,$b_{ij}=0$;$\varepsilon_1\in(0,1)$和 $\varepsilon_2\in(0,1)$分别表示路段起点和终点的耦合强度;N_1 表示所有节点的出度和;N_2 表示所有节点的入度和;$k^+(i)$和 $k^-(i)$分别表示节点的入度和出度,在实际道路网中表示一条路段相连上游路段数目之和与相连下游路段数目之和;

非线性函数 $f(x_i(t))$选择混沌 Logistic 映射:

$$f(x)=\mu x(1-x)\quad \mu\in(0,4] \tag{6-3}$$

其中,μ 被称为 Logistic 参数。为了更好地进行数值计算,将式(6-3)转换成如下形式。

$$x_{n+1}=\mu x_n(1-x_n)\quad \mu\in(0,4],x\in[0,1] \tag{6-4}$$

针对固定状态的起始值,选取不同的 μ 值进行数值计算并且作图如下。当 $x_0=0.6$ 时,选取不同的 μ,迭代的结果如图 6-1 ~ 图 6-5 所示。

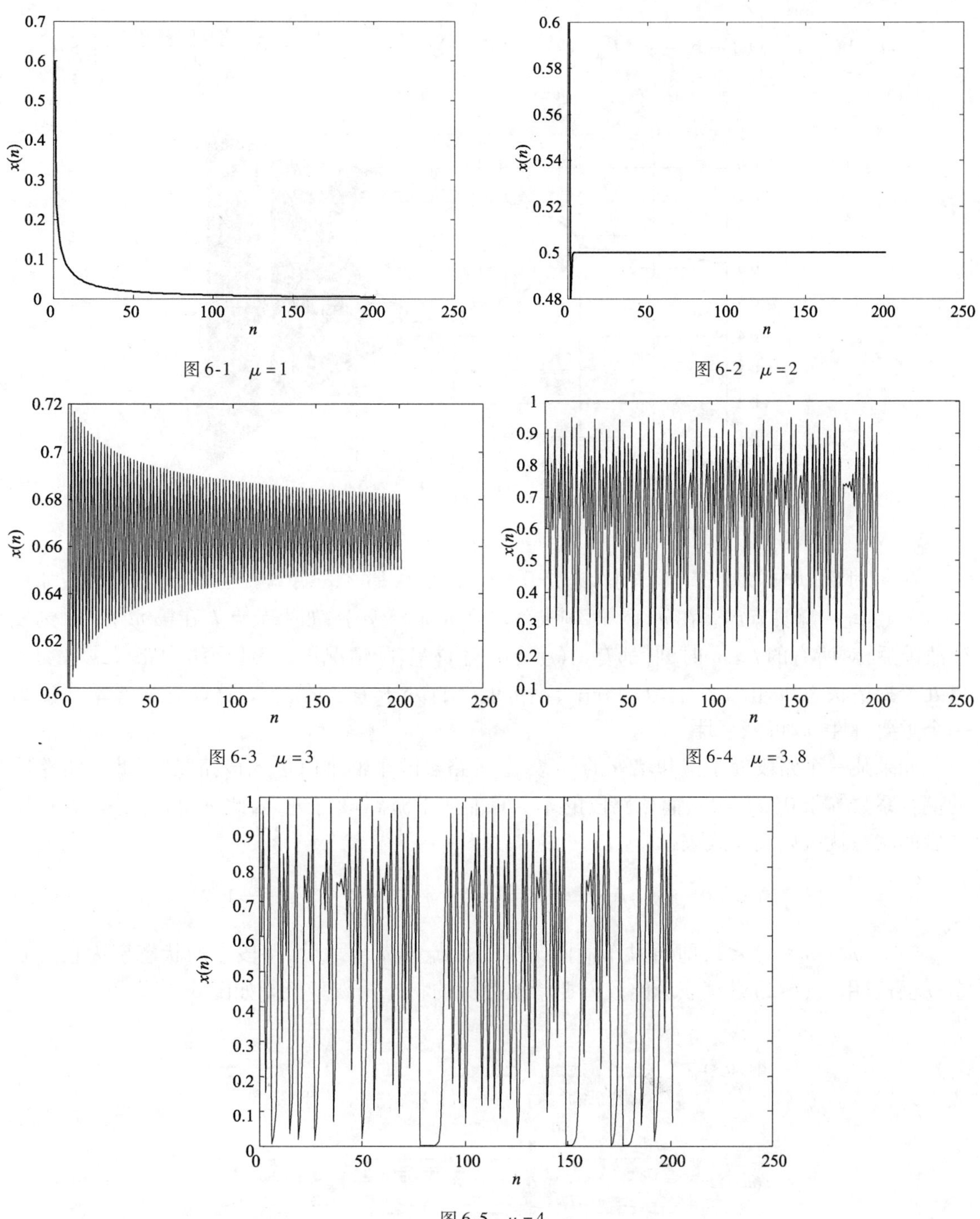

图 6-1　$\mu=1$

图 6-2　$\mu=2$

图 6-3　$\mu=3$

图 6-4　$\mu=3.8$

图 6-5　$\mu=4$

从图 6-1 ~ 图 6-5 可知，μ 的值越接近 4，最后取值范围越平均分布在整个 0 ~ 1 的区域，为了达到更好的平均分布特性，Logistic 控制参数的选取应该越接近 4 越好。当 $x_0=0.6$ 时，选取不同的 μ，最后迭代的结果汇总在一张图中，如图 6-6 所示。

交通网络的传播可能会由于内在或者外在因素（交通事故、道路饱和等）引起。为了描述交通网络拥堵的发生，在时刻 $m+1$ 给某个节点 k 施加一个外部扰动 $R(R\geqslant1)$，如下式所示：

$$x_k(m+1) > 1 = \left| (1-\varepsilon_1-\varepsilon_2)f[x_k(m)] + \varepsilon_2 \sum_{k=1,k\neq j}^{N_1} \frac{b_{kj}f[x_j(m)]}{k^-(k)} + \varepsilon_1 \sum_{j=1,k\neq j}^{N_2} \frac{b_{jk}f[x_k(m)]}{k^+(k)} \right| + R \tag{6-5}$$

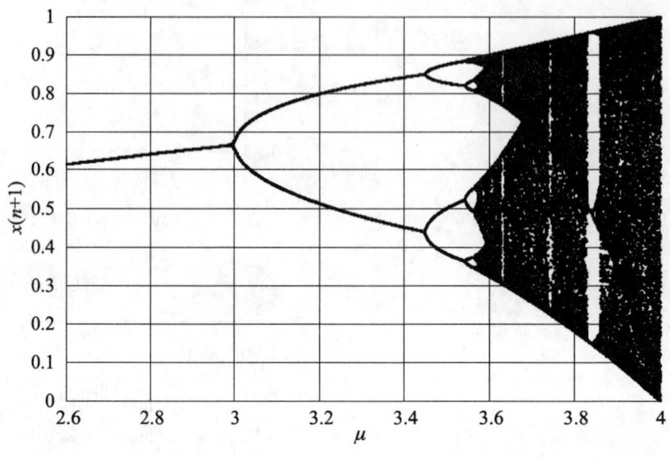

图 6-6　不同 μ 值

在 m 时刻以内，如果节点 k 的状态是 $0 < x_k(t) < 1$，那么表明 k 节点处于正常状态；如果 $x_k(m+1) \geqslant 1$，说明节点 k 在 $m+1$ 时刻失效。在原始模型中，如果节点 k 在第 $m+1$ 时刻发生故障后，对所有的 $t>m$ 时刻，都有 $x_i(t)=0$。但在实际情况中，交通网络中路段或者交叉口处于拥堵状态后，由于交通流的分配，不可能一直处于失效的状态，这就是交通网络的另一个重要特性，即可恢复性。

如果某一个路段处于饱和堵死的状态，上游路段的车辆难以进入该路段，因此上游路段的耦合系数等于 $0(\varepsilon_2=0)$，而该路段的车辆只能向下游路段行进，因此 $\varepsilon_1 \neq 0$。路段 k 拥堵之后的状态就可以用下式表示：

$$x_i(t+1) = \left| (1-\varepsilon_1)f[x_i(t)] + \varepsilon_1 \sum_{j=1,i\neq j}^{N_2} \frac{b_{jk}f[x_i(t)]}{k^+(i)} \right| \quad i,j=1,2,\cdots,n \tag{6-6}$$

当 $x_k(m+n+1) < 1$，即通过车辆向下游路段疏散 n 步之后，路段 k 的状态变为正常状态，就可以用式(6-2)继续表示路段 k 拥堵疏散后的状态。恢复机制如图 6-7 所示。

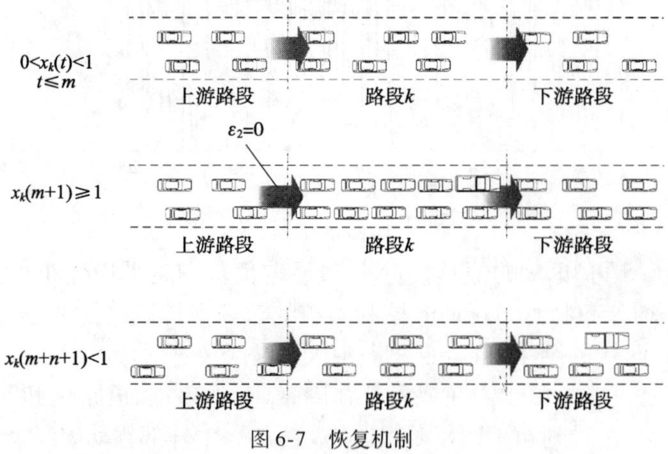

图 6-7　恢复机制

为了分析交通网络拥堵传播与消散的特征，选取随时间变化的失效节点比例 $P(t)$ 和总失效节点比例 I 来表示网络的拥堵传播和消散的程度，$P(t)$ 表达公式如下：

$$P(t)=\frac{N'(t)}{N} \tag{6-7}$$

式中：$N'(t)$——t 时刻网络失效节点数；

N——网络所有节点数。

$$I=\frac{N''}{N} \tag{6-8}$$

式中：N''——网络最终失效的所有节点总数。

6.2.3 基于耦合映像格子的路网拥堵传播与消散模拟流程分析

针对交通网络，本章构造了基于耦合映像格子的拥堵传播与消散分析的仿真流程，以便能够应用于实际网络进行研究。

(1)首先将实际交通网络进行建模，抽象成为复杂网络 $G=(V,E)$，针对不同类型的交通网络，有不同的建模方法；

(2)交通网络抽象成复杂网络后，得出邻接矩阵 $B=(b_{ij})_{N\times N}$，进而求解出复杂网络特征参数，分析交通网络的复杂特性；

(3)初始时，网络节点 i 的状态 $x_i(t)$ 小于 1，处于正常状态，网络中每一个节点的状态都按照式(6-2)更新状态；

(4)在某一时刻，按照一定的规则给路网中某个或者某些节点增加外部扰动 $R(R\geqslant 1)$ 值，以模拟交通拥堵的发生；

(5)由于外部扰动值大于 1，因此被施加外部扰动的节点就被认定为故障节点，节点的状态则按照式(6-6)更新状态；

(6)故障发生后，经过一定时间，如果节点的状态值小于 1 时，则表明该节点故障恢复，拥堵消散，按照式(6-2)更新状态；

(7)如果网络中所有节点状态都小于 1，说明网络拥堵全部消散；

(8)如果网络中所有节点状态都大于 1，说明网络全部故障，发生了拥堵瘫痪。

本章主要针对城市交通网络拥堵传播与消散模型的建模方法和过程进行了介绍，结合耦合映像格子原始模型和交通网络的特征，对模型进行了改进，使其符合交通网络的有向性的特点。基于现实情况，交通网络的拥堵传播后还会有消散的过程，本章还提出了一个故障恢复机制，使得模型更符合交通网络运行特征。将复杂网络理论与交通特征相结合，在建模时需要将实际存在的网络抽象成为复杂网络，并且还要结合网络的特征，对其进行模拟拥堵传播与消散过程，因此，提出了基于耦合映像格子模型的交通网络拥堵传播与消散数值模拟流程，为后续章节的研究做了铺垫。

6.3 基于路网仿真模型的可靠性单网络案例

本节主要针对城市交通网络进行案例分析。以北京市为例，主要交通网络包括城市道路网络、城市轨道交通网络以及城市公交网络，这三种网络的结构形态、基本特征都不同，需要针对各自网络的特征进行拥堵传播与消散的研究。

交通网络拥堵的传播和消散，与拥堵程度有直接的关系，因此利用道路网络作为基础，应用浮动车数据研究道路网络拥堵传播与消散的特征。

另一方面，网络发生拥堵和传播，与网络的拓扑结构和连通性也有密不可分的关系。网络节点之间是存在连接关系的，因此网络载荷才会按照一定规则进行分配，如果网络连通性差，或者网络节点之间没有连接，那么网络就不存在传播和消散动力学过程。本节针对公交网络和地铁网络的连通性进行了研究。

6.3.1 北京市局部道路网络分析

本节选取北京市六里桥区域道路网络进行研究，区域面积达 22km^2，区域范围北至新兴桥、南至丽泽桥、西至宝莲路、东至红莲南路。区域内包含北京西站、北京六里桥客运主枢纽等交通枢纽。首先对该区域进行建模处理。按照北京市交通发展研究中心提供的浮动车数据，将该区域道路网络划分为1004个路段。在复杂网络建模中，用网络节点表示交叉口，用网络边表示道路路段，将路段实际的连接关系转换到邻接矩阵 $B=(b_{ij})_{100\times100}$。邻接矩阵的权重值用如下公式表示：

$$x_I(t)=1-\frac{v_t}{v_{\mathrm{f}}} \tag{6-9}$$

式中：v_t——表示 t 时刻路段（边）i 的平均速度；

v_{f}——表示路段（边）i 的自由流速度。

六里桥道路网络的地图示意图以及利用 Pajek 复杂网络仿真软件生成的网络拓扑结构图，如图6-8a)、b)所示。

a)六里桥区域道路网络

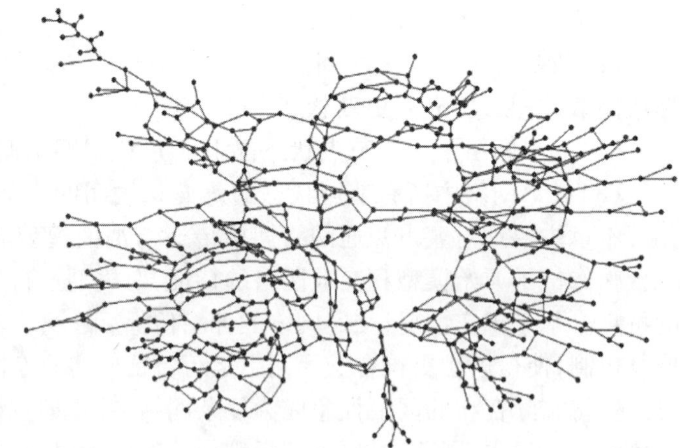

b)六里桥道路网络拓扑结构图

图6-8 六里桥区域道路网络与拓扑结构图

由北京市六里桥区域道路复杂网络的邻接矩阵 $B=(b_{ij})_{1004\times1004}$，结合第2章复杂网络节点度的定义，计算出六里桥区域复杂网络路段的度值，利用度分布区研究六里桥区域道路网络的复杂特征。图6-9为北京市六里桥区域道路网络的度分布情况。

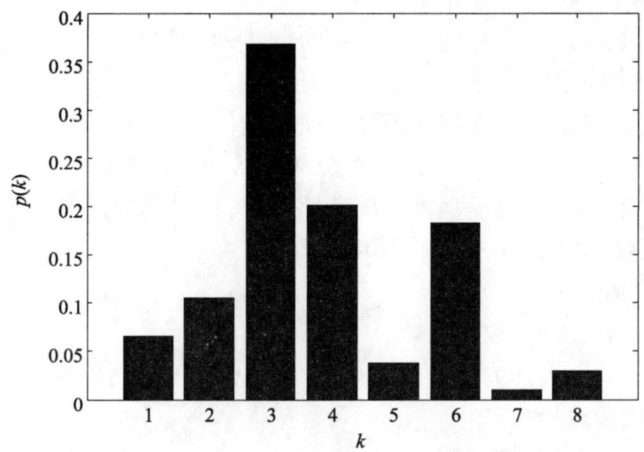

图 6-9 六里桥区域道路网络度值

经计算可得,北京市六里桥区域道路网络最大度值为 8,最小度值为 1,平均值为 3.77。由于将道路网络做有向处理,而度平均值为 3.77,这说明了路段一般与 2 个路段相连,与现实情况相吻合。针对北京市六里桥区域道路网络的度结果,利用 Matlab 软件进行拟合,得到的分布图,如图 6-10 所示。

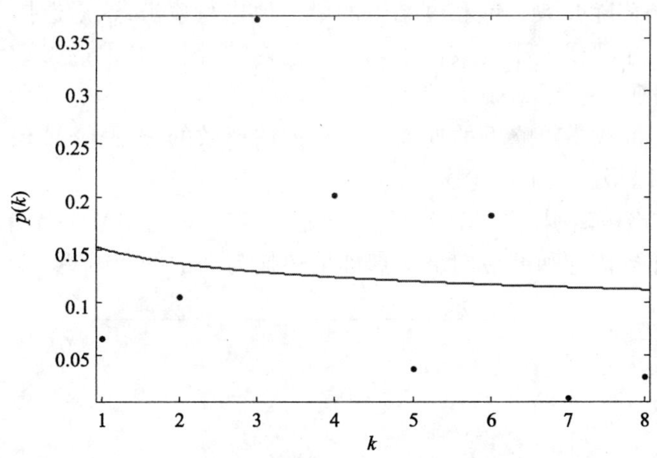

图 6-10 度分布拟合曲线

上图拟合曲线为幂律分布,公式如下:

$$p(k) = 0.1511x^{-0.1445} \tag{6-10}$$

由图 6-10 可得度值较大的路段,例如度值为 6 以上(包括 6)的路段占所有路段总数的 22%,度等于 8 的路段只占到总路段数的 3%。分析可得,北京六里桥区域道路网络有中枢节点,即存在少部分节点的度值很大,大部分节点的度值很小的特征,度分布符合幂律分布,说明该区域道路网络是无标度网络,具备无标度网络特征。

接下来,将从如下四个方面研究拥堵的传播与消散,分别是:

(1)不同的攻击策略。主要为了研究不同攻击策略对拥堵传播与消散带来的影响,选取的攻击策略分别是:基于介数的蓄意攻击(BA)、基于饱和度的蓄意攻击(SA)、基于介数和饱和度结合的蓄意攻击(BSA)、随机攻击(RA)。

(2)不同的耦合强度。关于路网内部的耦合强度对拥堵传播与消散的影响这方面的研究较少,本研究可对该领域加以完善。

(3)不同的外部扰动值。外部扰动值在本研究中体现的是拥堵发生的程度,对其进行研究可以去更好地分析不同程度的交通拥堵对交通传播和消散的影响。

(4)不同的攻击路段数。也就是发生拥堵路段数目,对其进行研究是为了分析拥堵开始发生时的规模对路网拥堵传播和消散的影响。

1)不同的攻击策略

我们选取参数 λ 表征三种攻击策略:BA、SA 和 BSA:

$$f_i(t) = \lambda x_i(t) + (1-\lambda) b_i(t) \tag{6-11}$$

式中:λ——权重系数,$0 \leqslant \lambda \leqslant 1$;

$x_i(t)$——路段 i 在 t 时刻的饱和度;

$b_i(t)$——路段 i 在 t 时刻的介数。

当 $\lambda=0$ 时,$f_i(t)$ 表示 BA,即在攻击路网时,要按照移除介数最大的路段进行,如果同时存在多个路段的介数一致,且均为最大值,那么随机选择一个路段进行攻击。当 $\lambda=1$ 时,$f_i(t)$ 表示 SA,即攻击路网时,要按照移除饱和度最大的路段进行,同样如果存在多个路段的饱和度相同且均为最大值,那么随机选择一个路段进行攻击。当 $0<\lambda<1$ 时,表示 BSA,即在攻击路网时,按照移除介数和饱和度结合的最大值进行攻击,这里选择 $\lambda=0.5$。

在数值模拟中,主要研究不同攻击策略带来的影响,因此其他的参数都保持一致,其中,$R=1.5$ 且 $\varepsilon_1=\varepsilon_2=0.6$。

图 6-11 是在不同攻击策略下的拥堵发生和拥堵消散的过程,该现象符合现实道路网络的情况。从图中可以得出以下结论:

(1)BA 这种攻击策略引起拥堵传播比 SA 更加容易,而且 BA 拥堵消散所用的时间也比 SA 长。这说明了介数比饱和度对网络节点拥堵传播与消散的影响更大。

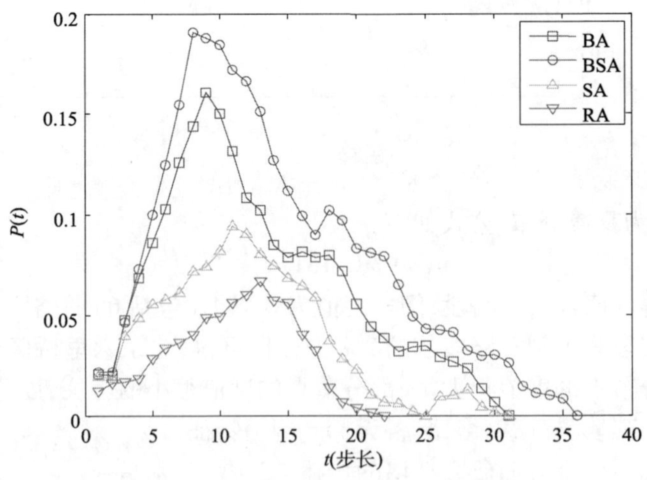

图 6-11　攻击策略不同对应的失效节点比例 $P(t)$

(2)攻击策略 SA 是最难引起拥堵传播,拥堵消散的时间也最小。道路网络是无标度网络,随机攻击一般不会攻击到对网络有重大影响的关键路段,因此随机攻击产生的影响最小。

(3)由图6-11可以得到一个非常有趣的现象,即BSA攻击策略比SA和BA影响更为严重,更容易引发拥堵的传播,传播速率更大,且消散时间也更长。这表明了路网中的最容易引发拥堵大面积传播的路段不是介数最大的路段,也不是饱和度最大的路段,而是介数与饱和度组合最大的节点,管理者需要对这些路段给予较大的关注,保证这些路段运营的可靠性和稳定性,以免发生大拥堵事件。

2)不同的耦合强度影响

在研究不同耦合强度的影响时,网络受攻击的外部扰动值一致 $R=1.5$,且攻击策略为随机攻击策略。仿真的结果如图6-12所示。

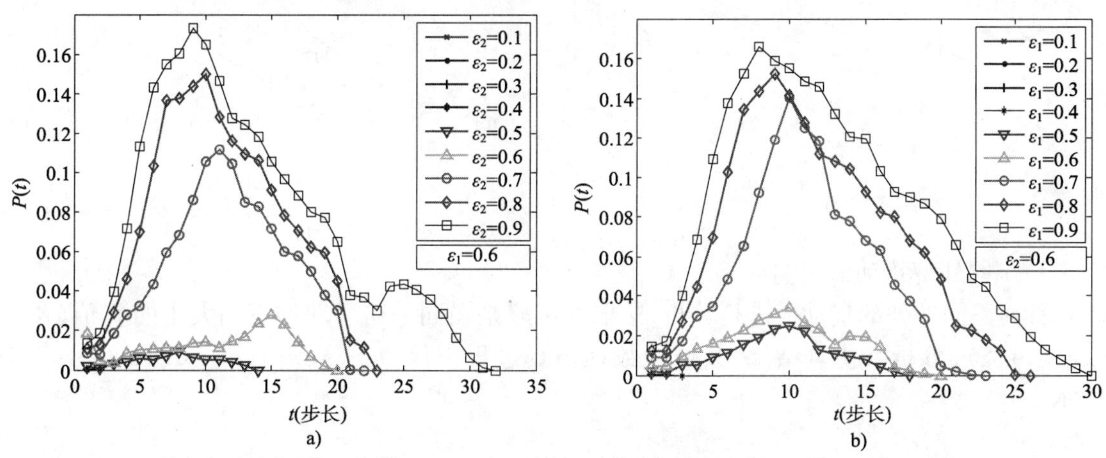

图6-12　耦合强度不同对应失效节点比例 $P(t)$

图6-12a)表示耦合强度 $\varepsilon_1=0.6$ 时,ε_2 值改变($\varepsilon_2=0.1,0.2,\cdots,0.9$)情况下失效节点的比例 $P(t)$。图6-12b)表示耦合强度 $\varepsilon_2=0.6$ 时,ε_1 值改变($\varepsilon_1=0.1,0.2,\cdots,0.9$)情况下失效节点的比例 $P(t)$。

由图6-12a)和图6-12b)中可知,当 ε_1 和 ε_2 的值小于0.5时,拥堵很少进行传播,当两者值都大于0.5时,拥堵发生传播,且传播的速率非常快,这说明了对于 ε_1 和 ε_2,影响拥堵传播与消散的阈值是0.5。

针对不同的攻击策略,模拟不同耦合强度下的最终失效节点总比例 I 的变化情况,如图6-13所示。

从图6-13中可以得出以下结论:

(1)随着耦合强度增加,路段失效规模也在增加,呈正相关的关系。

(2)耦合强度存在阈值,但是对于不同的攻击方式阈值大小不同。攻击策略SA的阈值最大,为0.5,与RA的阈值相近。攻击策略BA的阈值为0.4,而BSA的阈值最小,为0.3。

(3)耦合强度的阈值越小表示越容易发生拥堵传播,这也说明BSA这种攻击策略对道路网络的影响最大。

(4)四种攻击策略不仅引起拥堵传播的阈值不一样,而且对于相同的耦合强度,引起的路段拥堵总数也不一致。

(5)在图6-13a)中,攻击策略SA的失效点总数一直大于攻击策略RA,但是在图6-13b)中,当ε_1的值大于等于0.7时,攻击策略RA的失效点总数大于攻击策略SA。原因是随机攻击也有一定的概率将外部扰动增加到关键节点上,所以会出现不同的结果。

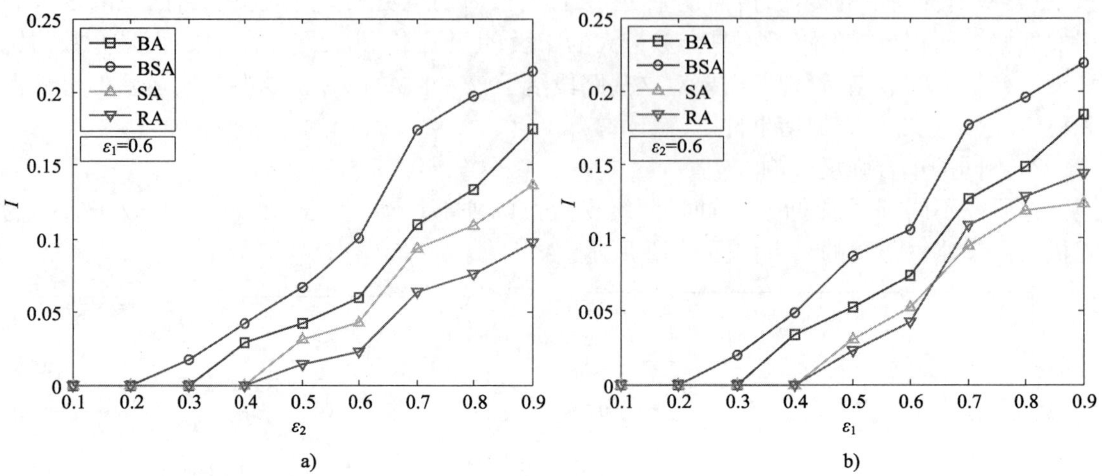

图6-13 攻击策略和耦合强度不同对应总失效节点比例I

3)不同外部扰动值影响

针对不同的外部扰动值进行分析,选取的策略是在同一路段增加不同大小的R值(R = 1,2,3,4,5),分析其仿真结果,其他参数在仿真过程中保持不变:$\varepsilon_1=\varepsilon_2=0.6$,如图6-14所示。

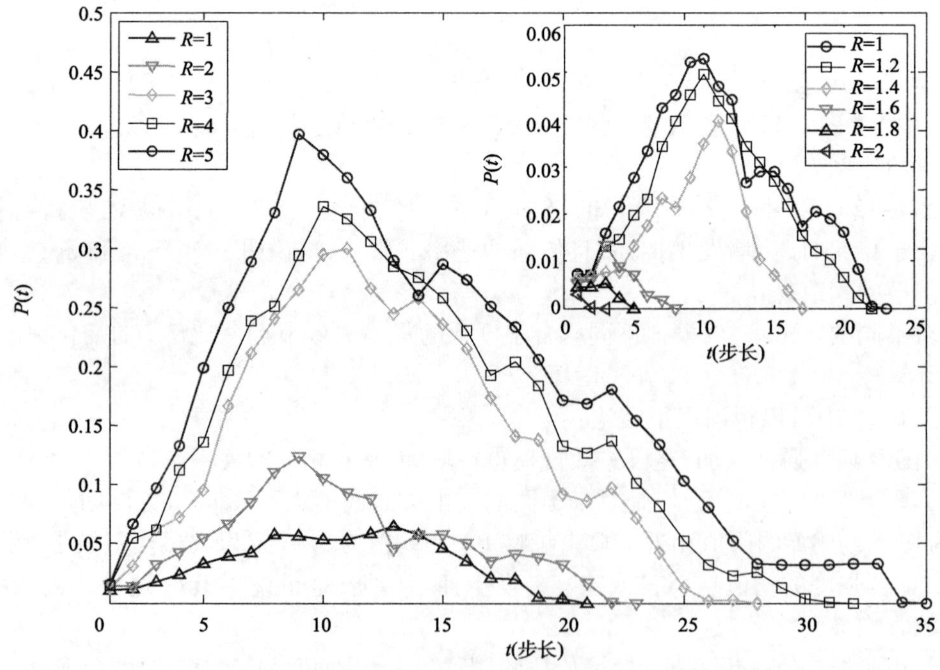

图6-14 外部扰动值不同对应失效节点比例$P(t)$

图6-14中的附图表示不同外部扰动值($R=1,1.2,1.4,1.6,1.8,2$)情况下失效节点的比例,是对图6-14主图仿真实验的补充。

由图6-14可得以下结论:

(1)随着R值的增加,失效的路段数和失效恢复的时间也在增加,呈正相关的关系。显而易见,对边施加的外部扰动越大,表明路段中的车辆越多,因此就会造成更加拥堵,传播范围和消散时间也会随之增加。

(2)存在能够引发拥堵大幅度传播的阈值R_c,当R值大于R_c时,拥堵就会急剧传播。图6-14中的附图表明,当R值小于1.2时,极少(小于1%的比例)路段会失效。这样的规律对预防大规模的拥堵传播具有重要的意义。

针对不同的攻击策略下,不同的R值对道路网络拥堵传播范围的影响进行研究,仿真结果见图6-15。

由图6-15可得,无论哪一种攻击策略下,外部扰动R值和总失效节点比例I都呈正比例关系。针对相同外部扰动,不同攻击策略下的拥堵传播范围排序由大到小为:BSA > BA > SA > RA,该结论进一步认证了要对攻击策略BSA所选择攻击的路段进行重点监控,防止拥堵发生大规模的传播。

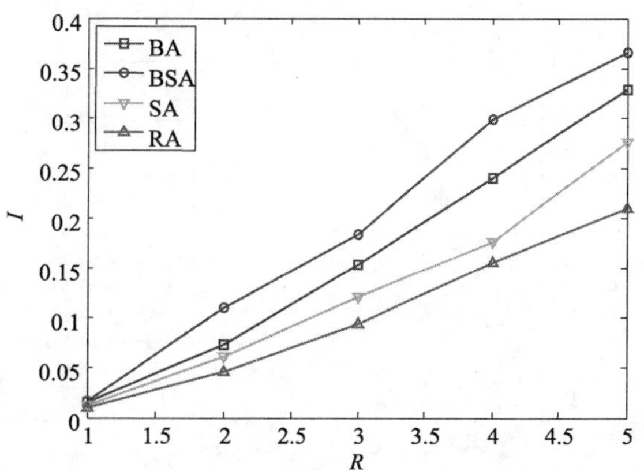

图6-15　攻击策略和外部扰动不同对应总失效节点比例I

4)不同的攻击路段数

我们针对攻击路段数目n(被攻击路段数占比)进行研究,目的是分析路网被攻击的数目是否会对拥堵传播的速率以及路网失效的规模有影响。

仿真时考虑不同攻击策略的影响,其他参数值保持一致:$\varepsilon_1=\varepsilon_2=0.6$和$R=1.5$。仿真结果如图6-16所示。

由仿真结果可得以下结论:

(1)对于相同的n值,四种攻击策略带来的拥堵传播与消散不同,这与前面的结论一致。

(2)图6-16与前面三种影响因素求得的仿真结果图有一个非常明显的区别就是:图6-16中,仿真结束后存在路网中所有的路段全部失效的情况,即$I=1$,而之前的仿真没有出现这种情况。这说明,路网受到攻击后,当路段个数较少时,网络是可以恢复的,但是当路段个数达到一定程度时,路网中所有的路段就会全部失效,路网全部瘫痪。因此,存在攻击路段数的阈值n_c。

(3)不同攻击策略的阈值n_c也不相同。例如,对于攻击策略BSA来说,当n_c大于3%时,路网就会发生全部瘫痪现象;对于攻击策略RA来说,只有当n_c大于4.5%时,路段才会全部失效。不同攻击策略下的阈值n_c由大到小排序如下:RA > SA > BA > BSA。该结果同样表明BSA攻击策略对路网的影响力最大。

本章针对不同的攻击策略和不同的攻击路段数情况,对道路网络拥堵传播范围的影响进行了研究,结果见图6-17。

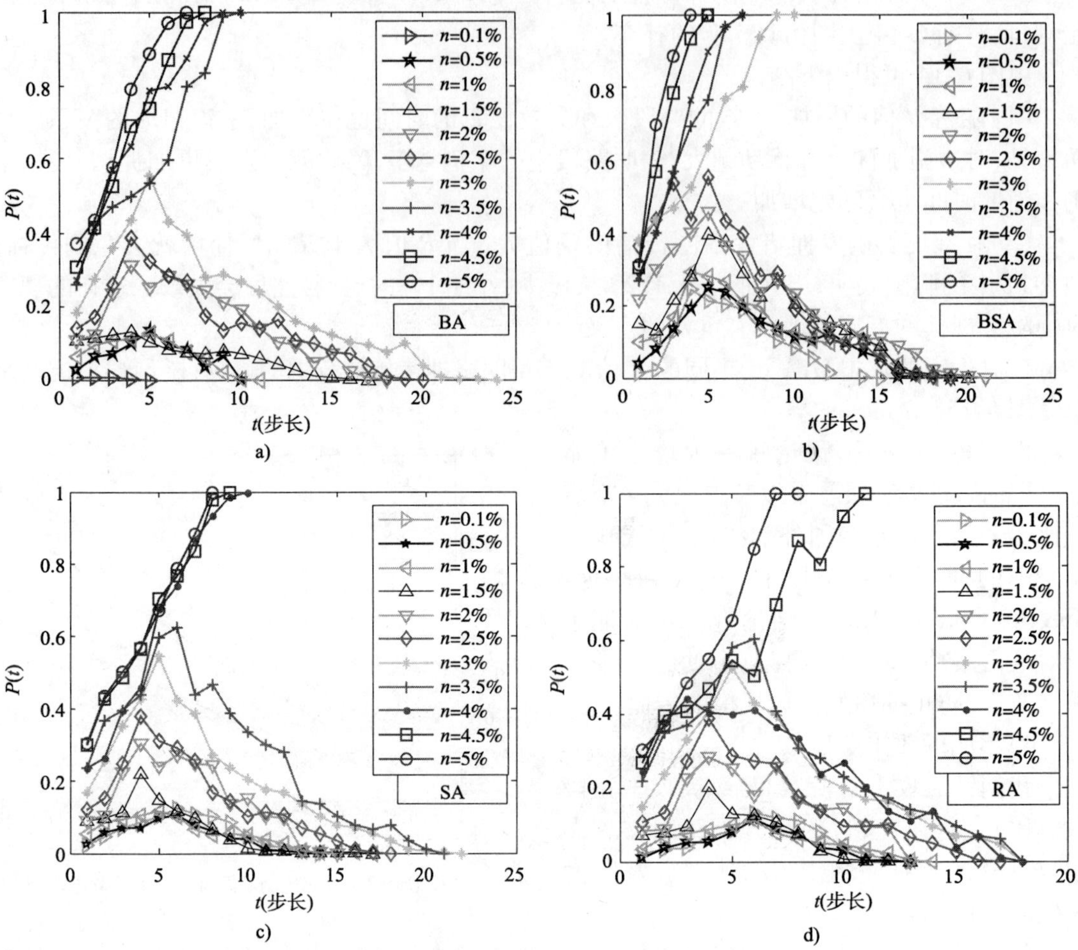

a) b) c) d)

图 6-16　攻击路段数不同对应失效节点比例 $P(t)$

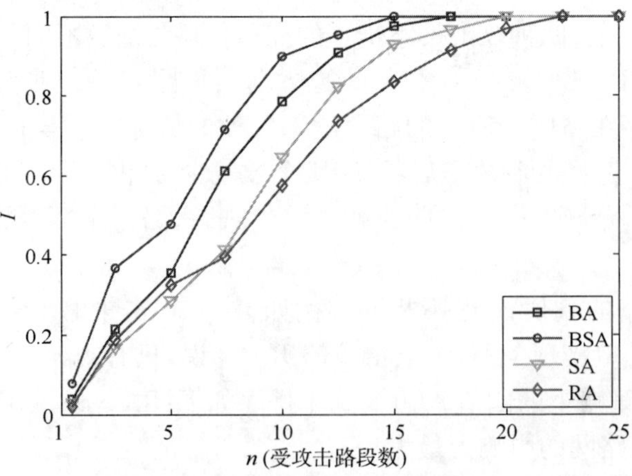

图 6-17　攻击策略和受攻击路段数不同对应总失效节点比例 I

由图 6-17 可得,对于同一攻击策略,攻击路段数越大,最终失效的总节点比例越大,与此同时,对于相同的攻击路段数,攻击策略 BSA 的最终失效节点总数最大。图 6-17 更加清楚地表明,攻击路段数阈值 n_c 的排序由大到小是 RA > SA > BA > BSA。经过以上分析,可以总结出北京六里桥网络的抗毁性比较低,每一种攻击策略的阈值 n_c 都小于 5%,这意味着如果有超出 5% 的路段数发生拥堵,那么路网就会发生拥堵瘫痪。因此,应该在日常采取预防措施,尽量控制拥堵路段的数目小于阈值 n_c。

6.3.2 北京市地铁网络分析

本节选择北京市地铁网络作为研究对象,地铁网络的数据从北京地铁官方网络获取,截止到 2014 年 12 月 31 日,如图 6-18 所示。

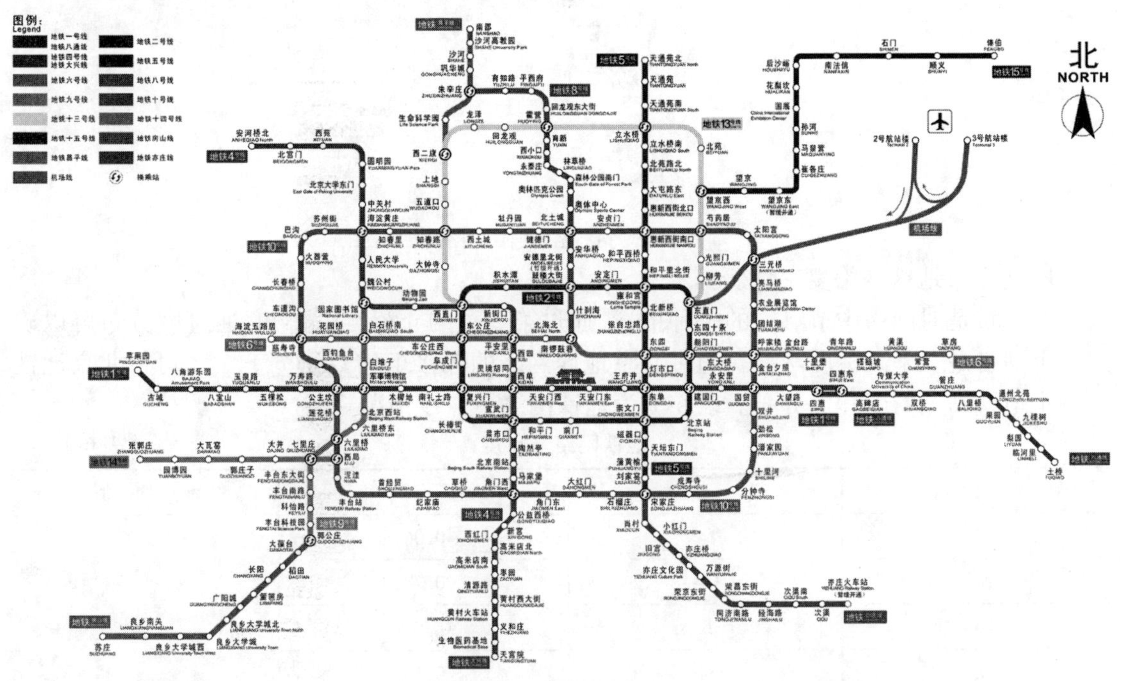

图 6-18 北京地铁线路图

截至 2014 年 12 月 31 日,北京地铁共有 17 条线路,236 个车站。其中地铁一号线与八通线、四号线和大兴线共线运营。

为了直观地表示地铁网络的结构,本节选择 Space L 方法进行网络建模:

(1)地铁车站作为网络中的节点,若在实际地铁网络中两个地铁站点之间有线路直接相连,则将其作为复杂网络的一条边。一般研究中都是无向处理[7],而由于北京地铁网络中存在单向的机场线,因此将网络进行有向处理,得到地铁网络的邻接矩阵 $C=(c_{ij})_{236\times236}$,当站点 i 可以直达站点 j,那么 $c_{ij}=1$;否则 $c_{ij}=0$。

(2)若不考虑地铁列车运行速度与地铁的断面客流量,则地铁网络为有向非加权网络,仅从网络的拓扑结构角度去研究不同攻击策略对网络站点失效后的影响。图 6-19 为北京地铁网络截至 2014 年 12 月 31 日前的网络拓扑结构图。

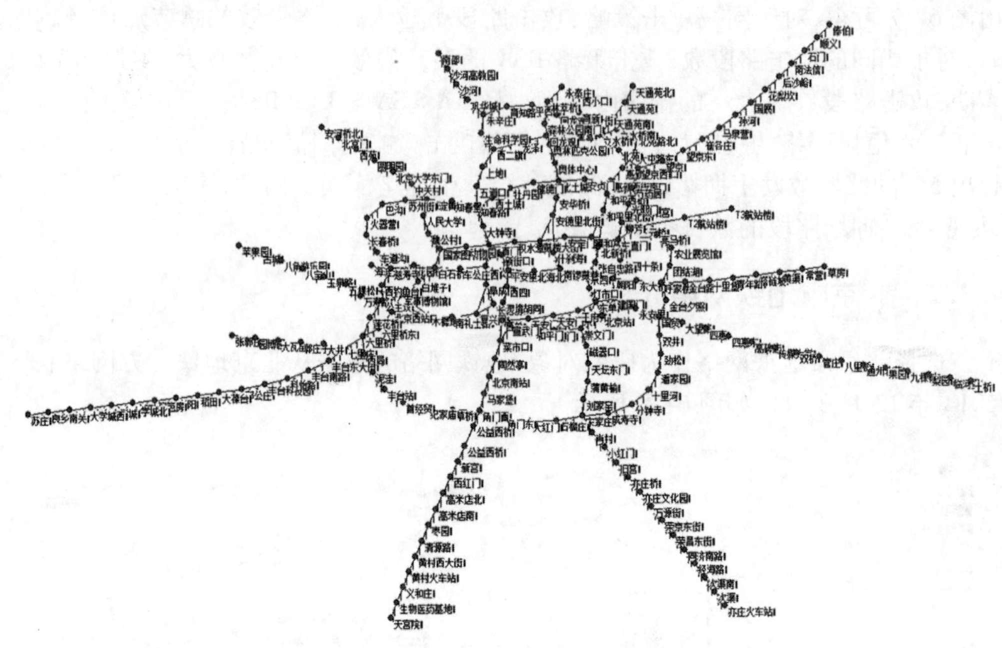

图 6-19　拓扑结构地铁网络图

1)北京市地铁网络复杂性研究

度分布是对网络中节点度的一种描述,通过第 2 章的介绍可以得知,通过度分布可以确定一个网络是否是无标度网络。通过北京地铁网络的邻接矩阵 $C=(c_{ij})_{236\times 236}$ 可得北京地铁每一个地铁站点的度和度分布。表 6-1 为地铁网络节点度情况。

地铁网络节点度　　表 6-1

节点度值	节点数	概率	平均值
2	14	0.06	
4	184	0.78	
6	6	0.026	4.48
8	31	0.13	
10	1	0.004	

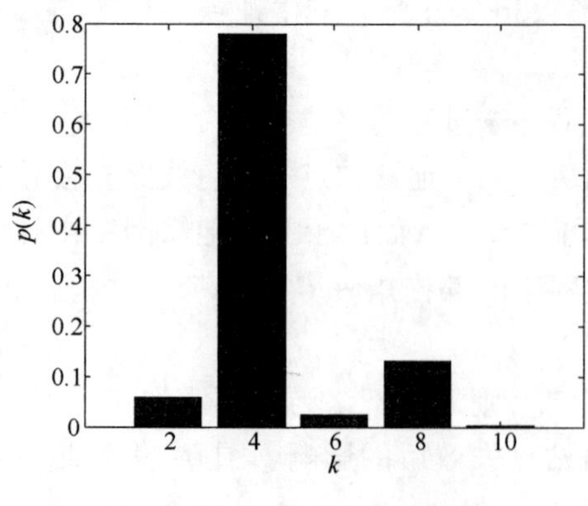

图 6-20　站点度分布

图 6-20 表示度的分布,其中 k 表示度,$p(k)$ 表示度的分布。

由北京地铁网络站点度分布图可以得出,最大的度值为 10,最小的度值为 2,平均值为 4.48。由于将地铁网络抽象成为有向网络,平均度值为 4.48。这说明地铁站一般相互连接的站点为两个,大多数都是普通站,不是换乘站。对应现实的北京地铁网络分析,发现具有最大节点度值的地铁站是西直门地铁站,这说明西直门地铁站是非常重要的站点,每天都吸引大量的乘客进出站和换乘,而其实际日客流量在北京地铁所有站点中位列前三。通过统计，度值为 8 和 10 的地铁站，71.8%都分布在地铁二号线和地铁十号线上，这说明了这两条地铁线路在北京地铁网络中的重要性。这与地铁二号线和地铁十号线是环线有很大的关系，这两条线路和其他线路有更多的交点。图 6-21 为 2015 年 10 月 22 日北京地铁各线路客运量，由图中可以看出地铁十号线的日客流量最大，为 174.91 万人次/日，地铁二号线的客运量排名第三，为112.63 万人次/日。

针对北京地铁度分布进行拟合，得到拟合关系图(图 6-22)和拟合的公式如下。

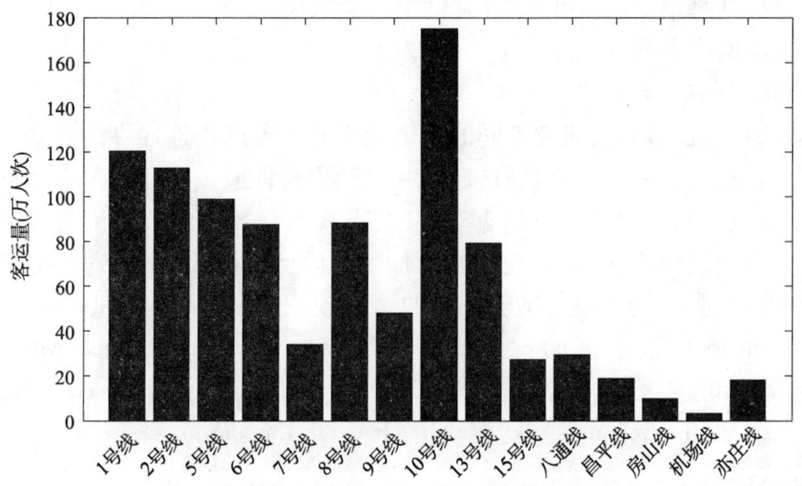

图 6-21　北京地铁 10 月 22 日(周四)线路日客运总量

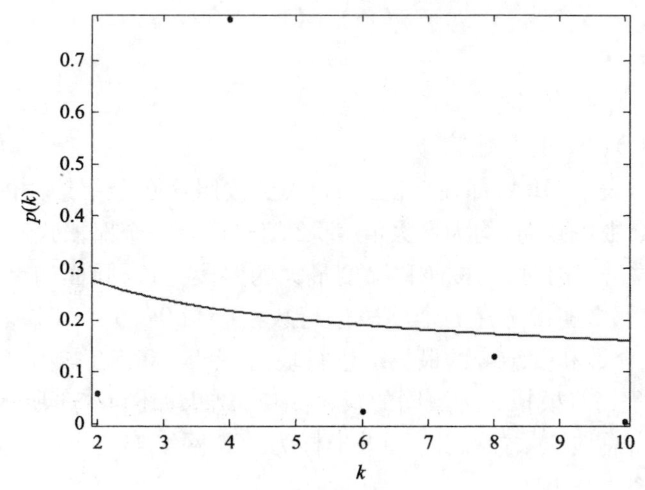

图 6-22　度分布拟合曲线

通过拟合曲线可以看出，北京地铁网络度分布近似服从幂律分布。拟合公式为：

$$p(k)=0.3429k^{-0.3285} \tag{6-12}$$

度值为 4 的地铁站点个数最多，能够达到地铁网络总站点数的 78%，而度值最高(等于 10)的站点却只占 0.4%，这说明了北京地铁网络具备很明显的无标度网络特征，即少数点拥有较大的度值，多数点度值较小。

2)北京市地铁网络连通性研究

由于构建的地铁网络是有向无权的网络,因此对地铁网络拥堵传播与消散的研究主要是针对网络的拓扑结构,研究网络的某一个或某些站点失效后网络的连通情况,本节选取连通效率来判断北京地铁网络受攻击后连通性变化的情况。

$$E=\frac{\sum_{i\neq j}\varepsilon_{ij}}{N(N-1)}=\frac{\sum_{i\neq j}\frac{1}{d_{ij}}}{N(N-1)} \tag{6-13}$$

式中:ε_{ij}——道路网络中节点 i 到节点 j 之间的连通效率;

d_{ij}——道路网络中节点 i 到节点 j 的最短路径;

N——路网总节点数。

我们选取四种攻击策略去研究不同的攻击策略对地铁网络连通性的影响。度和介数与节点重要程度息息相关,一个节点具有较大的度值,说明该节点与其他节点之间有更多的联系。介数表示节点在网络中的角色和重要度,具有较大介数值的节点说明该节点更容易被选择,具备更大的交通流,在网络中起主要的作用。因此,针对北京地铁网络四种攻击策略主要围绕度和介数进行,分别为:基于介数的蓄意攻击(MBA,the deliberate attack with the maximum betweenness)、基于度的蓄意攻击(MDA,the deliberate attack with the maximum degree)、基于介数和度结合的蓄意攻击(MBDA,the deliberate attack based on maximum combination of degree and betweenness)、随机攻击(RA,the random attack)。其中,MBA、MDA 和 MBDA 是蓄意攻击策略。

我们选取参数 δ 去表征三种蓄意攻击策略:MBA、MDA 和 MBDA:

$$f_i(t)=\delta d_i(t)+(1-\delta)b_i(t) \tag{6-14}$$

式中:δ——权重系数($0\leqslant\delta\leqslant1$);

$d_i(t)$——路段 i 在 t 时刻的饱和度;

$b_i(t)$——路段 i 在 t 时刻的介数。

当 $\delta=0$ 时,$f_i(t)$ 表示 MBA,即在攻击路网时,要按照移除介数最大的路段进行,如果同时存在多个路段的介数一致,且均为最大值,那么随机选择一个路段进行攻击。当 $\delta=1$ 时,$f_i(t)$ 表示 MDA,即攻击路网时,要按照移除度最大的路段进行,同样如果存在多个路段的度相同且均为最大值,那么随机选择一个路段进行攻击。当 $0<\delta<1$ 时,表示 MDBA,即在攻击路网时,按照移除介数和度结合的最大值进行攻击,令 $\delta=0.5$。

应用 Matlab 编程仿真模拟四种不同的攻击策略,结果如图 6-23 所示,其中横坐标 n 为受攻击地铁站数目占总地铁站数目比例,纵坐标为地铁网络连通效率。攻击之前北京地铁网络最初的连通效率为 0.1027。

由仿真结果可得出以下结论:

(1)对于所有的攻击策略,地铁网络的连通效率都是随着被攻击节点数增加而降低,并且当攻击点数达到一定数目时,地铁网络的连通效率为零。

(2)通过四种攻击曲线的对比,可得蓄意攻击对地铁网络连通性的影响大于随机攻击。四种攻击策略的曲线下降速率不同,RA 攻击曲线下降最缓,并且当攻击点数比例达到 0.78 时,地铁网络不连通,而对于蓄意攻击,在攻击开始时,连通效率下降非常快,只有到曲线末尾时,才会稍有缓和,并且造成全网不连通的攻击点数所占比例均小于50%。分析原因,这与地铁网络是无标度网络息息相关。无标度网络具有非均匀性,这种特征使得地铁网络对蓄意攻击和随机攻击呈现不同的特性。随机攻击选取攻击的站点一般不是网络中比较关键的节点,在网络中具有较小的作用,对网络的连通性影响很小。并且该类型非关键节点的数目大于枢纽地铁站,因此地铁网络对随机攻击呈现出较强的鲁棒性。而蓄意攻击,无论是选择度值最大、介数最大,还是度值和介数结合最大的站点攻击,都是攻击网络中的关键节点,这些节点对网络的连通性具有很大的影响,因此蓄意攻击下地铁网络呈现出非常脆弱的特征。

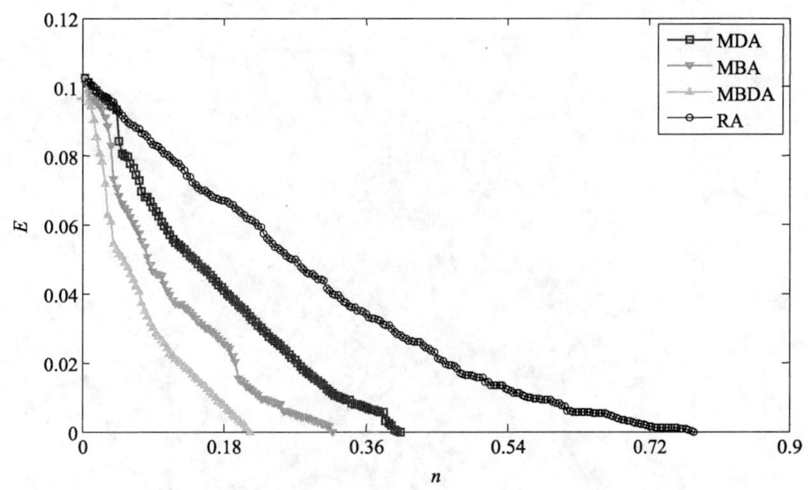

图6-23 攻击策略不同对应 E 值变化情况(北京地铁网络)

(3)选取的三种蓄意攻击策略也呈现出不同的特征,其中MDA攻击曲线下降速率是三种蓄意攻击策略中最缓和的,这说明相比MBA和MDBA,基于度的攻击对网络连通性的损害最小。MBA攻击策略对地铁网络的连通性的影响大于MDA,这说明了介数值大的点比度值大的点对网络连通性的影响更大。所有的攻击中,对网络连通性损害最大的是MDBA,而不是介于MDA和MBA之间。度只能表示节点与节点之间的联系,介数只能表示通过节点的最短路径个数,而度与节点相结合,能够表示这两种网络结构的特征,提升节点在网络中的重要性。因此,在实际运营管理中,不能只关注节点度大的地铁站点,也不能只关注介数大的地铁站点,更应该关注度和介数结合最大的地铁站点。

6.3.3 北京市公交网络分析

1)北京市公交网络建模

选取截至2013年的北京市部分公交网络作为研究对象,共有336条线路,3338个公交站点。图6-24为北京市公交网络结构图。

北京公交系统客运量非常大,依据北京市交通委发布的统计数据可得,北京在2013年全年公共交通客运量为92.7亿人次,其中,公共电汽车(含郊区客运)客运量57亿人次,轨道交通客运量32.1亿人次,北京市有46%的居民选择乘坐公共交通出行。因此对北京市公交网络的可靠性研究具有很重要的意义,对公交网络的研究也与地铁网络一致,重点从公交网络、拓扑结构的角度考虑，研究公交站点受到攻击后，对整个网络连通性造成的影响。

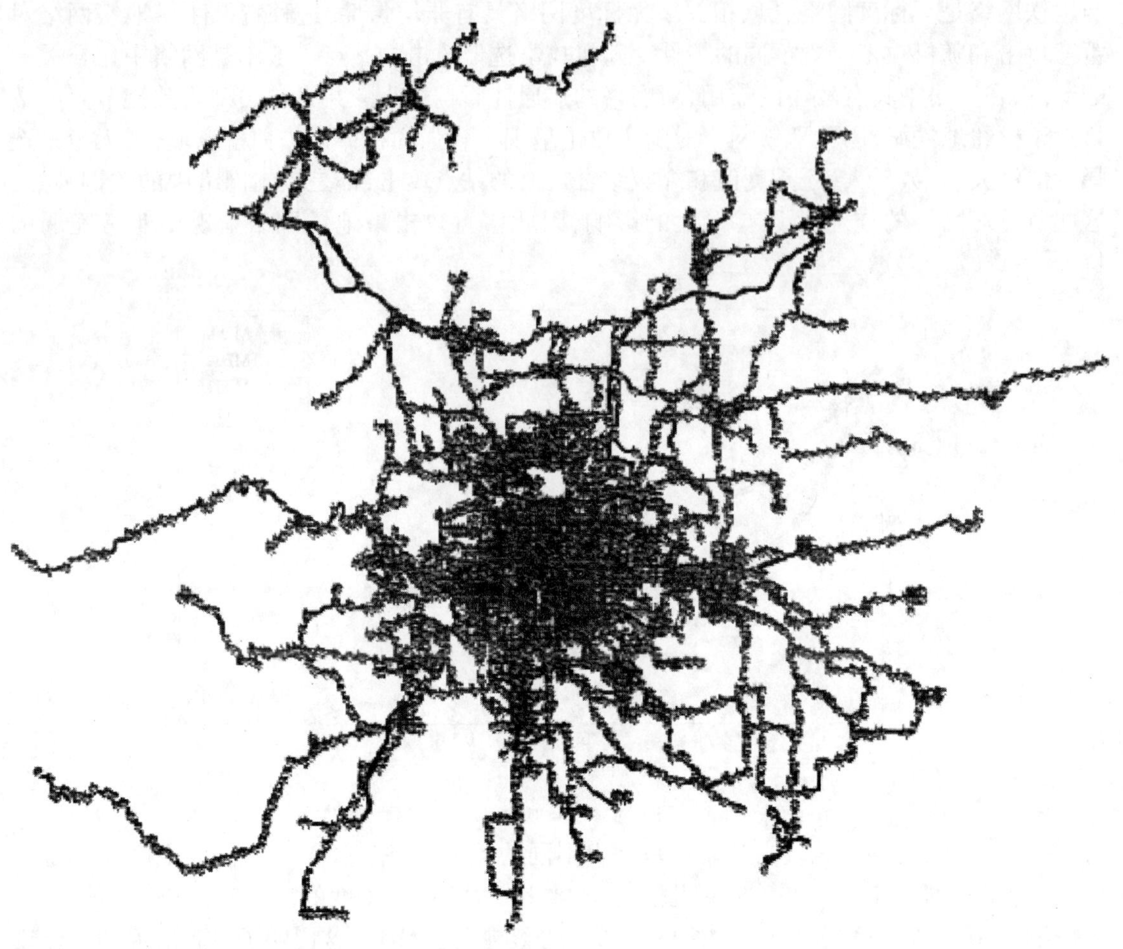

图 6-24　北京市公交网络结构图

首先对公交网络的特征进行了分析，主要包括以下特点：

(1)北京公交站点数量很大，公交网络整体规模庞大，在复杂网络建模时，需要应用 Pajek复杂网络软件。

(2)北京公交线路分多种运营方式，有的线路是站站停，有的线路则是大站快车，有的线路上下行经过的站点不完全一致。例如 438 线路，首先是属于大站快车，站间距较大，其次，438 路上下行的公交站点不一致。图 6-25 为 438 路上下行车站情况，可以清楚地看出上下行车站个数以及站名都存在很大的差别。基于此情况，在北京公交网络建模时将公交网络视为有向网络。

利用 Space L 方法建模，能够直观地表现公交网络的拓扑结构：

(1)将公交站点视为复杂网络节点，尽管存在部分公交站点有多个站点，在研究中仍将多个相同名称的站点视为同一站点。

(2)如果两个站点之前有一条公交线路通过，而且两个站点相邻，那么认为这两个站点之间有边联系，即为北京公交复杂网络中的边。我们将北京市公交网络进行有向处理，得到公交网络的邻接矩阵 $D=(d_{ij})_{3338\times3338}$，当站点 i 可以直达站点 j，且站点 i 和站点 j 是相邻站点，那么 $d_{ij}=1$；否则 $d_{ij}=0$。

(3)如果两个站点之间存在公交线路通过，但是这两个公交站点不是相邻站点，那么这两个公交站之间不存在边。

北京438路公交线路(西直门北—永丰公交场站 (06:00-22:00))　共31站

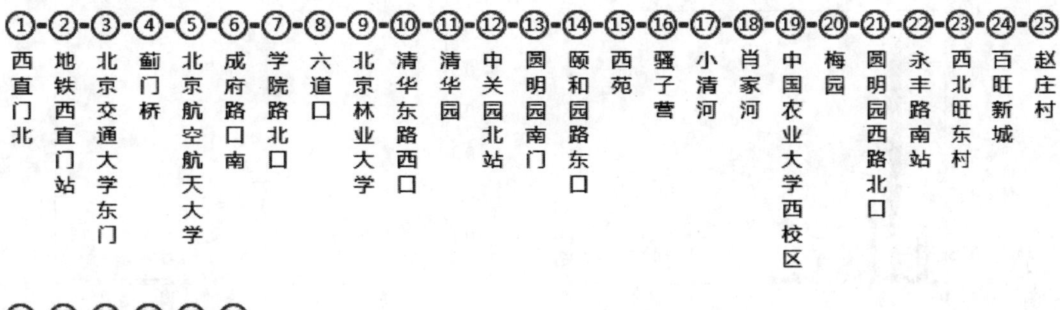

㉖丰滢路口北
㉗丰贤路口南
㉘永丰路北站
㉙大牛坊南口
㉚丰润中路
㉛永丰公交场站

北京438路公交线路(永丰公交场站—西直门北 (06:00-22:00))　共29站

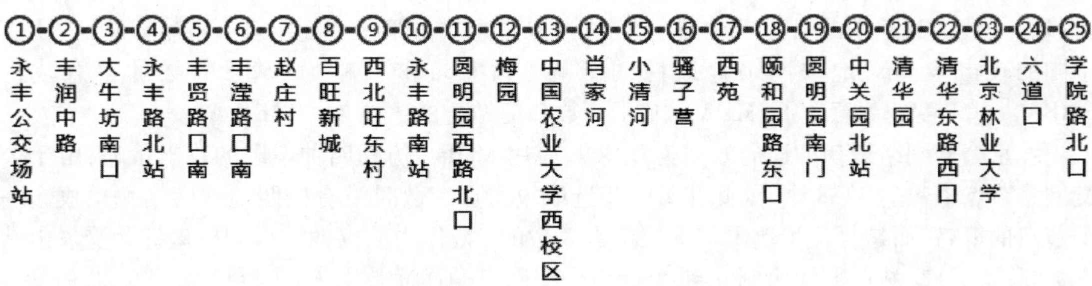

㉖成府路口南
㉗北京航空航天大学
㉘蓟门桥南
㉙西直门北

图6-25　438路公交车站情况

2)北京市公交网络复杂性研究

对北京市公交复杂网络的复杂性进行研究，主要选取度及度的分布指标。与地铁网络类似,利用公交网络邻接矩阵 $D=(d_{ij})_{3338\times3338}$ 和第 2 章介绍的度的计算方法,利用 Matlab 计算得到每一个公交站点的度值。每一个站点的度值对研究并没有太大的指导意义,对结果进行统计,得到度的分布,如图 6-26 所示。

由图 6-26 可得,北京公交网络最大的度值为 30,最小的度值为 1,度值为 4 的站点数目最大,达总站点数目的 40% 以上,度值大于 10 的节点占总站点数的 7.5%,这说明了北京公交网络也存在节点度值大的站点占有比例小,节点度值较小的站点占有比例大的特征。为了更明确地研究北京公交网络的复杂特征,对其度分布进行拟合,结果如图 6-27 所示。

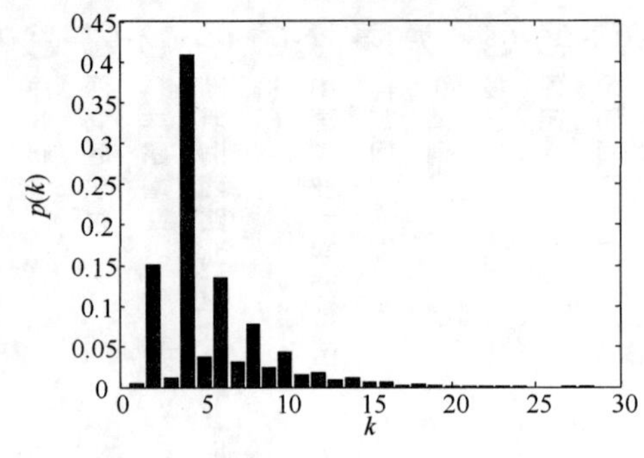

图 6-26 度分布图

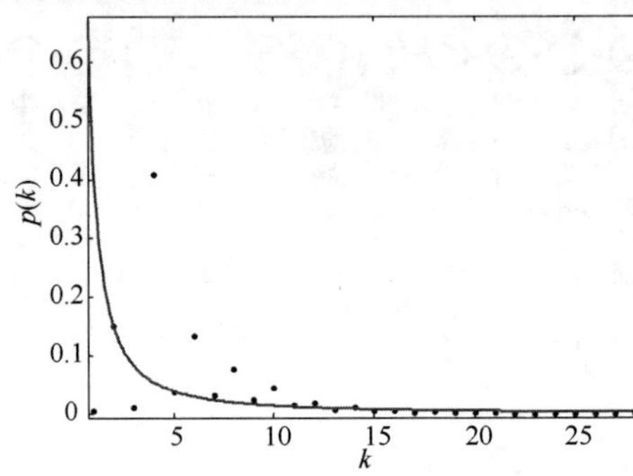

图 6-27 度分布拟合

由图 6-27 可知,北京公交网络度分布的规律非常符合幂律分布曲线。拟合公式如下:

$$p(k)=0.4218k^{-1.476} \tag{6-15}$$

北京公交网络属于无标度网络,具有明显无标度特征。

3)北京市公交网络连通性研究

选取连通效率来判断北京公交网络受攻击后连通性变化的情况,连通效率公式与式(6-13)一致。与地铁网络分析时相同,同样选取蓄意攻击策略和随机攻击策略(RA)去研究不同的攻击策略对地铁网络连通性的影响。蓄意攻击策略为:基于介数的蓄意攻击(MBA)、基于度的蓄意攻击(MDA)、基于介数和度结合的蓄意攻击(MBDA)。

北京公交网络最初的连通效率为 0.069,应用 Matlab 仿真四种不同的攻击策略,由于公交网络节点个数达 3338 个,因此在每一步选取攻击点个数时没有按照地铁网络每次攻击一个节点的策略,而是每一步攻击都选取节点总数的 5% 作为节点数。得到横坐标为受攻击站点数目占总公交站点数的比例 n、纵坐标为公交网络的连通效率 E 的曲线,如图 6-28 所示。

由图 6-28 可总结出以下结论:

(1)对于所有的攻击策略,与地铁网络一致,都呈现出随着攻击节点数增加,网络连通效率逐渐降低的规律。

(2)蓄意攻击比随机攻击对公交网络的连通性的影响更大,这与地铁网络仿真结果一致。并且随机攻击的曲线变化情况与蓄意攻击三条曲线变化情况不同。随机攻击曲线在开始攻击时,下降速率较为缓和,在攻击数目达到 20% 之后,下降速率变大,而攻击节点数达到 40% 后,又以较缓的速率下降到零。对于蓄意攻击,尽管三条曲线的波动情况不完全一致,但观察规律可得,三条曲线都表现出攻击开始时,曲线下降速率较大,当攻击点数达到一定数目时,曲线的下降速率就会变换直到连通效率等于 0。随机攻击曲线中,当攻击点数达到 50% 时,公交网络完全不连通,而对于蓄意攻击,当受攻击点数小于 40% 时,连通效率就都已经为零。分析原因，可能是由于公交网络尽管节点个数很多，但是关键节点的数目却很少，因此随机攻击时，刚开始攻击到关键节点的可能性很小，网络会呈现出较强的鲁棒性，而当攻击节点超过20%时，网络整体连通效能就会降低。对于蓄意攻击来说，攻击开始时，最先攻击的就是网络中最关键的节点，因此网络的连通效率就会下降非常快，而攻击到一定程度时，攻击的点数逐渐变为非关键节点，连通效率值下降就会变缓。

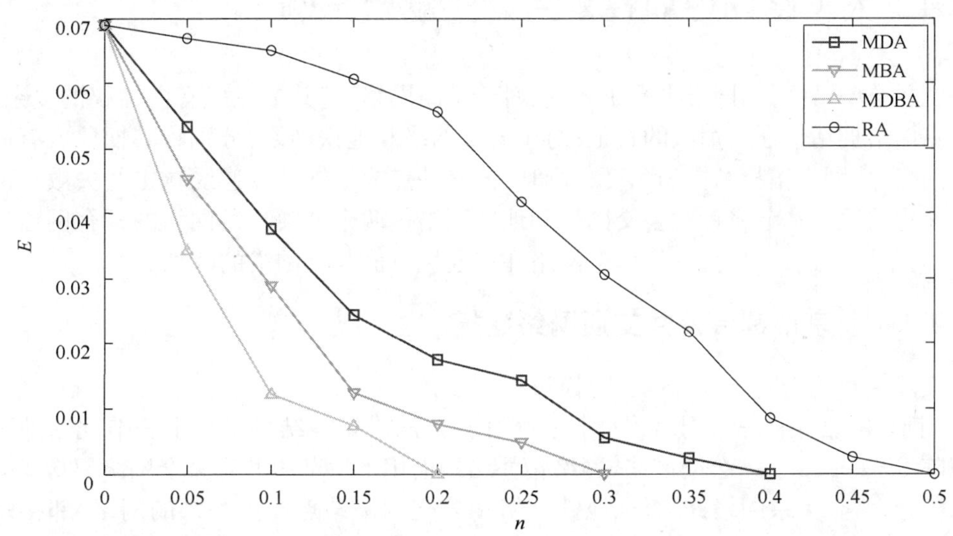

图6-28　攻击策略不同对应 E 值变化情况(北京公交网络)

(3)蓄意攻击中，三种攻击策略结果不同。与地铁网络受攻击呈现的整体趋势一致，三种攻击策略对连通性影响程度由大到小排名：MDBA > MBA > MDA。MDBA 在第一步攻击时($n=5\%$)，连通效率就下降到最初的1/2，当攻击节点数达到20%时，连通效率等于0，这说明了 MDBA 攻击对公交网络具有致命性的摧毁。对于 MBA，当攻击节点数达到30%时，网络会失效，这是由于介数直接与网络的连通效率有关。对于 MDA，攻击节点数只有达到40%时，网络才会失效，曲线整体变化比较顺畅，这说明度相比介数对网络连通性能的重要性较低。上述分析对日常公交运营管理具有一定的指导意义，即对于介数和度结合值较大的公交站点要给予较强的监控措施和应急措施。

(4)将北京市地铁网络和公交网络受攻击后的情况进行对比分析，发现北京地铁网络的连通抗毁性优于公交网络，具体体现在以下几点。首先，地铁网络初始连通效率高于公交网络。其次，对于随机攻击来说，地铁网络被攻击节点数比例高于70%时，连通效率才会等于零，而公交网络连通效率为零对应的被攻击节点数比例等于50%。这说明针对随机攻击，北京地铁网络比公交网络更具有鲁棒性。最后，对于蓄意攻击来说，公交网络和地铁网络在三种不同的攻击方式下，网络全部不连通对应的失效节点比例相差不多，这说明了这两个网络对蓄意攻击都呈现出脆弱性。这与公交网络和地铁网络都呈现无标度网络的特性有关。

本节主要针对单网络进行案例分析，选择了北京市六里桥区域道路网络、北京市地铁网络以及北京市公交网络进行仿真。针对六里桥区域道路网络，将网络建模成为有向性以及加权性的复杂网络，然后从四个角度去仿真模拟不同参数的变化下，拥堵传播与消散的特征。针对北京市地铁网络和公交网络，将其构建成为有向无权网络，专门针对不同的攻击策略进行仿真，观察网络的连通效率的变化情况，最后得到北京市地铁网络与公交网络都呈现无标度网络的特征，蓄意攻击的策略较随机攻击策略导致网络拥堵传播的规模更大、速率更快。

6.4 大型路网可靠性复合网络耦合案例

在上一节中，针对单网络进行了研究，对于道路网络，将其抽象成有向加权的复杂网络，研究道路网络拥堵传播与消散的特征；对于公交网络和地铁网络，分别将其抽象成有向无权的复杂网络，从网络拓扑结构的角度，去研究公交站点或地铁站点遭受攻击并失效后网络连通性的变化情况。本节将针对公交网络和地铁网络这两个公共交通网络的耦合网络进行研究，并且与单网络进行对比，分析耦合网络在连通性方面与单网络的区别。

6.4.1 北京市耦合公共交通网络建模

公交网络和地铁网络进行耦合建模过程如下：

(1)耦合网络存在三个网络，分别是地铁网络，网络拓扑结构沿用上一节北京地铁网络邻接矩阵 $C=(c_{ij})_{236\times236}$；公交网络，网络拓扑结构沿用上一节中北京公交网络邻接矩阵 $D=(d_{ij})_{3338\times3338}$；耦合关系网络，即表征地铁网络和公交网络站点连接关系的网络，邻接矩阵为 $G=(g_{cd})_{236\times3338}$。

(2)耦合关系网络主要为了表征地铁网络中地铁站点和公交网络公交站点的连接关系。地铁站周边一般有多个公交车站，那么如何确定哪个公交车站与地铁车站具有连接关系是一个重要的问题，而这与地铁站点与公交站点之间的距离有关。在工程设计规范中，地铁车站与公交车站的衔接距离要求如表 6-2 所示。

由于实际建设情况并不能够达到地铁周边公交距离在 200m 以内，根据实际的公交网络数据，对相邻公交车站的站间距求平均值 $\overline{L}$。我们将 $\overline{L}/2$ 作为地铁站转乘公交站辐射范围半径，利用百度地图判断某一地铁站 c 与某些公交车站 d 的连接关系，如果地铁站点与周边的公交站点距离小于等于 $\overline{L}/2$，那么地铁站点与公交站点存在联系，$g_{cd}=1$；否则，$g_{cd}=0$。地铁网络、公交网络和耦合关系网络的示意图如图 6-29 所示。

地铁车站与公交车站相互衔接距离　　表 6-2

换乘衔接方式		步行距离(m)	备　注
公交车站	顺向线路	>50，<150	城市快速路与主干道(含以上)相交或有立交桥的路口，按垂直线路对待
	垂直线路 *	<200	顺向至路口需左转的公交线路，按垂直线路对待

注：步行平均速度：通勤出行客流为 4km/h(66.7m/min)；休闲性客流为 3km/h(50m/min)，以此计算出适宜的换乘时间。

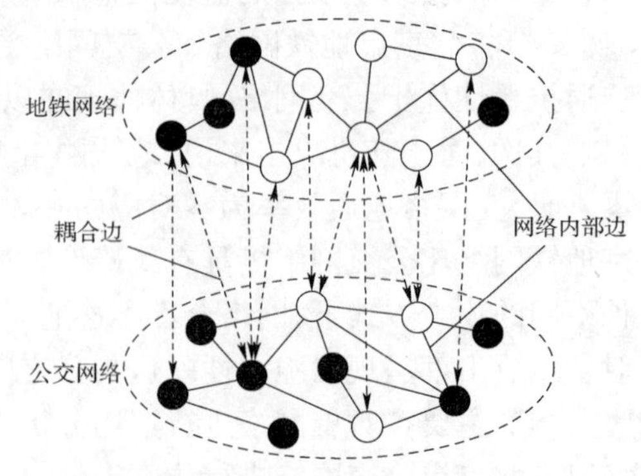

图 6-29 地铁与公交耦合网络图

6.4.2　北京市耦合公共交通网络复杂性研究

我们针对耦合公共交通网络的复杂性进行研究，类似单网络的研究思路，选取度与度的分布进行研究。图 6-30 是耦合公共交通网络节点度的分布图。

由图 6-30 可得，度最大值为 35，度的最小值为 1。当度值等于 4 时，节点个数最多，约占总节点个数的 38.3%。度值大于 10 的节点占总节点个数的9.9%，表现出明显的无标度特征，即节点度值大的节点占比较少。为了更准确地研究耦合公共交通网络的度分布特征，对其进行拟合，拟合曲线如图 6-31 所示。

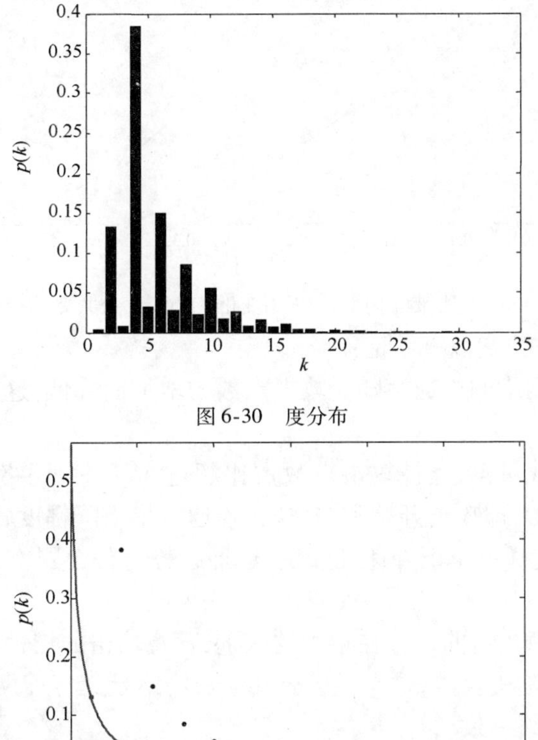

图 6-30　度分布

图 6-31　度分布拟合

由图 6-31 可得拟合曲线服从幂律分布，公式如下：

$$p(k) = 0.3486x^{-1.397} \tag{6-16}$$

通过上述分析可得，耦合公共交通网络与单网络一样，度分布服从幂律分布，符合无标度网络的特征，为无标度网络。

6.4.3　北京市耦合公共交通网络连通性研究

本节我们将针对公交网络和地铁网络耦合的公共交通网络进行研究，并且与上一节中的公交网络、地铁网络分别进行对比，分析耦合公共交通网络在连通性方面与单网络的区别。耦合公共交通网络的研究思路与地铁网络、公交网络研究思路一致，利用连通效率作为描述网络连通性的指标,参考式(6-13),并且分析不同攻击策略对网络连通性的影响,选取的攻击策略有:随机攻击(RA)和蓄意攻击。蓄意攻击包括:基于介数的蓄意攻击(MBA)、基于度的蓄意攻击(MDA)和基于介数和度结合的蓄意攻击(MBDA)。

通过连通效率公式(6-13)计算得到北京耦合公共交通网络初始连通效率等于0.074,应用Matlab仿真模拟四种攻击策略网络连通性变化情况,结果如图6-32所示。

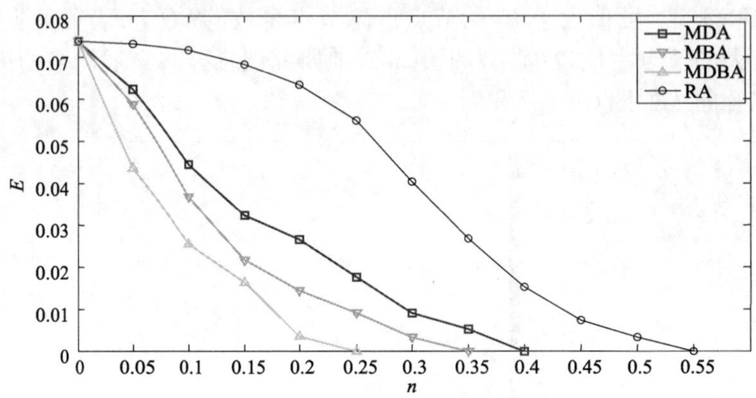

图6-32 攻击策略不同对应 E 值变化情况(耦合公共交通网络)

由图6-32分析可以得到以下结论:

(1)耦合公共交通网络的连通性随受攻击点数的增加而降低,这与公交网络和地铁网络趋势一致。

(2)由随机攻击曲线可得,当被攻击点数占比超过55%时,网络完全不连通,并且曲线变化波动情况呈现"S"形,即攻击开始和结尾时,连通效率下降幅度较低,当被攻击点数处于20%~40%时,网络的连通效率下降速度较快,这种趋势与公交网络在随机攻击策略下的连通效率变化情况一致。

(3)随机攻击和蓄意攻击曲线存在很大的区别,蓄意攻击的三种策略对耦合公共交通网络连通性的损害都大于随机攻击,这与耦合公共交通网络是无标度网络有关,分析思路和原因与公交网络和地铁网络一致。

(4)蓄意攻击曲线整体具有连通效率下降速率由大变小的规律,这与公交网络表现出的情况一致,原因也是由于蓄意攻击选取的点是网络中关键节点,对网络的连通性起着决定性的作用,因此蓄意攻击在开始攻击时,网络连通性降低得很快,到了结尾阶段,网络中剩余的点都是不关键节点,因此连通效率下降速度变缓。

(5)三种蓄意攻击策略的曲线存在不同。MDA、MBA和MDBA三种攻击策略下,网络完全不连通对应的 n 值分别为:0.4、0.35、0.25。MDBA攻击策略对耦合公共交通网络的连通性影响最大,超过了MDA和MBA。与地铁网络、公交网络一样,说明度和介数结合值较大的点对网络连通性起着关键的作用。

6.4.4 北京市耦合公共交通网络与公交网络、地铁网络对比分析

北京市耦合公共交通网络与北京市公交网络、地铁网络的研究思路一致,三种网络全部都抽象成为有向无权网络,我们对北京市耦合公共交通网络、北京公交网络以及北京地铁网

络复杂特征进行对比分析。如图 6-33 所示。

由图 6-33 可得，三种网络的度分布不同，其中北京市耦合公共交通网络与北京公交网络的度分布曲线特征相近，而与北京市地铁网络的度分布曲线差别比较大。分析其原因，可能与地铁网络节点数（236 个）较少有关。

耦合公共交通网络与公交网络相比，度分布的范围较大，并且对于耦合公共交通网络，度值大于 10 的节点占总节点个数的 9.9%，而公交网络度值大于 10 的节点个数占总站点数的比例为 7.5%，这说明由于地铁网络的增加，使得北京公共交通网络分布更为均衡，对网络结构有一定的改善。

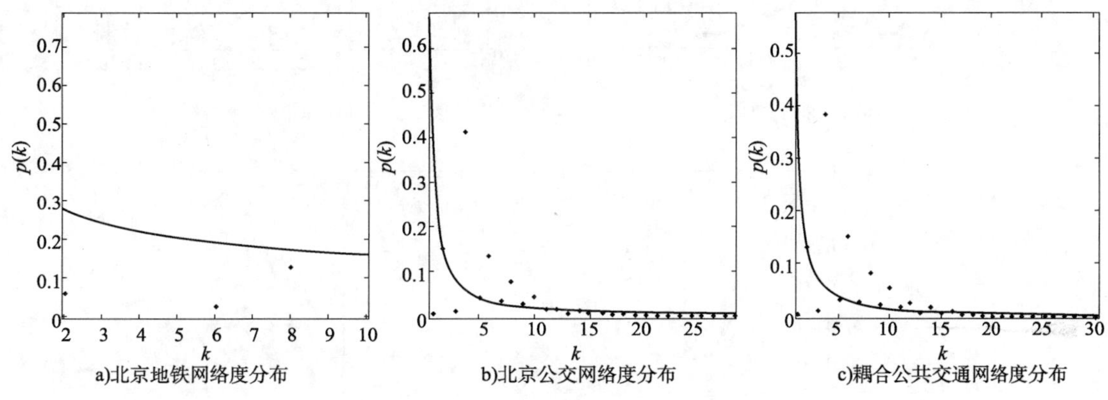

图 6-33　交通复杂网络度分布

针对北京市地铁网络、北京市公交网络、北京市耦合公共交通网络三种网络在不同攻击策略情况下连通效率的变化情况，如图 6-34 所示。

（1）三个网络的变化情况具有相同特征：

被攻击路段数增加时，网络连通效率均呈现下降的趋势。四种攻击策略对应的曲线不同，蓄意攻击的影响较随机攻击大。

（2）三个网络的变化情况存在以下区别：

首先，三种网络的初始连通效率值不同，北京市地铁网络初始连通效率值最大，北京市耦合公共交通网络次之，北京市公交网络初始连通效率值最小。

其次，对于随机攻击曲线来说，地铁网络对应的曲线下降速率由大到小，而公交网络和耦合公共交通网络的随机攻击曲线均呈现类似“S”形曲线的特征，曲线下降开始较缓，随后下降速率加快，到尾端下降速率又开始变缓。

最后，耦合公共交通网络受攻击后的整体变化情况与公交网络一致，但是比公交网络抗毁性强，表现在以下两点：对于随机攻击策略来说，耦合公共交通网络完全不连通对应的失效点数为 55%，而公交网络相对于的值为 50%；对于蓄意攻击策略来说，耦合公共交通网络在 MDA 和 MBDA 攻击下，连通效率为零时对应的受攻击点数占比大于公交网络。

本节主要针对复合网络耦合的情况进行案例研究，选取的是北京地铁网络和公交网络的耦合公共交通网络，对其进行有向无权建模。仿真结果表明耦合公共交通网络也表现出较明显的无标度网络特征，对于蓄意攻击的抗毁性较差，表明蓄意攻击在现实中引起网络拥堵传播的范围广、传播速度快。这与公交单网络、地铁单网络结果类似,但是耦合公共交通网络在相同比例的节点发生拥堵失效后,拥堵传播的规模与速率都比公交网络小。

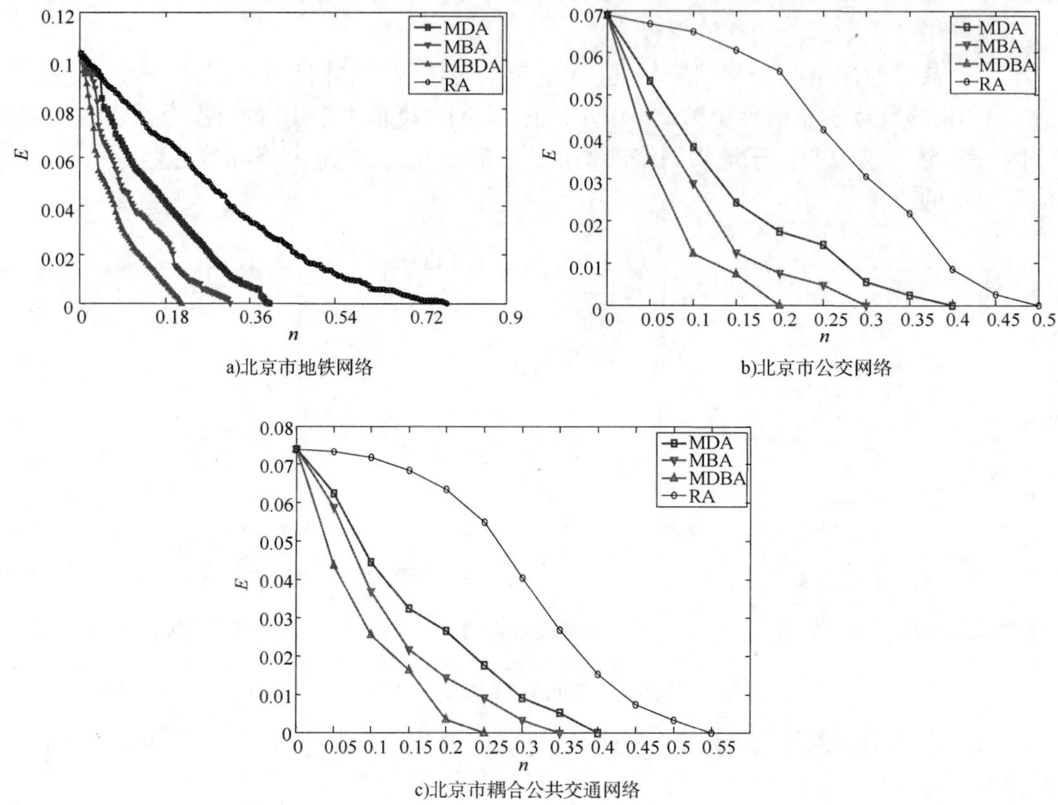

图 6-34　交通复杂网络不同攻击策略情况下连通效率的变化情况

本章参考文献

[1] Pisarski A E. Summary and recommendations of the Workshop on National Urban Congestion Monitoring[J]. Traffic Congestion, 1990.

[2] Wright C, Roberg P. The conceptual structure of traffic jams[J]. Transport Policy, 1998, 5(1): 23-35.

[3] 谈晓洁, 周晶, 盛昭瀚. 城市交通拥挤特征及疏导决策分析[J]. 管理工程学报, 2003, 17(1): 56-60.

[4] Kaneko K. Propagation of disturbance, co-moving Lyapunov exponent and path summation [J]. Physics Letters A, 1992, 170(3): 210-216.

[5] 杨维明. 时空混沌和耦合映象格子[M]. 上海: 上海科技教育出版社, 1994.

[6] 王志斌, 胡岗. 二维均匀耦合映象格子中的时空周期图案[J]. 物理学报, 2001, 50(9): 1666-1669.

[7] Zhang J, Xu X, Hong L, et al. Networked analysis of the Shanghai subway network, in China[J]. Physica A Statistical Mechanics & Its Applications, 2011, 390(23): 4562-4570.

第 7 章　基于路网可靠性的交通瓶颈识别

7.1　城市路网动态交通瓶颈

交通瓶颈问题的研究较为正式地被提出可以追溯到美国 American Highway Users Alliance 发布的题为《良性的战略:为我们有效疏通主干道路瓶颈》的研究报告,该报告对美国最严重的交通瓶颈集中进行了分析,并将这些瓶颈归结为产生交通阻塞的重要原因。在后续《疏通美国的大动脉:公路网络瓶颈的有效缓解》的研究报告中,分析了五年内交通情况的变化,认为对于整体而言对关键节点的改善对于解决交通拥堵问题是"必要且可行的"。由此,交通领域的学者开始纷纷注意到对交通瓶颈的相关建模与实践的研究。

已有的相关经典研究中,针对微观瓶颈,学者对交通瓶颈处典型车流特性与交通行为进行了一系列分析。1992 年,Vaughan. R. 、V. F. Hurdle 团队及 Gazis、Hennan 与 Newell 团队开始对道路拥堵识别和微观瓶颈形成机理的雏形展开了观察和讨论。这两大研究团队分别在道路拥挤的交通流参数判别、移动瓶颈模型的建立方面对瓶颈的微观形成机理做出了诸多开创性的阐述[1,2]。随后,代表性的进展是 1997 年由 Daganzo 等开辟了微观瓶颈领域研究的一大分支——车辆到达曲线,在此后的微观建模中得到了广泛的使用[3]。后续的研究如 2005 年由 Daganzo、Laval 等共同研究了道路汇合处瓶颈的交通特性[4]。上述的这些研究主要侧重分析了瓶颈处的微观特性,研究了微观瓶颈和交通流参数、交通拥堵的关系,从微观瓶颈形成的理论上建立了相关的理论模型与相应的数学表达方式。

我国学者针对城市交通瓶颈的判定进行了一系列尝试和应用性的研究,主要的理论包括城市交通拥堵、阻塞动力学交通流模型、虚拟节点与模糊条件下的路网配流等,研究的主要方法包括网络配流与动态仿真等,其中配流方法主要采用的是静态数据,对交通状态动态的分析相对缺乏[5,6]。

2013 年,Seoungbum Kim 和 Benjamin Coifman 研究探讨在高速公路的瓶颈附近的交通行为[7],研究重新审视了普遍持有的假设和发现的系统偏差,发现在容量下降时可能形成扭曲的实证研究的瓶颈和基本关系(FR),文章基于仿真的研究探讨了一个匝道瓶颈使用低阶的跟车模型,对添加驾驶人松弛因子控制车辆进入或即时进入车辆这两种控制方法进行了对比,结论中,系统性偏差证明了在低流量条件下,传统的 FR 识别出的瓶颈模型是错误的。这一发现颠覆了传统微观识别瓶颈的实验方法,但依然主要集中在路段的识别上。对于高速公路方面的相关研究还有很多,Shen Zhang,Hua Wang 等集中探讨了在时间和空间上的交通状态演化对促进高速公路建模的意义[8]。文章基于双回路探测器的采集数据建立了一套统一和全面的交通状态的评价体系。然而,来自环路的数据的多影响因素导致联合效应测量复杂,数据来源受到影响,并且由于该研究目的和目标的评价本质上是在交通条件的影响下对不同的利益相关者的一种表达,因此这样的评价过程和结果必须满足所有利益相关者的利益,在其研究中主要介绍了一种基于数据包络分析(DEA)和层次分析法(AHP)的使用线圈数据的新的混合方法。该方法设计引出了一个在多个性能指标综合下全面的交通条件评价方法,即可利用环路的数据评估每个交通状况的频率,进而评估每个高速公路路段的交通条件相对于其他路段的相对数值,同时通过与其他路段的效用差距来识别最大效用的路段(交通瓶颈)。随后该方法还介绍了一种涉及各种利益相关者的偏好结合的机制,以保证评价结果反映他们的整体目标。该研究特别强调了除环探测器外,需要在未来着眼于对其他固定或浮动检测基础设施(如自动车辆定位系统)的研究。此外,各种潜在的重要指标,如斜坡延时、事故率、事件的持续时间等,应与一个更全面的线圈数据一起使用评价来进行瓶颈识别。

Yuki Hino,Takashi Nagatani 等则在 2014 年进一步强调了真实的城市交通网络中存在瓶颈,且实际上正是频繁的瓶颈导致了交通拥堵。通常,驾驶人试图通过瓶颈实时信息的使用来避免拥塞的路径的选择,这也强调了旅行者知晓旅行时间与瓶颈效应的重要性和必要性。文献探讨了两个路径下,面对交通瓶颈时驾驶人使用的旅行时间信息的反馈进行的路径选择,研究考虑了旅行者因不想经历交通堵塞或阻塞而产生的成本,并针对这种变化的交通堵塞和瓶颈与路径选择的以下两种可能关系进行了开拓性探讨:一是由于原来固有的瓶颈产生的影响,二是由于用户多元行为下选择的相互作用引起的新的诱发性瓶颈的拥堵。该模型拓展了沃勒等人提出的原有规划模型,采取了考虑到路由的瓶颈的定义与识别方法。研究从经济成本角度阐述了瓶颈之间的用户选择与竞争很大程度上取决于交通行为的变化、拥堵和驾驶人避免堵塞的心理与行为等非交通流因素。研究调查模型中分情况模拟探究了在不同时间段、不通过地区各类型发生交通堵塞的瓶颈,证实了路径选择中的交通行为的瓶颈效应,其结果进一步解释了从动态振荡性交通拥堵过渡到静止性交通拥堵的过程[9]。

其他相关的研究包括:Zuduo Zheng 等在 2011 年阐述的小波变换(WT)能力分析在拥挤的交通瓶颈激活和流量振荡的相关特征在一个系统的方式[10]。特别是,从高速公路线圈检测器的数据分析表明,基于能量可以有效地识别一个位置,即利用小波活跃的瓶颈,在每个上游传感器位置所产生的队列的到达时间,即开始和结束的一个过渡队列的发病过程。车辆轨迹还分析了基于小波能量的个体车辆可以有效地检测出减速波的起源和揭示的可能触发(如变道)。振荡的时空传播通过跟踪车辆来分析其基础能量峰小波识别振荡的幅度、持续时间和强度。利用实时交通数据,采用小波分析法演示了分析的重要特征相关的重量的能力在一个系统的和可重复的方式的瓶颈激活和流量振荡。特别是,分析从高速公路线圈检测器得到的数据表明,基于能量可以有效地识别活性位置的小波在每个上游传感器位置的瓶颈和产生的队列的到达时间。该分析还检验出该方法能在更复杂的情况下,有效地标示多个瓶颈。此外,基于能量的小波模型清楚地揭示瓶颈拥堵的开始和结束的过渡过程。

2010 年以来,结合复杂网络进行拥堵识别成为新趋势。相关研究中具代表性的有拥塞的生成传播和交通流与网络拓扑关系,如基于交通流传播的方法。Huijun Sun 等在 2014 年研究了在不同的交通拥塞和瓶颈的时间和空间分布特征网络的拓扑结构[11],研究的仿真结果表明,随机网络优化交通结构中的交通拥塞小于其他类型的网络。同时,常规的网络拓扑结构是最糟糕的即最容易被拥挤的。此外,研究也证明了网络对交通系统、交通拥堵瓶颈及其生成的群落结构、传播—空间复杂度和时间复杂度等的影响。

复杂网络瓶颈的一般定义中,值得借鉴的是复杂网络中的关键节点定义的经典描述,也被学者们称为某特定复杂网络的“阿喀琉斯之踵”(Achilles'Heel),原指史诗英雄阿喀琉斯的脚跟,这是阿喀琉斯唯一一个没有浸入神水的地方,却也因其是大英雄全身的唯一不起眼而致命的弱点导致其后来在战争中中箭致命。该比喻其实正从本质上经典形象地暗合了复杂网络系统研究中对瓶颈点的定义。尤其是,对于一定可靠性下的复杂的交通网络进行分析时,关键节点重要特征的衡量及其在网络中的特殊性质与地位需要进行特殊建模。研究表明,节点某些基本参数特征的显著性可以作为该点某个方面的重要性测度,然而这并非是网络瓶颈点的充要条件。复杂网路中的关键节点(也即网络的瓶颈)往往是那些对网络整体有着全局中牵一发而动全身的重要作用的“全局瓶颈点”。在时域网络的描述和研究中,相对于孤立特征/静态特征显著的瓶颈点,全局关联/动态特征存在显著特点的瓶颈点正逐渐成为更值得关注和认知的瓶颈点。

交通瓶颈的定义及其判别是相生相成的两个研究分支。道路网络可靠性研究一般包括了四大领域:概念框架,解释或措施,模型评估,模拟案例研究。复杂网络瓶颈点的原始定义涉及的范围广泛,往往从复杂的网络、连接、风险、关键基础设施、冲击传播和最近的弹性策略等角度出发进行定义。复杂网络相关的脆弱性概念,主要针对静态和动态鲁棒性,比较典型的是通信网络中的级联失效[13]。复杂网络的连通性脆弱性概念,主要用于分析拓扑结构和功能特征。复杂交通网络关注的是对整体交通流的影响[14]。与风险相关的脆弱性概念,定义运输系统的脆弱性为“社会运输系统中断和退化的风险”发生的概率及其后果,以及网络参数面对突如其来袭击的自我修复功能[15]。

城市交通网络的瓶颈可定义为:一类对交通复杂网络整体性能具有影响的特殊的点集(包括节点集合、聚集组团和路径等),其在网络整体可靠性(及其他特性性质)的演化过程中,在静态和动态、网络局部视角或网络整体级联等角度相应指标衡量体系下,具有突出的表现。

7.2 基于路网可靠性的交通瓶颈识别方法

7.2.1 复杂网络关键节点研究

近年来,交通领域的复杂网络节点重要性程度和瓶颈点识别的相关研究主要集中在交通网络拥塞的控制,由于网络拥塞甚至可以导致整个网络陷入瘫痪状态,如何控制这些大型枢纽中心的交通流量,避免大规模车辆拥堵也是复杂网络中的热门研究方向。国内学者在交通网络拥塞控制和识别的相关领域的研究主要集中在交叉口信号控制和交通网络抗毁性等方面。

关于网络中不同的节点所具有不同重要度的建模和研究,至今为止大部分有关复杂网络关键节点的挖掘工作都是围绕图论展开。国外有代表性的研究成果包括 CoHey 等人提出的节点最短路径相关的测度指标方法等[16]。国内的研究中,2006 年谭跃进教授等人提出节点收缩方法[17],该方法在原有基础上改进复杂网络中的重要节点识别技术,较好地克服了节点删除法的不足,经过检验,其适用于分析较大规模的复杂网络。后续研究中的代表性成果,如在王延庆[18]以及吕天阳[19]等人研究中,主要增加了对网络负载因素的考虑,使得复杂网络研究逐渐与流量模拟相结合。

近年来,综合结国内外城市交通复杂网络理论以及级联失效的研究,网络可靠性、拥堵与级联失效的研究更加深入,研究从理论到仿真不断完善。陈小兰等给出城市交通网络级联失效的算法步骤[20];引入阻塞程度和失效路段比例两个参数指标,结合网络平均距离、节点度分布以及簇系数来评价城市交通网络级联失效所引起的破坏程度并进行了相关仿真。曹娟等则引入了流量熵的概念解决交通网络脆弱性的优化问题,以旅行时间为度量,采用删除节点迭代算法求解了小型网络上的关键脆弱点[21]。其他研究集中在网络拥塞脆弱性的探讨。

7.2.2 网络脆弱性与动态可达性判据

随着网络可靠性以及数据挖掘技术的发展,涌现了更多的新的研究领域,其中代表性成果涉及大量的瓶颈识别,例如,公路的瓶颈的行为调查[7],在时间和空间上体现公路建模的意义和交通状态演化[22]。然而如前所述,对瓶颈识别算法的研究没有考虑整个网络的连通性和拥塞的传播特性的结合,衡量网络可靠性的识别测度缺乏进展。近年来复杂网络脆弱性的交叉研究以及交通网络可达性的应用研究成为新的研究热点(图7-1),也为交通瓶颈识别尤其是动态演化规律的获取方法提供了新的思路。

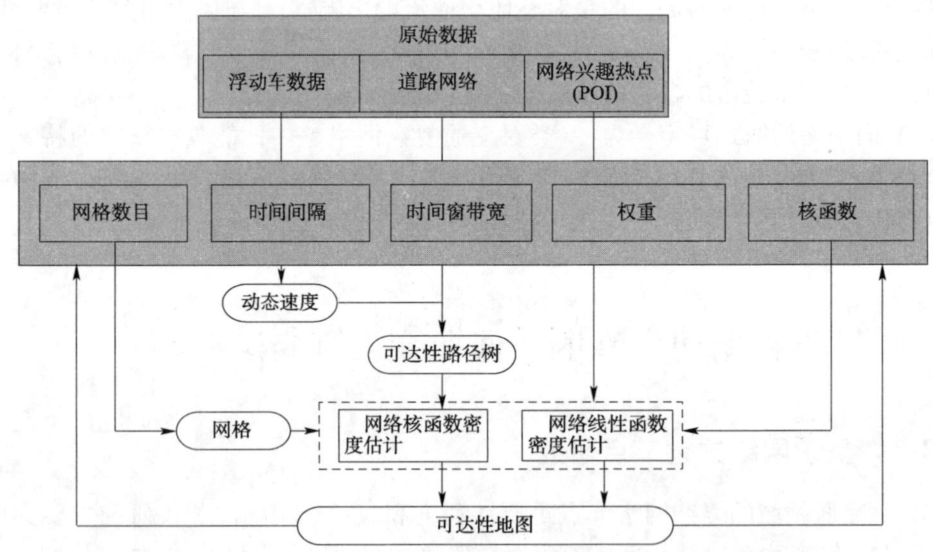

图7-1 最新研究进展方向:浮动车数据与道路网络结合瓶颈点进行可达性地图的可视化研究[23]

这些研究措施中,最近的研究提出了可以使用可达性指标来度量的脆弱性,尤其是利用可达性衡量标准来评估网络的脆弱性及网络演化的造成的可能影响,已经成为广泛使用的研究方法。可达性这一概念由Berdica、Eliasson,Taylor以及D'Este分别在其相关系列研究中提出,在交通网络可靠性第二国际研讨会上被正式列为议题集中介绍和引入[24,25]。随后,这一领域中的学者对可达性指标展现出的越来越大的研究兴趣,涌现出关于网络性能指标和脆弱性的一系列研究。其实可达性概念作为在交通和区域规划中一个不断被修订完善的经典概念,其基本定义首先是由Niemeier在1997年提出[26]:可达性是容易性,即可以达到目的地的通达程度。在特定情况下，这一广义的定义可以细化到明确包括其他相关因素如时间依赖性等因素的具体定义，如评估公共交通用户的可访问性水平，具体的定义可以为：公共交通工具的服务水平在一天或几天或每小时内的变化。Primerano F、Taylor 从交通运输角度给出的可达性定义为：在一个特定的时间使用某种方式下，运输工具作为人们参与活动的载体，能够从具体地点到目的地完成运输的方便程度[27]。类似地，从个人行为的角度，Chen 等人给出的可达性定义为：一个人自由参与环境活动的量化[28]。此外，在相关的定义研究中，例如对于偏远区域和农村地区的可达性，在基本定义基础上，细化研究中定义角度更侧重对道路所依赖的网络基础系统和设施，可达性表现为服务设施可以到达的容易程度。此外，在不同具体应用的研究领域中保持与可达性的广义定义一致的基础上，一些研究学者们提出了诸多派生的可达性概念作为研究中的具体指标。这些拓展促进可达性概念的不断完善，也从不同角度诠释了可达性这一综合性测度在网络、行为等领域中的独特理论优势。同时，随着广泛研究的不断深入，对可达性定义的基本理论追根溯源，相关的研究开始重新关注最初由韦伯 1976 年提出的一些依靠基本的逻辑规则来判断一个可达性测度的适用性的问题[29]。

值得注意的是，韦伯的经典规则可以排除广义成本本身的使用作为辅助指标，如增加值、成本意味着降低可达性，然而它可能仍然是比较接近“偏远性”等区域概念性指标的使用，适用于交通流量偏小的国外道路网络。对于我国大城市，将可达性用于交通拥挤的刻画，需要在此基础上进行进一步修正和重新定义（参见本书第 2 章）。

另外，值得关注的是，国外的相关最新研究中，目前较受瞩目的是集成的细胞传输模型（CTM）与宏观基本图（MFD）的新模型在城市网络上的相关研究。这些研究强调网络规模可以对交通仿真模型的计算性能产生显著的影响，在分析大型网络时，减少网络规模的方法是很有价值的，这就涉及网络宏观建模与局部分析的结合。相关研究中，概念的基础工作是将道路网络可分为两种类型的网络：第一层面包括道路，是仿照使用 CTM，第二层面是网络可以聚合成大的独立的细胞，同时也保持了 MFD 性能组件。实践中，Nikolas 等学者根据网络的需求，建立路易斯安那东南部的卡特丽娜飓风疏散事件为蓝本，结合使用 CTM 和 MFD，提出了 NFD（网络宏观基本图）的概念，并从事件的时间分布和速度的关键路线和目的地对所提出的模型进行了比较，根据观察到的数据规律，验证了所提出的模型和计算效率，提出了一种涉及疏散的案例研究。该模型能够真实地捕捉到所观察到的冲击波现象，并一定程度上再现疏散交通的时空特征。这种简单的方法有很大的潜力，提高计算效率的动态交通分配模型，特别是对那些大型网络和流程，同时确保交通动态模拟[30]。网络宏观基本图与仿真方法的提出是近年来刻画网络拥堵和交通动态演化方面的极大突破，尤其是从微观向中观、宏观连接跨越的一大步。然而需要指出的是，网络性能的模拟尤其是对拥堵的刻画一直是交通领域乃至复杂网络控制领域的巨大议题，无论方法本身程度完善与否，其仿真的复杂性和研究手段的适用程度需要在后续实践中反复修正。NFD 思路从客观上可以为瓶颈识别提供较大启发，但方法的适用性与成熟度有待进一步检验与考察。

纵观以上研究不难发现，目前对于交通网络瓶颈的研究，其定义和测度以及算法各个层面的系列研究都尚未统一。首先，从研究内容上，对交通瓶颈的定义亟待提出符合实际、可行有效的测度和判据；其次，从研究方法上，瓶颈识别主要集中在抽象网络如社群舆论和计算机等网络研究中算法的研究，而针对实体网络，尤其是交通运输网络这种承载信息相对独特、演化方式尚不能用简单模型抽象概括的复杂网络，研究成果相对缺乏，现有前沿的成果主要集中在生物领域。现有的一些交通研究中往往没有考虑整个网络的连通性和拥塞的传播特性的结合，衡量网络可靠性的鉴定缺乏进展，模型精度有待提升；从研究对象上，对于瓶颈的研究普遍侧重于微观，对于网络可靠性的度量则大多仅考虑宏观、均质网络，有必要对中观层面的加权异质网络进行集中研究与实例分析；描述可达性等考虑交通特性的研究中，对网络特性的建模又相对简略，现有研究偏向于基于 OD 和静态数据的出行行为，需要结合实际进行具体测度的改良优化。

因此，本章在已有城市区域交通网络拓扑和快速路浮动车数据基础上进行建模，综合使用最短路径法、可达性评价法和 MCL 动态迭代聚类方法，分别进行建模，最后对局部交通网络的演化特性进行实证分析。

7.3 交通瓶颈分析与实证数据基础

7.3.1 数据来源

交通数据采集在交通控制、管理以及智能交通系统的状态监测中具有重要意义，尤其在车流拥堵状态识别、交通拥挤的时空范围识别乃至网络交通综合模型建立的过程中，ITS 采集的数据是理论应用和检验模型的主要现实依据。目前的 ITS 发展实践中，国内外大城市中的交通管理系统对拥挤交通模式识别的较为有效和广泛使用的方法，即为浮动车数据的方法（FCD）。该方法的核心为采用智能车辆对交通旅行时间网络段进行测定，并将其发送到交通中心，交通中心收集所有旅行时间不同的 FCD 车辆已发送的这些信息，并进行其交通模式的识别。现阶段，在我国大城市广泛推广使用的智能浮动车系统相比其他交通监测方法，其优点主要在于：信息采集精度较高，系统投入资金相对较少，同时可以达到较广泛的覆盖范围。

同时，道路交通是一个非常复杂的动态过程，对其建模可供选择的参数众多。结合实际数据的研究有必要充分考虑可获得的数据类型、数据精度和数据范围等进行综合因素的考虑。对于本研究中侧重的北京市道路交通网络，目前北京市交委、北京交通发展研究中心已建立了较大规模的浮动车系统，搭建了集成历史与实时数据融合下的浮动车数据库及相应的区域交通信息采集、处理平台，已有的浮动车数据基本能够覆盖北京市五环内路网，以每日 900 万条的数据量支撑北京市路网运行的分析，提供的具体信息主要包括平均车速、路段属性等，在长期的实际交通监控与运营管理中为北京市路运行状况、分析拥堵原因和交通诱导服务提供着各类重要参数。

案例的建模与实证具体采用的北京市六里桥区域数据为交通委交通发展研究中心提供的市域相关区域数据，其时间空间范围信息如下：

（1）底图的空间区域范围：北京市城区的六里桥区域。街道拓扑主要包括了 1004 个节点（图 7-2），区域内部包含北京西站这一重大客流集散点，同时六里桥本身作为综合交通枢纽，车流量和人流量较大，可以作为北京市交通较为典型的代表区域。

（2）数据的时间跨度范围：样本数据包括涵盖工作日、双休日样本共 14 天从 0:00 至夜间 24:00 全天的数据，数据的时间间隔为 5min。

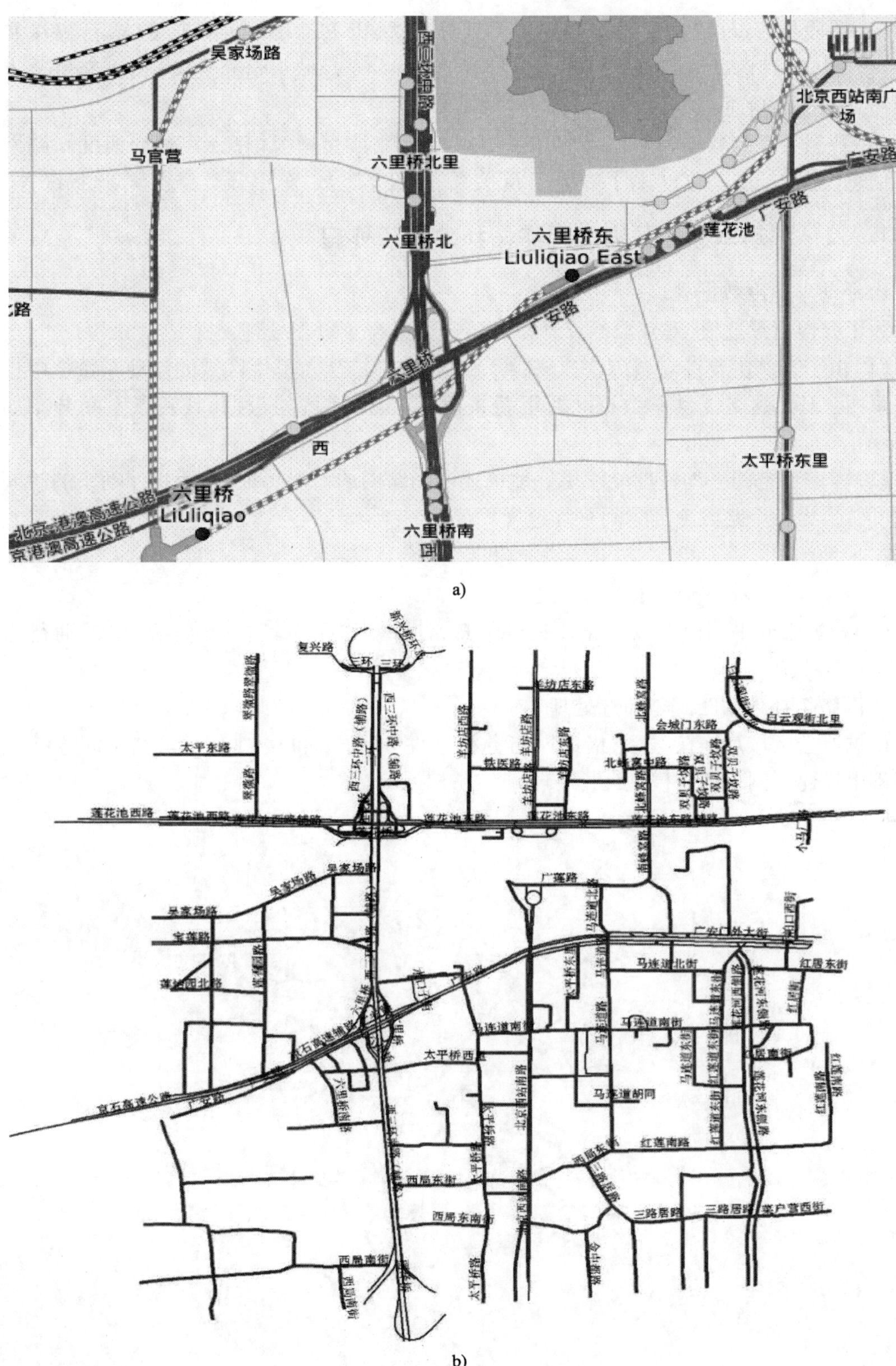

图 7-2　六里桥区域研究范围示意与路网结构图

(3)路段与节点:数据中路段按照相关划分办法,以 Link ID 与 Node ID 进行标注和对应,结合具体地理信息的调研中可知,节点起始依据主要是城市道路交叉口、立交桥节点和与快速路的出入口匝道等。

(4)数据类型与数据表匹配:数据信息主要包括路段交通流信息(车辆的速度)、路网内各路信息(路段长度、节点与路段编码匹配关系、路段车道数、车道分类类别、车道等级等)。

7.3.2 浮动车速度数据与网络拓扑数据预处理

1)浮动车速度数据处理

为了方便后续建模,对获取的浮动车原始数据进行了以下处理:

(1)由于案例主要针对城市快速路骨干网络,本书特从六里桥区域的浮动车数据中提取了北京西三环的区域浮动车数据。北至新兴桥,南至丽泽桥的数据,其各点空间分布如图7-2所示。

(2)考虑到空间平均速度能够更好地描述空间路网的一般特征,因而将浮动车的时间平均速度转换为各个路段上的空间平均速度。

$$\bar{u}_t = \bar{u}_t + \frac{\sigma_s^2}{\bar{u}_s}$$

(3)根据空间平均速度以及路段长度信息,计算获得了车辆在每条路段上的通行时间数据。

2)网络拓扑数据匹配与筛选处理

根据所选区域点连接关系,借助网络分析软件 pajek、gephi 共同建模,在空间连接关系的基础上搭建了网络拓扑模型(图 7-3)。

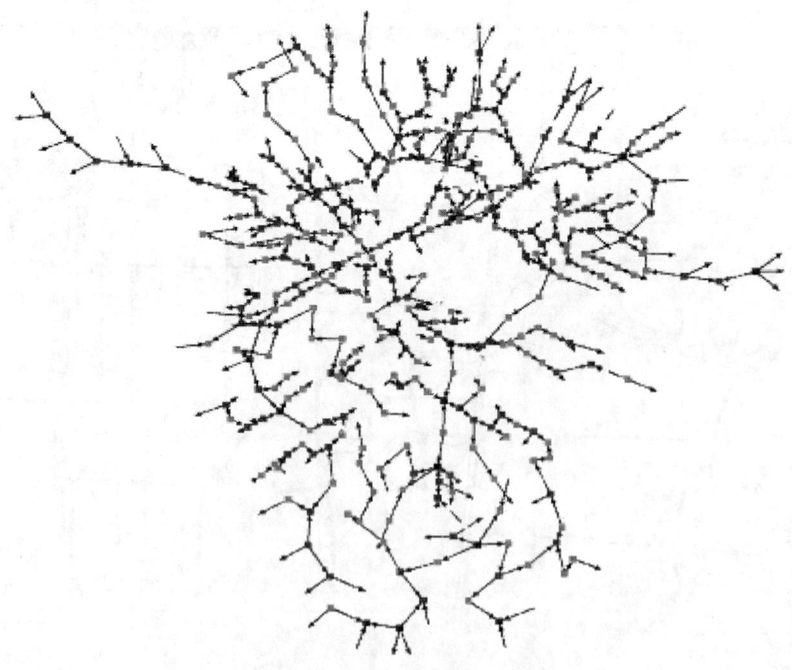

图 7-3　北京市(六里桥)局部区域网络基本拓扑图

(1)建模点筛选。由于案例旨在进行区域网络建模,在区域拓扑匹配对应与点的筛选上有相对严格要求,故案例中对前述基本数据进行二次筛选与匹配处理,主要分为两步:首先,由于对数据点的空间连接基本要求为考察实体网络整体需为在复杂网络概念下具有联通性质的一片网络区域,因此在对上述1004个点进行数据处理之前,需进行拓扑连接的网络匹配,对一部分不连通边进行了去除;其次,进行速度数据与拓扑数据(即link,边的匹配),由于浮动车数据的缺失,连通区域的部分边存在数据的缺失问题,属于缺乏交通特征的无效单元,同样需要在建模之前去除。经过上述流程,原粗糙数据中的部分点和边被去除而留下其可用骨干网络进行建模,如图7-3所示,最终建模区域的有效边为529条。

(2)拓扑与浮动车数据关联匹配。为了对网络数据与浮动车数据进行匹配,进行了简要的数据关联与匹配。主要过程是:通过节点Node编号、路网Node ID和路网linkID进行数据关联。如图7-4所示。

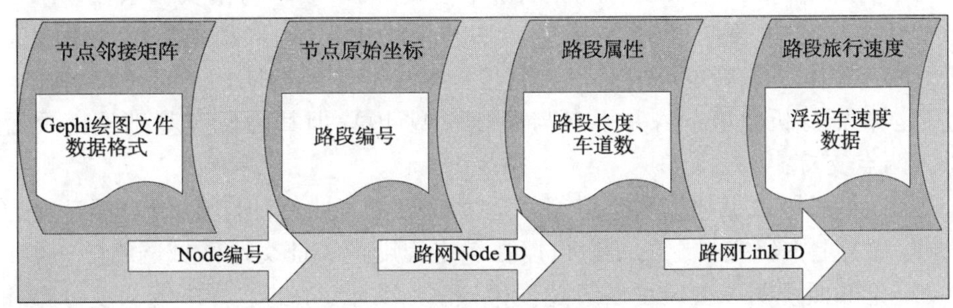

图7-4　浮动车数据关联匹配

7.3.3　实证数据基本特征与描述

1)速度与拥堵参数数据分布情况

本书所使用的实验数据包括六里桥区域网络拓扑信息以及交通流中的速度数据,包括六里桥区域路段、道路长度和平均车速。另外,作为获取平均连接速度的速度信息采用5min的时间间隔,从而为进一步分析提供了一系列的连续288段的丰富数据,其中工作日数据体现出典型的早晚高峰特点。

结合前述总结的交通流参数与网路拓扑参数,为了分析整个网络中交通瓶颈的可靠性,本文主要采用了在网络中识别关键部分的饱和度——可靠性参数。以参数r代表,其为路段的速度数值v和自由流速度v_f的比值,即

$$r = \frac{v}{v_f}$$

实际中,该可靠性参数对拥堵和网络可靠性的反映如下:对于某时段的某个路段其在r值较小的情况下,表明道路占有率低,而如果此时段对应为高峰适度,则表明车辆速度降低严重,为交通严重拥堵状态。另外,由于拥塞的瓶颈通常是作为交通网络节点故障的常见类型,在模拟和建模中,如果r作为的路段网络加权的权重因子数值,r值的大小在一定程度上可以用来表征可靠性变化特征以及连锁故障的概率。

根据上述原理并依据参数r的定义,将原始数据形式化为每个路段的可靠性参量指标,作为最短路径等算法参数的数据预处理。

2)局部路网拓扑的复杂网络基本特征分析

根据前述总结的复杂网络主要参量,针对与可靠性关系较为密切的参数,包括度与度分布、特征路径长度与特征向量中心度、网络效率与模块化系数、介数中心度、聚集系数等,对所选取六里桥部分区域的路网拓扑进行了基本分析,结果如表7-1所示。

路网拓扑基本分析结果 表7-1

参数名称	分布情况与特征	参数名称	分布情况与特征
度与度分布	局部聚集特性明显	网络效率与模块化系数	局部聚集特性明显
特征路径长度	分布离散无明显规律	介数中心度	分布离散无明显规律
特征向量中心度	分布离散无明显规律	聚集系数	局部聚集特性明显

分析的主要结论显示,本区域显示出了一般交通复杂网络的无标度特性;同时,本局部区域的度与度分布、特征路径长度与特征向量中心度、网络效率与模块化系数、介数中心度、聚集系数这几大参量中,度与度分布、网络效率与模块化系数、聚集系数呈现出较大的局部聚集特点,而介数中心度、特征路径长度与特征向量中心度的特征并不明显。

上述基本特征分析数值本身并不参与后续模型计算,但其为研究基础理论及后续参数选择提供了两点支持:

(1)选择区域虽因数据建模要求进行了适度的筛检与抽象,但仍然符合复杂交通网络基本特性,在此意义上本研究得出的结论可以在一定程度地表征交通区域网络的一般特性。

(2)该结论侧面说明和决定了后续建模中,瓶颈识别参量的选择中度与度分布和聚集系数相关参数可作为优先考虑的体现特征的因子。

7.4 基于路网可靠性的交通瓶颈识别

7.4.1 基于最短路算法的交通瓶颈识别模型分析

最短路算法是网络优化和网络路由研究领域的经典算法,借助最短路径和可靠性瓶颈点的关系,研究建立基于最短路径算法的瓶颈识别模型,并采用实际数据通过小段时间的集计,得到拥堵点分布在空间上的路径集聚特征。最后借助搜寻网络中可能的拥堵点和实际拥堵点对比,验证了模型的有效性[31-33]。

最短路径是网络优化问题的一个重要分支,也是交通和城市规划领域中的一个最优解的选择工具。最短路径算法的研究始于流量主导的研究领域。相关研究中集中对动态随机最短路径问题、期望最短路径传输网络的路段行程时间模型,给出了K最短路径。最短路径的算法是密切结合了旅行时间与可靠性研究。最短路径可以通过确保在一个随机网络的可能性的角度来认识“可靠”的路径,有助于旅客在随机旅行时间中规避风险、更好地规划。目前,在最短路径领域的大多数算法都是基于Dijkstra算法,用于解决网络问题(包含小循环思想),也有一部分采用福特算法或蛮力算法,国内学者通过对几种经典算法的特点和简单算法的缺陷进行关注继而简化图结构,在网络地图和弧的中间节点中不断消除,然后求最短路径的长度。到目前为止,最短路径主要是用来描述路径选择和可靠性参数的概率,如基于行程时间算法[34]和最短路径搜索方法。图7-5所示为最短路径算法分支。

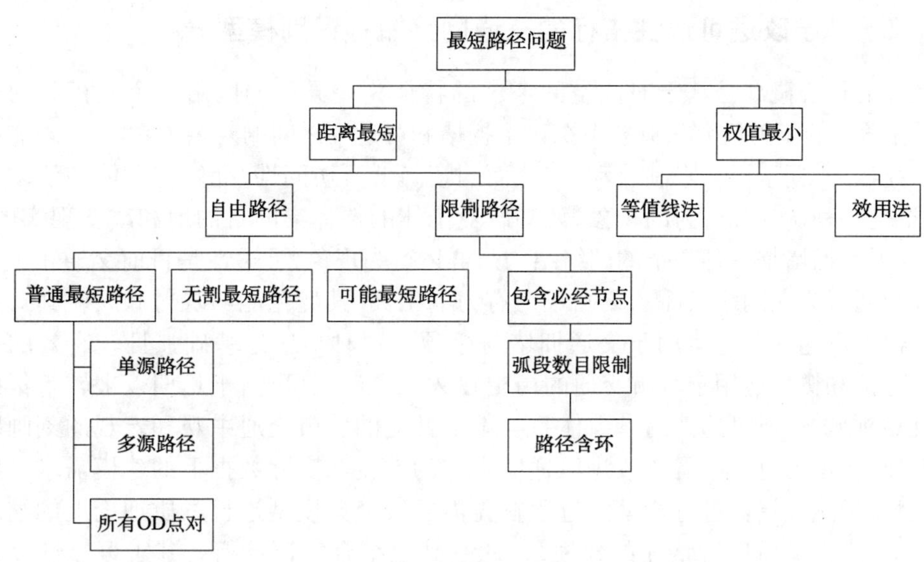

图 7-5　最短路径算法分支

关于最短路径与可靠性相关的研究，2009 年 Nie 和 Wu 研究发现，在随机网络中可以用最短路径来保证一个给定的准时到达的可能性问题。这种“可靠”的路径，能帮助出行者更好地计划他们的行程。这个问题的最佳解决方案为，从当地获得可靠路径，并达到一阶随机占优。其算法扩展使旅行时间分布函数随时间而变化，表明随时间变化的问题的分解与到达时间，因此可以作为静态对应，比较容易解决。从此最短路算法开始与旅行时间、可靠性研究紧密结合。近期的研究中 Peng Chen，Yu（Marco）Nie 则针对双路径算法给出了有效解集[35]；Karthik K. Srinivasan，A. A. Prakash，Ravi Seshadri 等重点研究基于最短路径算法对旅行时间（包括停止延迟）和城市道路网络可靠性的影响进行优化，并探讨了最短路算法在可靠性研究中的适用性[34]；David López，Angélica Lozano 则提出了多式联运网络中的最短路径搜索方法[36]。

为分析得出区域交通网络的瓶颈，主要按照以下程序进行（参见图 7-6），识别的主要流程包括下述几个部分：数据预处理（包括数据标准化）、执行最短路径算法、校准参数进行阈值和重新调整阈值的合理范围。

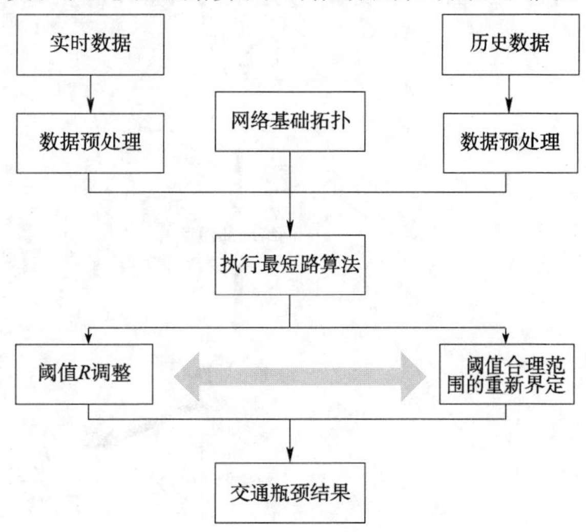

图 7-6　基于最短路算法的交通瓶颈识别过程

为了分析整个网络中交通瓶颈的可靠性，本研究主要介绍了在网络中识别关键部分的可靠性参数。参数 r 代表路段的可靠性，具体数值为速度和自由流速度的比值。

$$r = \frac{v}{v_{\mathrm{f}}}$$

7.4.2 基于改进可达性指标的交通网络瓶颈识别模型分析

可达性的核心概念是基于时间空间考虑的特征化差异下的网络与个人行为的综合概念,Talor 等学者的相关研究从概念上探讨了拥堵和可达性之间的复杂关系[37]。现有的相关可达性研究认为:拥塞可以限制流动性,从而间接降低可访问性;拥塞与群体的活动的增加相关;拥塞是一种认知和行为的现象,认知改变个体的选择集的目的地和改变现实的机会。由此可知,因为拥堵是一种复杂的网络结构与群体行为现象,可达性是目前交通相关研究中对拥堵和交通行为在网络层面的刻画较为有力的工具,其变化能够映射和反映其对拥堵的量化,换言之,可达性概念运用于交通拥堵与瓶颈识别时是理论基础强且较有效的一类测度。可达理论和概念运用于城市交通的历史较久也广泛认可,由于长期以来较为集中应用于交通规划领域,经典可达性的参数体系与本节针对的城市交通中观和宏观的刻画因子相比略有差异,在运用过程中需要改进以适应本节的粒度和实际数据下的建模需求。鉴于上述研究现状,可达性指标进行建模的过程首先需要对经典模型进行本质理论上的继承和参数描述上的改进,随后进行整体的建模,在此基础上结合实证分析。基于可靠性度量的思路,本节搭建了改进的可达性评价参数体系,用于可靠性交通瓶颈的识别研究。模型的总体框架见图 7-7。

基本模型借鉴 Hanson 传统模型,在此基础上增加了局部模型以加强网络因素的考虑和克服 Hanson 传统模型参数的不足,完成各点可达性的计算建模。同时,借鉴于基本效用模型的形式,参照美国德州交通部采取的实用性可达因子计算公式,引入网络可靠性的因子 r,结合前述各点子模型,构建了网络整体。

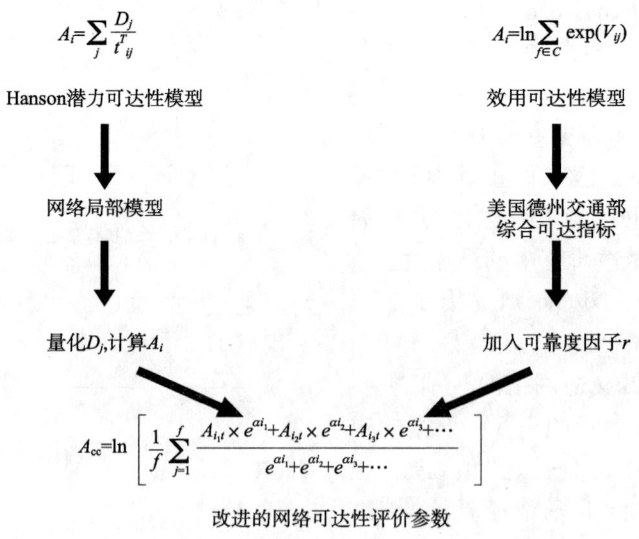

图 7-7 突出局部拓扑连接关系的可达性模型构建

1)局部模型及概念

在局部可达性局部模型的建立上,主要借助传统模型中的汉森模型,通过复杂网络瓶颈点度量的局部模型特征方法手段,对模型中的参数 D 进行了网络意义下的建模量化。在 Hanson 经典潜力模型的基础上,结合实际量化 D 的需要,采用局部模型特征方法突出了网络层级特征，建立了可达性度量中的局部模型模块，对各点可达性 A_i 给出了可计算的模型基础。

(1)模型背景基础——汉森模型

基于空间相互作用模型的点可达性计算(在对点的量化上，指标充分考虑空间上连接以及相互吸引的潜力)。框架为汉斯的潜力模型，考虑了整个网络在互联且不同节点自身吸引力不同产生的潜在可达性差异。其中的小区中的机会 D 经典的汉森基本模型为：

$$A = \Sigma \frac{D_j}{t_{ij}^T} \tag{7-1}$$

式中：T——反映距离阻抗影响程度的指数参数(在以往的常用模型中默认取常数值1或2)；

D——小区 j 中的机会，是一个抽象的概念，表示小区和外界交流的通达性。

后续阐述中将量化 D 这个参量，用改进的结合区域局部模型的点度数值来表征 D，这种表示方法在量化 D 的基础上同时可以充分考虑网络局部临接的情况。

(2)网络加权度与模型测度中 D 的量化

汉斯模型(Hanson model)中的 D 表示小区 i 中的机会，本节度量的方法是把各个节点看作微型的“小区”进行建模，各个点的“机会”是一个衡量该点与网络中其他点交换信息强度的概念。鉴于此，本研究建模在实际交通网络研究中利用复杂网路中的“加权度”测度，对模型中的 D 进行新的网络层级建模，具体方法为：刻画节点的网络层级权重作为其在网络条件下的“机会”。本模型对 D 值建模突出考虑点的连接层级与权重，首先，点(先是边)的权重体现连接层级，将边的权重定义：

$$w_{ij} = k_i \times k_j$$

其中 k_i 表示点 i 的点度，也即节点 i 连接的边的数量，其意义在于刻画各个点的权重数值。实际操作中由于需要从图矩阵获取边向量，根据前述文献我们对边进行变换，得：

$$b = \begin{bmatrix} a_{11} & a_{12} & \cdots & a_{1m} \\ a_{21} & a_{22} & \cdots & a_{2m} \\ \cdots & \cdots & \cdots & \cdots \\ a_{n1} & a_{n2} & \cdots & a_{nm} \end{bmatrix} \times e \tag{7-2}$$

其中，$e = (1,1,1,1,1)^{\mathrm{T}}$ 为 n 维列向量；即图矩阵 b 也可以表示为列向量构成的向量组 $b = (b_1, b_2, \cdots, b_n)^T$，其中 b_i 表示的是节点 i 的度，则从向量表示法出发，边 ij 的权重可以也表示为：

$$w_{ij} = b_i \times b_j$$

则点的权重用周围边的权重之和来代表：

$$w_i = \sum_{j=i} w_{ij}$$

综上，完成了节点和边新的权重的转换与建模，点 i 新的权重数值作为上述汉森模型的 D，进行可达性计算。

(3)局部特征模型方法引入的优势说明

在前述完成节点和边权重转换的基础上，借鉴局部区域网络节点建模方法[38]，对各个节点元的 D 处理时采用上述“网络加权度与模型测度中 D 的量化”中的定义方法，该方法在后续网络分析中具较为广泛的应用,下面用图7-8所示的局部网络案例简单说明。

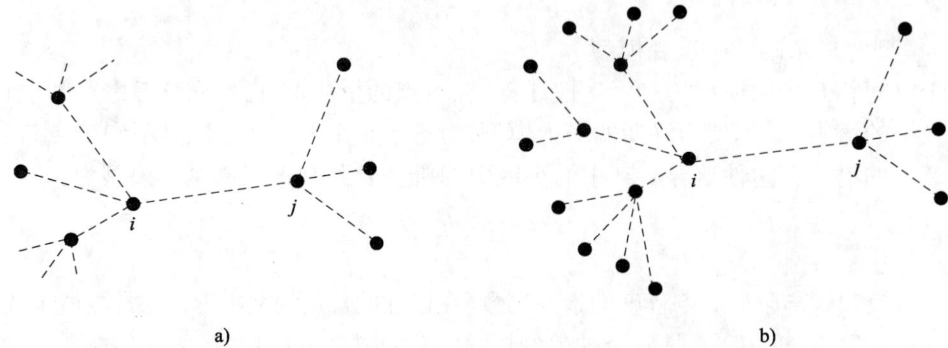

图7-8　局部特征描述法的优点示意:局部网络与次级视角下网络特性的差异

如图7-8所示,局部网络结构中,节点 i、j 如果仅仅以度来刻画,两个子网结构中其度是相同的均为3,但是由于次级连接结构的差异,较为显然的是节点 i 的机会要比 j 大(对于交通实体网络,各边和点权重假设都为正值),局部特征模型就可以较好地反映这一点。可见,局部特征方法在计算方法本身体现了网络所具有的层级特性,对各个点连接关系也做了更加具体的刻画,因而是在传统复杂网络参数度的概念基础上融合了区域网络层级关系,使得模型中的空间权重矩阵更加贴合"区域网络视角下的点"这一区域网络建模理念。

2)效用加权模型与可达性的空间集计

在可达性全局模型的建立上,借鉴美国德州交通部发布的道路可达性计算工具手册的实用经验进行全局可达性集计建模。主要借助传统模型中的效用模型,通过采用网络可达性集计的方法手段,结合度量网路可靠性的具体需求引入可靠性参数,建立了网络可达性集计指标模型体系。

(1)可达性集计基本模型

根据美国德州交通部发布的道路可达性计算工具手册[39],可达性集计模型中用以计算单元可靠性的原基础方程形式为:

$$ACC_i = \ln\left[\sum_{j=1}^{J}\left(\frac{1}{J}\right)\left(\frac{O_j^{\alpha}}{C_{ij}^{\mu}}\right)\right]$$

式中:α、μ——从目的地模式选择模型中得到的估计参数,根据不同区域而标定(在美国交通管理实际应用的控制系统中为缺省值,由各地区域调查标定做出统一的区域规定);

O_j——交通小区所有方式下的吸引交通量;

C_{ij}——小区 i、j 之间的交通阻抗,原模型中具体量化为含有广义效用成本的车辆旅行(可达)时间。

该方程是美国德州使用的经典模型,具有理论和实用双重价值,根据实际数据情况并结合前述模型,以局部联系因子 D 和旅行时间 T 替代该模型中的OD和时间成本参数,因此模型简化为:

$$ACC_i = \ln\left[\sum_{i=1}^{N}\left(\frac{1}{N}\right)\left(\frac{D}{T_{ij}}\right)\right]$$

对比前述模型可知，该模型是汉森模型与效用模型在实际应用中的量化，最大特点在于通过求和引入了区域集计概念，并以 ln 形式引入了效用形式的可达性描述。上述方程作为点可达性的基础计算式（此处点代表区域，即发生吸引点），以之作为基本元，在此基础上针对区域、交通模式、出行目的等进行集计累加，则可以建立可达性集计模型（具体方式包括累加计算或均值计算），即可得出某特定区域（点 zone）、某特定交通模式和某出行目的的可达性，从而达到在不同分析目标、不同网络范围下，各种不同的具体针对性的可达性指标的量化的目的。

上述模型作为基本公式，主要为下述网络总体模型阐述引入效用形式作铺垫。

（2）网络总体可达性的集计模型

在前述局部模型 D 因子引入的基础上，建立基于效用可达模型，并考虑拥堵影响的网络可达性计算模型（指标本质上进一步反映和结合用户选择的角度，考虑了拥堵带来的效用降低）。

前述章节中给出了可达性集计模型的基本单元，针对网络层面整体可达性能的度量，美国德州公路局进一步给出了参考实用模型，表示为：

$$ACC = \ln\left(\frac{1}{N}\sum_{j=1}^{N}\frac{A_{i_1}\times e^{\alpha_{i_1}} + A_{i_2}\times e^{\alpha_{i_2}} + A_{i_3}\times e^{\alpha_{i_3}} + \cdots}{e^{\alpha_{i_1}} + e^{\alpha_{i_2}} + e^{\alpha_{i_3}} + \cdots}\right) \tag{7-3}$$

式中：N——代表网络中点的总数；

α_i——代表点 i 的连接权重，为区域常数，主要用加权得到网络整体可达性，在经典的可达性研究中一般通过交通小区调查得到。

后文将结合数据特点选择可行的相应参数对本式进行量化。

3）改进的可达性指标的网络瓶颈识别算法

（1）改进的可达性指标的瓶颈识别算法流程

本模型特点在于，每个网络中的点其实是代表了各个产生流量的区域（相当于包含了周边块区的微型区域）。

改进的可达性指标的瓶颈识别算法流程如图 7-9 所示。

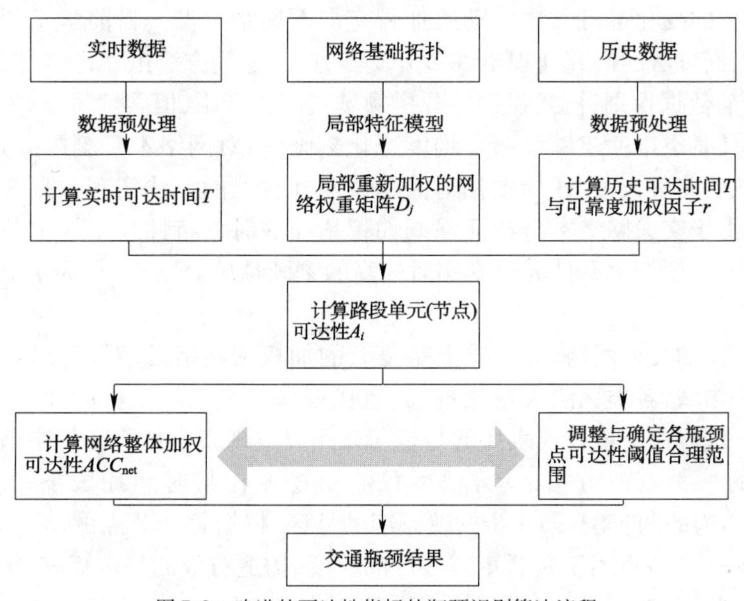

图 7-9 改进的可达性指标的瓶颈识别算法流程

(2)引入可靠性因子的网络可达性集计模型

在加权的网络集计模型层面引入了可靠性相关概念,对式(7-3)中的 α_i 量化时采用可靠性因子 r 的历史统计值,算式如下:

$$ACC = \ln\left(\frac{1}{N}\sum_{j=1}^{N}\frac{A_{i_1}\times e^{r_{i1}}+A_{i_2}\times e^{r_{i2}}+A_{i_3}\times e^{r_{i3}}+\cdots}{e^{r_{i1}}+e^{r_{i2}}+e^{r_{i3}}+\cdots}\right)$$

对比前述基本集计模型可知,这一网络集计模型的定义式借鉴了经典效用可达性的框架,其集计的本质上也可以理解为对权重因子 α_i 的一种特殊形式加权。不同于一般传统模型的是,在加权的步骤中权重并非简单线性叠合,而是同样将权重处理为效用形式的乘积因子,与原有数值融合之后,二次加权。这种集计模型方法在实际运用中收到较好的效果,一定程度上得益于这种特殊的加权形式。总体上看,该集计模型方式利用抽象权重值对全网的可达性进行了整体集计,从而表达了整个网络的可达效用。而在权重参数的选择上对可靠性因子的引入,也使得加权结果较贴近可靠性度量的目的。

此外,需要指出的是,效用模型引入下的 *ACC* 计算数值虽依旧具有时间的量纲,但其数值无论对于节点还是网络整体而言体现的是效用含义,因而并不像前述的 A_i 具有直观的可达时间意义,因此后续算法中主要将 *ACC* 用于瓶颈网络识别环节下的节点与网络的对比,进而体现节点和网络效用的相对变化关系。

7.4.3 基于 MCL 方法的交通瓶颈识别模型与算法分析

MCL 广泛用于生物等领域的网络聚类和关键组件的挖掘,在交通瓶颈的识别上尚未见到,但这一算法于交通模拟的适用性较强。在实证中也显示出识别结果的独特优势。

聚类与社区挖掘方法是包括社区发现和动态加权有向图(Dynamic Weighted Directed Graph,DWDG)的一类网络变化点检测方法。在本节中主要采用的方法属于社团检测——图形聚类算法。在对真实的网络进行分析时,如对电子邮件网络、著作互引网络及金融网络,其在时间域中的变化都可以建立动态加权有向图网络模型。目前学术领域关于动态加权有向图社区挖掘方法的研究涌现出许多分支和方法,这些方法虽然许多已经在静态(或动态无向无权)图的数据挖掘、模式识别等分析领域被广泛利用,但共性特点是模型宽泛、不够深入,尤其在涉及时空维度建模等第三维度变化刻画时,对网络本身刻画方式较为粗糙,变化过程的模拟粒度非常大,往往导致相对大的误差和较低的算法实现效率。上述模型运用于交通网络时,由于交通网络本身特征强调加权拓扑的时变特性与空间上节点之间相互作用的联系,因此要求模型具有计算效率相对较高的刻画精度。图 7-10 为常见的聚类方法及其分类体系。

本研究所关注的交通网络,其本质上是复杂的加权图网络,针对该类型的网络,近年来在图形聚类算法领域,各类算法大量涌现,具有代表性的是基于聚类的社区挖掘的方法:聚类社区发现法。该方法中最具代表性的是近年来用以发现多维加权拓扑中节点相互关系及时空变化情况的一类有效方法,其方法的核心是挖掘在某时间片段下一个加权有向图(WDG)的社区结构的两步法:第一步构造紧凑的社区,根据每个节点的单一的密实性(例如连接强度),表明一个节点属于关联矩阵社区的程度,构造有效的权重矩阵;第二步通过动态合并和聚类,实现社群检测、自组织模块识别和变化点识别。对于变化点的检测,近年来的研究提出了一个分区之间的相似性的措施,以确定是否出现沿时间轴的增量算法,并提出了更新的分区时,添加了一个新的图段。此类算法的有效性和效率已在社交网络、舆论分析、通信模拟和生物医药的 DNA 检测等领域的真实网络中进行了验证。结果表明,该算法在有效性和效率之间达成了一个很好的权衡,并可以有效发现"社区"(也即广义的加权的区域网络模块)和时域变化点。表 7-2 为常用针对图形聚类研究方法的优缺点比较。

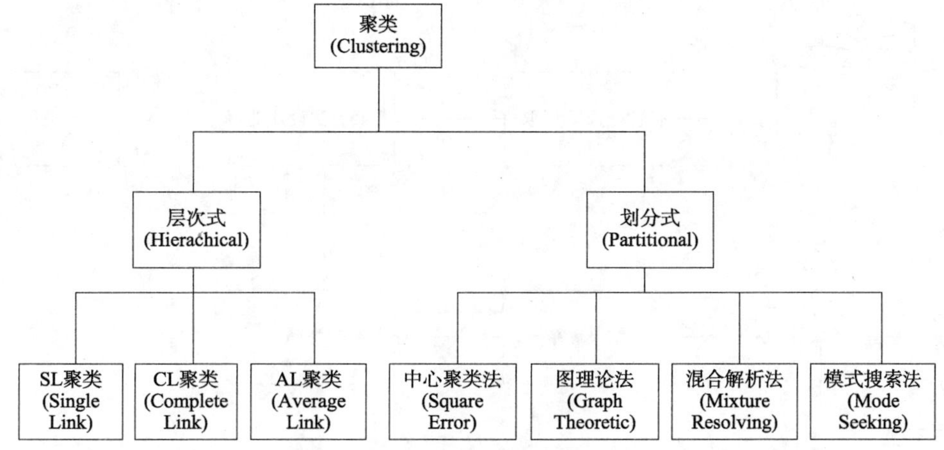

图 7-10 常见的聚类方法及其分类体系

常用针对图形聚类研究方法的优缺点比较 表 7-2

聚类方法	所属类别	算法原理	优点	缺点
MCL	图形聚类方法	模拟随机流	借助全局判断性进行,网络流聚类法具有较好的动态性,在刻画网络变化的过程中具有独特优势	有时对含有圈的网络复杂度会略有升高;个别网络达到预期收敛速度需要反复调试
Kmenns 聚类	中心聚类法	自下而上的主观聚类,收敛于一定的组间差异	简单、速度快	K 数值不易选择,主观性过强
DBSCAN	固定参数识别聚类	基于密度进行迭代聚类,将簇类定义为高聚集密度的集合体	对噪声不敏感,能发现任意形状的聚类	聚类的稀疏程度不同时具有出现异常的可能
CLIQUE 聚类法	基于网格的聚类	单个的单元为载体	处理速度快,算法较为简单规则,在维度增加时具有较好的可拓展性	由于算法简化,可能带来精度上的损失

由表 7-2 比较可知,在各种聚类方法中,马尔科夫—随机流聚类法(The Markov Cluster Algorithm,MCL)能够最大限度地发挥图形聚类方法的理论优势,充分体现网络边上动态流等变化的特性,同时以流特性为主要演变参数,因此算法本身可以较好地模拟网络交通流的

基本变化情况，能够为本研究交通网络流量的刻画提供较准确的模型。因而本节选用 MCL 聚类法实现可靠性的瓶颈识别分析建模。

借助 Gelphi 软件，以六里桥区域网络为实际模型载体进行建模分析，采用 MCL 方法对六里桥区域的各个路段速度变化情况进行建模，在拓扑分析的基础上结合路段平均行驶速度和可靠性因子，对区域网络完成聚类分析。图 7-11 所示为聚类分析过程。

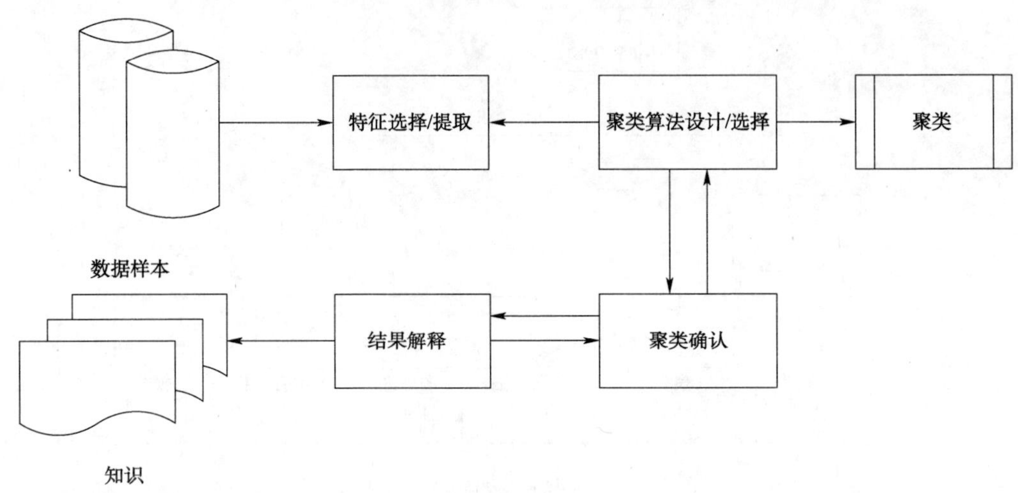

图 7-11　聚类分析过程

MCL 为马尔科夫过程在聚类算法中的发展应用，是根据马尔科夫演化理论中随机行走(Random Walks)过程算法为基础产生的、对网络演化和组团特性进行反映和描述的一种图形聚类方法。上述两大基本理论在原始的网络模拟与过程分析理论中皆为经典理论，MCL 方法在过程模拟及网络动态事件状态描述中具有明显的理论优势。

MCL 算法迭代核心思想是利用网络概率转移矩阵对网络的马尔科夫变化过程进行描述。在一个图中，假设其存在固有性质聚类形成的组团，则在组团内部有比较多的连接边，而在组团之间有较少的桥连边；这意味着，如果从一个点开始进行一次随机行走，去往相邻的边，则更大的可能性存在于停留在组团内部而非在组团之间跨越。因此，如果能模拟产生一定的模拟动态随机流量，这种可能性将量化于状态概率转移矩阵，这些流量按照上述准则(该准则表现为实时的网络概率转移矩阵及相应的矩阵变换规则)变化多个步长后，按照理论设想，网络流量的分布将能够反映给定的网络关系矩阵所代表的各点在聚类中倾向于聚集或分离的不同特性。上述即 MCL 聚类算法的基础思想：给定初始的概率转移权重矩阵，通过动态模拟随机网络流的走向，从流模拟的最终结果反映最初概率矩阵中所含有的加权网络拓扑固有的聚类与组团特性。

MCL 算法同时作为一种图聚类算法和一种模拟算法，其特点是对噪声具有鲁棒性，产生的聚类结果可以较好地反映网络本身性质，且算法规模随着网络范围增加的变化幅度较为平稳(算法时间复杂度在同类的全局模拟算法中为正常水平)。另外，作为交通网络瓶颈演化的研究手段，MCL 在各类模拟算法中(表 7-3)具有的突出优点为在局域性体现和对网络信息的要求上：可以在网络信息未可知时进行全局角度的模拟。

模拟算法对比 表7-3

模拟算法名称	局域性	网络信息	时间复杂度
局域特征	局部	已知	$o[m+n(k)]$
介数	全局	已知	$o(n^3)$
凝聚性	全局	已知	$o(n^2)$
网络流	全局	已知	$o(n^3)$
随机行走	全局	未知	$o[(m+n)n^2]$
特征向量	局部	已知	$o(n^2)$
子图	局部	已知	$o(n^2)$

总体来说,MCL这种通过对网络拓扑和权重关系建模、结合适度的流量动态模拟来挖掘网络隐含节点影响力的算法思路,与城市交通网络瓶颈识别研究中各点OD信息难以获取而需考虑全局可靠性进行判别挖掘的特殊研究需求不谋而合,对于一般的局域交通网络规模,MCL迭代的算法的算法复杂度与同类型的全局网络流模拟算法相比处于适中,基本可以在有限范围内收敛。

1)算法总体流程

下面基于MCL进行交通瓶颈识别模型的建立,本算法模型主要包含了下述三个主要子模块:数据处理生成网络空间加权关系矩阵,MCL迭代算法执行,迭代稳态矩阵解析。详细的模型算法执行流程如图7-12所示。

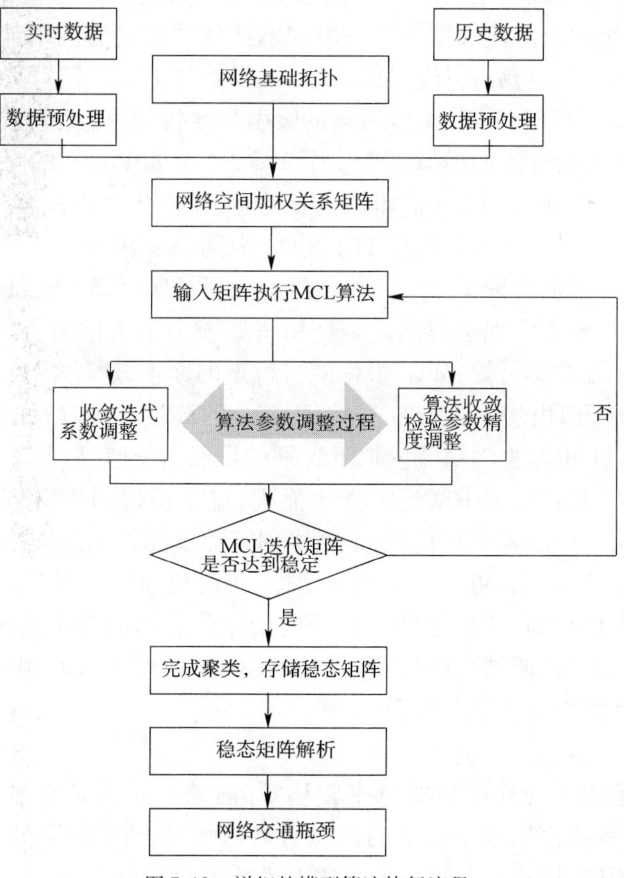

图7-12 详细的模型算法执行流程

针对上述三个流程主要子模块：首先，对于数据处理生成网络空间加权关系矩阵，前述章节已有相关介绍，仅需要说明的是本节中为使概率矩阵更能反映交通网络连接边上的需求，权值上采用了7.4.2节计算得到的各点可达性，将其转换为边权值作为连接权重，转换公式为 $A_{ij}=(A_i+A_j)/2$；其次，对于MCL迭代算法执行模块，MCL迭代算法的动态行走模拟、随机流迭代和算法收敛的一般迭代过程已基本阐明，不再赘述；针对第三个子模块迭代稳态矩阵解析，作为瓶颈识别的主要结合点和识别结论结合交通网络特点进行分析的主要步骤，之后将对稳态矩阵解析进行补充，同时对上述瓶颈识别算法做进一步简要阐述。

2）聚类结果分析与瓶颈点的矩阵解析

前述给出了算法整体执行流程，鉴于MCL动态聚类算法在本领域国内相关的研究应用尚处空缺且算法本身较复杂，下文在前述流程图的基础上针对研究中主要创新结合点（同时也是瓶颈点识别关键步骤）——稳态矩阵解析这一流程子模块，具体给出基于简单网络的算例说明。算例针对介绍算法后半部分借助矩阵解析得到瓶颈点的方法，解释MCL算法进行网络交通瓶颈的识别流程原理。

对于如下的网络，其关系矩阵描述为 11×11 形式的对称矩阵，初始矩阵为对称的邻接矩阵。经过MCL迭代，最终收敛的稳态矩阵，如图7-13所示。按照列识别原则，如矩阵中所示，第一、五、九、十一列出现了正"流量"模拟数值，意味着这些列对应的节点为网络中的吸引节点，各个单元吸引的数值代表了经过一段动态迭代模拟之后网络流的分布，1号节点有分别从6、7、10吸引流量的趋势，强度为网络中最强（单位1），5号节点的吸引强度与点1相同，但所吸引点数目较少为2、3；9、11号节点的吸引强度较弱，相对为1、5号强度的1/2。这样，网络MCL算法代表动态流的模拟下产生了1、5、9、11四个自然的吸引点，具有了聚集网络其他节点的趋势，同时可知，网络整体以这四个点为聚类中心自然分为了三块（1,6,7,10），（2,3,5），（4,8,9,11,12），（1,5,9,11），也即为网络流模拟下识别的该网络的聚类中心，同时这四个中心也根据其聚集流量的能力具有先后排序：1、5 > 9、11[40]。

不难看出，上述结论正实现了找出区域网络中影响力最大的节点的瓶颈识别目标。对应于交通网络中的物理意义可知，MCL根据随机行走的原理，通过类似动态流的模拟将交通网络划分为几个子团，子团的中心为趋向于聚集流量的核心点，其具有从其余节点吸引交通流的趋势，点1,5,9,11也即为网络流模拟下识别的该网络的瓶颈点。

本节从案例分析的角度，集中阐述了算法流程，进一步说明MCL算法在网络瓶颈识别中的适用性。鉴于实证中矩阵规模较大，上述采用了简单无权无向网络进行说明，需要特别指出，由于MCL算法并不要求初始矩阵的对称性，实证建模中将算法应用于加权有向网络算法流程和原理与本例相同（不同之处仅在于初始矩阵表达的复杂度和收敛速度上存在差异，通过运算的迭代和参数调试可以得到解决），实际中数据收敛的相关阐述参见7.5.3节实证分析部分相应迭代部分参数的说明。

3）算法实现

首先将网络抽象表示为连接边的概率转移矩阵，核心步骤是通过对矩阵进行拓展、膨胀、归一的反复迭代操作模拟各个边上的信息流动与传递，直到使转移矩阵达到相对稳态，最后解析结果稳态矩阵，以达到分析原网络固有性质的目的（表7-4）。

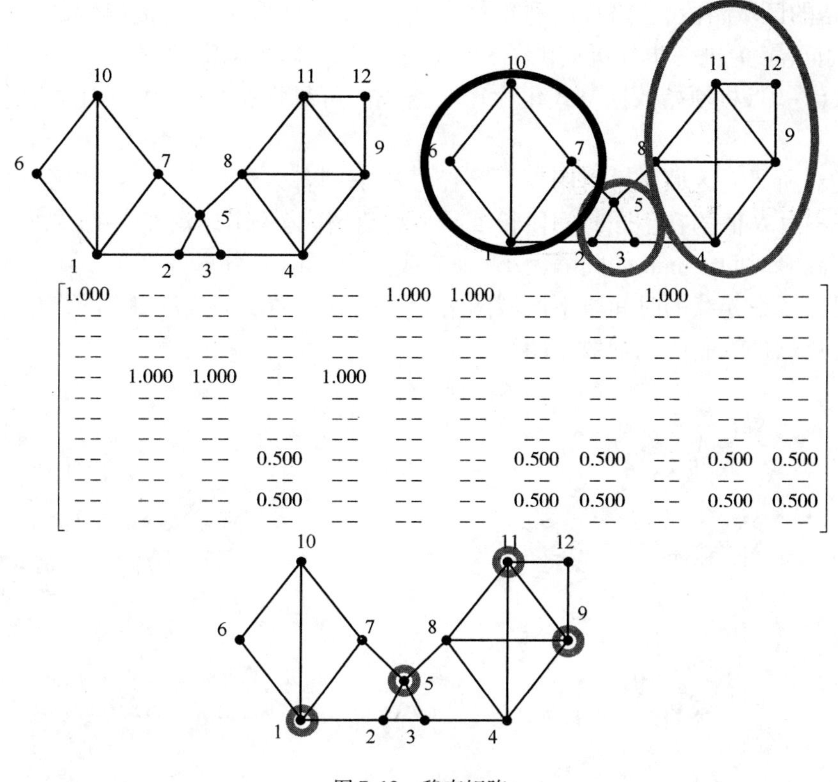

图 7-13　稳态矩阵

MCL 聚类迭代算法　　表 7-4

MCL　算　法
输入：G，M（G），扩张系数 R//G 为一个图 M（G）是图的关系矩阵 1. 令 M = M（G）//初始化 M 2. While M 未达到稳定状态，do 3. 对 M 进行拓展操作：M = expand（M） 4. 对 M 进行膨胀操作：M = inflate（M，R） 5. 对 M 进行归一化操作：$M_{ij} = M_{ij} / \sum_{i=1}^{n} M_{ij}$ 6. 输出：聚类信息

鉴于网络迭代收敛的相对复杂性，本章在对六里桥网络实证收敛因子调节的过程中主要借助了 Gephi 软件的 MCL. java 算法进行了模型建立和迭代控制，实现了网络整体迭代演化的运算与迭代模拟。

7.5　路网交通瓶颈识别案例

7.5.1　基于最短路算法的交通瓶颈识别实证分析

本节研究中所使用的实验数据包括六里桥区域网络拓扑信息以及交通流中的速度数

据,包括道路的区域路段、道路长度和平均车速。另外,获取平均连接速度的速度信息采用5min 的时间间隔,为进一步分析提供了一系列连续 288 段的丰富数据。

根据式(7-1),将原始数据格式化为每个路段的可靠性指标,作为最短路径算法的数据处理。

通过先对所研究区域建模运用最短路径算法识别各条最短路径,再进行辅助性质阈值 R 的调整——由 R 值的在不同时间段长度的平均值(作为一个广泛接受的参数,图示时间长度间隔为在高峰时间 15min 的间隔大小)来完成数据挖掘工作。

研究得出了在连续的时间段下区域网络瓶颈的分布情况(图 7-14 所示为采用 Gephi 复杂网络可视化软件绘制的识别效果图)。

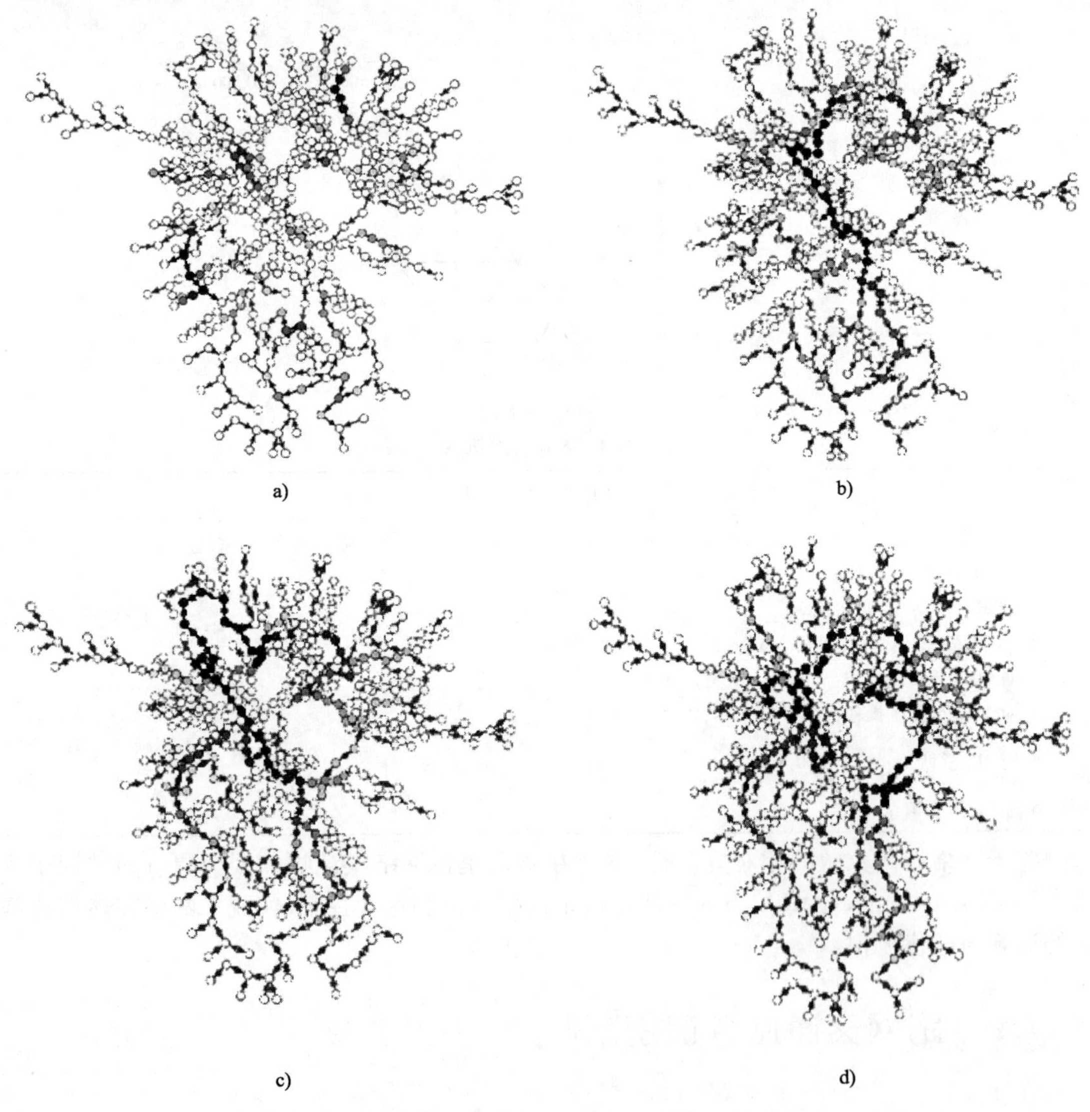

图 7-14　六里桥区域网络瓶颈在高峰各个分时段的结构变化

图 7-14 显示出在六里桥区域不同的瓶颈在交通网络中的拓扑时间(考虑到篇幅的冗

余,本节选择四个高峰期的代表图例)。图中的黑点显示了在这些时间段上的拥塞路段,即瓶颈点,其主要是在那些 R 值小于阈值并且分布于最短路径上的点。

对在每个时间段的最小路径瓶颈的合成,通过对 R 值进行了重点分析研究,图 7-15 显示的是在高峰时段平均点的瓶颈。

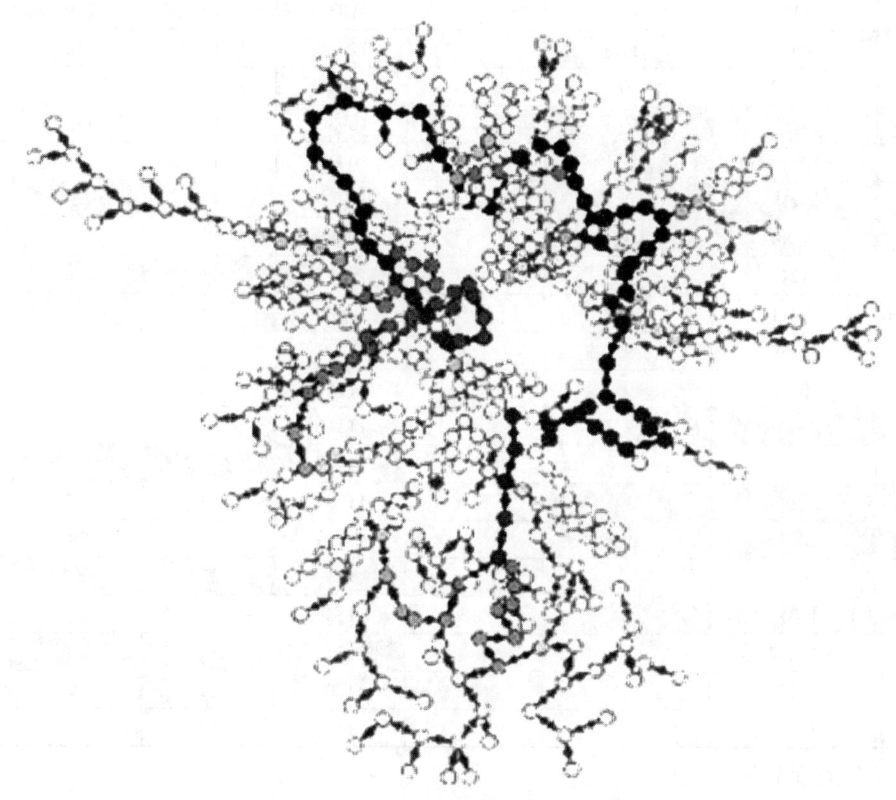

图 7-15　六里桥区域网络瓶颈在高峰时段叠加下的结构变化

(1)识别结论评估

表 7-5 显示对比度模型的准确性,左栏列出了网络拥堵瓶颈点,而右栏列出最短路算法下数据挖掘识别的瓶颈点。为了便于观察,识别过程做一些标记表示上的处理,具体为:星号的行表示识别结果在对于整个网络的前 5% 拥堵点是一致的,而阴影行则显示了当标准扩大到 10% 时(即在所计的时间内,从拥堵计次数来看,在网络实际拥堵点排在前 10% 的点,与识别中高频率出现瓶颈的 10% 的点,能够重合的情形),网络拥堵点与瓶颈点的对应情况。

模型识别精度对比　　表 7-5

瓶颈点排序	网络拥堵瓶颈点(实际数据)			最短路算法下数据挖掘识别的瓶颈点			
	路段编号	拥挤发生的频次	*	路段编号	拥挤发生的频次	图中的路段序号	*
1	10538	13		37301	13	483	*
2	10535	12		11322	13	150	
3	11309	11		11041	13	13	

续上表

瓶颈点排序	网络拥堵瓶颈点(实际数据)			最短路算法下数据挖掘识别的瓶颈点			
	路段编号	拥挤发生的频次	*	路段编号	拥挤发生的频次	图中的路段序号	*
4	11138	11		11035	13	229	
5	10539	11		11015	13	156	
6	10640	10		10945	13	35	
7	11139	10		10936	13	172	
8	10540	10		10933	13	188	
9	11216	9	*	10716	13	25	
10	11214	9		10685	13	219	
11	11213	9		10641	13	146	
12	11211	9		10622	13	145	
13	10859	9		37293	12	462	
14	10560	9		11317	12	151	
15	37301	9	*	11316	12	149	
16	5088	9		11298	12	152	
17	11175	9		11297	12	232	
18	10972	9		11289	12	29	
19	10745	8		11265	12	31	
20	11311	8		11249	12	16	
21	11247	8		11216	12	80	*
22	11209	8		11207	12	32	
23	10583	8		11125	12	9	

(2)模型精度分析

以分位数规模比较时,整体瓶颈的重合度(100%分位数)达到一个相对较高的水平范围,但最拥挤的点(25%)判别精度有待提高。如图7-16所示。

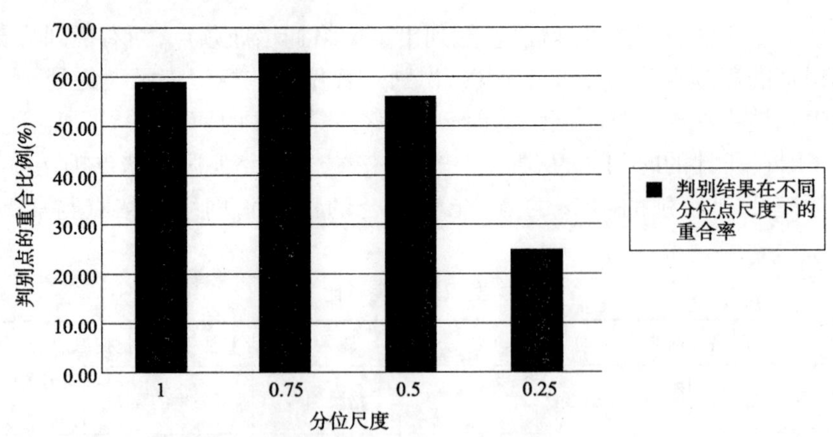

图7-16 模型精度(不同分位点判别尺度对比)

从识别结果可以看出,大多数的拥塞点分布在相对集中固定的“网络瓶颈路径”上,但传统的拥塞点随时间的波动会有较大的变化,这可能会导致识别结果在时间维度的相对不确定性增大。

对重合点吻合度进行初步分析,结果表明最短路径法进行的瓶颈识别在结果上呈现出以下特点:

①算法有"低估最拥堵道路的拥堵程度,同时高估次级拥堵路段的拥挤程度"的明显的平均化趋势。

②与实际网络拥堵演化直观情况相比,识别出的各个瓶颈体现的总体网络拥挤度曲线变化率相对较缓和,如图7-17所示(从另一个角度来看,这也表明实际在网络中由于本身存在局部特殊点的震荡与波动变化的影响,拥堵演化过程体现得相对剧烈和随机,而从全局视角识别的网络瓶颈的来看,局部影响在整个网络中并不显著,整体网络拥堵变化情况呈现出相对平稳性和规律性)。

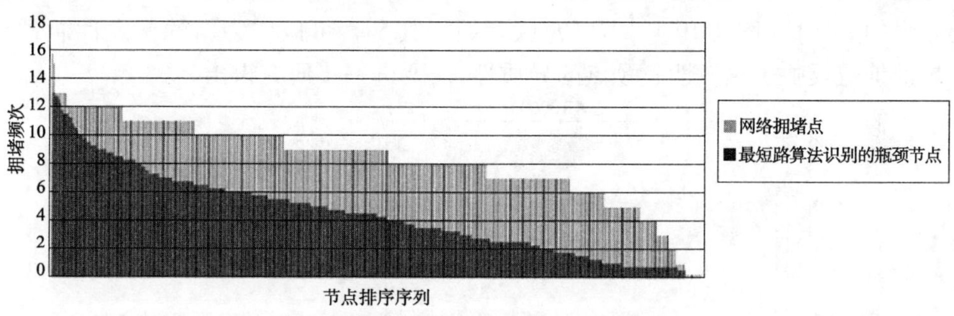

图7-17　网络实际拥堵点与最短路算法识别瓶颈点对比分析

在高峰时段,道路利用率非常小,在网络中,由于网络内部各部分之间的连接会加剧这种低可靠性,从而导致其利用率的减小。

案例从复杂网络可靠性以及交通理论研究的影响因素分析了交通瓶颈形成机理。在交通瓶颈形成机理的基础上,对所选取的参数进行量化识别,并结合动态识别因子方法识别网络的固定瓶颈,最后分析了网络的演化。

7.5.2　基于改进可达性的交通网络瓶颈识别实证分析

1)网络瓶颈识别结论

图7-18分别显示了具有代表性的低峰/高峰拥堵瓶颈点识别的结果,图中深色点为识别出的可达性低的瓶颈节点。

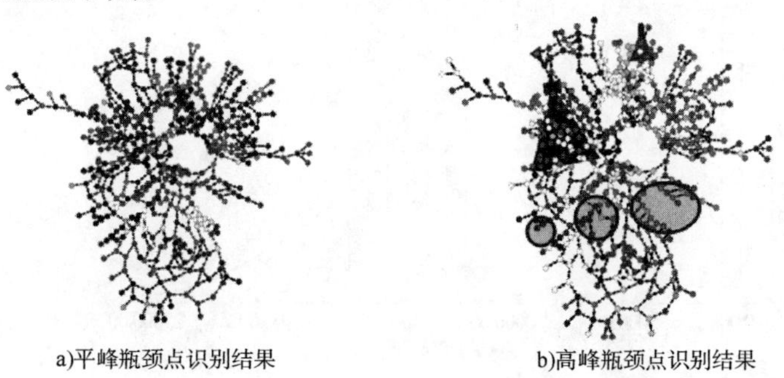

a)平峰瓶颈点识别结果　　b)高峰瓶颈点识别结果

图7-18　改进的可达性指标的瓶颈识别算法识别结果

通过该方法的计算,可以看出网络拥堵点演化的初步规律,主要体现为:原发性瓶颈点和诱发瓶颈点初步显示在网络识别的结果中(图中圆圈范围为两图均含有的、原发性瓶颈点示意图,而其余右图中新增的瓶颈点在高峰时段非常显著,为拥堵时段网络中诱发的拥堵瓶颈点)。

同时整体上可以看出,由于引入了局部模型突出了对拥堵点扩散影响的考虑,识别出的拥堵点不再简单地聚集分布在最短路径周边,而是呈现出一定的离散特征。

2)不同类型的网络节点瓶颈可达性变化结果分析

上述识别结果中,大多数识别的瓶颈点自然地分为原发性瓶颈点和诱发性瓶颈点,而在识别瓶颈的同时也对各个点的 A_i 进一步分析。原发性瓶颈点和诱发性瓶颈点的 A_i 对于不同点在不同时段变化情况差别较大且变化幅度较大,但并未发现显著特征规律。但是研究中注意到,对上述网络瓶颈点的 A_i 整体分为 A_{to}(到达流可达性)与 A_{from}(出发流可达性)分别进行考察时,可以发现部分诱发性瓶颈点其非高峰时段 A_{to} 与 A_{from} 方差有较为显著的差异,呈现出较强的规律性(图 7-19)。本研究认为关于其是否可以作为新的诱发性瓶颈点的二次分类标准抑或反映了诱发性瓶颈点的异质性,需要进一步研究得出。

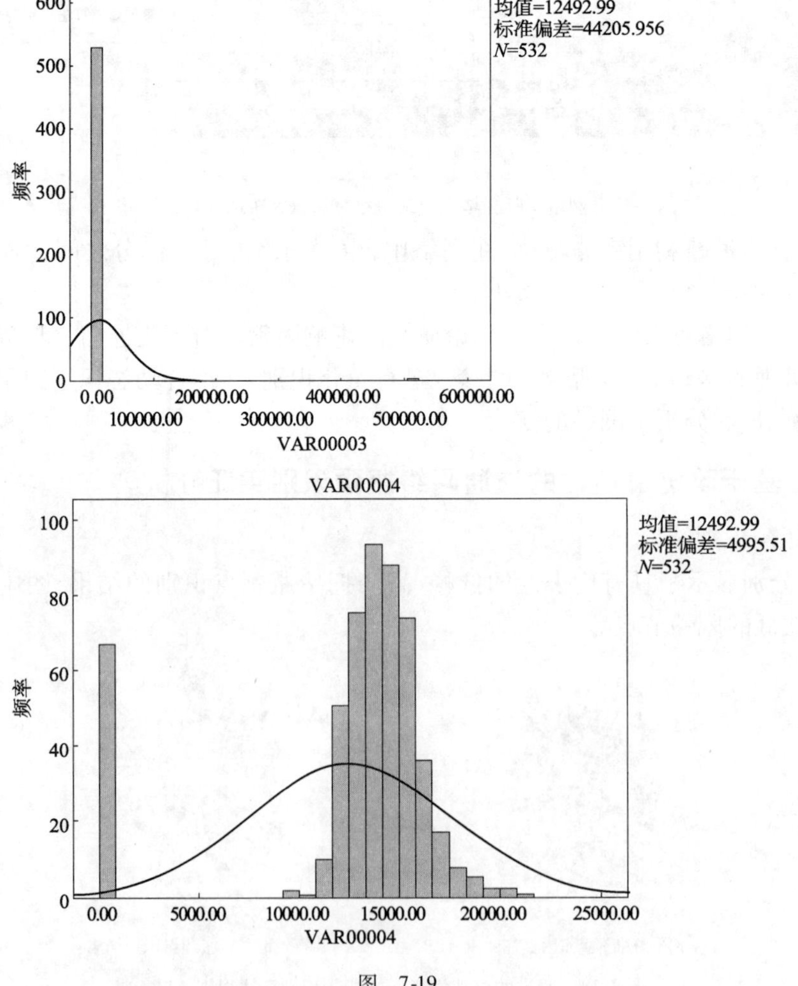

图 7-19

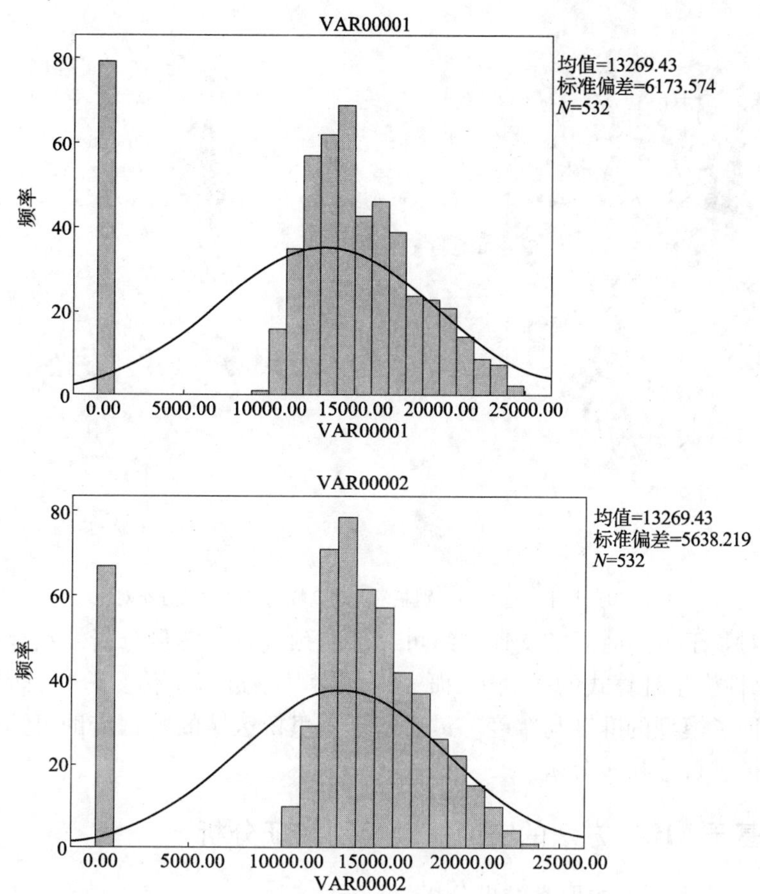

图7-19　瓶颈点的到达流可达性与出发流可达性对比

3）识别结果的对比分析

基于可达性的模型在方法上改进完善识别理论体系，首先是在最短路径基础上加强了对网络区域的刻画。由于考虑了所有点间的相互连接关系计算，尤其是改进模型的局部网络建模方法和可达性集计模型，同时，增加了局部网络权重因子和对网络整体效用的评价模型，所以初步识别的结果显示，其对非最短路径上瓶颈点的识别相较最短路算法更贴合实际。

对比最短路模型，可知前述最短路模型出现在最短路路径上的次数多并且 R 小的点为瓶颈，可以较好地识别出一段时间内路网的静态瓶颈。但仅用最短路关系刻画出行需求会导致精度不高，最短路算法对非最短路上的瓶颈无法识别，相对缺乏对网络瓶颈的识别和描述。与原最短路识别方法的比较：可达性差的点集与出现在最短路上频次较高的点集存在交集，高峰时段出现交集较多；低峰时，少（甚至无）交集（图7-20）。

综上，可基于识别结果的形式初步总结出可达性分析模型的识别相对于最短路算法的优势，主要集中在：

（1）识别指标的意义更加明确，各参数理论基础较为坚实；

（2）识别结论上，对于高峰时期网络拥堵扩散的刻画优势更为明显。

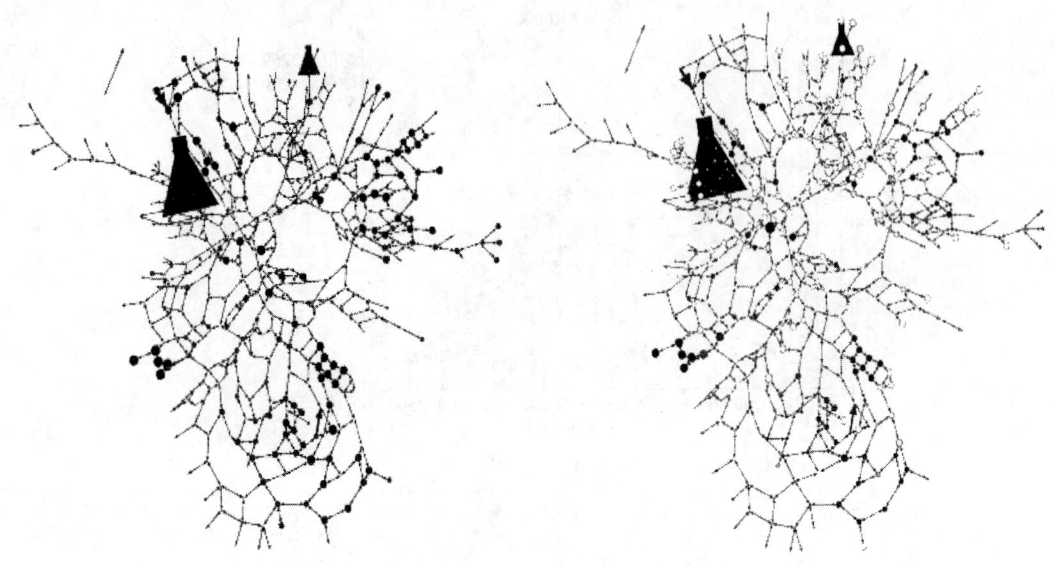

图 7-20　基于可达性的识别瓶颈点在高峰与平峰时的分布对比

本节主要对基于可达时间的交通网络可靠性瓶颈进行了案例分析。在介绍了模型验证所用数据、可靠性模型计算式的基础上，研究首先对模型进行了仿真分析，而后通过可靠性模型的对比验证了模型的准度与精度。最后基于六里桥区域的数据借助可达性判据对区域动态瓶颈的特征进行了初步分析。

7.5.3　基于 MCL 方法的交通瓶颈识别实证分析

1）不同 gamma 数值下的聚类结果分析

本节在对六里桥网络实证时借助了 Gephi 软件的 MCL. java 算法进行了模型建立和迭代控制，实现了网络整体迭代演化的运算仿真模拟。仿真中对矩阵迭代收敛的仿真控制参数计为 gamma，研究时根据动态聚类的结构对不同参数下的聚类过程进行分析，进一步调整确定了合理仿真条件与参数。

根据其仿真的物理含义，gamma 为膨胀—扩张系数控制比例，为大于 1 的正值，根据仿真聚类控制的具体情况进行实验标定及合理范围的选取。本仿真在 gamma 于 1 ~ 12 变化时都可以达到收敛，如图 7-21 所示为 gamma 由 1 变至 12 过程中取值为 4，8，10，12 时网络聚类和瓶颈点分布的情况，图示不同颜色表示不同的子团区域，右下角的扇形统计图为相应的聚类簇数目与各个聚类下点分布的数目相对应的颜色说明。其中深灰色部分表示聚类解析矩阵中没有明显聚类关系的点（表示其不属于任何已经识别的团块组织，即不具有网络流模拟下的聚类簇的特征）。gamma 由 4 变至 12 过程中，取值为 10 时聚类分块呈现出较强的组团特点且算法识别的成功聚类点数目较多（深灰色点比例最小）。根据此实验的结论，由于相对地，在分析中 gamma 选取为 8 ~ 10 得出的聚类点数目较多且在 10 左右组团聚集的特征最为显著，实验中 gamma 取值范围为 10 左右是较为合适的值域框定。

2）算法效率速度与收敛情况

实验中对 gamma 取值的设定需综合结合聚类效果与算法运算速度进行选取，上述已经根据初始聚类的效果进行探究设定在10左右，作为补充和验证，对gamma取值在不同数值的运算速度进行简要的测算。结论显示gamm数值在8～12变化过程中，都可以达到较快的收敛速度，不同取值下平均运算时间变化幅度在0.55s之内。

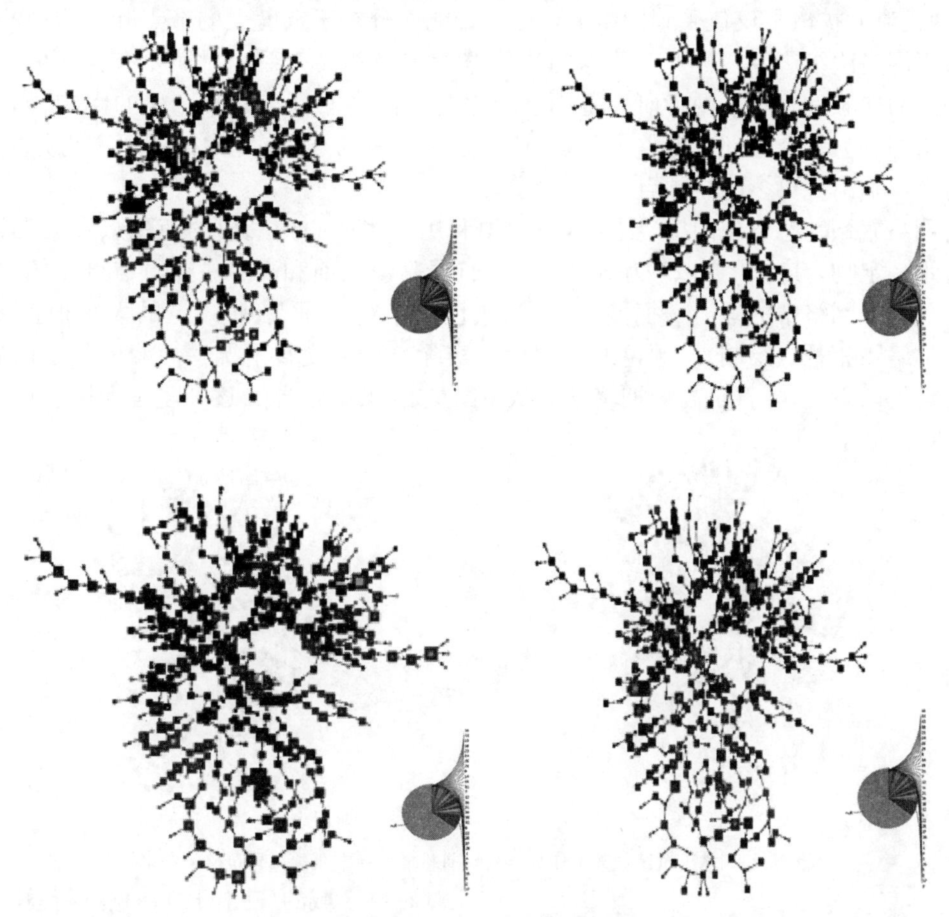

图7-21　不同gamma参数下的瓶颈识别分布

3）高峰时段交通网络瓶颈及可靠性动态变化分析

图7-22为针对某日高峰时段对六里桥网络进行MCL图聚类分析得到的瓶颈点在高峰时段的总体分布图，点的大小代表了其在组团中的"权重地位"，即大的点表示了聚类组团的核心，同时组团之间的相对大小也体现着稳态矩阵中模拟流值的大小。从流量模拟的角度来说，这些模拟随机流在网络中流量较大的点正为网络中容易拥塞的点，也即为本方法识别得到的瓶颈点。

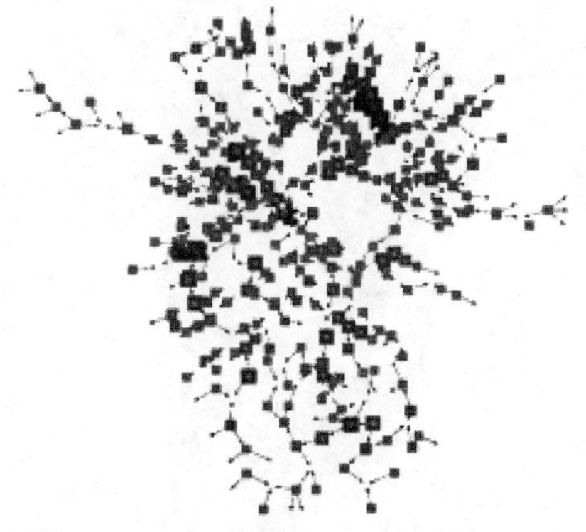

图7-22　MCL图聚类下六里桥区域瓶颈点高峰时段总体分布图

从瓶颈点的整体分布上看，瓶颈点分布中有相对聚集的瓶颈点簇（多个相邻点），也有离散分布的单独中心瓶颈点。但是从组团和网络中心上分析,可以发现 MCL 方法识别出的拥塞点主要集中于组团中心或者偏向于组团边缘,但是与网络中心相连的方向上,反映出一定程度上的向心性(虽然与普通无权拓扑网络相比,本研究结果一个明显的特点是,由于权重变化值的影响,随机流的扩散不仅仅受到网络节点度的影响而分布于点度大的节点和网络中心,更广泛分布于网络次级边缘),因此认为这与边缘路段本身邻接关系相对简单有关。事实上,结果呈现出的向心性暗示了网络研究范围选取本身可能对瓶颈点识别产生的影响,如上述六里桥网络拓展为整个五环或者整个北京市时,区域边缘的点(在更大范围下不再是边缘点)中可能会识别出现更多的瓶颈点。

对网络瓶颈动态变化的描述上,本方法中利用组团核心判别出的瓶颈点集聚和扩散的情况显示一定吻合度。图 7-23 为对上述工作日早高峰之前和高峰中瓶颈点分布的探讨,黑色节点代表了网络中的缓行—拥堵点,而黑灰色为相对畅通点,瓶颈点的大小根据图 7-22 识别出的组团瓶颈点绘制,而颜色的变化代表实际数据的变化情况。高峰中除了前后连续性的变化可以看出,当日早高峰拥堵基本从组团核心瓶颈点开始,逐渐蔓延和扩散到周边。

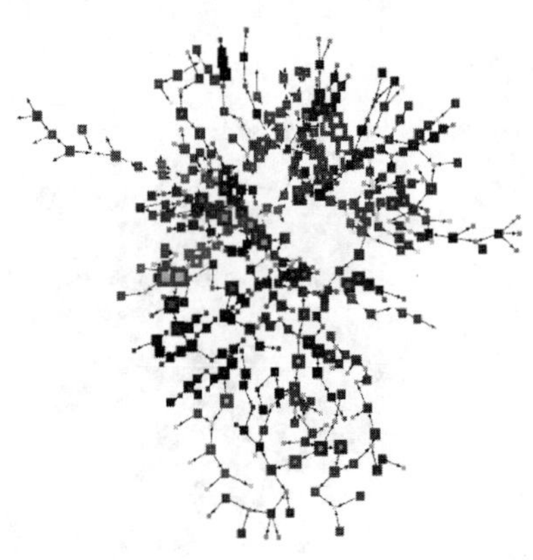

图 7-23　六里桥区域某工作日早高峰前与早高峰中瓶颈点分布情况变化

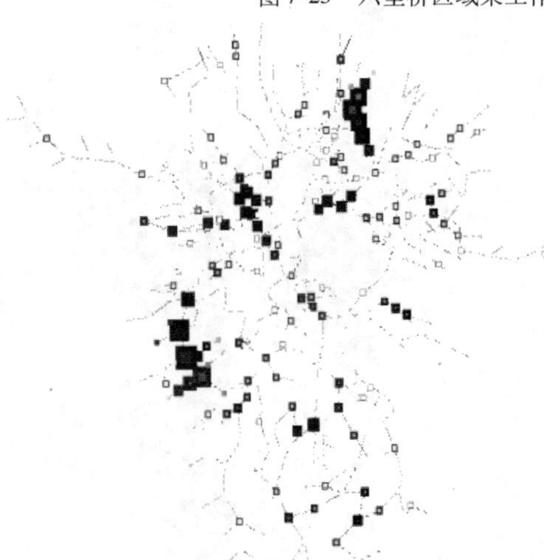

图 7-24　六里桥区域 MCL 识别瓶颈点分布(全时段)

对研究区域的(工作日)数据进行总体分析,得到图 7-24 为全时段瓶颈点的分布情况。综合来看,MCL 识别的瓶颈点识别结果较能够反映瓶颈点明显的组团分布特征。对三种识别方法进行对比可知,最短路径法得出的主要围绕网络最短路径瓶颈“线状分布”,可达性识别下瓶颈点离散呈现“点状分布”,本方法识别瓶颈点分布具有区域“簇块状分布”的特点。

本实例主要对基于 MCL 图聚类算法的交通网络瓶颈进行了分析。在 MCL 模型原理算法、MCL 交通瓶颈模型识别适用性的基础上,对模型进行了仿真分析,基于六里桥区域的数据并借助可达性判据,对区域动态瓶颈的特征进行初步分析,最后与前述两类识别方法的结论进行对比总结了 MCL 方法的识别特点。

本章参考文献

[1] Vaughan R, Hurdle V F. A theory of traffic flow for congested conditions on urban arterial streets I: Theoretical development [J]. Transportation Research Part B Methodological, 1992, 26(5): 381-396.

[2] Gazis D C, Herman R. The moving and "phantom" bottlenecks[J]. Transportation Science, 1992, 26(3): 223-229.

[3] Lin W H, Daganzo C F. A simple detection scheme for delay-inducing freeway incidents[J]. Transportation Research Part A Policy & Practice, 1997, 31(2): 141-155.

[4] Daganzo C F, Laval J A. Moving bottlenecks: A numerical method that converges in flows [J]. Transportation Research Part B Methodological, 2005, 39(9): 855-863.

[5] 贺寒辉. 基于仿真技术的交通瓶颈研究[D]. 长沙: 湖南大学, 2006.

[6] 刘伟, 华雯婷. 基于均衡原理的单向交通瓶颈路段诊断法[J]. 公路交通科技, 2010, 27(5): 117-120.

[7] Kim S, Coifman B. Freeway on-ramp bottleneck activation, capacity and the fundamental relationship [J]. Procedia-Social and Behavioral Sciences, 2013, 80: 698-716.

[8] Zhang S, Wang H, Quan W, et al. Measuring variability in freeway traffic states using real-time loop data in Jilin [J]. Procedia- Social and Behavioral Sciences, 2013, 96: 2676-2683.

[9] Hino Y, Nagatani T. Asymmetric effect of route- length difference and bottleneck on route choice in two- route traffic system[J]. Physica A Statistical Mechanics & Its Applications, 2015, 428: 416-425.

[10] Zheng Z, Ahn S, Chen D, et al. Applications of wavelet transform for analysis of freeway traffic: Bottlenecks, transient traffic, and traffic oscillations[J]. Transportation Research Part B Methodological, 2011, 45(2): 372-384.

[11] Sun H, Wu J, Ma D, et al. Spatial distribution complexities of traffic congestion and bottlenecks in different network topologies[J]. Applied Mathematical Modelling, 2014, 38(38): 496-505.

[12] Jenelius E, Mattsson L G. Road network vulnerability analysis: Conceptualization, implementation and application[J]. Computers Environment & Urban Systems, 2014, 49: 136-147.

[13] Nagurney A, Qiang Q. Fragile networks: identifying vulnerabilities and synergies in an uncertain age[J]. International Transactions in Operational Research, 2012, 19(1-2): 123-160.

[14] Murray A T. An overview of network vulnerability modeling approaches[J]. GeoJournal, 2013, 78(2): 1-13.

[15] Dalziell E, Nicholson A. Risk and impact of natural hazards on a road network[J]. Journal

of Transportation Engineering, 2001, 127(2): 159-166.

[16] Corley H W, Sha D Y. Most vital links and nodes in weighted networks[J]. Operations Research Letters, 1982, 1(1): 157-160.

[17] 谭跃进, 吴俊, 邓宏钟. 复杂网络中节点重要度评估的节点收缩方法[J]. 系统工程理论与实践, 2006, 26(11): 79-83.

[18] 王延庆. 基于接连失效的复杂网络节点重要性评估[J]. 网络安全技术与应用, 2008, (3): 59-61.

[19] 吕天阳, 黄少滨, 朴秀峰, 等. 基于搜索效率的复杂网络多模型并行演化分析[J]. 中国科学:物理学力学天文学, 2013, (2): 159-166.

[20] 陈小兰. 城市交通复杂网络级联失效影响源辨识[D]. 长沙: 长沙理工大学, 2013.

[21] 曹娟, 张颖淳, 苏伯洪. 基于流量熵的道路交通网络脆弱性优化[J]. 西南师范大学学报自然科学版, 2014, (7): 30-35.

[22] Gao Y, Sun S, Shi D. Network-scale traffic modeling and forecasting with graphical lasso [J]. Journal of Transportation Engineering, 2012, 138(11): 1358-1367.

[23] Li Q, Zhang T, Wang H, et al. Dynamic accessibility mapping using floating car data: a network-constrained density estimation approach [J]. Journal of Transport Geography, 2011, 19(3): 379-393.

[24] Berdica K, Eliasson J. Regional accessibility analysis from a vulnerability perspective [C]// Regional accessibility analysis from a vulnerability perspective. The Second International Symposium on Transportation Network Reliability. INSTR.

[25] Taylor M a P, Sekhar S V C, D'este G M. Application of accessibility based methods for vulnerability analysis of strategic road networks [J]. Networks and Spatial Economics, 2006, 6(3): 267-291.

[26] Niemeier D A. Accessibility: an evaluation using consumer welfare[J]. Transportation, 1997, 24(4): 377-396.

[27] Primerano F, Taylor M a P. An Accessibility framework for evaluating transport policies [M]. City, 2005.

[28] Chen A, Kongsomsaksakul S, Zhou Z, et al. Assessing network vulnerability of degradable transportation systems: an accessibility based approach[C]// Assessing Network Vulnerability of Degradable Transportation Systems: An Accessibility Based Approach. Transportation and Traffic Theory 2007 Papers Selected for Presentation at ISTTT17.

[29] Weibull J W. An axiomatic approach to the measurement of accessibility[J]. Regional science and urban economics, 1976, 6(4): 357-379.

[30] Zhang Z, Wolshon B, Dixit V V. Integration of a cell transmission model and macroscopic fundamental diagram: Network aggregation for dynamic traffic models[J]. Transportation research part C: emerging technologies, 2015, 55: 298-309.

[31] Hassan M. Network reduction for the acyclic constrained shortest path problem [J]. European Journal of Operational Research, 1992, 63(1): 124-132.

[32] Fu L, Rilett L R. Expected shortest paths in dynamic and stochastic traffic networks[J]. Transportation research part B: methodological, 1998, 32(7): 499-516.

[33] Nie Y, Wu X. Shortest path problem considering on-time arrival probability[J]. Transportation Research Part B Methodological, 2009, 43(6): 597-613.

[34] Srinivasan K K, Prakash A A, Seshadri R. Finding most reliable paths on networks with correlated and shifted log-normal travel times[J]. Transportation Research Part B Methodological, 2014, 66(8): 110-128.

[35] Chen P, Nie Y. Bicriterion shortest path problem with a general nonadditive cost[J]. Transportation Research Part B Methodological, 2013, 57(5): 419-435.

[36] López D, Lozano A. Techniques in multimodal shortest path in public transport systems [J]. Transportation Research Procedia, 2014, 3: 886-894.

[37] Mondschein A, Taylor B D, Brumbaugh S. Congestion and accessibility: What's the relationship? [J]. University of California Transportation Center Working Papers, 2009.

[38] 王建伟, 荣莉莉, 郭天柱. 一种基于局部特征的网络节点重要性度量方法[J]. 大连理工大学学报, 2010, 50(5): 822-826.

[39] Bhat C, Handy S, Kockelman K, et al. Development of an urban accessibility index: Formulations, aggregation and application[J]. Direction Des Etudes Analytiques Documents De Recherche, 2002.

[40] 柳娜娜. 基于 MCL 聚类的模体发现算法研究[D]. 西安: 西安电子科技大学, 2014.

第8章　基于渗流理论的交通瓶颈识别

8.1　城市交通的渗流组织概述

大城市交通状况的不断恶化，造成了时间延误、气候污染等一系列社会问题，因此，交通可靠性研究得到了越来越多的关注。从可靠性的角度来看，拥堵现象是交通系统的主要故障模式。只有深入理解系统的故障模式和故障机理，才能建立有效的可靠性设计、评价和测试等方法。交通拥堵可以看作是一个宏观层次的网络自由流崩溃分裂成局部自由流的过程。这恰恰是渗流理论一直以来研究解决的问题。不同的是，以往渗流理论多被应用在分析复杂网络的结构可靠性上，关注的是静态属性。而交通系统具有典型的非平衡动态特征。所以，基于渗流理论的方法，我们将交通系统的动态运行过程划分成一个个的“横截面”，对给定时刻的交通网络进行分析。在以往渗流理论处理的多是没有权重的理想网络，即网络节点或边具有相同的属性。而给定时刻的交通网络显然是一个加权网络，网络连接的权重可看作路段的即时速度。这就使得我们必须按照一定的权重顺序来对网络进行边的删除，进而开展渗流分析[1-2]。因此，在渗流临界点处的最大网络连通子图不仅是网络结构可靠性的度量指标，也是网络在一定速度下能提供的服务能力度量。

交通的拥堵过程一直是交通领域关注的热点问题，通过对系统不同层次的建模分析，已经得到了越来越深的理解。现在常用的交通流的模型可粗略分为两类：宏观模型和微观模型。宏观模型关注的是交通流的宏观统计特性和车辆集体的综合平均行为，而并不在意车辆的个体行为。宏观模型通常借助流体动力学和空气动力学理论对交通流进行研究[3-5]，宏观模型将交通中行驶的车辆看作是流动的流体或是扩散的气体，交通流在交通中的整体变化情况与流体和气体的宏观运动具有相似性，利用流体动力学和空气动力学的基本原理，可以建立交通流的动力学方程，研究交通流的流量、密度和车速之间的关系。相较于宏观模型，微观模型则更加关注交通中的车辆的个体行为以及它们之间的相互作用。微观模型主要包括车辆跟驰模型和元胞自动机模型[6-9]。车辆跟驰模型将交通中的车辆看作分散的、存在相互作用的个体，研究了在限制超车的单车道上前车与后车之间的相互作用，从而得到单车道上的交通流演化过程。元胞自动机模型则是通过设置车辆运动时的演化规则，研究车道上的车辆在该规则下的运行规律，而且模型能通过修改演化规则来模拟不同交通条件下的道路交通流情况。

除了上面所提到的关于交通流的宏观模型和微观模型之外，还可从网络层面理解整个城市的交通运行情况。这里网络层次的建模和分析不仅仅指的是将城市交通系统看作拓扑结构的典型复杂网络，还可以将宏观交通流看成由不同局部交通流以“网络”的方式组合起来的流的网络。交通流宏观和微观模型更加注重车辆的总体模式或个体行为。从网络层面上对交通流进行分析，一方面要考虑到单个道路上的微观流量，另一方面还要考虑整体的交通流变化情况，因而网络层面上的交通流模型研究从某种程度上可以看作是介于宏观与微观之间的中观模型。

渗流理论最早是由 Flory[10] 和 Stockmayer[11] 于 20 世纪 40 年代在研究高分子凝聚过程中所提及。Broadbent 和 Hammersley[12] 于 1957 年在研究流体在多孔介质流动情况的过程中首次明确提出了关于渗流过程的数学模型，推动了渗流理论的发展。之后随着相变理论、标度理论、分形等理论的出现和发展丰富了渗流理论及其临界过程的内涵[13]。

网络渗流过程是一种典型的相变过程。相变是指物质从一种状态转变为另一种状态的过程，在自然界中非常普遍。除了我们熟悉的气态—固态—液态相变外，还有在居里点发生的铁磁—顺磁相变，金属或合金在特定温度下失去电阻变为完全抗磁体的超导转变等。而渗流相变过程是整个渗流过程中最为关键的地方。现以简单的规则网格($L \times L$)进行说明，网格中的各点具有被占据与未被占据两种状态，各点的占据状态相互独立。现设任意一点会以等概率 $p(0 \leqslant p \leqslant 1)$被占据，$(1-p)$未被占据，那么相邻的被占据节点将会形成不同规模大小的集合子团(Cluster)。当 p 值达到某一阈值p_c时，存在一条仅通过被占据的节点就能贯穿网格两边的路径，当这样的路径存在时，将网格两端连接起来的子团被称为最大子团(Spanning Cluster 或 Infinite Cluster)，此时称系统发生了渗流。当 $p<p_c$时，网格中并不存在连通网格两端的最大子团，只有尺寸相对较小的分散的子团存在；当 $p>p_c$时，网格中将会出现连通网格两端的最大子团。p_c的值取决于网格的类型和维度。对任意网络，渗流相变过程也可以用来描述网络的局部连通状态和全局连通状态的关系。在研究和描述渗流过程中，我们常常会用到下面几个渗流属性[14]：

渗流临界值p_c，上文提到的阈值p_c是渗流过程中的重要参数，在p_c附近，网络存在渗流相变过程，而且还存在着各式各样的临界标度行为。渗流临界值p_c可以被用来衡量系统的鲁棒性，p_c越小说明越少的节点或连边就能形成连通全局的功能最大子团，能抵御更多的节点或连边失效，系统鲁棒性越好。

最大子团的相对大小$p_\infty(p)$，又称为节点属于最大子团的概率。当 $p<p_c$时，由于网络中并不存在最大子团，任何节点都不会属于最大子团，因而$p_\infty(p)=0$；而当 $p>p_c$时，网络中会出现连通全局的最大子团，并随着 p 值的增加，最大子团的相对大小$p_\infty(p)$也会不断增加。类比于相变中的临界现象，$p_\infty(p)$常常被用来作为系统的序参量描述渗流相变过程。

有限子团(Finite Component)的尺寸分布，当 p 在p_c附近时，网络中除了最大子团以外还会存在多个尺寸有限的子团，对各个有限子团的尺寸进行统计，可以得到临界处的有限子团尺寸分布情况。在临界点附近，系统有限子团尺寸分布会符合幂律分布。对这个分布进行分析，得到临界处的标度行为。

渗流理论最初被应用于流体力学等传统工程技术领域，但随着渗流理论的不断发展以及计算机的出现，渗流理论渐渐被引入包括化学、生物、地质、医学、经济、社会等学科领域。渗流理论最直接的应用就是用来描述流体在无序介质中的流动，例如最典型的应用是在石油开采工程中[15]，根据渗流理论，地下岩层中的石块可以看作是网络中的节点，而石油则是连接节点的连边，石油在地下岩层的空洞中将形成各种连通集团。一项石油开采技术是钻两口井，从一口井注水，在另一口井汲取石油，因此了解地下连通集团的分布情况就十分重要，两口井位置的选取应经过充分的研究，石油工人在选择钻井位置时更希望两口井的位置能在同一连通集团，并且是区域内最大的连通集团中，这样才能使获取的利益达到最大化。

渗流理论还可以被用来对现实世界中的一些灾情扩散及疾病传播等动力学行为进行描述。例如在研究森林大火的蔓延中[13]，森林中的树木可以看作是网络中的孤立节点，大火在森林中的蔓延可以看作是节点之间以一定概率连边，因而在这个渗流模型中研究森林大火的问题，可以确定大火是否能在森林网络中蔓延，火灾持续多长时间，如何防止大火蔓延等问题。此外，传染性疾病在人群中的传播同样可以通过渗流建模进行研究[16]。

针对系统可靠性研究而言，渗流理论还可用来衡量系统的“故障”程度。对于交通系统而言，其某个路段的拥堵都可以看作系统组件的失效，而这些节点的失效往往又会影响到周边的节点，引起一系列级联失效（拥堵传播），最终导致局部甚至全局失效。为了研究级联失效问题，研究者建立模型来模拟实际的失效过程，通过随机或蓄意删除网络中的节点或连边以模拟实际系统中的随机失效或蓄意攻击[17-19]，然后通过观察网络的渗流属性评价系统的健康状态。如果网络中仍存在最大连通子图（Giant Component），则认为系统功能仍能维持，如果网络中仅存在分散的小子团，则认为系统崩溃。通过研究巨大连通子团 G 的尺寸随节点失效后剩余节点比例 p 的变化，可以用渗流理论来研究系统的可靠性[20]。

8.2 基于渗流方法的交通瓶颈识别指标

基于北京市中心区域的实际交通数据信息，发现了城市交通的组织呈现出明显的由全局流社团分裂成局部流社团的渗流特点[1-2]。这里所使用的交通网络系统实时数据，共包含北京市六里桥区域 2013 年 3 月 4 日 ~3 月 9 日及 2013 年 3 月 25 日 ~3 月 30 日，共计 12 天的数据。对动态交通系统进行渗流分析时，需要确定某种状态下网络中节点的拥堵情况，即找出当前状态下网络节点的拥堵情况和动态功能交通网络可靠性指标（比如最大连通子图）的关系[14,21-26]，进而得到网络的运行可靠性评价。因此判定网络中的连通集团就成了渗流分析的关键。

根据实际道路网络抽象构建的交通网络模型是一个有向网络，即网络中的所有连接均为有向连接，流量可以沿着连接方向运行，即存在交通流；与连接方向相反则流量不可运行，即不存在交通流。这是由实际道路网络的车道方向的存在决定的。对于一个由有向连接构成的网络而言，其连通集团按照连通性判定的标准不同主要分为两种：弱连通和强连通[27]。弱连通是指，当将有向网络中的所有有向连接均替换为无向连接时，即得到原有向网络图的基图，若该有向网络的基图是一个连通图，则称该有向网络是弱连通的。换言之，只要被有向连接连到的节点，无论有向连接指向哪个方向，都被认为是存在在同一个弱连通集团中。对于强连通，则是指在一个有向网络中，对于任一节点对 V_1 和 V_2，均满足从 V_1 出发沿有向连接可以到达 V_2，且从 V_2 出发沿有向连接也可以到达 V_1，则称该有向网络是强连通的。网络的强连通性和弱连通性都是针对有向网络而言的。图 8-1 体现了某有向网络中所包含的强连通集团。注意，单个节点也可以认为是只包含一个节点的强连通集团。

由于弱连通性的研究将原始的有向网络转化为其基图，即将网络中的有向连接替换为无向连接，这将导致网络拓扑信息的缺失。原本两点之间只可以沿单向传播的网络流由于弱连通性研究对网络的转变而能够在两点之间相互传播,会导致对网络连通性的错误评估。而对于强连通性的研究,则是使用原始网络中有向连接对网络的连通性进行评估,进而能够得到更准确的结果。所以在评价由目标区域实际道路网络抽象出的交通网络模型的连通性时,采用强连通性作为网络中连通集团确定的标准,即在网络中寻找所有连通集团时,只有满足强连通性的条件,即任意两个节点对可以沿着该连通集团中的有向连接相互到达时,才将该集团判定为连通集团,即强连通集团。计算一个有向网络中所包含的全部强连通集团的算法包括但不仅限于 Kosaraju 算法[28]、Tarjan 算法[29] 和 Gabow 算法[30] 等强连通分量算法。前述三个算法均能以较高的效率计算出有向网络中所有的强连通分量。

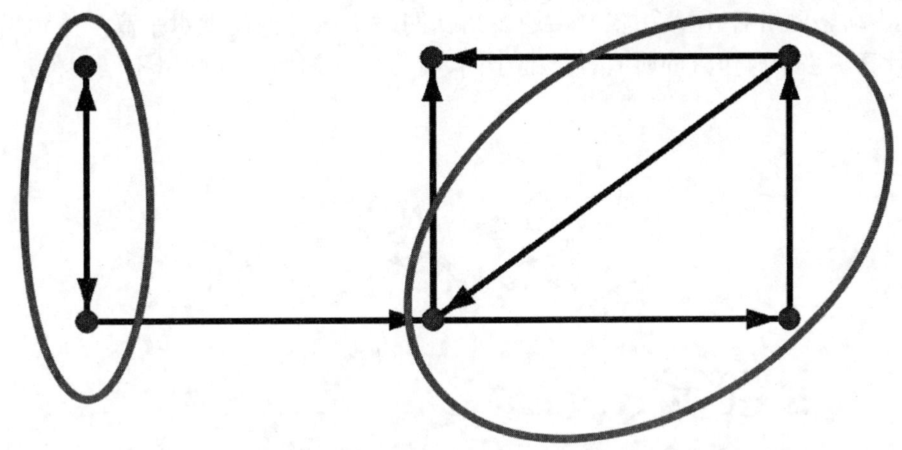

图 8-1　网络中强连通集团示意图[2]

实际数据中往往存在着道路速度数据的缺失。对于从目标区域实际道路网络中抽象出来的网络模型中缺失原始的平均车流速度数据的有向连接,可以通过借用其近邻有向连接的车流速度数据进行计算,为该条有向连接的速度值进行补偿。同时为了使得不同等级路段之间的交通状态可以用统一的渗流参数进行比较,我们通过求取每条边一天中的限速值,使用每条边在每个时刻的速度值与限速值的比例作为该条边在该时刻的相对速度水平的描述。对于某一特定速度水平要求下(渗流参数),某时刻的有向网络中有部分有向连接的速度水平高于该值,另一部分有向连接的速度水平低于该值。高于某一特定值的有向连接,可以认为其在该种特定的速度水平要求下会保持畅通状态,即车辆可以以该特定的速度水平在该条单向连接(即路段)上行驶,该条单向连接相对于该车辆来说,是一条完好且能正常发挥其连通功能的有向连接;而对于速度低于该特定值的有向连接,则认为其在该速度水平要求下处于拥堵状态,即当车辆以该特定的速度水平行驶时,无法满足该车辆的行驶需求连接,该条单向连接对于该车辆而言,是一条失去其连通性能的故障连接,可以等价于将其从原始网络中移除。可以通过上述方式,在目标区域实际道路网络中构建的抽象网络模型的基础上,每一个时刻根据网络中每一条有向连接的相对速度水平和给定的不同速度水平要求,构建该时刻交通网络在给定速度水平要求下的动态功能网络。

具体而言,即在每一个时刻下,给定某一特定的速度水平 q,对于网络中的每一条有向连接,若其相对速度值小于 q,则视其为故障连接,将其从原始网络中删除,即该条连接不出现在该时刻的动态网络中;若其相对速度值大于或等于 q,则视其为功能连接,即该条连接出现

在该时刻的动态网络中。即采用如下公式对网络中的连接进行保留或删除,从而构建动态网络[1]:

$$E_{ij}=\begin{cases}0 & (r_{ij}<q)\\1 & (r_{ij}\geqslant q)\end{cases} \tag{8-1}$$

其中,状态0表示该条有向连接失效,即在构建动态功能网络时将该条有向连接从原始拓扑网络中删除;状态1表示该条有向连接有效,即在构建动态功能网络时将该条有向连接保留。用该判定标准对网络中每一条有向连接进行遍历处理后,即得到当前时刻网络在给定速度水平 q 下的动态功能网络。

构建出动态网络后,网络中仅剩余原始拓扑网络中该时刻速度水平高于 q 值的有向连接,重新计算网络中所包含的所有强连通子团,将得到与初始拓扑网络不同的强连通子团,见图8-2。

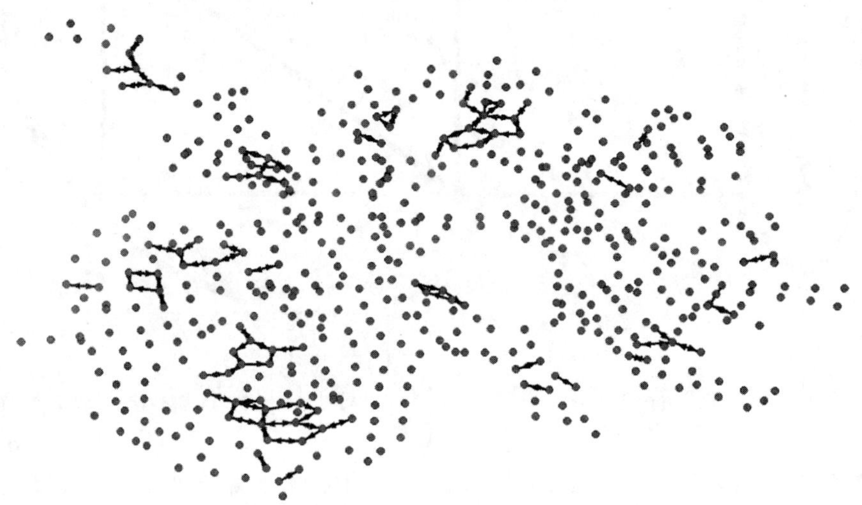

图8-2 3月29日09:00六里桥区域路网,速度水平要求0.5时网络中的强连通集团[2]

通过控制 q 值的大小来观察在交通流的组织过程中从全局交通流到局域交通流的渗流过程。显然,当 $q=0$ 时交通流网络和交通路网在拓扑结构上是一致的,这时的交通流是网络全局性的;而当 $q=1$ 时交通流网络则处于完全碎裂的状态。在这个范围内,对于每一个给定的 q 值,交通流网络会呈现出不同程度大小的功能集团。这些功能集团内部的道路都具有较高的速度值,集团内部的地点可以相互连通,处在同一个功能子团;而集团与集团之间的连接道路则具有较低的速度,不同功能集团之间的地点无法以速度要求水平连通。

在 q 从0~1的变化过程中,必然存在一个特定的值 q_c。当 q 值小于 q_c 时,交通流网络中包含最大连通集团(Giant Component),网络依然具有全局连通性,可以认为网络此时处于畅通状态;当 q 值大于 q_c 时,交通流网络已经失去了全局连通性,只保留了局部连通性。因此,q_c 值反映了允许用户旅行一个连通网络的最大(相对)速度,从网络的角度反映了交通流的全局组织效率。也就是说,可以把 q_c 值作为衡量交通网络运行情况的可靠性指标。

图8-3显示了在某一天的不同时刻,交通动态网络中最大连通集团G和次大连通集团SG的尺寸随着给定速度水平 q 的变化情况。在给定的时刻下,对于每个 q 值,去除网络中

相对速度$r_{ij} < q$ 的道路，网络中会形成不同的强连通集团，其中包括最大连通集团 G 和次大连通集团 SG。根据渗流理论，当 SG 的尺寸达到最大时，系统达到渗流相变的临界阈值 q_c。

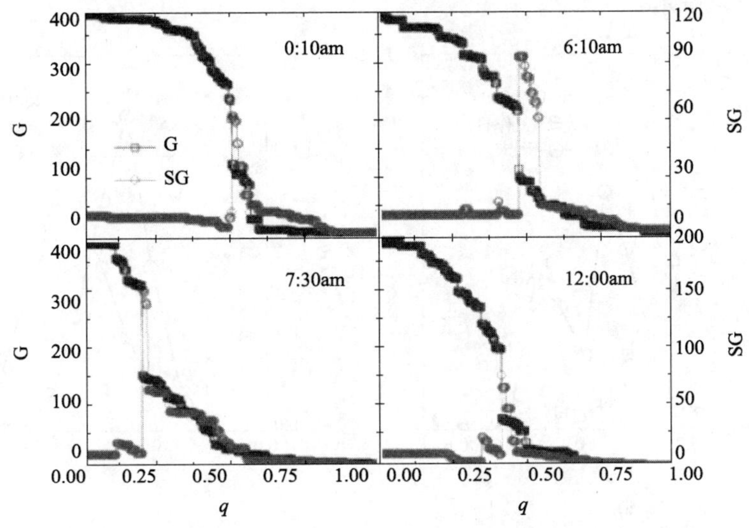

图 8-3　交通动态功能网络中最大连通集团 G 和次大连通集团 SG 大小随 q 的变化情况[1]

在图 8-4 中，计算了在不同日期中的不同时刻下动态交通网络中渗流临界阈值 q_c的变化情况，图中每条曲线代表了某一天之中交通流的全局效率 q_c随时间的变化。在每一天中，对于所有的 288 个时间片(每 5min 划分为一个时间片)计算渗流临界阈值 q_c，其中可观察到工作日和周末之间的不同模式。在工作日，q_c有 2 个局部最低点分别对应于早上和晚上的高峰时间，并且注意到 q_c的数值在早晨要比在晚上更小，这表明早晨的交通拥堵相较于晚上要更加严重。

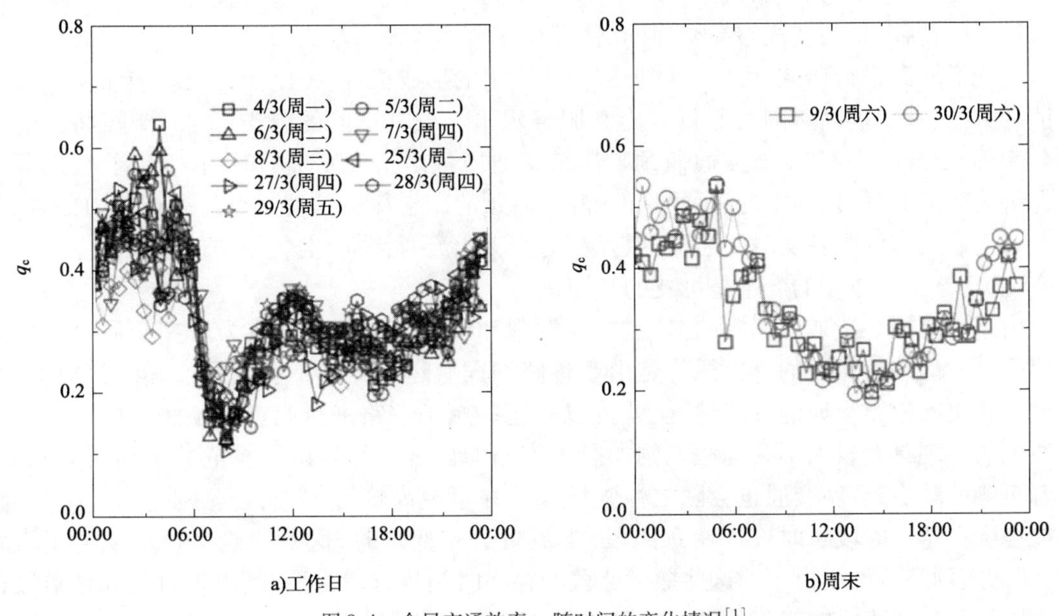

图 8-4　全局交通效率 q_c随时间的变化情况[1]

在图8-5中，计算了工作日和周末的上下午高峰时段中全局交通效率 q_c 的分布情况。可见工作日早高峰时的 q_c 相较于周末要小很多，但在中午时间却能看到相反的结果，周末的 q_c 要比工作日的 q_c 更小。

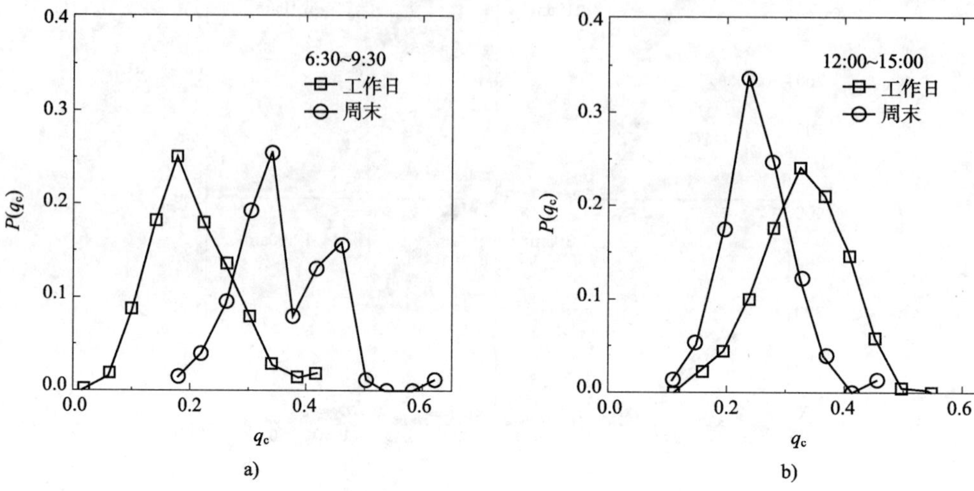

图8-5 全局交通效率 q_c 在工作日和周末的分布情况[1]

8.3 基于渗流方法的交通瓶颈识别

交通瓶颈通常是因为交通事件或者通行能力受限导致道路服务水平下降的位置，是导致交通拥堵的主要原因之一。当交通网络中的某条路段或者交叉口的交通流量大于它的交通容量时，会导致行经此处的车辆速度降低甚至排队等候，道路的拥堵度增加，此条路段或交叉口则可被视为一处交通瓶颈[31]。瓶颈的拥堵不仅仅会对局部交通流产生影响，更可能导致拥堵的传播，从而造成整个交通网络的通行能力下降。

对交通瓶颈进行研究，可以帮助理解交通拥堵的形成机理，提出能够改善整个交通系统性能的方法，从而提高路网的通行能力和服务水平。根据不同的分类标准[32]，可将交通瓶颈分为静态交通瓶颈和动态交通瓶颈。静态交通瓶颈是指其发生的时间、地点及出现频率等保持不变的瓶颈，是固定的、可预见的，静态瓶颈的产生往往是由于自身通行能力的限制。而动态交通瓶颈则受到实时交通流的影响，随着交通流变化，产生瓶颈的位置及时间也会随之变化，动态交通瓶颈的产生是可变的和随机的。

由于瓶颈往往造成大规模的交通拥堵，发现和预测交通瓶颈已成为研究交通可靠性的重要问题。静态性瓶颈的产生往往是由于道路的固有运输能力不能满足实际的交通需求，通过计算实际道路交通的供需情况，就可以对这些瓶颈道路进行判定与预测。但动态性交通瓶颈的出现具有较大不确定性。例如瓶颈道路的出现往往是由于车辆的增加所导致的，随着车辆的减少，道路交通也会随之恢复顺畅。在早晚高峰时，车辆会急剧地增加，一些路段往往会在这些时段瞬时成为瓶颈路段，当流量分布变化时，这些路段又很快恢复正常状态，新的瓶颈路段继而出现。这些瓶颈路段的存在时间具有瞬时性，其出现时间和地点往往是不同局部交通流之间竞争的结果，难以预测和发现。可以看出，瓶颈道路是路网结构、交通运行和管理等多种因素共同作用的结果。

时空特性是预测城市交通瓶颈的重要特性之一。随着时间的推移,路网交通流随时间变化的结果会使瓶颈呈现不同的状态。当一条瓶颈路段形成后,如果该条瓶颈的拥堵没有及时消散,那么该瓶颈处累积排队的车辆会影响到后续到来的车辆,造成拥堵向外扩散,向外形成新的瓶颈路段。另外交通瓶颈还可能会在同一时间内分布于网络中的不同位置,呈现出瓶颈的并发特性。交通瓶颈的时空演化过程中一般可分为瓶颈产生、瓶颈扩散和转移以及瓶颈消散三个阶段。

瓶颈的产生往往是由于车辆的增加造成道路服务水平下降所导致的。瓶颈路段的运输能力供不应求是瓶颈产生的最直接原因。瓶颈产生后往往并不是孤立不变的,有时会对周边的道路产生影响,使得拥堵会向车流上游以及周边区域传播,形成瓶颈区域。根据瓶颈产生时间的先后,分为"初级"和"次级"交通瓶颈[32]。"初级"交通瓶颈,是指最早导致交通拥堵的地方,也称为显性瓶颈。"次级"交通瓶颈,是指由原发性交通瓶颈上车辆排队造成的交通拥堵的回流和蔓延而形成的交通瓶颈,也称为隐性瓶颈。往往"初级"瓶颈出现的时间要早于"次级"瓶颈产生的时间,但"次级"瓶颈的位置则会随着时间向车流上游传播。瓶颈并不会一直存在,交通瓶颈处累积的车辆会随着时间而逐渐减少,瓶颈也会逐渐消散。

上述三个阶段是交通瓶颈演化的整个过程,交通瓶颈的演化也往往具有周期性和重复性,了解瓶颈的时空特性有助于更好地把握瓶颈的变化,从而认识和预测瓶颈道路出现的频率和分布。本节主要通过交通功能网络渗流临界值来寻找对全局连通性非常关键的瓶颈道路。

8.3.1 交通瓶颈的研究背景

1969 年,诺贝尔经济学得主 Vickrey 提出了著名的交通瓶颈模型[33],是最早用确定性排队理论,对存在瓶颈的路段,研究出行者出行时间的模型。该模型是一种基于交通瓶颈的动态交通分配模型,在模型中,N 个相同的通勤者,每天早晨都会从住宿地 O 前往工作地 D,假设连接 O、D 之间的道路仅有一条,而且存在着通行能力为 S 辆/单位时间的瓶颈路段,道路其余各处有着足够大的通行能力。如果瓶颈处到达的车辆超过 S 时,瓶颈路段就会发生排队现象。所有的通勤者都希望能够准时到达工作地点,但是由于瓶颈的存在,总是有一部分通勤者早到或晚到,并由此产生延误成本。现假设每个通勤者的出行成本由两部分组成,分别是行驶成本和早(晚)到延误成本,则在 t 时刻出发的通勤者们的出行成本 $C(t)$ 可表示为:

$$C(t)=\alpha T(t)+\beta AE(t)+\gamma AL(t) \tag{8-2}$$

式中: α——单位时间行驶成本;

β——单位时间早到延误成本;

γ——单位时间晚到延误成本;

$T(t)$、$AE(t)$、$AL(t)$——t 时刻出发时的行驶时间、早到时间和晚到时间。

由于非瓶颈路段的行驶时间与出发时刻 t 无关,为简化模型,将非瓶颈路段行驶时间假定为 0。故 $T(t)$ 的计算可简化为瓶颈处的排队时间:

$$T(t)=\frac{D(t)}{S} \tag{8-3}$$

式中:$D(t)$——t 时刻瓶颈处的排队长度,其计算方式为:

$$D(t) = \max\{R(t) - S(t - t_e),0\} \tag{8-4}$$

$$R(t) = \int_{t_e}^{t} r(t)\,dt \tag{8-5}$$

式中:$R(t)$——累积出行量;

$r(t)$——t 时刻的出发率;

t_e——最早出发的通勤者的出发时刻。

在交通均衡状态下,每个人的出行成本 $C(t)$ 都会相等,即 $C(t_1) = C(t_2) = \cdots = C(t_n)$,并由此可以推导出早高峰的起始和终止时间、早高峰的通勤者出行时间分布以及出行成本等。

经典瓶颈边模型以简单、清楚的方式刻画了早高峰的通勤行为,并说明了交通瓶颈对于交通出行所造成的影响。此后,学者们又从不同角度对瓶颈模型进行了拓展,Mahmassani 和 Herman[34] 通过数值仿真方法探讨了早高峰通勤问题中的出发时间和路径选择行为。Kuwahara[35] 研究了具有多起点多瓶颈路段上的早高峰出行问题。Tobuchi[36] 提出了包含公路瓶颈和并行地铁的双出行模式,研究了不同收费政策下两种交通方式之间的竞争。

吴子啸和黄海军[37] 从经典的瓶颈模型出发,提出了道路使用的动态收费策略。即在高峰期内对出行者进行动态收费,一定时刻的收费水平等于不收费平衡时该时刻出行者的行驶时间费用。这样就能以收费取代行驶时间费用并满足平衡条件,瓶颈满负荷运行且无排队现象。Huang[38] 提出了在瓶颈模型中具有公共交通和高速公路的可选择的双出行模式情况,研究了异质通勤者在两种出行模型有着不同的定价策略下可能的出行方式选择行为。田琼、黄海军和杨海[39] 基于经典瓶颈模型和上述的双出行的模式,考虑从生活区到工作区有三种交通方式可供选择的情形:一是全程驾车,二是地铁直达,三是在瓶颈处停车再换乘地铁到达目的地。并由此建立了基于 logit 随机均衡的交通方式选择模型。研究结果表明,设置恰当的地铁票价和停车收费水平,可以实现系统的净收益极大,此外,也存在一种地铁票价策略使地铁的收益最大,但票价水平高于系统净收益极大时的票价水平。肖玲玲、黄海军和田丽君[40] 对经典瓶颈模型的假设条件进行拓展,探究了考虑异质出行者的随机瓶颈模型。他们的模型假设通勤者是异质的,其时间价值(VOT)按照递增的顺序排列,并假设高速公路上瓶颈的通行能力在某一区间内随机变化,基于经典瓶颈模型对出行者的均衡出发时间选择行为进行求解,给出了模型的均衡性质和个人出行总成本。结果显示,当瓶颈通行能力随机性的增大,出行者的期望等价出行时间和高峰期长度将增加;当瓶颈通行能力的随机性降低时,个体均衡出行成本下降,时间价值越大的出行者,其成本降低的收益越大。

除了上文提到的经典交通模型对于瓶颈路段处交通分配情况的研究以外,近十余年来,国内外学者们对于典型交通瓶颈处的车流特性以及交通行为进行了广泛的研究分析。很多的研究都集中于高速公路瓶颈处的通行能力特征。1991 年,Bank[41] 等研究了高速公路处瓶颈,探究了高速公路瓶颈处的交通流的变化情况,并通过尝试对匝道进行不同的控制,观察交通流的改善情况,相关的理论结果还被作为匝道限流的理论依据。随后,Cassidy[42]、Chen[43] 以及 Zhang[44] 等研究者们也继续对高速公路瓶颈的交通流性质、交通瓶颈的识别进行了研究,取得了一系列成果。1992 年,Vanghan 及 Hurdle[45] 研究了拥堵情况下主干道的交通流特征。还有一些研究则注重由于道路减少所导致的瓶颈路段[46-47]。1993 年，Newell[48]将简化的波动理论引入公路瓶颈的研究中，并对其可行性进行了论证，1997 年，Daganzo[49-50]等运用车辆到达曲线进行瓶颈上游车辆排队长度及位置的研究，为后续研究提供了良好的基础，车辆到达曲线从此也被广泛作为瓶颈研究的工具。

8.3.2 瓶颈识别过程分析

根据渗流理论，网络在渗流临界状态下具有非常稀疏的树状结构，且呈现出原始网络的"主干"(backbone)[51-52]。而在速度水平要求 q 达到 q_c 之前，动态网络中存在最大强连通集团 G 就是扮演了这样一个原始网络主干的角色。这样的一个主干网络，虽然相对于原始网络而言其十分稀疏，但依然包含和覆盖了原始网络中的绝大部分节点。当速度水平要求达到 q_c 时，原先的主干网络发生崩溃，分裂成不同的更小的高速集团[53]，可见在 q_c 下删除的有向连接起到了将整个网络不同的局域交通流桥接到一起的作用。换言之，临界值 q_c 处被移除的那部分有向连接实际上是主干网络(也就是 q_c 之前的网络中的最大强连通集团 G)中连通不同的高速交通模块的全局瓶颈路段[1-2]。正是由于这些瓶颈路段的失效和移除，导致原本由它们联系在一起的不同的小的高速交通模块相互之间不再形成相互交通流量的高速交换，进而分裂成了更小的强连通集团。

对于由目标区域实际道路网络抽象出来的交通功能网络来说，通过渗流分析[1-2]能够很好地发现这类对于交通动态功能网络的全局连通性非常关键的瓶颈路段及其时空分布规律，深入理解交通运行的故障机理。在此分析中，交通网络可靠性指标 q_c 的提出是依据渗流过程中的临界状态出现时所对应的相对速度水平确定的，而在对交通网络上实时动态功能网络渗流过程的临界状态判定时，是根据渗流理论中的次大连通集团 SG 达到最大值处所对应的速度要求水平来确定的。在临界状态之前，即当速度要求水平 q 值小于 q_c 时，动态网络中包含有覆盖整网绝大部分的最大强连通集团 G；当 q 值提高到 q_c 时，原本存在于动态网络中连接绝大部分节点的最大强连通集团 G 瞬间崩溃，分裂成两个至多个相对更小的子团，其中便会产生在渗流过程中达到最大值的次大强连通集团 SG。从该过程中可见，动态网络在速度水平要求达到 q_c 之前所包含的最大强连通集团 G，是动态网络在渗流过程中表征网络整体连通性能的一个重要指标。当这个最大强连通集团存在时，网络中即存在能够满足车辆以某种速度在目标区域的绝大部分地区之间穿行的高速连通模块。然而当速度水平要求 q 刚刚达到 q_c 时，网络中原本存在的最大连通集团由于个别的有向连接不能满足速度水平要求 q_c 而从动态功能网络中被当作故障失效连接被移除，进而导致原本最大强连通集团 G 中的有向连接不能再构成一个统一完整的强连通集团，分裂成多个更小的强连通集团，最终导致交通网络中全局连通性能的崩溃。换言之，交通网络的相变发生在那些速度值刚好处于 q_c 速度水平下的有向连接被移除的瞬间，这一部分有向连接是交通网络最终发生相变的根本原因所在，也成为相对于渗流而言的瓶颈道路。

在 q_c 下被移除的那部分有向连接——在渗流理论中被称为 Red Bond，可以被视为是交通动态功能网络的全局瓶颈，因为这些有向连接对于整网的全局连通性起着至关重要的作用。正是由于这部分瓶颈有向连接的相对速度是比较低的，所以它们决定了网络中连接不同高速网络模块的路径的速度水平。正是由于这些对于全局连通性非常关键的瓶颈有向连接的相对速度低于子团内其他道路的速度，使得整个交通功能网络渗流过程中的临界状态值由其决定。

在网络全局连通性消失的临界状态下所删除的有向连接中，既包括对网络全局连通性真正起到最关键作用并最终决定交通网络临界状态值 q_c 的真瓶颈，也包括对网络全局连通性并无影响但是由于偶然因素而被一同移除的伪瓶颈。通过甄别确定出真瓶颈究竟是被移除的有向连接中的哪些，就是下一步要进行的交通瓶颈定位。真瓶颈的发现和鉴别就是交通网络拥堵故障定位的最关键步骤，只有找到了交通网络渗流过程中的真瓶颈，才能够找到真正制约交通网络全局连通性的有向连接，完成交通网络拥堵故障定位，进而为根据交通拥堵故障源和故障产生模式开发实时的交通控制疏导策略、缓解交通拥堵故障提供操作基础。

要甄别出真瓶颈和伪瓶颈，就需要从真瓶颈和伪瓶颈的本质区别上进行分析和区分。在图 8-6 中，我们对交通网络中的真伪瓶颈边进行了研究。我们通过比较临界阈值以下和紧接临界阈值之上的功能网络来识别交通网络的瓶颈。图 8-6a）是刚好处于临界阈值以下的交通网络，其中灰色和黑色圆圈内的两条有向连接将在临界阈值处被移除，移除它们将会导致图中最大功能集团的瓦解。图 8-6b）是移除两条有向连接后的交通网络，其中原有的最大功能集团将被分解为四个小集团。图 8-6a）和 b）显示了对于临界点 q_c 处将被移除的两条有向连接，灰色圆圈中的有向连接连接着不同的功能集团，该有向连接的移除会导致最大功能集团的瓦解，因而被认为是真瓶颈；而黑色圆圈中有向连接的单独移除并不会对最大功能集团有显著的影响，因而被认为是伪瓶颈。

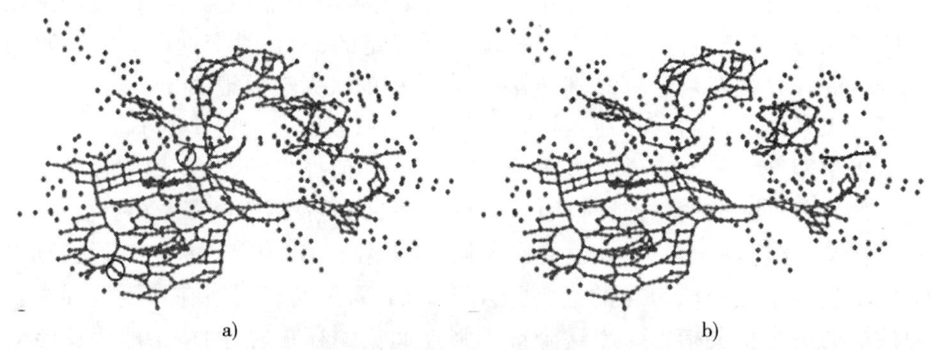

图 8-6　交通网络的瓶颈边

当某时刻的交通网络中存在多条真瓶颈时，不同真瓶颈之间的关系可能是串联、并联或是串并混连。当不同真瓶颈为串联关系时，说明不同的真瓶颈在交通网络中相互协作，共同承担连接不同局部高速链路团簇的功能，具体表现形式可能是两条或更多条真瓶颈位于同一连接回路中，连接两个或多个局部高速链路团簇。当不同的真瓶颈为并联关系时，说明不同的真瓶颈在交通网络中处于相同的地位，即不同真瓶颈的连接对象相同，可能是两个相同的局部高速链路团簇，此时，多条真瓶颈同时从动态功能网络中被移除时，其所连接的两个局部高速链路团簇之间的路径受到破坏，网络的最大强连通集团 G 发生崩溃，导致网络全局连通性的消失。然而只要当其中任意一条真瓶颈保持正常功能时，其所连接的两个局部高速链路团簇之间的路径能够继续保持从而可以确保动态网络中的最大强连通集团 G 的存在，进而确保网络全局连通性。当不同的真瓶颈之间为混连关系时，真瓶颈之间同时存在并联和串联的关系。一部分真瓶颈在链路上发挥相同的作用，形成可以相互替代的并联关系，构成一个真瓶颈组，然后与另外一个真瓶颈组构成串联关系。这样的关系比较复杂，但是本质上还是根据并联和串联关系进行组合而成的。

具体而言，对于串联关系的真瓶颈，由于多条真瓶颈处在同一条链路上的不同前后位置，所以必须通过同时对两条或者多条真瓶颈同时提升性能，才能够保证局部高速链路团簇之间的桥接路径的存在；对于处于并联关系的真瓶颈，由于其所承担的桥接功能相同，不同的真瓶颈之间可以相互替代，所以只要对其中的任一条真瓶颈提速，即可保证局部高速链路团簇之间的桥接路径的保留；而对于串并混连关系的真瓶颈而言，各个串联子部分至少要有一条并联支路的有向连接的性能被提升，才能保证整条链路的完整，进而确保网络的全局连通性。

由于所有在网络渗流过程临界值 q_c 下从动态网络的最大强连通集团 G 中移除的有向连接中的真瓶颈之间可能存在串联、并联或是串并混联的关系，所以在对真伪瓶颈进行鉴别的时候，需要对 q_c 下从网络的最大强连通集团 G 中移除的所有有向连接进行逐一提速。在这些包含真瓶颈的可能有向连接中，首先对其中的每一条单向连接分别逐一提升速度值，并保持交通网络中其他所有的有向连接的速度值为初始值，重新计算临界值 q'_c 与原始 q_c 值进行对比。若在对其中的一条单向连接提升速度时，重新计算的新临界值 q'_c 与原始 q_c 值不相同，则提升该条单向连接的速度时会导致渗流临界值 q_c 的变化，表明该条单向连接是对交通网络的全局连通性能起到关键作用的真瓶颈，则该条单向连接被记作该时刻的一条真瓶颈。由于可能存在与之并联的其他真瓶颈，所以遍历过程不能就此终止，还需要对其他被移除的单向连接进行提速，以确定全部的真瓶颈，直到所有 q_c 下被移除的单向连接全部遍历。如果对所有单向连接逐一提速依然不能找到可以令 q'_c 与 q_c 不同的真瓶颈，则表明必然存在多条真瓶颈串联的情况，需要同时提速才能保证网络的全局连通性，使网络渗流临界值发生改变。接下来需要对所有被移除的单向连接两两分别进行速度提升，对任意两条单向连接进行速度提升时，网络中所有其他单向连接的速度值保持为原始速度值不变，重新计算网络渗流临界值 q'_c，当新的渗流临界值 q'_c 与旧的渗流临界值 q_c 不同时，则表明进行速度提升的两条单向连接均为真瓶颈，构成了一个串联真瓶颈组。由于依然可能存在不同的串联真瓶颈组相互并联的情况，所以需要继续对其他两两（或更多）单向连接的组合进行速度提升，重新计算渗流临界值 q'_c，并与初始渗流临界值 q_c 进行比较，以确定是否包含其他真瓶颈组合，直到所有 q_c 下被移除的单向连接两条组合全部遍历，以此类推。

在图 8-7 中，我们对几种可能出现的瓶颈情况进行了研究，图 8-7a)（8:30am，2013-3-29），图 8-7d)（8:55，2013-3-7）和图 8-7g)（18:35，2013-3-8）分别对应于不同时间下的渗流临界状态，其中圆圈内的有向连接是在渗流临界值 q_c 处将被移除的有向连接。利用上文中提到的瓶颈鉴别方法，我们可以发现用灰色圆圈内的有向连接才是影响全局交通性能的真瓶颈，通过对这些有向连接进行提速，才能令交通网络的渗流临界值发生变化，功能网络的连通性得到提升；而黑色圆圈内的有向连接则是由于偶然因素而被一同移除的伪瓶颈，对这些有向连接进行提速，系统性能并不会发生改变。同时，我们还能发现真瓶颈之间可能存在的串联、并联或是串并混联的关系。图 8-7a) 中仅有一条真瓶颈。图 8-7f) 显示 8-7d) 中的两条真瓶颈为串联关系，只有当同时对两条真瓶颈进行速度提升时，网络中新的渗流临界值

q'_c才会与原始的渗流临界值q_c不同。图8-7i)显示8-7g)中的两条真瓶颈为并联关系，分别对两条真瓶颈单独进行速度提升，网络中的新的渗流临界值q'_c都会与原始的渗流临界值q_c不同。

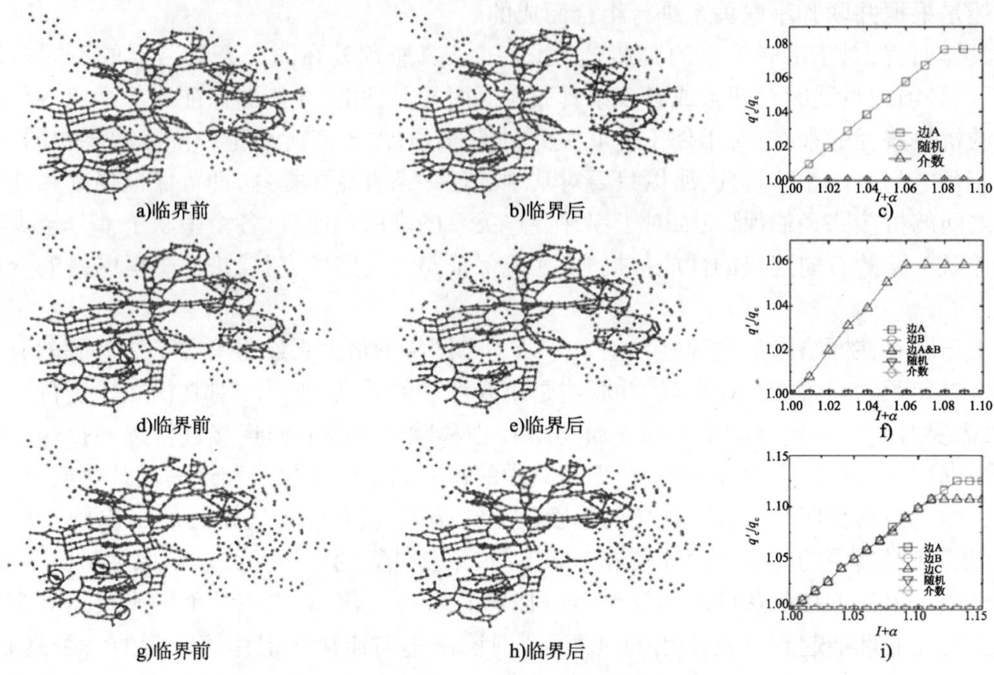

图8-7　瓶颈的鉴别和交通网络性能提升

完成对交通网络中瓶颈的鉴定后，我们可以进一步探究瓶颈在网络中时间分布情况。在图8-8中，我们分别对两个不同时间段瓶颈出现的频次进行研究：中午11:00～14:00[图8-8a)]和晚上17:00～20:00[图8-8b)]。相比于随机情况下得到的瓶颈出现频次情况，我们发现在固定时间段，某些有向连接作为瓶颈出现的频次要远高于其他有向连接，说明瓶颈的出现并不是偶然的。这些高频次出现的瓶颈显现了实际交通中的动态渗流特征，这意味着我们可以利用这些渗流特征和常发瓶颈找到能够有效改善城市交通的方法。

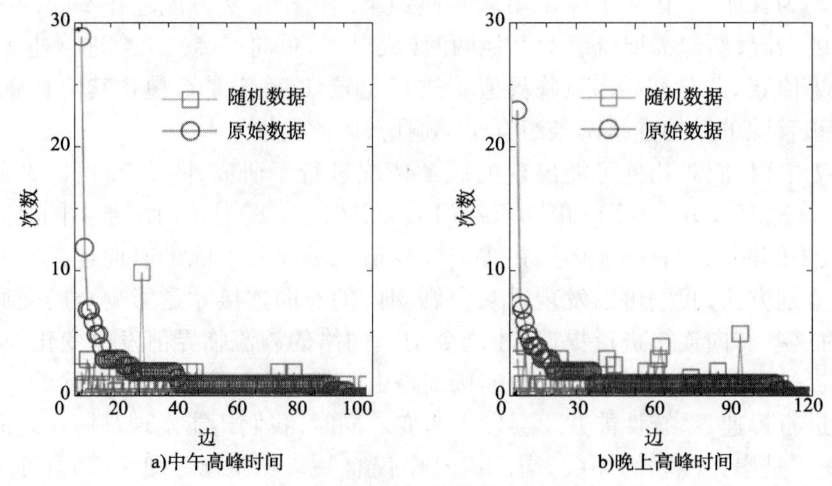

图8-8　有向连接作为瓶颈的频次(降序排列)

网络的静态瓶颈通常是基于结构信息来识别，往往考虑的是对网络连通性至关重要的连边[51,52,54-57]。然而，实际交通网络是一个随时间不断演变的动态非平衡系统，不同于通过结构方法而发现的静态瓶颈，我们所发现的全局交通瓶颈将会随时间发生变化。在图8-9中，我们观察一天中的不同时段所鉴别出的瓶颈有向连接，我们可以发现早上、午餐时段和晚高峰时段出现的瓶颈有着本质上的不同，个人出行习惯的差异和个体之间的相互作用则会导致这种不同。图8-9a)标记了不同时段有着高出现频率的瓶颈道路：早晨（深灰色）、中午（浅灰色）、晚上（黑色）。图8-9b)描述了在不同时段下，图8-9a)中标记的道路作为瓶颈路段而出现的次数：早晨（深灰色）、中午（浅灰色）、晚上（黑色）。如图8-9a)所示，在早上，瓶颈会沿着中心路径（城市高速公路）分布，其拥堵将会使整个网络瓦解为孤立的集团；然而在晚上，瓶颈则会分布在较远离城市中心的路段，可能因为人们早晚的出行原因和模式发生了根本性变化。实际上，如图8-9b)所示，同一天中，道路瓶颈的位置从早上到晚高峰会发生明显变化，早上出现频率较高的瓶颈道路不会在晚上也有较高的出现频率。

瓶颈来源于局部交通流集团之间的相互作用，不同的瓶颈意味着在不同的时间内全局交通的不同组织形式。图8-9c)和8-9d)是移除作为瓶颈出现次数最高的几条有向连接[图8-9c)表示上午，移除出现次数前10的有向连接瓶颈；图8-9d)表示中午，移除出现次数前8的有向连接瓶颈后，网络所形成的集团。图8-9c)和图8-9d)中的黑色箭头表示的是连接不同集团的有向路径，移除这些有向连接将会导致全局功能网络的瓦解。如图8-9c)和d)所示，当去除不同的瓶颈道路时，功能网络会以不同的方式瓦解。在图8-9c)中，移除早晨的瓶颈会导致最大连通集团分裂成一个大集团和四个较小集团；而在图8-9d)中，移除中午的瓶颈则会使最大连通集团分成两个类似大小的集团。

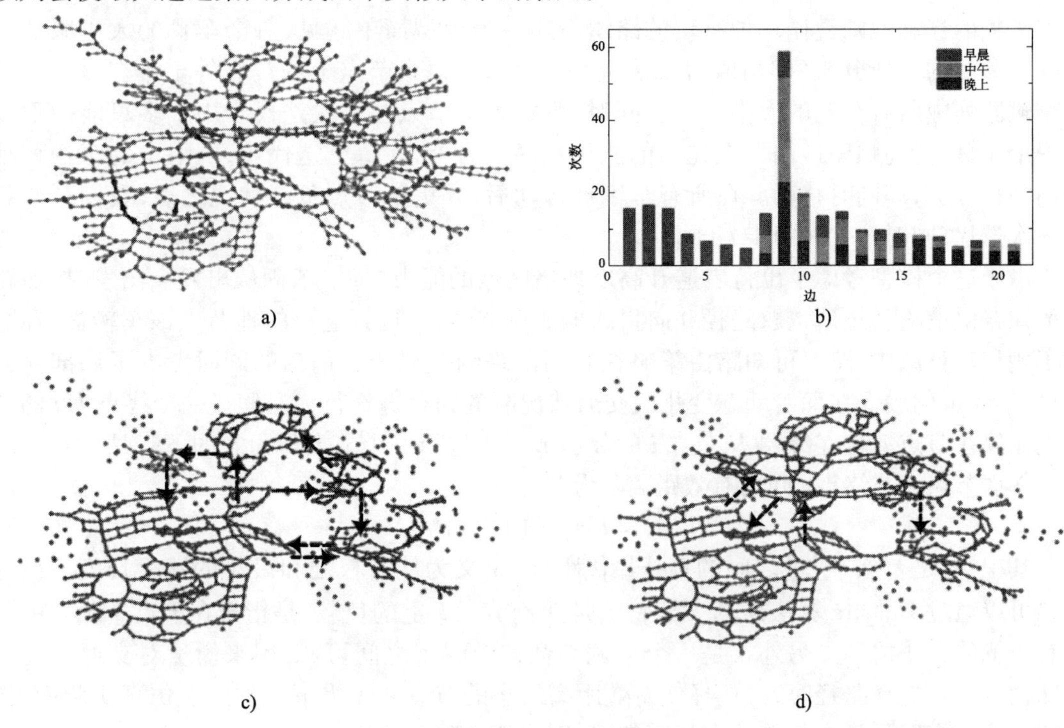

图8-9　一天中不同时段的瓶颈演变

8.4 交通渗流的仿真分析

上一节主要基于城市道路的实测数据来识别交通瓶颈点。本节主要通过仿真来进一步验证交通渗流的特点。在城市交通中,由于从起点到终点往往存在多条可行路径以供出行者选择,出行者可以综合考虑多种交通因素或交通状况来选择适合自己此次出行的最优路径。例如出行者通常选择路网中的最短路径,但如果最短路径出现交通拥堵,出行者也可以通过选择避开拥堵路段来节约自己的出行时间。事实上,出行者的这种有意识的选择行为也可能是实时地根据动态变化的交通状况做出调整,并且出行者对同一种交通状况会做出不同的选择。本节将对不同路径选择行为下的交通渗流进行仿真[58-59]。

8.4.1 路网中的交通流仿真

基于多个体仿真,本节采用了一种多个体模型来模拟车辆在城市路网中的输运过程[60]。在该模型中,通过向路网中投放车辆并使它们按照一定的规则移动,由此来模拟车辆在城市路网中的流动。它们在网络中从起点出发,按照选择的路径,一次移动一个节点位置,并到达终点。每次移动前,每个车辆都将计算自己的下一步移动;当网络中的节点上已经有车辆占据时,后来移动到该节点上的车辆必须排队。

在这个模型中,每一时间步生成固定数目(OD)的车辆并投入到 Lattice 网络中,并且从网络中的所有节点中随机选取每个车辆的出发节点与目的地节点。车辆在选择路径时将综合考虑拓扑最优路径和前方路径上的动态交通状况,希望可以反映实际行驶中出行者的路径选择行为。

车辆的移动规则遵循一种给定的路由策略。为模型简单起见,每个车辆的大小服从与边权同参数的高斯分布(即均值为 1,方差为 0.33)。每个节点上的负载等于排在该节点下的车辆队列中所有车辆的大小之和。同时,假定每个节点在一次迭代步中最多只能向下传递一个车辆,传递顺序遵循先进先出的队列顺序。另外,在每个迭代步,网络中的车辆移动采用并行算法,即同时移动。在所有车辆被移动后,并更新节点负载状况之后,我们开始新的一次迭代,同时迭代时间步 t 自增 1。

由于这个模型考虑了出行者避开高度拥堵区域的能力,每个车辆从出发点出发,按照路况可知路由策略动态地选取路径并向目的地节点移动,一旦到达目的地节点该车辆被清除。在车辆移动算法中,路况可知路由策略在利用网络的全局拓扑信息的同时考虑了局部交通信息,描述了驾驶人在面对动态变化的交通状况时的路径选择行为。假设一个终点为 j 的车辆现在停在节点 i 上,它需要从节点 i 的邻居节点中选择一个节点作为它的下一站。此时定义一邻居节点 k 与终点 j 间的有效距离 e_{kj} 为[60]:

$$e_{kj} = h\,d_{kj} + (1-h)l_k \tag{8-6}$$

其中,d_{kj} 是节点 k 和 j 之间的拓扑最优距离,定义为使边权之和最小的路径长度。最优距离可以通过 Dijkstra 算法计算[61-62]。l_k 是此刻节点 k 上的负载,是指排在节点 k 队列中的所有车辆的大小之和。另外 h 是一个可调参数,在 0 ~ 1 之间可调,用来衡量对交通状况的可知程度。在选择路径时,将选择使有效距离最小的节点 k 作为下一站。在仿真实验中,如果两条或更多路径具有相等的有效距离,我们将从中随机选择一条路径。

式(8-6)中的路由策略[60]使我们有机会捕捉到真实的出行者路径选择行为,这种行为同时考虑了全局的网络拓扑信息和车辆前方的实时路况信息。当 $h=1$ 时,算法恢复到最短路径模型,当 $h\neq1$ 时,车辆在选择下一节点时考虑所有候选节点(邻居节点)上的负载,当负载过大时计算得到的有效距离偏大,将使车辆避开高负载的节点,从而缩短了旅程时间。图8-10为交通流仿真流程图。

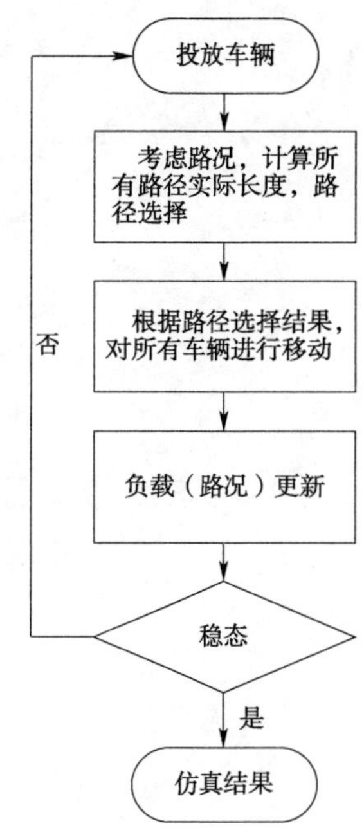

图8-10 交通流仿真流程图[59]

8.4.2 交通状况的序参量

对于每一次交通流仿真,运行这个模型足够长的时间步以达到一个稳定状态,这个稳定状态由系统的序参量来决定。序参量是物理学中为研究相变现象提出的,是针对系统相变后和相变前相比出现的宏观上的物理性能或结构而言的,是描述系统有序程度的物理参量。序参量在相变前为0,相变发生后大于0。序参量定义为[60]:

$$\rho = \lim_{t\to\infty}\frac{L_N(t+\Delta_t)-L_N(t)}{\Delta_t OD} \tag{8-7}$$

式中:$L_N(t)$——在时间步 t 时刻网络上的总负载;

Δ_t——观察时间窗口。

这里极限时间 t(交通流仿真中的迭代次数)保证可以达到稳定状态,表现为 ρ 不再随时间变化。作为对网络交通状况的一种衡量指标,ρ 代表了输入流与输出流的一种平衡。序参量为0,说明到达终点的车辆数量与投入的车辆数量相当,网络中没有拥堵发生,是畅通态;当序参量大于0,说明与投入的车辆数量相比,由于网络中拥堵的发生,已经有部分车辆不能够到达终点;而序参量越大,说明不能到达终点的车辆比例越大,代表网络拥堵状况越严重。

图8-11的结果显示了交通量对网络拥堵状况的影响[58-59]。从图8-11的结果可以看出,随着网络交通量越来越大,即投入的车辆越来越多,网络出现越严重的拥堵。并且存在一个临界OD,使得网络发生从畅通到拥堵的转变。例如,当 $h=1$ 时(最短路径策略),这一临界交通量 OD_c 为30,如果交通量小于30,网络畅通,但若交通量大于30,拥堵形成。这与实际交通现象是一致的:当道路上的车辆数较少时,道路畅通;但是当其大于一定的阈值后,车速下降,拥堵形成。

这个结果还表明了路由策略明显地影响了网络的交通状况。如图8-11所示,在相同的交通量条件下,交通网络的拥堵状况不同。适当的路径选择行为可以缓解拥堵(如 $h=0.9$),并使系统的交通状况优于最短路径策略($h=1$);但是当 h 过小(如 $h=0.3$),即出行者一味地追求躲避拥堵而忽视与距离终点的距离,反而会使系统交通状况恶化。另外,可以发现不同的路由策略会影响使拥堵发生的交通量的临界值 OD_c(即交通容量)。

为了揭示路径选择行为对交通流的影响,图8-12给出了不同路由策略下网络的负载分布[58-59],这个结果可以直观地解释说明不同路由策略导致的交通现象。图中节点的颜色表示了该节点的负载值,即排列在该节点上的车辆队列的长度。其中灰色、浅灰色代表高负载节点,黑色代表负载较小。

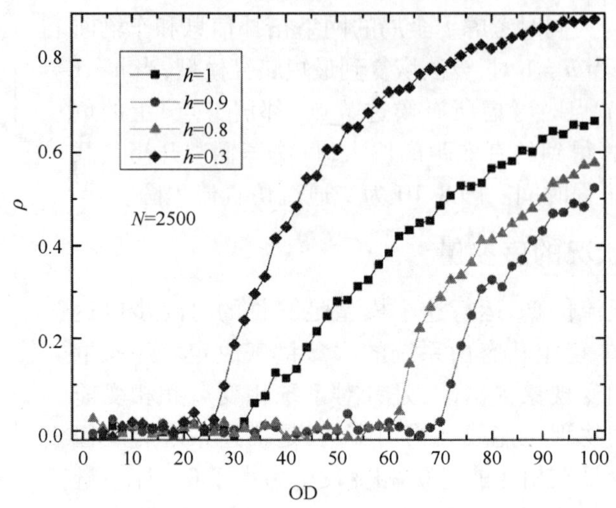

图 8-11　交通网络拥堵状况受交通需求的影响[59]

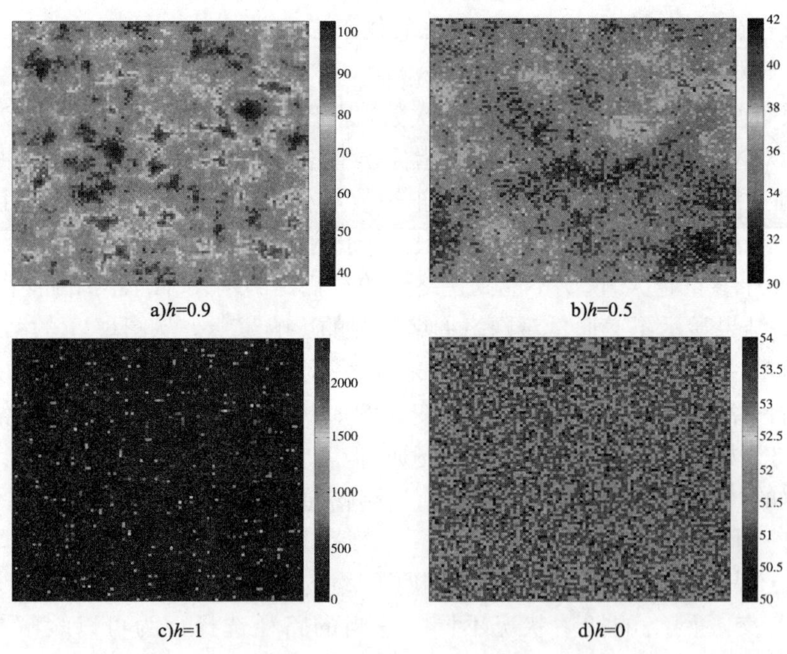

图 8-12　网络负载示意图[59]

从图 8-12 可以看到，当 $h=1$ 时，车辆完全按照拓扑最短路径行走（不避让拥堵），并严重地拥堵在有限的拓扑最优路段上；而在拥堵点之外，网络其他节点的负载很小。不同的是，当 $h=0.9$ 时，车辆可以绕开负载严重的节点，并在其邻近节点上聚集。当 h 更小（$h=0.5$），这种负载扩散的现象更加明显。特别的，当 $h=0$ 时，网络中各节点负载均匀化，因为这个条件对应网络中车辆的随机行走，不考虑网络拓扑信息，也就不会出现车辆拥堵在某些拓扑最优路段这一现象。

8.4.3 交通渗流的可靠性仿真

在城市交通中存在着渗流现象,这种现象描述了交通流的组织过程:如何从局部的交通流组织成为宏观的全局交通流[1-2]。因此,将渗流分析应用到模拟的交通流分析中,并研究不同路径选择下的交通渗流[58-59]。在每次的交通流仿真结束后,记录下当前网络中各个节点的负载。然后,引入变量 m 作为进行渗流分析的唯一可控参量。变量 m 的变化范围为整个网络中节点负载的最小值与最大值,从小到大按照某一合适的步进递增变化。具有负载值l_i的节点的状态s_i有两种:当节点负载$l_i > m$ 时,我们认为节点为拥堵态;相反,当$l_i \leqslant m$ 时,被标记为畅通态。即

$$s_i = \begin{cases} 1 & (l_i \leqslant m) \\ 0 & (l_i > m) \end{cases} \tag{8-8}$$

m 从最小值开始变化,可观察到随着阈值 m 的变化,网络中畅通节点($s_i = 1$)的比例开始增多(畅通节点的比例可以认同为渗流理论中的 p)。在这个过程中,我们选择一个合适的间隔使 m 的增加步进足够小,以至于可以使每次 m 增加后,只有一个节点的状态被调整(即状态s_i从 0 变为 1)。对于具有相同负载的节点,它们的状态更新顺序随机。随着 m 的变化,畅通节点比例的增加,不同的畅通子团会融合(一个畅通集团由相邻接的畅通节点组成),可观察到网络中出现渗流过程:对于较小的 m,几乎所有的节点都是拥堵态,或许会有较小的集团出现;而对于较大的 m,小集团将合并为大的集团,表现了局部交通流的组织过程。对于一个适当的 m,网络中突然出现一个与系统规模相当的网络最大连通子图,标志着渗流相变的发生。

在这个渗流过程中,在某一个畅通节点比例p_c处(由m_c决定),第二大集团达到最大值,标志着全局畅通集团的形成(图 8-13)。根据渗流理论,这个p_c值指的是交通渗流临界阈值。例如在图 8-13a)的结果中,这一渗流临界阈值为 0.62,而在图 8-13c)中,这一阈值为 0.68。尽管在图 8-13 中可以观察到不同的条件(h 不同)有不同的阈值,但这个结果还无法说明交通渗流临界阈值受 h 的影响。因为由于交通流的随机性,即使在相同的条件下,得到的渗流阈值也不尽相同。

图 8-13a)和图 8-13c)通过记录网络中第一大畅通子团的尺寸 G 与第二大畅通子团的尺寸 SG 随 m 的变化,可以观察到这一交通渗流过程。从图中可以看到,当 m 较小时,G 和 SG 基本都为 0。随着 m 增大,由于小子团融合成为较大的子团,G 和 SG 同时开始增长。在某个阈值m_c,SG 达到峰值,根据渗流理论,这标志着相变的发生。这时网络中出现了与网络规模相当的最大联通子团;由于 SG 被融合到 G 中,所以 SG 减小。

图 8-13b)和图 8-13d)是这种渗流过程的示意图。图 8-13b)中,我们画出了不同 h 时网络在p_c附近的子团。其中的仿真参数设置为:图 8-13b),$h = 0.7$;图 8-13d),$h = 0.3$。图中灰色为拥堵节点,黑色、深灰色分别为第一大、第二大连通集团,其他颜色表示其他小畅通集团。可以看到,由于拥堵节点的存在,畅通集团被分隔为许多小的局部的畅通集团,意味着拥堵将全局交通流割裂为孤立的交通流。图 8-13 中的所有结果在规模为 100×100 的网络中得到,OD = 150。

同样,基于之前交通渗流的分析方法在仿真结果中也发现了瓶颈节点。图 8-14 是在规

模为 100×100 的网络上的一次仿真结果。其中横坐标$(1-\alpha)$为瓶颈节点上的负载减小为初始负载的$(1-\alpha)$倍,其中α取值为 0~1;纵坐标为改变瓶颈节点上的负载后,新计算得到的渗流阈值p'_c与原始渗流阈值p_c的比值。这里如果瓶颈是由多于一个节点组成的节点集合,则同时减小该集合中所有节点的负载。另外,除了对交通瓶颈处进行交通状况改变,这里随机选择一个节点,对其进行人为地交通状况提升,以做比较。

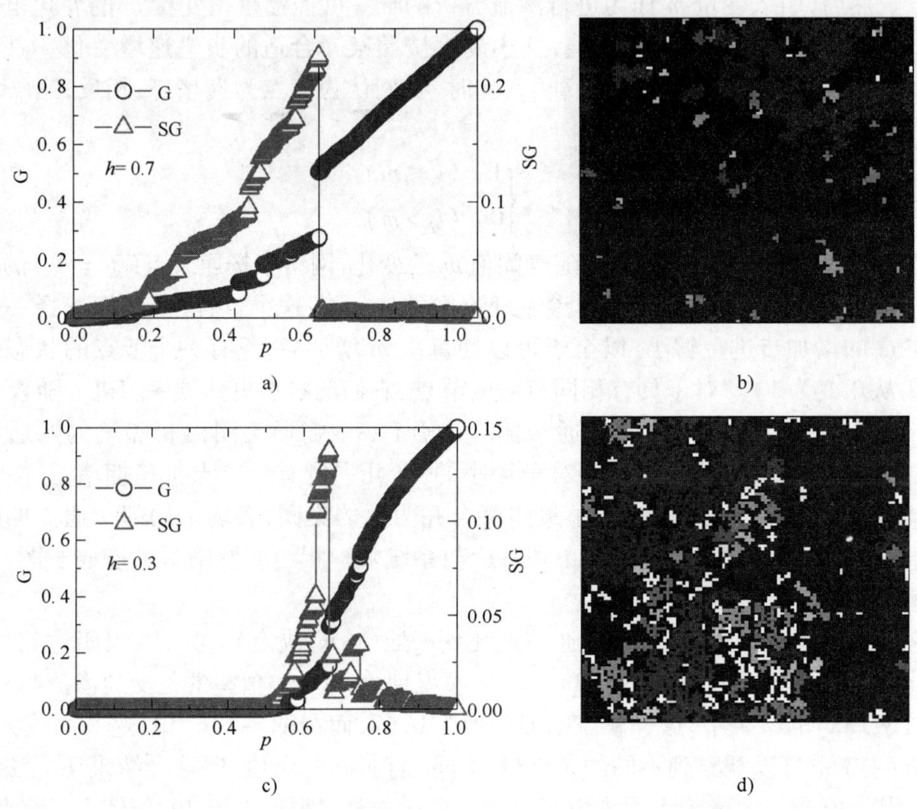

图 8-13　Lattice 网络上的交通渗流[58-59]

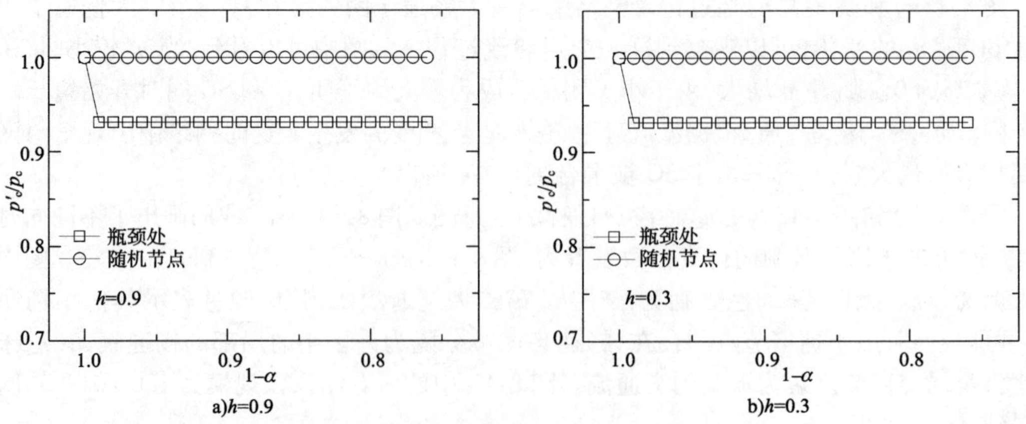

图 8-14　交通瓶颈对网络渗流阈值的影响[59]

通过改善交通瓶颈(仅由一个节点组成)的交通状态,可以将规模为2500的交通功能网络的连通性提升35%。而改变其他节点(随机选择一个)的状态,则不会对交通网络的性能产生影响。需要注意的是,这里的结果仅仅对功能网络的连通性进行了探讨,而未涉及实际交通中由于道路优化造成的交通流量重新分布。在考虑交通动态平衡的基础上,如何利用发现的瓶颈道路来缓解交通拥堵是未来值得研究的问题之一。

本章参考文献

[1] Li D, Fu B, Wang Y, et al. Percolation transition in dynamical traffic network with evolving critical bottlenecks[J]. Proc Natl Acad Sci U S A, 2015, 112(3):669-672.

[2] 傅博文. 交通网络系统可靠性评价[D]. 北京:北京航空航天大学,2014.

[3] Lighthill M J, Whitham G B. On kinematic waves. II. A theory of traffic flow on long crowded roads[C]//On kinematic waves. II. A theory of traffic flow on long crowded roads. Proceedings of the Royal Society of London A: Mathematical, Physical and Engineering Sciences. The Royal Society, 229:317-345.

[4] Richards P I. Shock waves on the highway[J]. Operations research, 1956, 4(1):42-51.

[5] Prigogine I, Herman R. Kinetic theory of vehicular traffic[R]. 1971.

[6] Pipes L A. An operational analysis of traffic dynamics[J]. Journal of Applied Physics, 1953, 24(3):274-281.

[7] Wolfram S. Statistical mechanics of cellular automata[J]. Reviews of Modern Physics, 1983, 55(3):601.

[8] Cremer M, Ludwig J. A fast simulation model for traffic flow on the basis of Boolean operations [J]. Mathematics and Computers in Simulation, 1986, 28(4):297-303.

[9] Nagel K, Schreckenberg M. A cellular automaton model for freeway traffic[J]. Journal De physique I, 1992, 2(12):2221-2229.

[10] Flory P J. Molecular size distribution in three dimensional polymers. i. gelation1[J]. Journal of the American Chemical Society, 1941, 63(11):3083-3090.

[11] Stockmayer W H. Theory of molecular size distribution and gel formation in branched-Chain Polymers[J]. The Journal of Chemical Physics, 1943, 11(2):45-55.

[12] Broadbent S R, Hammersley J M. Percolation processes[C]// Percolationprocesses. Mathematical Proceedings of the Cambridge Philosophical Society. Cambridge Univ Press, 53:629-641.

[13] Stauffer D, Aharony A. Introduction to percolation theory [M]. Boca Raton: CRC press, 1994.

[14] Cohen R, Havlin S. Complex networks: structure, robustness and function[M]. City: Cambridge University Press, 2010.

[15] 钟云霄. 混沌与分形浅谈[M]. 北京:北京大学出版社,2010.

[16] Parshani R, Carmi S, Havlin S. Epidemic threshold for the susceptible-infectious-susceptible

model on random networks[J]. Physical Review Letters,2010,104(25):258701.

[17] Callaway D S,Newman M E,Strogatz S H,et al. Network robustness and fragility:Percolation on random graphs[J]. Physical Review Letters,2000,85(25):5468.

[18] Cohen R,Erez K,Ben-Avraham D,et al. Resilience of the Internet to random breakdowns [J]. Physical Review Letters,2000,85(21):4626.

[19] Cohen R,Erez K,Ben-Avraham D,et al. Breakdown of the Internet under intentional attack [J]. Physical Review Letters,2001,86(16):3682.

[20] Essam J W. Percolation theory[J]. Reports on Progress in Physics,1980,43(7):833.

[21] Albert R,Barabási A-L. Statistical mechanics of complex networks[J]. Reviews of modern physics,2002,74(1):47.

[22] Newman M E. The structure and function of complex networks[J]. SIAM review,2003,45 (2):167-256.

[23] Boccaletti S,Latora V,Moreno Y,et al. Complex networks:Structure and dynamics[J]. Physics Reports,2006,424(4):175-308.

[24] Barrat A,Barthelemy M,Vespignani A. Dynamical processes on complex networks[M]. Cambridge:Cambridge University Press,2008.

[25] Dorogovtsev S N,Goltsev A V,Mendes J F. Critical phenomena in complex networks[J]. Reviews of Modern Physics,2008,80(4):1275.

[26] Barthélemy M. Spatial networks[J]. Physics Reports,2011,499(1):1-101.

[27] Broder A,Kumar R,Maghoul F,et al. Graph structure in the web[J]. Computer Networks, 2000,33(1):309-320.

[28] Aho A V,Hopcroft J E,Ullman J D. Data structures and algorithms[M]. Addison-Wesley, Reading,MA,1983.

[29] Tarjan R. Depth-first search and linear graph algorithms[J]. SIAM Journal on Computing, 1972,1(2):146-160.

[30] Gabow H N. Path-based depth-first search for strong and biconnected components[J]. Information Processing Letters,2000,74(3):107-114.

[31] Wright C,Roberg P. The conceptual structure of traffic jams[J]. Transport Policy,1998, 5(1):23-35.

[32] 刘金霞. 城市道路网络交通瓶颈识别研究[D]. 兰州:兰州交通大学,2015.

[33] Vickrey W S. Congestion theory and transport investment[J]. The American Economic Review,1969:251-260.

[34] Mahmassani H,Herman R. Dynamic user equilibrium departure time and route choice on idealized traffic arterials[J]. Transportation Science,1984,18(4):362-384.

[35] Kuwahara M. Equilibrium queueing patterns at a two-tandem bottleneck during the morning peak[J]. Transportation Science,1990,24(3):217-229.

[36] Tabuchi T. Bottleneck congestion and modal split[J]. Journal of Urban Economics,1993, 34(3):414-431.

[37] 吴子啸,黄海军.瓶颈道路使用收费的理论及模型[J].系统工程理论与实践,2000,20(1):130-135.

[38] Huang H-J. Fares and tolls in a competitive system with transit and highway:the case with two groups of commuters[J]. Transportation Research Part E:Logistics and Transportation Review,2000,36(4):267-284.

[39] 田琼,黄海军,杨海.瓶颈处停车换乘 logit 随机均衡选择模型[J].管理科学学报,2005,8(1):1-6.

[40] 肖玲玲,黄海军,田丽君.考虑异质出行者的随机瓶颈模型[J].交通运输系统工程与信息,2013,14(4):93-98.

[41] Banks J H. Two-capacity phenomenon at freeway bottlenecks:A basis for ramp metering? [J]. Transportation Research Record,1991,(1320).

[42] Cassidy M J,Bertini R L. Some traffic features at freeway bottlenecks[J]. Transportation Research Part B:Methodological,1999,33(1):25-42.

[43] Chen C,Skabardonis A,Varaiya P. Systematic identification of freeway bottlenecks[J]. Transportation Research Record: Journal of the Transportation Research Board,2004,(1867):46-52.

[44] Zhang L,Levinson D. Some properties of flows at freeway bottlenecks[J]. Transportation Research Record:Journal of the Transportation Research Board,2004,(1883):122-131.

[45] Vaughan R,Hurdle V. A theory of traffic flow for congested conditions on urban arterial streets I: Theoretical development[J]. Transportation Research Part B: Methodological,1992,26(5):381-396.

[46] Nakata M,Yamauchi A,Tanimoto J,et al. Dilemma game structure hidden in traffic flow at a bottleneck due to a 2 into 1 lane junction[J]. Physica A:Statistical Mechanics and its Applications,2010,389(23):5353-5361.

[47] Zhang J,Li X,Wang R,et al. Traffic bottleneck characteristics caused by the reduction of lanes in an optimal velocity model[J]. Physica A: Statistical Mechanics and its Applications,2012,391(7):2381-2389.

[48] Newell G F. A simplified theory of kinematic waves in highway traffic,Part II:Queueing at freeway bottlenecks[J]. Transportation Research Part B: Methodological, 1993, 27(4): 289-303.

[49] Daganzo C F. A continuum theory of traffic dynamics for freeways with special lanes[J]. Transportation Research Part B:Methodological,1997,31(2):83-102.

[50] Lawson T,Lovell D,Daganzo C. Using input-output diagram to determine spatial and temporal extents of a queue upstream of a bottleneck[J]. Transportation Research Record:Journal of the Transportation Research Board,1997,(1572):140-147.

[51] Da Fontoura Costa L. The hierarchical backbone of complex networks[J]. Physical Review Letters,2004,93(9):098702.

[52] Serrano M,Boguná M,Vespignani A. Extracting the multiscale backbone of complex weigh-

ted networks [J]. Proceedings of the National Academy of Sciences, 2009, 106 (16): 6483-6488.

[53] Girvan M, Newman M E. Community structure in social and biological networks[J]. Proceedings of the National Academy of Sciences, 2002, 99(12): 7821-7826.

[54] Freeman L C. A set of measures of centrality based on betweenness[J]. Sociometry, 1977: 35-41.

[55] Guimera R, Mossa S, Turtschi A, et al. The worldwide air transportation network: Anomalous centrality, community structure, and cities' global roles[J]. Proceedings of the National Academy of Sciences, 2005, 102(22): 7794-7799.

[56] Borgatti S P, Everett M G. A graph-theoretic perspective on centrality[J]. Social Networks, 2006, 28(4): 466-484.

[57] Grady D, Thiemann C, Brockmann D. Robust classification of salient links in complex networks[J]. Nature communications, 2012, 3: 864.

[58] Wang F, Li D, Xu X, et al. Percolation properties in a traffic model[J]. EPL(Europhysics Letters), 2015, 112(3): 38001.

[59] 王飞龙. 城市交通中的渗流相变与瓶颈研究[D]. 北京:北京航空航天大学, 2015.

[60] Echenique P, Gómez-Gardenes J, Moreno Y. Dynamics of jamming transitions in complex networks[J]. EPL(Europhysics Letters), 2005, 71(2): 325.

[61] Dijkstra E W. A note on two problems in connexion with graphs[J]. Numerische Mathematik, 1958, 1(1): 269-271.

[62] Braunstein L A, Buldyrev S V, Cohen R, et al. Optimal paths in disordered complex networks [J]. Physical Review Letters, 2003, 91(16).

第9章　考虑路段重要性的城市道路网络修复策略

9.1　道路网络修复策略概述

城市交通网络安全是城市安全问题的关键方面之一。当面临蓄意攻击或自然灾害时，交通网络存在级联失效现象，即少数的路段或交叉口遭受影响发生阻塞时，会逐渐扩散至整个交通网络，最终造成网络的瘫痪。因此，当城市道路网络大面积遭到不同程度破坏时，如何利用有限的资源，在考虑网络级联失效效应的前提下对网络进行修复，提高应对恐怖袭击和自然灾害的能力，最大程度恢复整个网络的畅通是值得研究的问题。

目前道路网络修复策略主要是对路网中的关键路段进行修复。最为重要的就是评价路段的重要性，从而判断哪些路段是关键路段。Corley H W 等[1]最先提出最短路径关键边，用于衡量最短路径上路段的重要性。Malik K 等[2-4]研究过最短路径关键边问题的求解算法。Proietti G 等[5]提出了最长绕行路关键边问题，其具体是指中断最短路径上的每一路段，然后计算路段中断后绕行路径的长度与原路径长度之间的差值，以这个差值来衡量最短路径上路段的重要性。不完全信息下的最短路径关键边问题由闫化海等[6]提出，用于衡量在出发前不知道中断路段的情况下，最短路径上任意路段的中断对最短路径的影响。抗堵塞关键路段问题由苏兵等[7]提出，用于衡量最短路径上任意路段中断对产生的替代路径的影响。而程杰[8]提出级联失效也会发生在修复过程中，并基于这一点建立了修复模型。

关注于某一指标测度下的关键边或路段，从网络整体效用出发考虑修复问题是道路交通网络值得研究的问题。因此，本章依据交通拥堵的评价指标，将路段重要度作为优先选择修复的标准，以整个路网阻抗函数值作为度量指标，进行道路修复的研究。当在城市交通网络遇到类似问题时，这将为交通管理者及时疏散和缓解交通堵塞提供指导价值。

9.2　交通拥堵评价指标

针对偶发性交通拥堵，即路网中部分路段通行能力下降导致的相关路段拥堵，我们通常选择流量与通行能力的比值作为交通拥堵的评价指标。

流量是指单位时间内，通过道路某一指定地点或某一指定截面的实际车辆数。通行能力是指在一定的道路和交通条件下，道路上某一路段或某交叉口单位时间内通过某一断面的最大车辆数。虽然，可以通过流量与通行能力的比值来判断是否发生了交通拥堵，但是实际上同一流量对应着两种完全不同的交通状态，因此一般流量与通行能力的比值不能作为判断是否发生拥堵的单一参数,需和其他参数一起使用。但是也可以使用长时期统计的流量来评价拥堵,例如:AADT/C,即年平均日交通量与通行能力的比值。

Lindley[9]在研究中提出了基于V/C的拥堵判断评价方法,具体步骤为:首先采集高峰小时流量,然后把高峰小时流量扩展为24h日流量,再把日流量与日通行能力进行比较。其结果是当$V/C > 0.77$时即可判定发生了交通拥堵。

Cottrell[10]在1991年根据24hV/C的数据分布,推算出AADT/C这一值,他定义的拥堵阈值为:当$V/C \geqslant 1.0$(服务水平为F级)时,即可认为发生了交通拥堵。美国加州的35个城市在2000年也定义了拥堵阈值,他们同样认为当$V/C \geqslant 1.0$(服务水平为F级)或者AADT/$C > 9.0$时,即可认为发生了拥堵[11]。

因此,根据学者们的研究成果并结合交通实际情况,可以认为当路段的饱和度即$V/C \geqslant 1.0$时,该路段发生了拥堵;相反,当路段的饱和度即$V/C < 1.0$时,认为该路段运行畅通。

9.3 路段重要性评价算法分析

9.3.1 路段重要性评价方法综述

对城市道路网络中的路段进行重要性评价是十分必要的,路段的重要性对于路网级联失效的发生、路网的修复以及路网的改建、扩建等都具有非常重要的意义。在对路段重要性进行评价这一方面,国内外学者已经做了很多研究,主要是在交通分担率、路段可靠性、路段失效后果三个方面累积了一定的研究成果[12]。

交通分担率,简单说来就是分担了多少交通量,是最为直观的评价路段重要性的参数。对于在各路段的交通量已知的前提下,可以直接计算路段交通分担率的确定性路网,可以通过这一数值来确定评价路段的重要性。这种评价方法非常便于对路段重要性进行比较,路段的相对重要性也容易得到。但实际上这种评价方法并不十分合理,因为它仅仅计算高峰时段的交通分担率,而在交通路网中,由于总的交通量与路段交通量都会变化,很难或基本不可能得到具体的数据。因此,Taylor等[13]在2003年提出了一种基于路段选择概率的路段重要性评价方法。具体说来,研究对象仍然是确定性路网,采用一些指标衡量出行者对于路段出行时间的感知误差,在各路段运行时间已知的条件下,通过迭代法求出每个路段的权重,然后用logit模型求各个路段的相对选择概率。相对选择概率越大,路段相对重要性越大。如果发生退化或者失效,该路段与其他路段相比后果更严重,那么该路段对这个道路路网的影响也就更大。

瑞典的Jenelius等人提出了从路段失效对路网的影响有多大这一角度,对路段重要性进行了评价。该方法的研究对象仍然是确定性路网,该评价方法假设路段上发生了事件,事件的发生使得路段通行能力退化甚至不能通行,由用户均衡模型可知:出行者总是倾向于选择从起点到终点出行费用最小的路径。根据这一假设,对路段失效前后的道路网络总的运行费用进行比较,便能够确定各路段的相对重要性[12]。

随着人们经济能力、生活水平的不断提高,人们对出行舒适度、质量等方面的要求也不断提高,部分学者在对路网进行可靠性评价这一研究基础上,提出了基于路段可靠性的路段重要性评价方法。侯立文博士[14]提出了一种基于路段可靠性评价的路段重要性评价方法。该方法假设已知路网中各路段的可靠性,并且各路段的可靠性相等,然后计算衡量各路段可靠性的变化导致的路网可靠性变化,把这些变化进行比较,便可以评价并确定各个路段的相对重要性。

上述方法都仅仅考虑了路段失效后对流量分布造成的影响,忽略了城市道路网络具有的拓扑特性。因此,吴建军等[15]从阻抗和拓扑两个角度出发,重新评价了路段重要性,并且提出了考虑网络有效性的路段重要性度量方法,主要是通过移除路段这样的方式获得路段重要度。

综上所述,以往对路段重要性的评价都是从路网失效的角度,以移除路段的方式获取路段重要性。因此,本章将从路网修复的角度,以补回路段的方式对路段进行重要性度量。

9.3.2　路段重要性评价指标

要想评价路段重要性,必须要有评价指标。本章采用拥堵程度作为路段重要性的评价指标,选用拥堵路段数作为路段重要性评价的参考指标。本章在对路段重要性进行评价时,主要关注拥堵程度这一指标,只有在路段的拥堵程度相同时,才会关注拥堵路段数这一参考指标。

(1)拥堵程度

本章将引用复杂网络的评价指标拥堵程度[16],来表示整个道路网络的拥堵情况,其实质是路网总的出行成本的变化。这一评价指标将用来评价路段的重要性,其具体计算表达式为:

$$J=\frac{\sum x_a t_a(x_a)}{\sum x_{0a} t_{0a}(x_a)} \tag{9-1}$$

式中:x_a——路段 a 通行能力下降后其上的交通流量;

$t_a(x_a)$——路段 a 在流量为 x_a 时行驶时间;

x_{0a}——初始条件下,路段 a 上的交通流量;

t_{0a}——初始条件下,路段 a 上的行驶时间。

在相同条件下,拥堵程度越小,路段重要性越大。

(2)拥堵路段比例

拥堵路段比例 P 是用来描述城市道路网络拥堵程度的一个参考指标,其值为由于部分路段通行能力下降而导致的道路网络拥堵路段的数目与道路网络路段总数目的比值。表达式为:

$$p=\frac{T_{\mathrm{D}}}{T_{\mathrm{Z}}} \tag{9-2}$$

式中:T_{D}——拥堵路段的数目;

T_{Z}——城市道路网络路段的总数目。

很容易看出,如果拥堵路段数比例 $P=0$,则路网中没有拥堵的路段,路网是正常的。如果拥堵路段数比例 $P=1$,则路网中所有的路段都拥堵了,路网处于锁死瘫痪状态,这是最坏的必须避免的情况，明显地，拥堵路段数比例 P 的取值范围是 $0 \leqslant P \leqslant 1$。当路网路段总数目不变时，可以将这一参考指标简化为拥堵路段数，而不用再计算拥堵路段比例。

9.3.3 路段重要性评价算法及案例分析

目前的算法基本都是从失效的角度出发，利用路段失效后，路网的改变对路段重要性的影响进行评价。而本章与以往的路段重要性评价不同，主要从修复的角度出发，利用路段通行能力恢复后，路网的改变对路段重要性的影响进行评价。

算法具体步骤如下：

第一步：路网状态初始化。初始时刻，路网中有10%的路段通行能力下降为其正常通行能力的10%。进行OD分配，计算各路段的饱和度（同时可得到各服务水平下的路段数）、路网的初始出行成本。

第二步：恢复一个通行能力下降的路段的通行能力（模拟修复），在这里我们并不考虑实际情况下如何修复路段。之后分配OD，计算各路段的饱和度（同时可得到各服务水平下的路段数）、路网的出行成本、拥堵程度（此时路网的出行成本与初始出行成本的比值即为路网拥堵程度）。

第三步：对每一个通行能力下降的路段进行第二步的计算。

第四步：比较各个路段在第二步中得到的拥堵程度值，给路段进行重要性排序。路网拥堵程度值越小，说明其对拥堵路网影响越大，越能疏解拥堵路网，该路段越重要。

本节将用一个简单路网作为案例分析的背景路网，详细论述本研究提出的路段重要性评价算法。

(1)路网基本信息

本节选用的案例分析路网为简单路网，该路网有12个节点，34条路段，144个OD对。路网基本构造见图9-1，路网的基本信息见表9-1，数据主要有路段的通行能力和路段的自由流行程时间，该路网的OD表见表9-2。

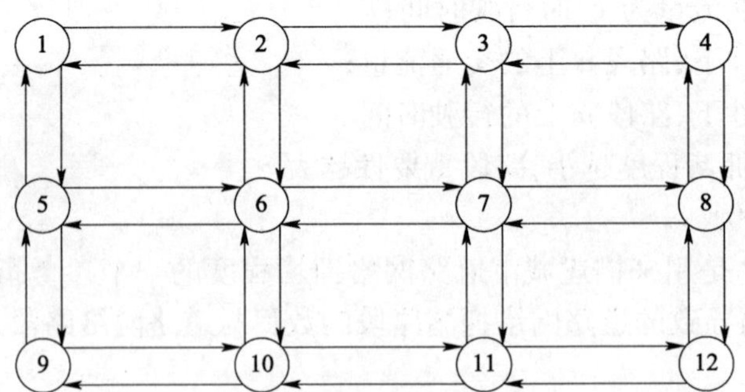

图9-1 简单路网结构图

简单路网的基本信息　　表9-1

路段起点	路段终点	通行能力(veh/h)	自由流时间(s)
1	2	3900	93
1	5	2805	79

续上表

路段起点	路段终点	通行能力(veh/h)	自由流时间(s)
2	1	3900	93
2	3	3900	65
2	6	4800	61
3	2	3900	65
3	4	3900	107
3	7	2805	69
4	3	3900	107
4	8	3900	49
5	1	2805	81
5	6	2805	73
5	9	2805	109
6	2	4800	62
6	5	2805	73
6	7	2805	84
6	10	3900	66
7	3	2805	69
7	6	2805	84
7	8	2805	75
7	11	2805	69
8	4	3900	49
8	7	2805	75
8	12	3900	71
9	5	2805	109
9	10	4800	47
10	6	4800	66
10	9	2805	47
10	11	4800	63
11	7	2805	69
11	10	2805	81
11	12	4800	29
12	8	3900	71
12	11	2805	37

简单路网的 OD 表　　表 9-2

OD	1	2	3	4	5	6	7	8	9	10	11	12
1	0	130	120	200	1300	260	210	160	880	230	210	210
2	370	0	100	240	0	430	300	190	270	310	250	250
3	230	120	0	420	0	250	600	300	220	250	490	400
4	550	630	1430	0	260	240	190	200	230	220	260	360
5	340	230	180	230	0	0	0	0	490	300	230	250
6	400	680	330	360	380	0	0	0	230	210	170	200
7	200	120	130	260	380	380	0	0	240	240	390	320
8	190	140	150	870	270	240	180	0	230	230	300	550
9	760	440	335	265	1260	340	185	205	0	185	155	185
10	445	605	395	325	0	535	180	225	240	0	130	190
11	225	170	180	495	0	295	240	345	175	120	0	260
12	200	155	160	640	0	230	175	440	155	120	120	0

(2)参数设置

路网中有 34 条路段,选取 10% 的路段使其通行能力下降,即选取 4 条路段并使其通行能力下降。路段选取方式为随机选取,测试选取路段 3、4,路段 7、6,路段 10、9,路段 11、12,通行能力下降为原来的 10%。路段 3、4,路段 7、6,路段 10、9,路段 11、12 的正常通行能力分别为 3900 辆/h、2805 辆/h、2805 辆/h、4800 辆/h,下降后它们的通行能力分别为 390 辆/h、280 辆/h、280 辆/h、480 辆/h。

(3)路段重要性分析

当路网中路段 3、4,路段 7、6,路段 10、9,路段 11、12 通行能力下降后,路网中服务水平为 F 级(即研究认为发生了拥堵)的路段数为 11 条,在这个路网状态下,对四条路段重要性进行测试评价。

①修复路段 3、4

由路段重要性算法可得,修复路段 3、4 后,路网中拥堵路段数降为 9 条,拥塞程度为 0.9758,具体情况见图 9-2,路段 3、4 和路段 3、7 不再拥堵。路段 3、4 通行能力恢复后,改善了与它在节点 3 有关联的路段 3、7 的拥堵情况。

②修复路段 7、6

由路段重要性算法可得,修复路段 7、6 后,路网中拥堵路段数降为 7 条,拥塞程度为 0.9305,具体情况见图 9-3,路段 7、6,路段 3、2,路段 8、12 和路段 12、11 不再拥堵。路段 7、6 通行能力恢复后,改善了与它平行的路段 3、2 的拥堵情况。

③修复路段 10、9

由路段重要性算法可得,修复路段 10、9 后,路网中拥堵路段数降为 10 条,拥塞程度为 0.9290,具体情况见图 9-4,路段 10、9,路段 6、5 不再拥堵,但是路段 11、10 发生了拥堵。由此可见,一条路段的通行能力的改变可能会缓解一些路段的拥堵,但同时也可能会使得一些原本不拥堵的路段发生拥堵。

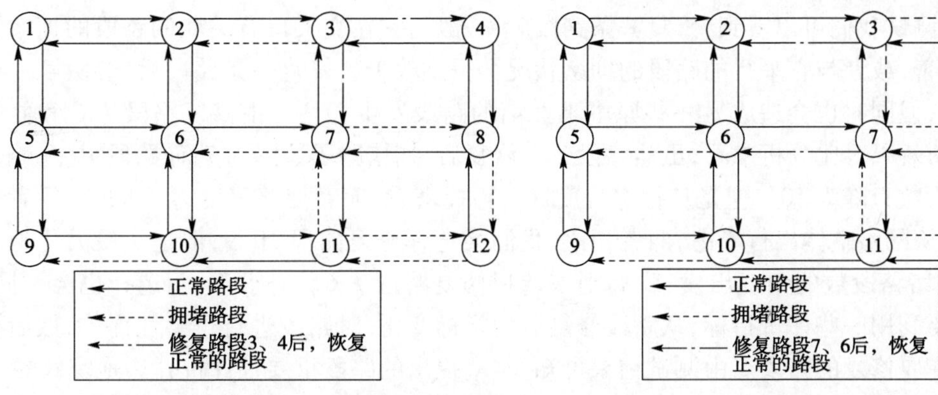

图 9-2　路段 3、4 修复后的路网状况　　　图 9-3　路段 7、6 修复后的路网状况

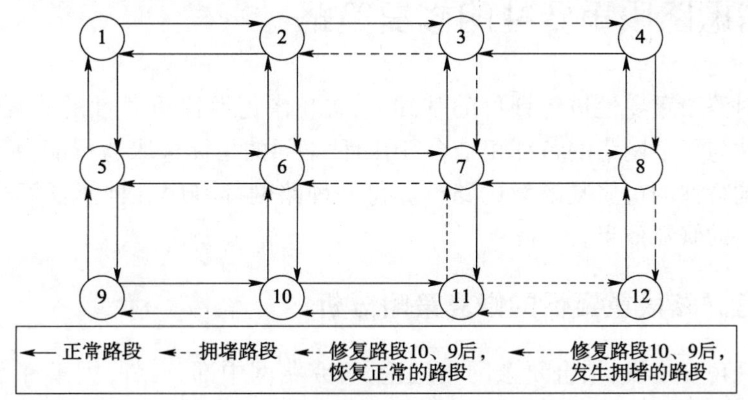

图 9-4　路段 10、9 修复后的路网状况

④修复路段 11、12

由路段重要性算法可得，修复路段 11、12 后，路网中拥堵路段数降为 7 条，拥塞程度为 0.8325，具体情况见图 9-5，路段 11、12，路段 11、7，路段 7、8 和路段 8、12 不再拥堵。

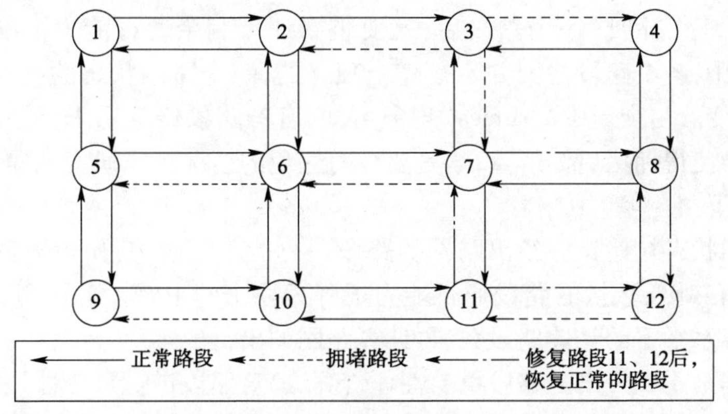

图 9-5　路段 11、12 修复后的路网状况

由路网拥塞程度这一指标来看，四条路段的重要度排序为：路段 11、12 > 路段 10、9 > 路段 7、6 > 路段 3、4。

由案例测试我们可以看到,修复一条路段后,一般与它在交叉口有关联的路段的拥堵状况会得到改善,或者与它平行的路段的拥堵状况会得到改善。修复一条路段后,会缓解一些路段的拥堵,但同时也会造成另一些原本不拥堵的路段发生拥堵。由修复路段 7、6 和修复路段 10、9 的效果对比分析来看,虽然路段 7、6 修复后,拥堵路段数降为 7;而路段 10、9 修复后,拥堵路段数只降为 10。但是从拥塞程度这一指标来看,前者拥塞程度为 0.9305,后者为 0.9290。若从网络整体出行考虑,两者相比,我们会选择修复路段 10、9;但是从最大化地减少路网中拥堵路段数的角度出发,我们则该选择修复路段 7、6。需求不同,选择也会不同。因此,有必要利用一些评价指标,从路段修复后的指标变化,对路段进行重要性评价,然后根据需求,选择要修复的路段。由测试结果可知,本章提出的路段重要性评价算法是有效的。

9.4 考虑路段重要性的修复策略

本节将在对路段重要性进行评价的基础上,提出考虑路段重要性的修复策略。并且将城市路网的特性与复杂网络的特征相结合,用四种不同的指标选取通行能力下降的路段,也就会有四种不同特性的待修复疏解的路网。每一种路网都将用五种修复策略进行修复,最后对比不同策略的修复效果。

9.4.1 考虑路段重要性的修复策略分析

我们从宏观角度出发,结合复杂网络理论,研究路网中部分路段因事件通行能力下降,从而导致路网发生拥堵。对于这一类拥堵,最重要的是修复通行能力下降的路段。但是在修复资源有限的情况下,应该优先修复哪条路段或哪些路段,应该以怎样的修复策略对路网进行修复,才能在修复过程中最大化降低路网的拥堵程度,最终让拥堵路网恢复正常?本章在路段重要性评价的基础上,提出了考虑路段重要性的城市道路网络修复策略。这是一个动态评价和修复交替的过程,鉴于本章使用的路网的规模以及为了简化研究,本章每次只“补回”一个路段,每“补回”一个路段后,就要重新评价剩余通行能力下降路段的重要性。这是因为在路网中,各个路段之间并不是完全独立的,一个路段状态的改变,必然会引起其他路段状态的改变。由交通中的 Braess 现象可知,有的路段修复后未必会对路网拥堵有所改善,甚至可能会使得拥堵更为严重,这是要极力避免的情况。本研究的重点在于修复过程的优化。具体如下:

第一步,路网状态初始化。给出路网的路段通行能力矩阵、自由流时间矩阵和 OD。初始时刻路网中便有 10% 数量的路段通行能力下降为原来的 10%,分配 OD。计算路段的饱和度,得到各服务水平下的具体路段数,再计算路网的出行成本。

第二步,根据第 3 章提出的路段重要性评价算法,对路段进行重要性评价。

第三步,修复重要性最大的路段,也就是恢复该路段的通行能力,更新路网通行能力矩阵,进行 OD 分配。

第四步,重复第二步和第三步,直至路网中所有路段通行能力恢复正常,路网中不再有拥堵路段。

按照此类修复策略，能在这个过程中，每一步都最大化降低路网的拥塞程度，减小路网的出行成本。

1）通行能力受损路段的选取方法

本节采用了如下四种不同的方式选取通行能力受损路段，分别是：

（1）依据饱和度大小选取；

（2）依据介数大小选取；

（3）依据饱和度和介数综合重要度大小选取；

（4）随机选取。

2）修复策略的选取方法

本节采用了如下五种修复策略对以上路网进行修复，分别是：

（1）基于路段饱和度的修复策略；

（2）基于路段介数的修复策略；

（3）基于路段饱和度与介数综合重要度的修复策略；

（4）随机修复策略；

（5）考虑路段重要性的修复策略。

9.4.2　基于 Sioux Falls 网络的案例分析

本算例采用经典的 Sioux Falls 网络作为算例路网。该路网有 24 个节点、76 条路段、576 个 OD 对。路网基本构造见图 9-6，Sioux Falls 路网的基本信息见表 9-3，主要包括路段的通行能力和路段的自由流时间，Sioux Falls 路网的 OD 表见表 9-4。

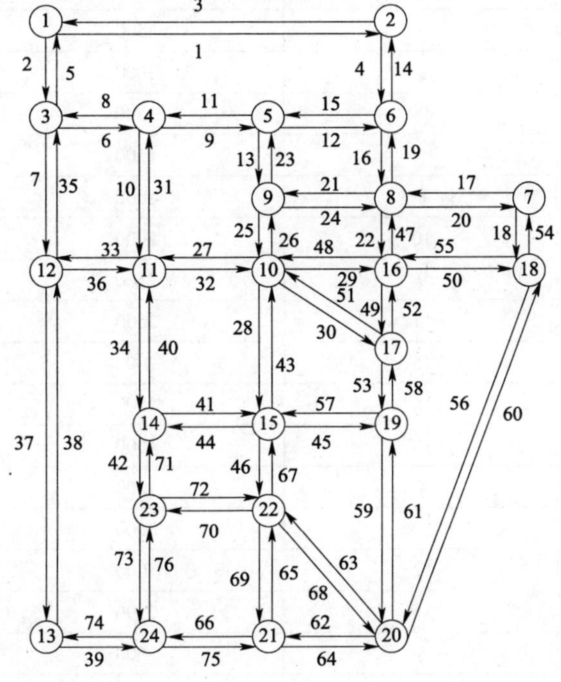

图 9-6　Sioux Falls 路网

Sioux Falls 路网的基本信息　表 9-3

起　点	终　点	通行能力(veh/h)	自由流时间(s)
1	2	2000	360
1	3	2000	240
2	1	2000	360
2	6	1000	300
3	1	2000	240
3	4	2500	240
3	12	2500	240
4	3	2500	240
4	5	2000	120
4	11	1000	360
5	4	2000	120
5	6	1500	240
5	9	1500	300
6	2	1000	300
6	5	1500	240
6	8	2500	120
7	8	1000	180
7	18	2500	120
8	6	2500	120
8	7	1500	180
8	9	1000	300
8	16	1500	300
9	5	1500	300
9	8	1000	300
9	10	2000	180
10	9	2500	180
10	11	2500	300
10	15	2000	360
10	16	2500	240
10	17	1000	360
11	4	1000	360
11	10	2000	300
11	12	1000	360
11	14	2000	240
12	3	2500	240
12	11	1500	360

续上表

起　　点	终　　点	通行能力(veh/h)	自由流时间(s)
12	13	2500	180
13	12	2500	180
13	24	1500	240
14	11	2000	240
14	15	1000	300
14	23	1000	240
15	10	2000	360
15	14	1000	300
15	19	2000	180
15	22	2500	180
16	8	1500	300
16	10	2500	240
16	17	2500	120
16	18	2500	180
17	10	1000	360
17	16	2000	120
17	19	2500	120
18	7	2500	120
18	16	2500	180
18	20	2500	240
19	15	2000	180
19	17	2500	120
19	20	1000	240
20	18	2500	240
20	19	1000	240
20	21	1000	360
20	22	1000	300
21	20	1000	360
21	22	1500	120
21	24	2000	180
22	15	2500	180
22	20	1000	300
22	21	1500	120

续上表

起　点	终　点	通行能力(veh/h)	自由流时间(s)
22	23	1000	240
23	14	1000	240
23	22	1500	240
23	24	1000	120
24	13	1500	240
24	21	1500	180
24	23	1000	120

Sioux Falls 路网的 OD 表　　表 9-4

OD	1	2	3	4	5	6	7	8	9	10	11	12
1	0	230	140	50	20	30	50	80	50	130	50	20
2	150	0	40	40	10	40	20	40	20	60	20	10
3	170	20	0	40	10	30	10	20	10	30	30	20
4	100	40	20	0	0	60	80	140	140	240	240	120
5	20	10	10	50	0	40	20	50	80	100	50	20
6	30	40	20	20	20	0	40	80	40	80	40	20
7	50	20	10	50	20	60	0	20	60	190	50	70
8	80	40	20	40	50	80	60	0	80	160	80	60
9	50	20	10	20	80	40	60	80	0	180	140	60
10	40	60	30	60	80	80	100	90	170	0	260	180
11	50	20	30	90	50	40	50	80	140	220	0	120
12	40	10	20	50	20	20	70	60	60	180	130	0
13	50	30	10	30	20	20	40	60	60	190	100	130
14	30	30	10	40	10	10	20	40	60	210	160	50
15	50	10	10	20	20	20	50	60	100	260	140	40
16	50	40	20	30	50	60	90	130	80	280	140	70
17	40	20	10	20	20	50	80	140	70	240	100	60
18	20	20	20	20	20	10	20	30	20	70	20	30
19	30	10	30	30	10	20	40	70	40	160	40	30
20	30	20	10	30	10	30	60	90	60	200	60	50
21	20	20	30	20	10	10	40	40	30	120	40	30
22	40	10	10	20	20	20	80	50	70	220	110	70
23	30	20	10	30	10	10	100	30	50	180	130	70
24	30	10	20	10	10	10	40	20	20	80	60	50

续上表

OD	13	14	15	16	17	18	19	20	21	22	23	24
1	50	30	50	50	40	10	30	30	10	40	30	10
2	30	10	10	40	20	20	10	10	10	10	20	20
3	10	10	10	20	10	20	20	20	20	10	10	10
4	80	100	100	160	100	20	40	60	40	80	50	40
5	20	10	20	50	20	10	10	20	10	20	10	20
6	30	10	20	90	50	10	20	30	30	20	10	10
7	40	20	50	140	100	20	40	50	20	50	20	10
8	60	40	60	180	140	30	70	90	40	50	30	20
9	60	60	90	140	90	20	40	60	30	70	50	20
10	190	190	290	240	290	70	140	80	120	220	180	50
11	100	160	140	120	100	10	40	60	40	110	130	60
12	130	70	70	70	60	20	30	40	30	70	70	50
13	0	60	70	60	50	10	30	60	60	130	80	10
14	60	0	120	70	70	10	30	50	40	120	110	40
15	70	130	0	120	150	20	80	110	80	260	100	40
16	60	70	110	0	170	50	130	160	60	120	50	30
17	50	70	150	150	0	40	170	160	60	170	60	30
18	10	10	20	50	60	0	30	40	10	30	10	20
19	30	30	80	90	150	80	0	140	40	120	30	10
20	10	50	110	110	170	40	120	0	120	180	70	40
21	20	40	80	60	60	10	40	120	0	200	70	50
22	60	120	210	90	180	30	120	240	180	0	210	110
23	80	110	100	50	60	10	30	70	70	210	0	90
24	70	50	40	30	30	20	10	40	50	110	70	0

路网中共有76条路段,选取路网中10%的路段通行能力下降,即选取8条路段使得其通行能力下降为原来的10%。接下来将依次用前面提到的四种不同的方式选取通行能力受损路段,然后用本研究提出的考虑路段重要性的修复策略对路网进行修复,并且将该策略的效果与其他四种策略修复效果进行对比分析。

(1)依据饱和度大小选取通行能力下降的路段修复

先对Sioux Falls进行初次OD分配,计算路段饱和度大小,按饱和度大小给路段进行降序排列,排在前八的路段分别为:路段9、10,路段11、12,路段4、5,路段7、8,路段24、21,路段5、6,路段11、10,路段15、22。将这8条路段的通行能力降为其正常通行能力的10%,更新通行能力矩阵。用本研究提出的考虑路段重要性的修复策略,对路网中的这八条路段进行修复。修复过程及分析如下:

①从修复效果的角度，测试上述提到的 8 条路段的重要性。重要性顺序为：路段 11、10——路段 4、5——路段 24、21——路段 15、22——路段 9、10——路段 11、12——路段 7、8——路段 5、6。

由图 9-7 我们可以看到，这 8 条路段通行能力恢复后，对路网拥堵的改善效果是不同的。根据经验判断，当路网中的路段修复，通行能力恢复正常后，整个路网的通行能力将会增大，在路网的 OD 不变的条件下，路网的拥堵应该有所缓解。但是路段 5、6 被修复后，拥塞程度大于 1，也就是说路段 5、6 通行能力恢复后，反而增大了路段总的出行成本。在交通领域，这一现象可用 Braess 悖论来解释：当某一路段或某几个路段即路网局部通行能力得到提高后，并不一定能使路网的出行成本降低，反而会降低路网的整体效率。在实际工程中，如果不对路段进行重要性度量，即在这一步修复中，选择修复路段 5、6，那么就浪费了修复资源，还使得原本拥堵的路网更加拥堵。这在交通中是要极力避免的情况，所以在修复时对路段重要性进行度量是有必要的。

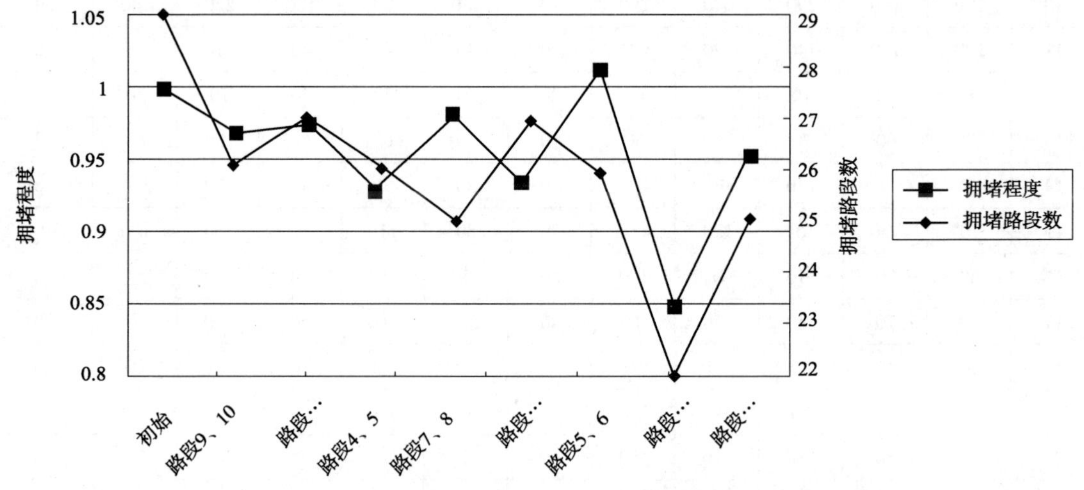

图 9-7 在初始状态下评价路段重要性

同时由图 9-7 明显看出，与修复其他路段相比，修复路段 11、10 的效果最好，拥堵路段数减少最多，路网阻塞程度下降也多。所以在这一步选择修复路段 11、10。

②从修复效果角度评价剩余 7 条路段的重要性，重要性顺序为：路段 15、22——路段 9、10——路段 4、5——路段 11、12——路段 24、21——路段 7、8——路段 5、6。由图 9-8，在这一步应该修复路段 15、22。

③从修复效果角度，评价剩余 6 条路段的重要性，重要性顺序为：路段 9、10——路段 4、5——路段 24、21——路段 11、12——路段 7、8——路段 5、6。由图 9-9，在这一步应该修复路段 9、10。我们可以看到修复路段 9、10 后，拥堵路段数减少的不是最多的。这说明在最大化路网效率的同时，有可能会牺牲局部路段的利益。

④从修复效果角度，评价剩余 5 条路段的重要性，重要性顺序为：路段 4、5——路段 24、21——路段 11、12——路段 7、8——路段 5、6。由图 9-10 可知，这一步应该修复路段 4、5。

⑤从修复效果角度，评价剩余 4 条路段的重要性，重要性顺序为：路段 5、6——路段 24、21——路段 11、12——路段 7、8。由图 9-11 可知，这一步应该修复路段 5、6。

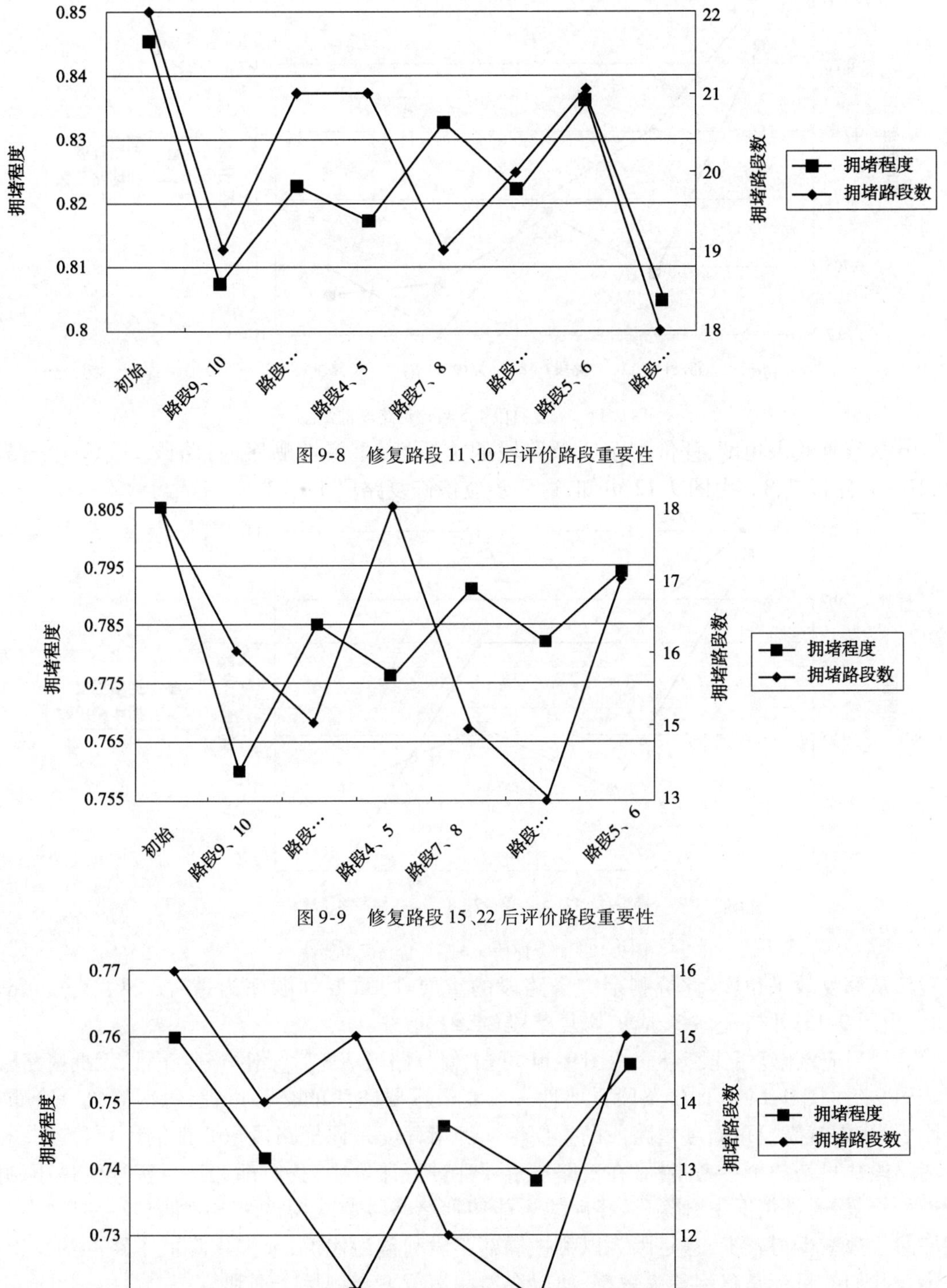

图9-8　修复路段11、10后评价路段重要性

图9-9　修复路段15、22后评价路段重要性

图9-10　修复路段9、10后评价路段重要性

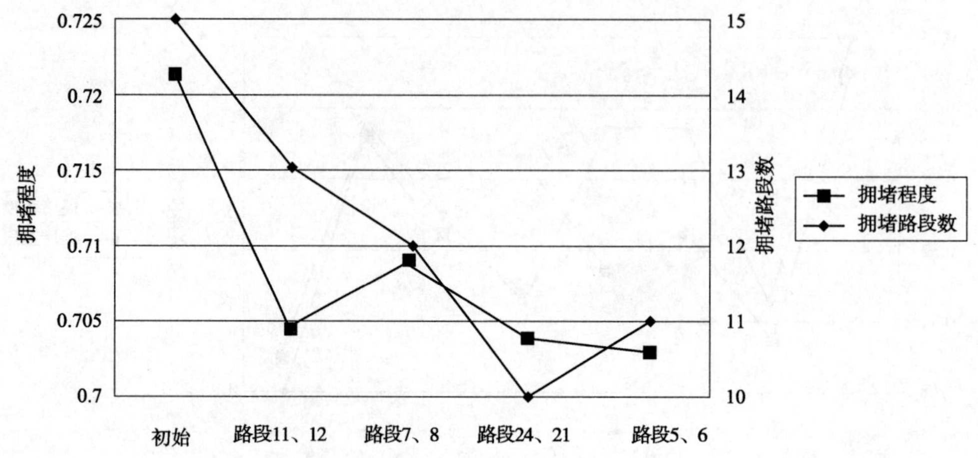

图 9-11 修复路段 4、5 后评价路段重要性

⑥从修复效果角度,评价剩余 3 条路段的重要性,重要性顺序为:路段 11、12——路段 24、21——路段 7、8。由图 9-12 可知,这一步应该修复路段 11、12。

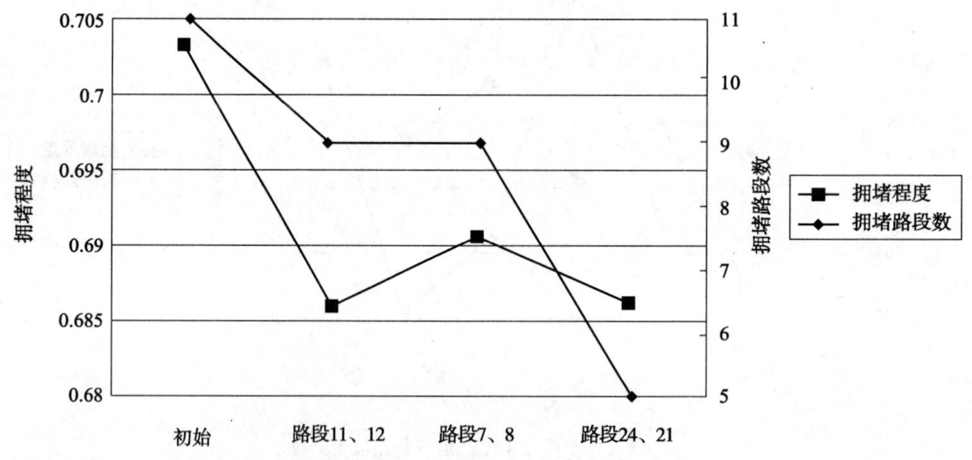

图 9-12 修复路段 5、6 后评价路段重要性

⑦从修复效果角度,评价剩余 2 条路段的重要性,重要性顺序为:路段 24、21——路段 7、8。由图 9-13 可知,这一步应该修复路段 24、21。

⑧最后应该修复路段 7、8。由图 9-14 可知,修复路段 7、8 后,路网恢复正常,无拥堵路段。

图 9-7 ~ 图 9-14 为评价路段重要性—修复最重要路段的交替过程,每次修复一个重要路段后,我们就需要重新度量路段的重要性。拥堵程度是评价路段重要性的主要评价指标,拥堵路段数只是一个参考指标,在对路段重要性进行评价后,我们都选择阻塞程度最小的路段进行修复,通常情况下,修复该条路段也能使拥堵路段数减少得最多。但是在一些情况下拥堵路段数减少得较少,这是因为以牺牲局部路段利益为代价,最大化降低了路网的总出行成本。我们的目标是路网整体效率,所以在某些情况下会牺牲个别利益。

在按饱和度大小选取通行能力下降路段的前提下,8 条路段在初始状态下进行重要性测试,其重要性排序为:路段 11、10——路段 4、5——路段 24、21——路段 15、22——路段 9、10——路段 11、12——路段 7、8——路段 5、6。而本节提出的考虑路段重要性修复策略最后的修复顺序为:路段11、10——路段15、22——路段9、10——路段4、5——路段5、6——路段11、12——路段24、21——路段7、8。明显看到,两组重要性排序并不一致,这是因为每修复一个路段后,路段与路段之间的相互影响会使得路段重要性发生变化。所以不能只在初始时刻对路段重要性进行一次评价后就按顺序修复路段,或者只评价几次路段重要性,而应该每修复一个路段,就重新评价一次路段的重要性。本研究提出的修复策略是一个动态评价与修复的策略,该策略对路段进行的每一次重要性评价都是有效且十分必要的。

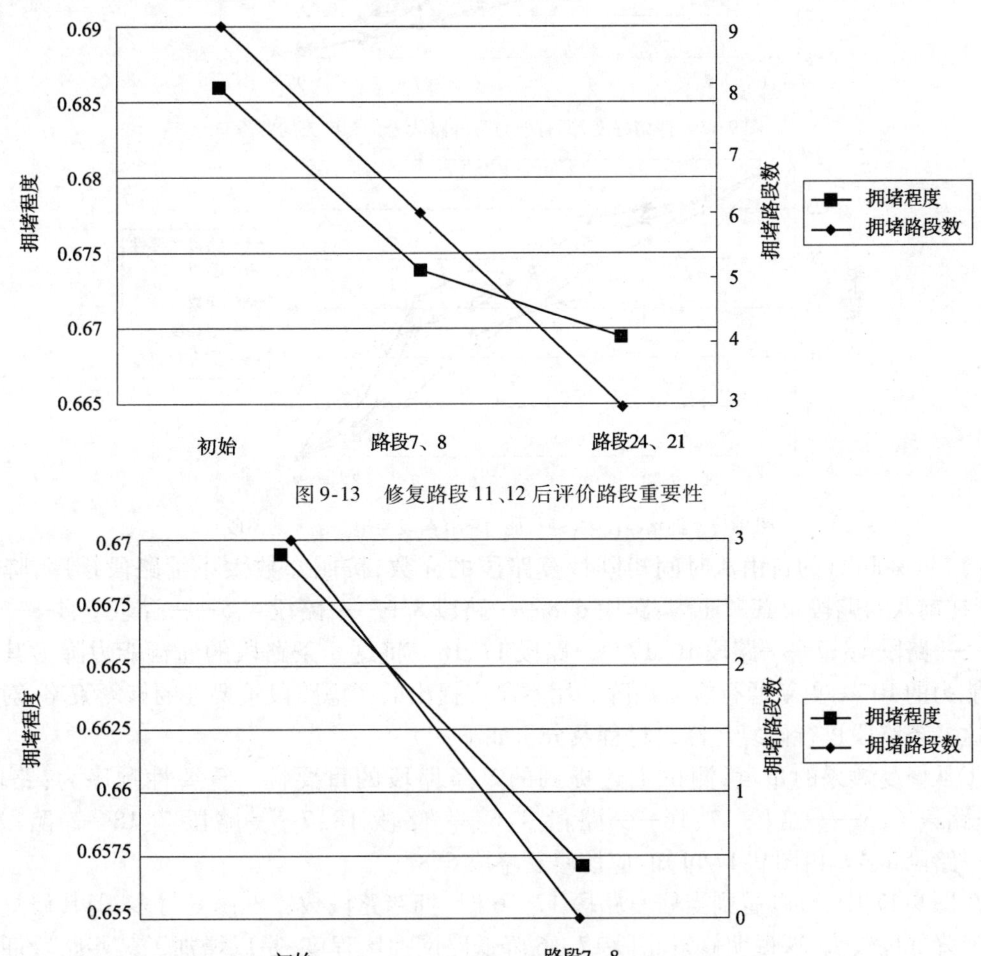

图9-13　修复路段11、12后评价路段重要性

图9-14　修复路段7、8前后的路网状况

(2)考虑路段重要性的修复策略与其他四种修复策略的对比

本研究还采用基于路段饱和度的修复策略,基于路段介数的修复策略,基于路段饱和度和介数综合重要度的修复策略,随机修复策略对路网进行了修复。

五种修复策略的效果见图9-15和图9-16。

在按饱和度大小选取通行能力下降路段的前提下,由图9-15和图9-16可以看到,在修复的过程中,无论是阻塞程度减小的程度还是拥堵路段数减少的数量,均证明考虑路段重要性的修复策略明显优于其他修复策略。

(3)依据介数大小选取通行能力下降的路段修复

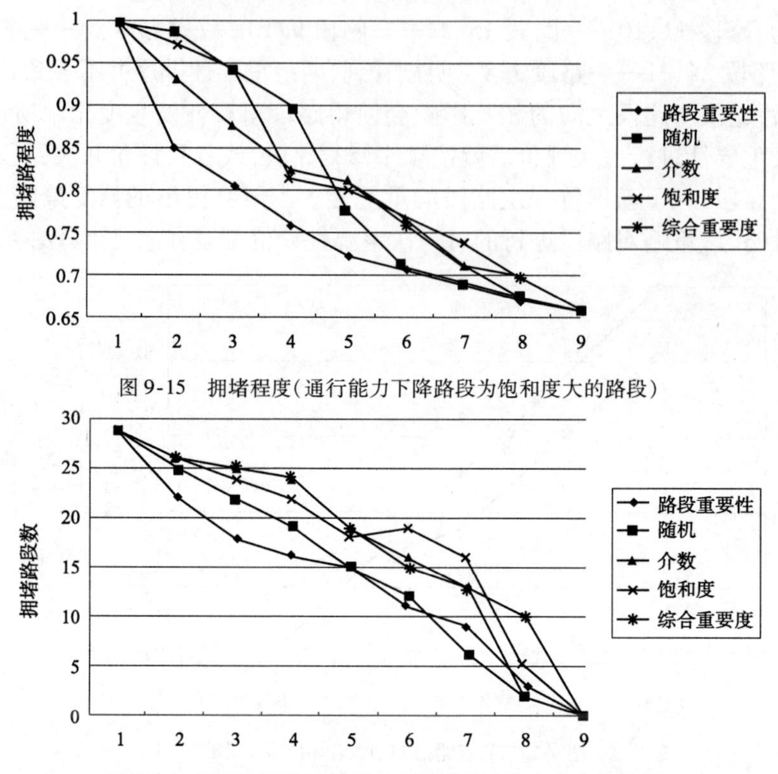

图 9-15　拥堵程度（通行能力下降路段为饱和度大的路段）

图 9-16　拥堵路段数（通行能力下降路段为饱和度大的路段）

由 Sioux Falls 的自由流时间矩阵计算路段的介数，按照介数大小给路段排序，降序排列，排在前八的路段及其顺序为：路段 6、8——路段 8、6——路段 4、5——路段 5、4——路段 7、18——路段 18、7——路段 16、17——路段 17、16。将这 8 条路段的通行能力降为其正常通行能力的 10%，更新通行能力矩阵。用本研究提出的考虑路段重要性的修复策略，对路网中的这八条路段进行修复。修复过程及分析如下：

①从修复效果的角度，测试上述提到的 8 条路段的重要性。重要性顺序为：路段 6、8——路段 4、5——路段 17、16——路段 8、6——路段 18、7——路段 7、18——路段 16、17——路段 5、4。由图 9-17 可知，应该修复路段 6、8。

在图 9-17 中，可以看到当修复路段 17、16 时，拥堵路段数比不修复时多，但其修复后阻塞程度降低也较大，这说明修复路段 17、16 降低路网拥堵程度，是以增加了某些路段拥堵为代价的，如果仅从路网整体考虑，修复路段 17、16 也是一个较优的选择。

②从修复效果的角度，测试剩余 7 条路段的重要性。重要性顺序为：路段 4、5——路段 8、6——路段 17、16——路段 7、18——路段 18、7——路段 16、17——路段 5、4，由图 9-18 可知，应该修复路段 4、5。

③从修复效果的角度，测试剩余 6 条路段的重要性。重要性顺序为：路段 8、6——路段 7、18——路段 17、16——路段 5、4——路段 16、17——路段 18、7。由图 9-19 可知，应该修复路段 8、6。

④从修复效果的角度，测试剩余 5 条路段的重要性。重要性顺序为：路段 5、4——路段 17、16——路段 7、18——路段 16、17——路段 18、7。由图 9-20 可知，应该修复路段 5、4。

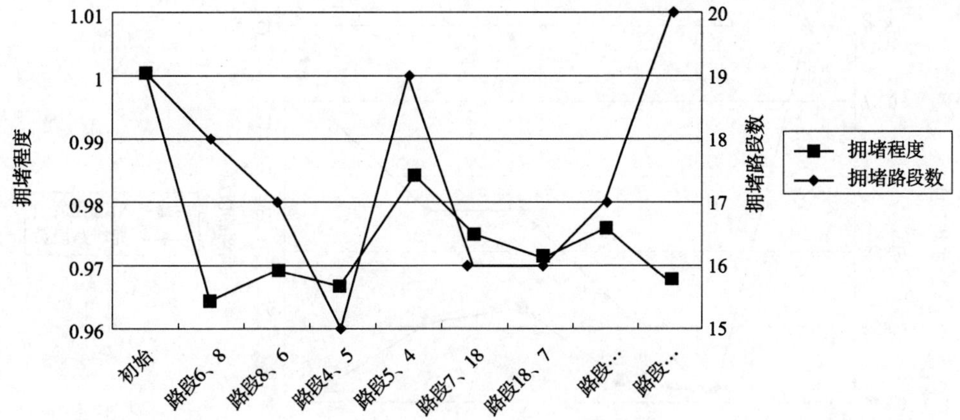

图 9-17　初始状态下评价路段重要性

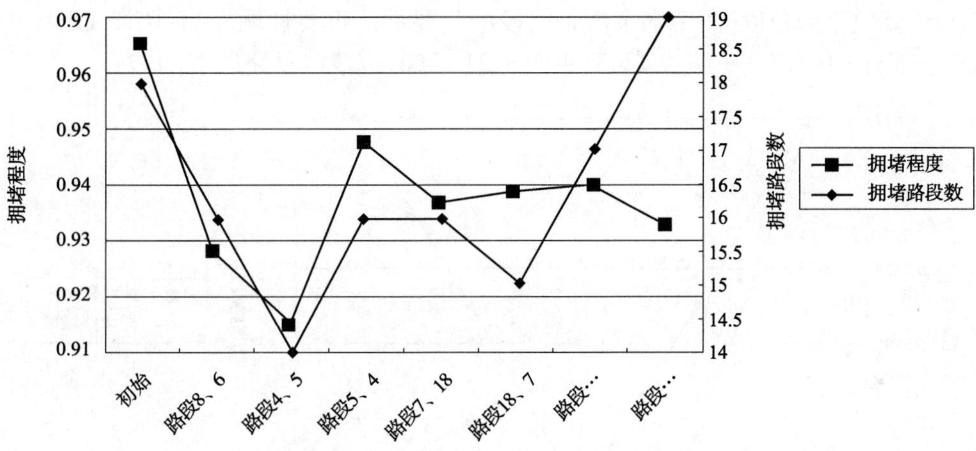

图 9-18　修复路段 6、8 后评价路段重要性

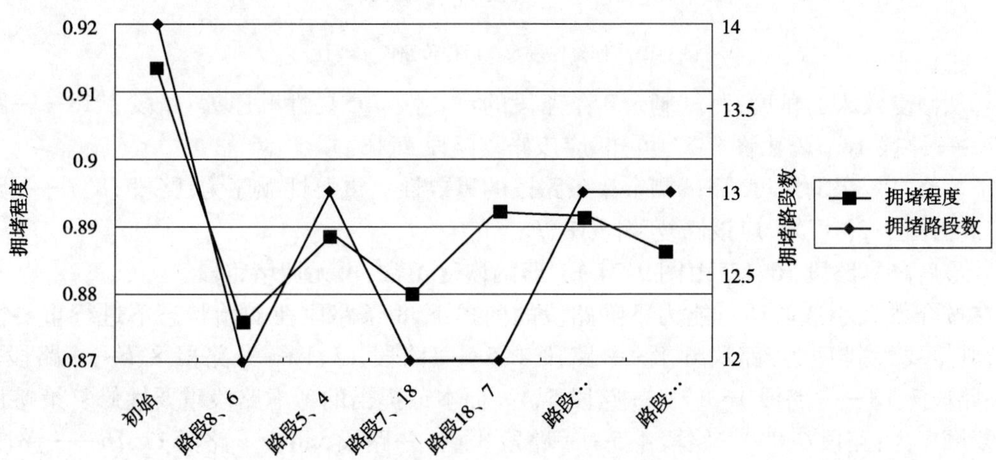

图 9-19　修复路段 4、5 后，评价路段重要性

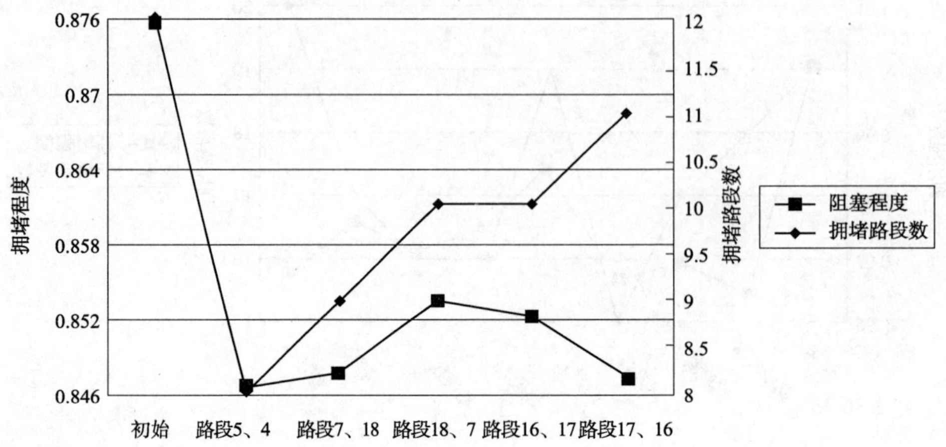

图 9-20　修复路段 8、6 后评价路段重要性

⑤从修复效果的角度,测试剩余 7 条路段的重要性。重要性顺序为:路段 17、16——路段 7、18——路段 16、17——路段 18、7,由图 9-21 可知,应该修复路段 17、16。

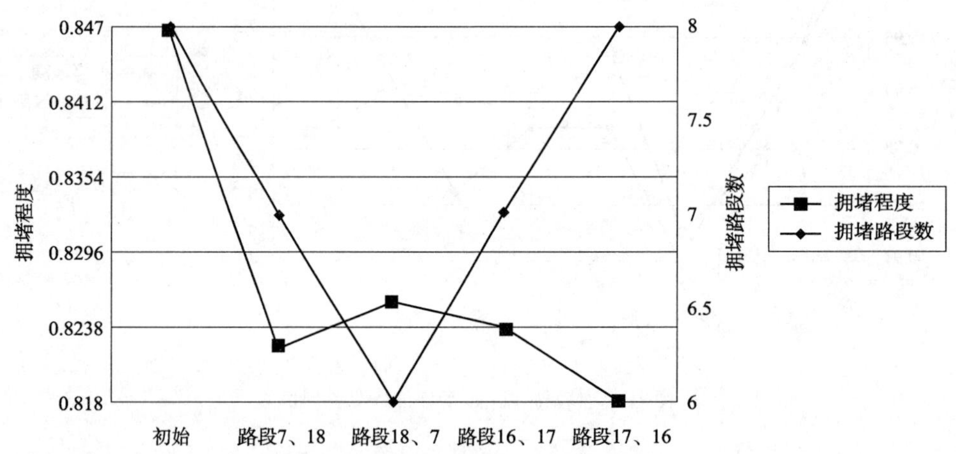

图 9-21　修复路段 5、4 后评价路段重要性

⑥从修复效果的角度,测试剩余 3 条路段的重要性。重要性顺序为:路段 7、18——路段 16、17——路段 18、7。由图 9-22 可知,应该修复路段 7、18。

⑦从修复效果的角度,测试剩余 2 条路段的重要性。重要性顺序为:路段 18、7——路段 16、17。由图 9-23 可知,应该修复路段 18、7。

⑧最后修复路段 16、17,由图 9-24 知,路网恢复正常,再无拥堵路段。

在按介数大小选取通行能力下降路段的前提下,8 条路段在初始状态下进行重要性测试后,其重要性排序为:路段 6、8——路段 4、5——路段 17、16——路段 8、6——路段 18、7——路段 7、18——路段 16、17——路段 5、4。而本节提出的考虑路段重要性修复策略最后的修复顺序为:路段 6、8——路段 4、5——路段 8、6——路段 5、4——路段 17、16——路段 7、18——路段 18、7——路段 16、17。明显看出两组路段重要性排序并不一致,这是因为每修复一个路段后的路段重要性都会有变化。所以不能只在初始时刻对路段重要性进行一次评价后就按顺序修复路段，或者只评价几次路段重要性，而应该每修复一个路段，就重新评价一次路段的重要性。本研究提出的修复策略是一个动态评价与修复的策略，该策略对路段进行的每一次重要性评价都是有效且十分必要的。

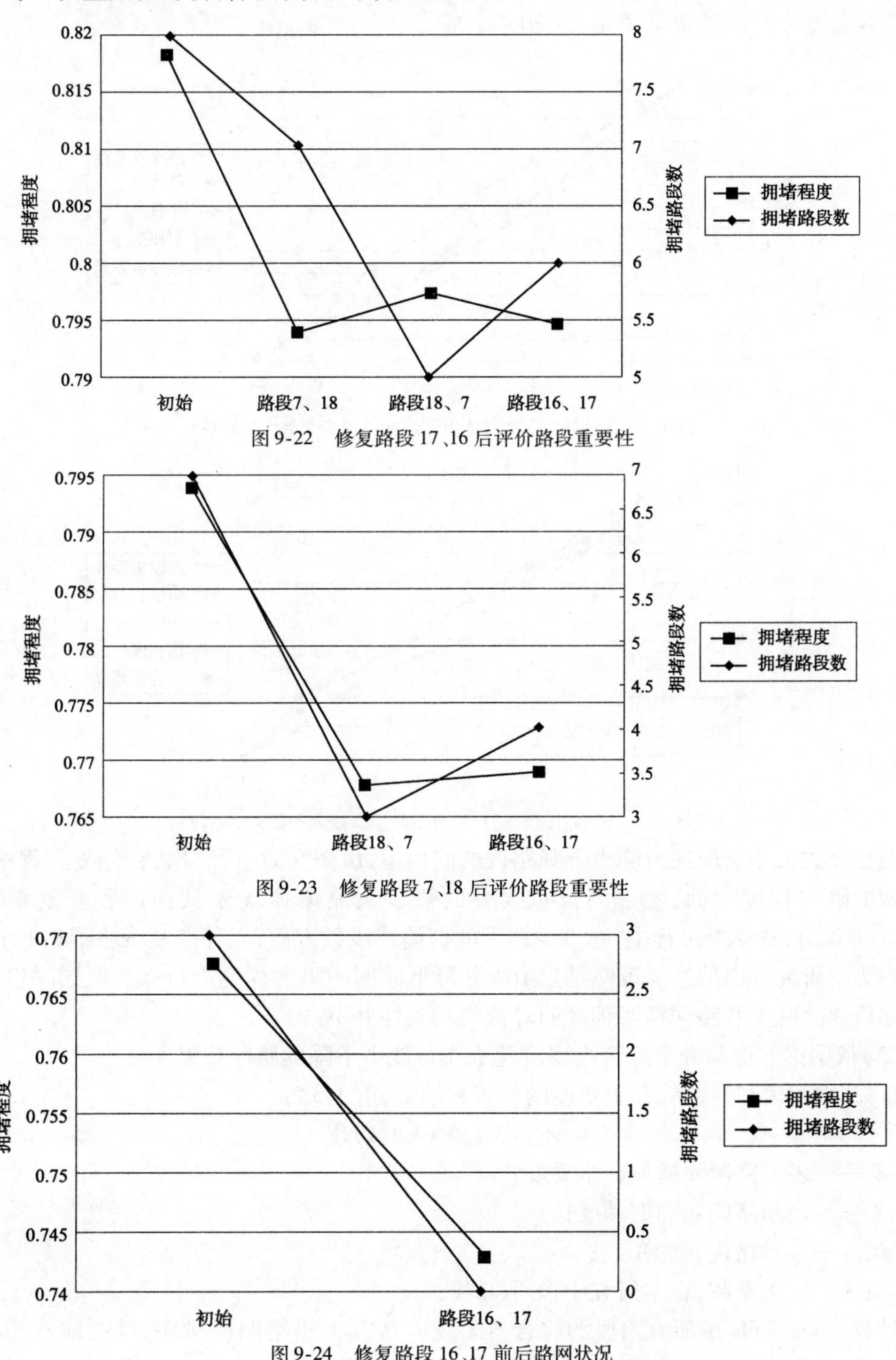

图 9-22　修复路段 17、16 后评价路段重要性

图 9-23　修复路段 7、18 后评价路段重要性

图 9-24　修复路段 16、17 前后路网状况

(4)考虑路段重要性的修复策略与其他修复策略的对比

本研究还用基于路段饱和度的修复策略,基于路段介数的修复策略,基于路段饱和度和介数综合重要度的修复策略,随机修复策略对路网进行了修复。

五种修复策略的效果见图9-25和图9-26。

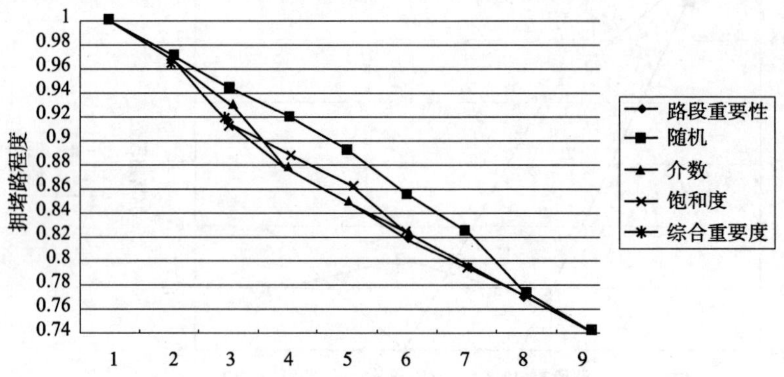

图9-25　拥堵程度(通行能力下降的路段为介数大的路段)

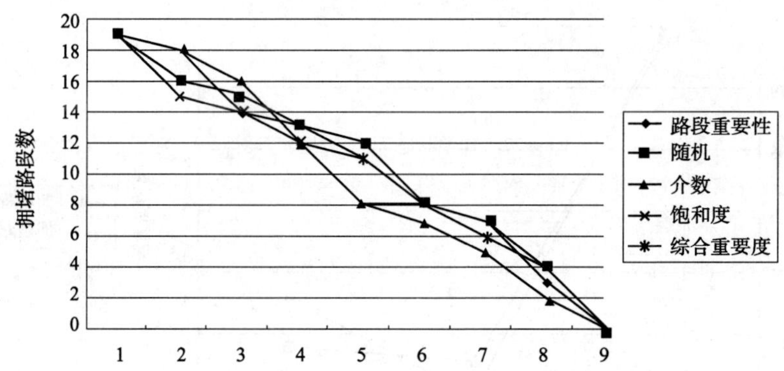

图9-26　拥堵路段数(通行能力下降的路段为介数大的路段)

在按介数大小选取通行能力下降路段的前提下,由图9-25可看出,在修复过程中,在降低路网的阻塞程度方面,考虑路段重要性的修复策略略微优于其他四种修复策略。由图9-26可看出,在修复过程中,在减少路网的拥堵路段数方面,五种修复策略不相上下,这主要是因为本研究提出的修复策略是以最大化降低路网的阻塞程度为目标。但同时也可看出拥堵路段数的减少和路网拥塞程度的降低的相关性并不总是很大。

(5)依据饱和度与介数综合重要度选取通行能力下降的路段修复

首先,饱和度和介数综合重要度的计算方法如式(9-3):

$$Z_a = \lambda R_a + (1+\lambda) B_a \tag{9-3}$$

式中:Z_a——表示路段 a 的综合重要度;

R_a——表示路段 a 的饱和度;

B_a——表示路段 a 的介数;

λ——权重系数,在本研究中,λ 取0.4。

计算Sioux Falls中所有路段的综合重要度并按其大小给路段排序,排在前八的路段及其顺序为:路段6、8——路段4、5——路段8、6——路段24、21——路段5、6——路段7、

8——路段17、16——路段9、10。用本研究提出的考虑路段重要性的修复策略，对路网中的这8条路段进行修复。修复过程及分析如下：

①从修复效果的角度，测试上述提到的8条路段的重要性。重要性顺序为：路段9、10——路段6、8——路段8、6——路段4、5——路段5、6——路段17、16——路段24、21——路段7、8。所以修复路段9、10。由图9-27明显可以看出，修复路段9、10的同时，增加了路网中的拥堵路段数，这说明修复路段9、10使得路网拥堵程度降低，是牺牲了某些个别路段的利益。

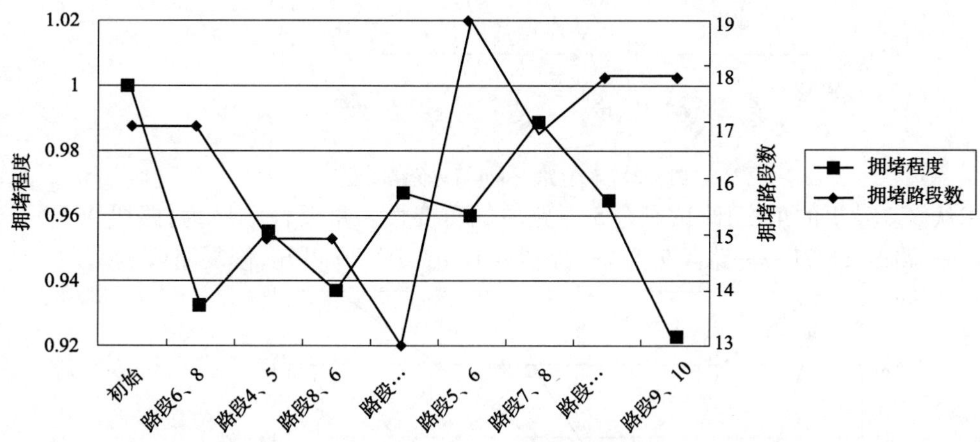

图9-27 初始状态下评价路段重要性

②从修复效果的角度，测试剩余7条路段的重要性。重要性顺序为：路段8、6——路段6、8——路段4、5——路段5、6——路段17、16——路段24、21——路段7、8，所以修复路段8、6。在这一步评价中，由图9-28可以看到，修复路段4、5和修复路段6、8的阻塞程度值一样，如果是在这两条路段中选择一条修复，可再参考拥堵路段数这一评价指标进而选择修复路段4、5，当然如果修复路段的目标是其他的评价指标，则需以其他评价指标为标准进行选择。

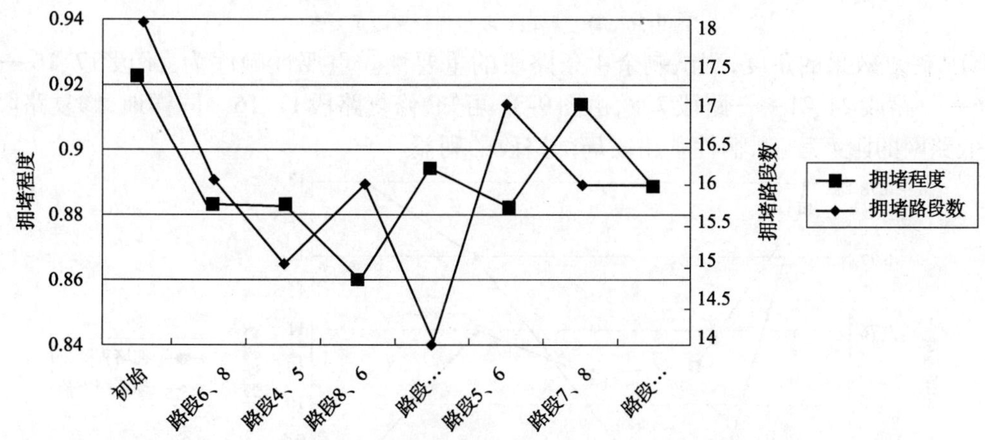

图9-28 修复路段9、10后评价路段重要性

③从修复效果的角度，测试余下6条路段的重要性。重要性顺序为：路段6、8——路段4、5——路段17、16——路段24、21——路段7、8——路段5、6，由图9-29可知，修复路段6、8。

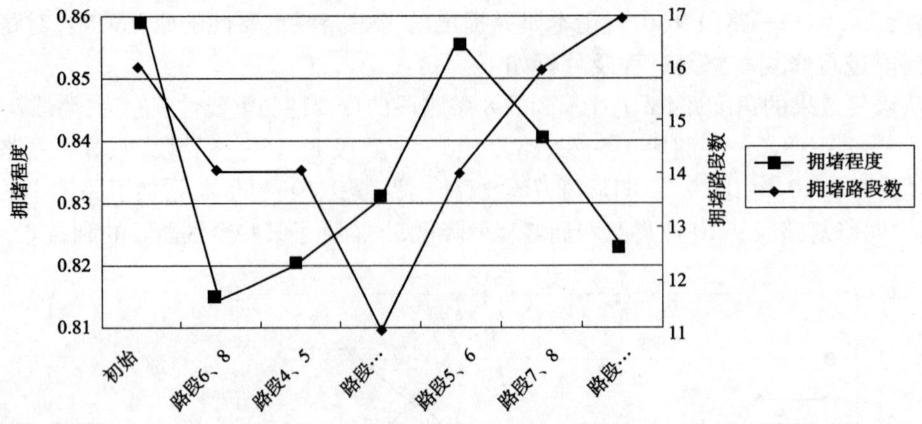

图 9-29　修复路段 8、6 后评价路段重要性

④从修复效果的角度，测试剩余 5 条路段的重要性。重要性顺序为：路段 4、5——路段 17、16——路段 24、21——路段 7、8——路段 5、6，由图 9-30 可知，修复路段 4、5。

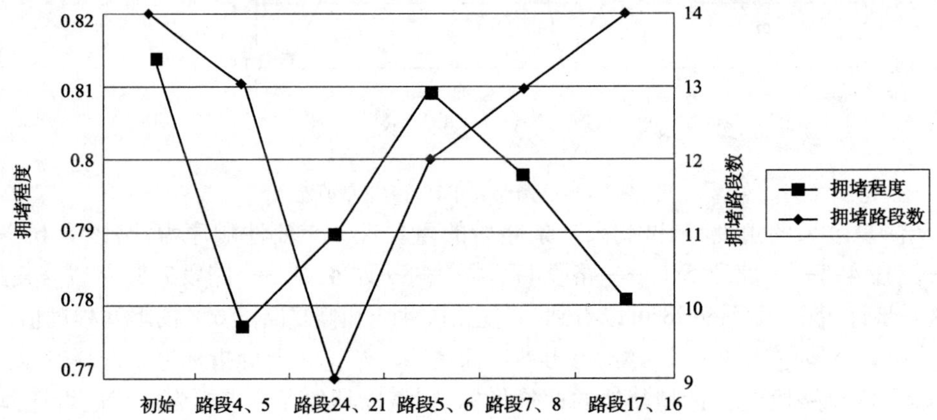

图 9-30　修复路段 6、8 后评价路段重要性

⑤从修复效果的角度，测试剩余 4 条路段的重要性。重要性顺序为：路段 17、16——路段 5、6——路段 24、21——路段 7、8，由图 9-31 可知，修复路段 17、16。同样地，修复路段 17、16 降低路网的阻塞程度，牺牲了路段局部路段的利益。

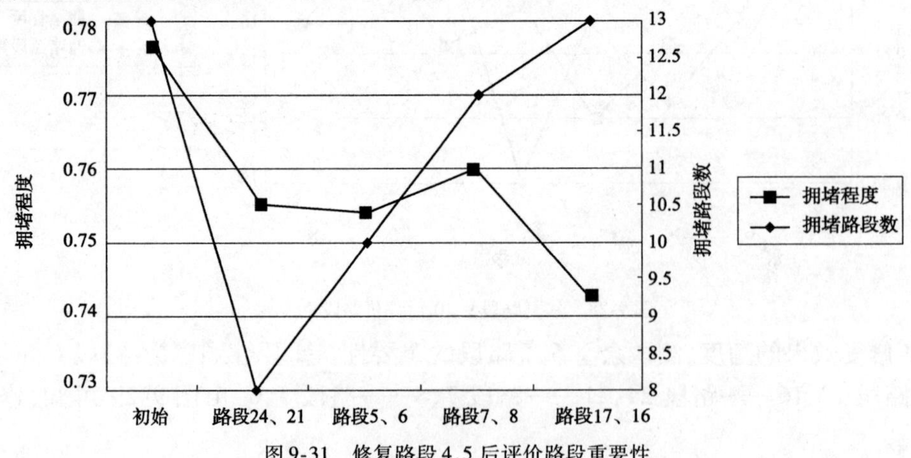

图 9-31　修复路段 4、5 后评价路段重要性

⑥从修复效果的角度，测试剩余3条路段的重要性。重要性顺序为：路段5、6——路段24、21——路段7、8。由图9-32可知，修复路段5、6。

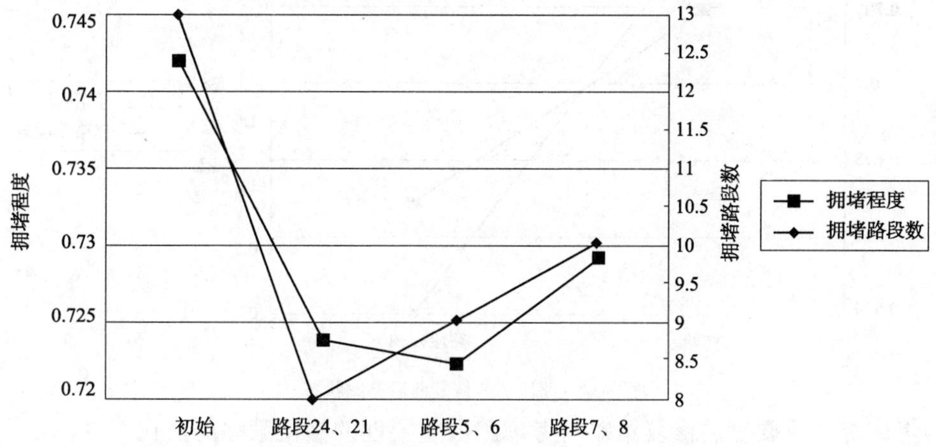

图9-32　修复路段17,16后评价路段重要性

⑦从修复效果的角度，测试剩余2条路段的重要性。重要性顺序为：路段24、21——路段7、8，由图9-33可知，修复路段24、21。

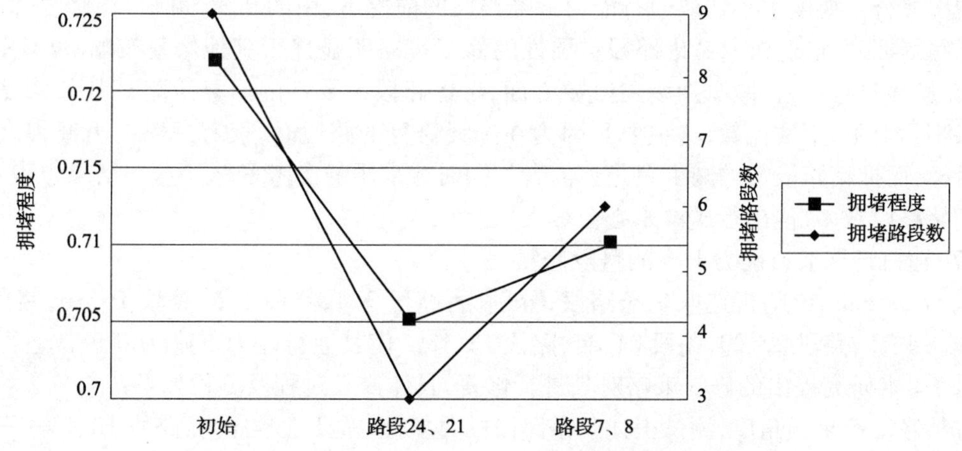

图9-33　修复路段5、6后评价路段重要性

⑧最后修复路段7、8，由图9-34知，路网恢复正常，无拥堵路段。

在按综合重要度大小选取通行能力下降路段的前提下，8条路段在初始状态下进行重要性测试后，其重要性排序为：路段9、10——路段6、8——路段8、6——路段4、5——路段5、6——路段17、16——路段24、21——路段7、8。而提出的考虑路段重要性修复策略最后的修复顺序为：路段9、10——路段8、6——路段6、8——路段4、5——路段17、16——路段5、6——路段24、21——路段7、8。两组路段重要性排序并不一致，这是因为每修复一个路段后的路段重要性都会有变化。所以不能只在初始时刻对路段重要性进行一次评价后就按顺序修复路段，或者只评价几次路段重要性，而应该每修复一个路段，就重新评价一次路段的重要性。本研究提出的修复策略是一个动态评价与修复的策略，该策略对路段进行的每一次重要性评价都是有效且十分必要的。

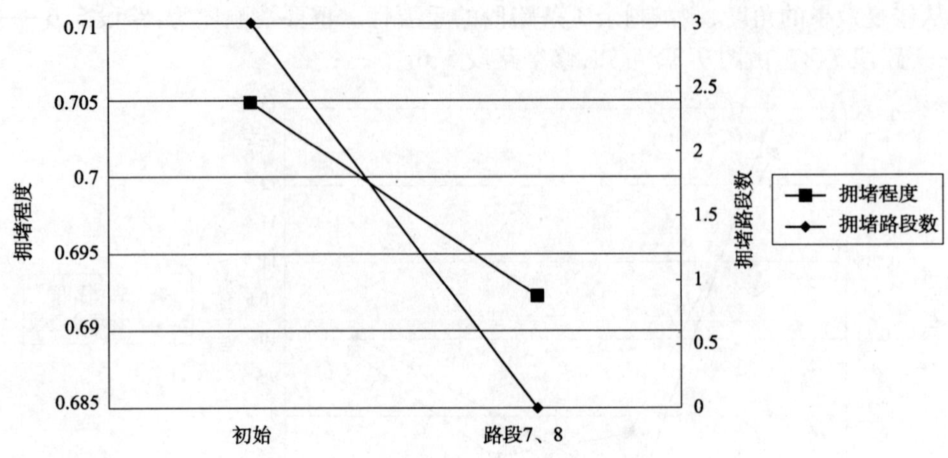

图 9-34　路段 7、8 修复前后路网状态

(6)考虑综合重要度的修复策略与考虑路段重要性的修复策略的对比

本研究还用基于路段饱和度的修复策略,基于路段介数的修复策略,基于路段饱和度和介数综合重要度的修复策略,随机修复策略对路网进行了修复。

五种修复策略的效果见图 9-35 和图 9-36。

在按综合重要度大小选取通行能力下降路段的前提下,由图 9-36 可知,在修复过程中,在降低路网拥塞程度方面,考虑路段重要性的修复策略明显优于其他修复策略。由图 9-37 可知,在修复过程中,在减少拥堵路段数方面,考虑路段重要性的修复策略与其他修复策略的效果不相上下、不便比较,这主要是因为在选择修复的路段时,仅考虑路网阻塞程度降低这一目标,而拥堵路段数的减少只是在前者相同时才采用的参考目标。这一结果也说明,路网中拥堵路段数多,但出行成本未必会很大。

(7)随机选取通行能力下降的路段修复

从 Sioux Falls 中随机选取 8 条路段,分别为:路段 3、4,路段 6、5,路段 16、10,路段 19、17,路段 14、15,路段 22、20,路段 21、24,路段 12、13。使其通行能力下降为其正常通行能力的 10%,用本研究提出的修复策略对其进行修复,具体修复过程及分析如下:

①从修复效果的角度,测试上述 8 条路段的重要性,重要性顺序为:路段 12、13——路段 21、24——路段 19、17——路段 16、10——路段 6、5——路段 14、15——路段 22、20——路段 3、4,由图 9-37 可知,修复路段 12、13,虽然拥堵路段数并未减少,但路网阻塞程度降低,这说明修复路段 12、13 虽未彻底疏解路段拥堵,但对路段拥堵有所缓解。

②从修复效果的角度,测试余下 7 条路段的重要性,重要性顺序为:路段 19、17——路段 16、10——路段 21、24——路段 6、5——路段 22、20——路段 3、4——路段 14、15,由图 9-38 可知,修复路段 19、17。

③从修复效果的角度,测试余下 6 条路段的重要性,重要性顺序为:路段 16、10——路段 21、24——路段 6、5——路段 14、15——路段 3、4——路段 22、20。由图 9-39 可知,修复路段 16、10。

④从修复效果的角度,测试余下 5 条路段的重要性,重要性顺序为:路段 21、24——路段 14、15——路段 6、5——路段 3、4——路段 22、20,由图 9-40 可知,修复路段 21、24。

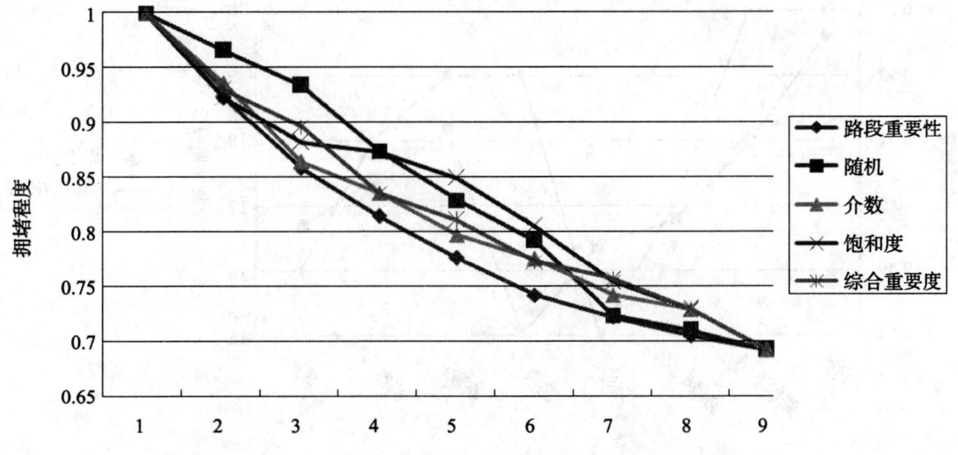

图 9-35　拥堵程度(通行能力下降路段为综合重要度大的路段)

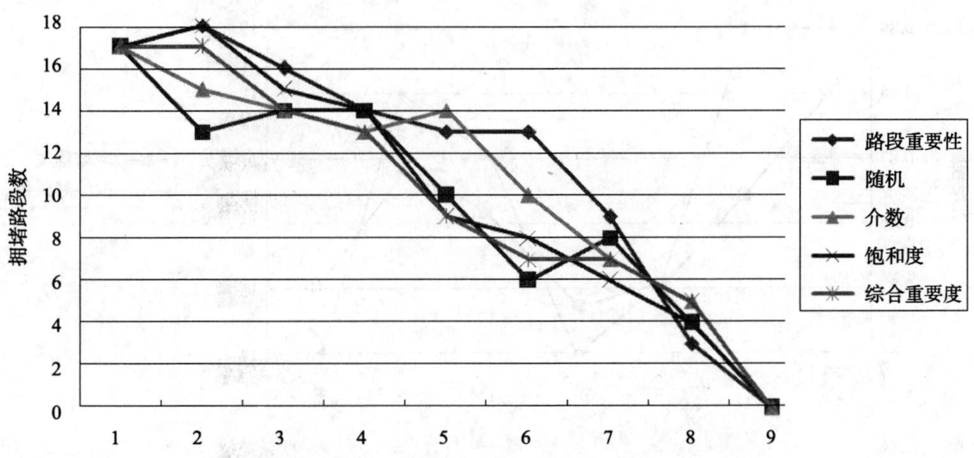

图 9-36　拥堵路段数(通行能力下降路段为综合重要度大的路段)

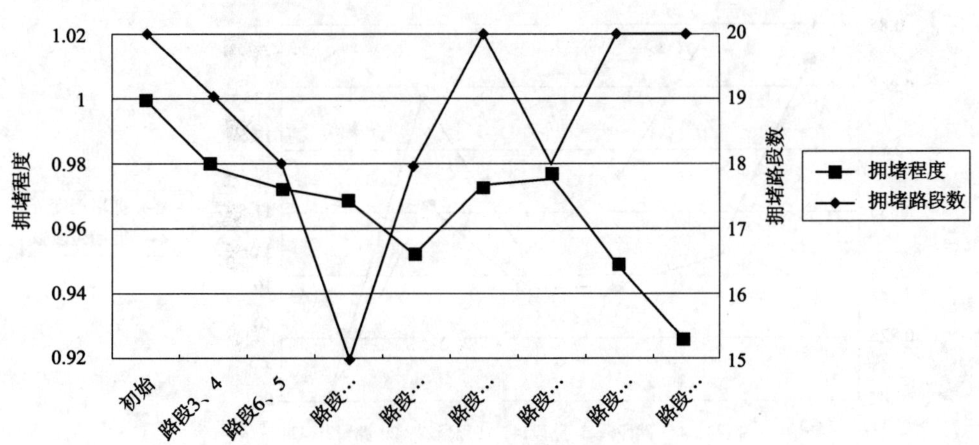

图 9-37　初始状态下评价路段重要性

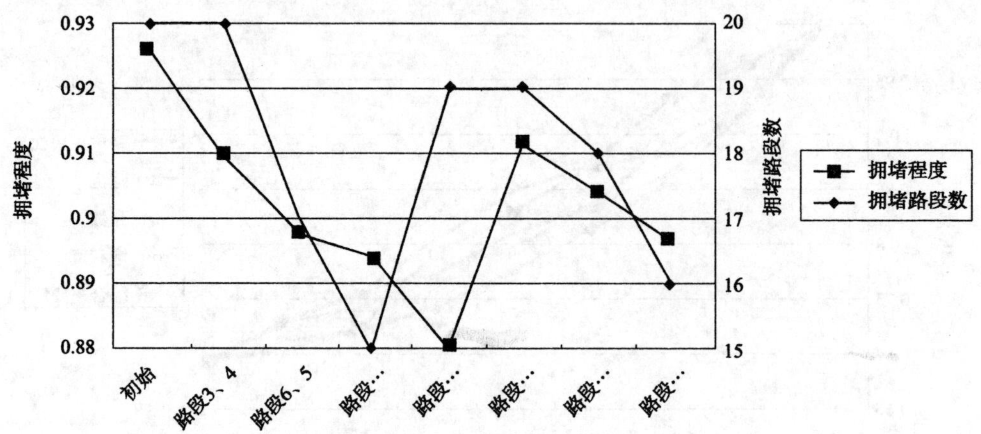

图 9-38　修复路段 12、13 后评价路段重要性

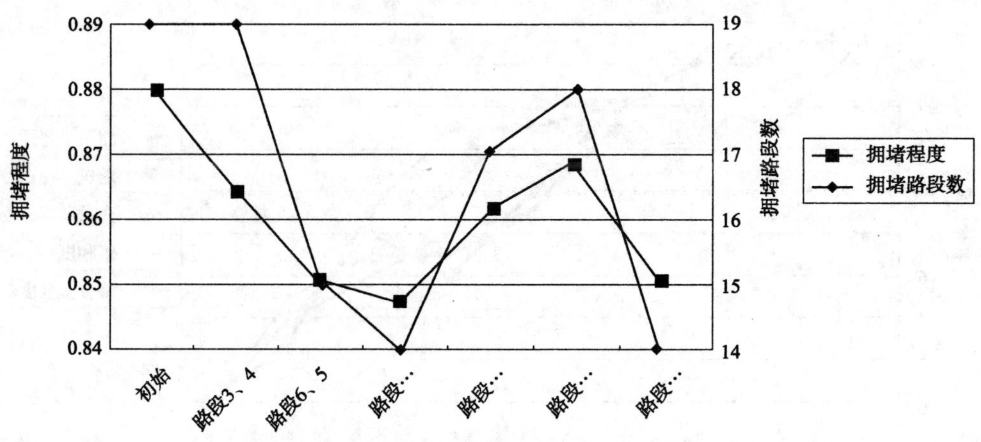

图 9-39　修复路段 19、17 后评价路段重要性

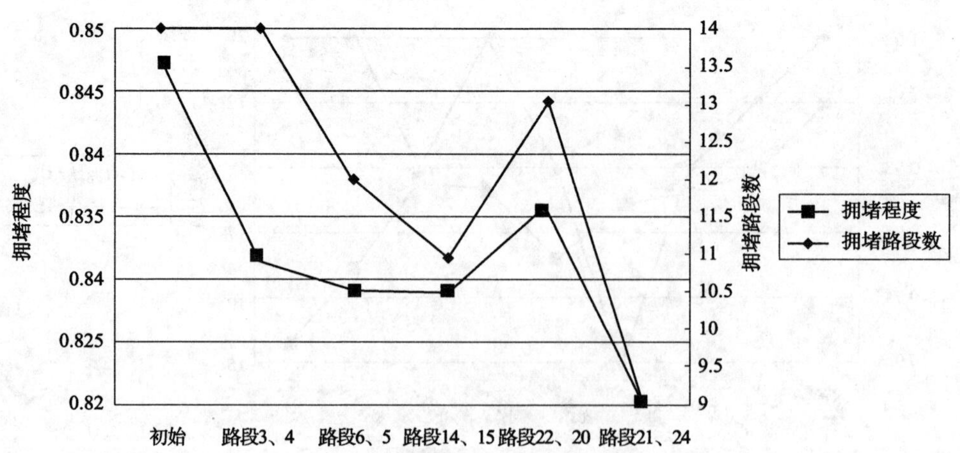

图 9-40　修复路段 16、10 后评价路段重要性

⑤从修复效果的角度，测试余下 4 条路段的重要性，重要性顺序为：路段 14、15——路段 6、5——路段 3、4——路段 22、20，由图 9-41 可知，修复路段 14、15。

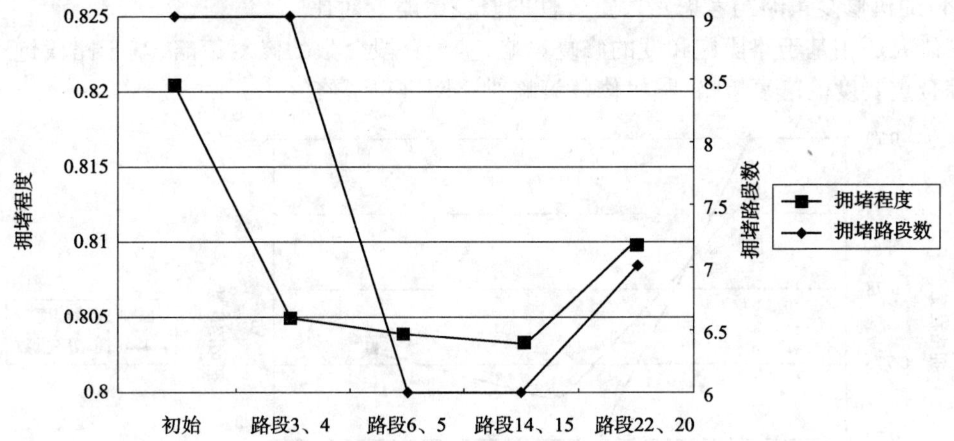

图 9-41　修复路段 21、24 后评价路段重要性

⑥从修复效果的角度，测试余下 3 条路段的重要性，重要性顺序为：路段 6、5——路段 3、4——路段 22、20，由图 9-42 可知，修复路段 6、5。

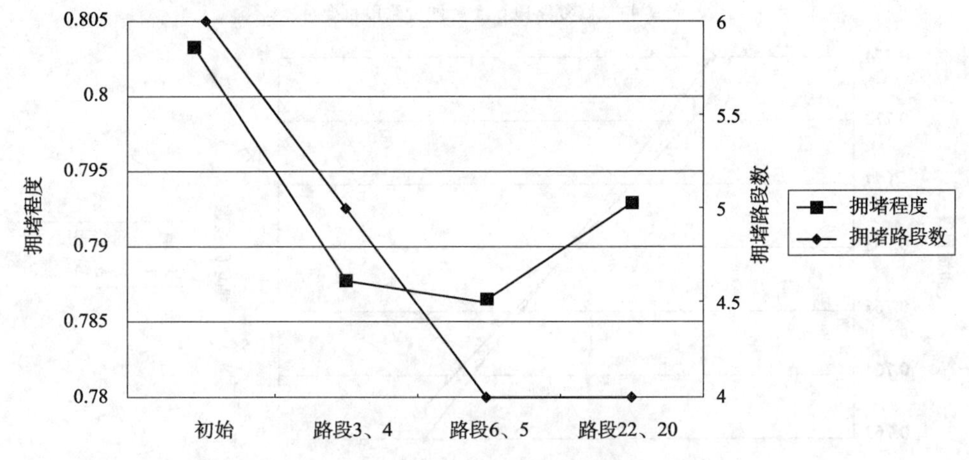

图 9-42　修复路段 14、15 后评价路段重要性

⑦从修复效果的角度，测试余下两条路段的重要性，重要性顺序为：路段 3、4——路段 22、20，由图 9-43 可知，明显先修复路段 3、4。

⑧最后修复路段 22、20，由图 9-44 可知，路网恢复正常，无拥堵路段。

在随机选取通行能力下降路段的前提下，8 条路段在初始状态下进行重要性测试后，其重要性排序为：路段 12、13——路段 21、24——路段 19、17——路段 16、10——路段 6、5——路段 14、15——路段 22、20——路段 3、4。而提出的考虑路段重要性修复策略最后的修复顺序为：路段 12、13——路段 19、17——路段 16、10——路段 21、24——路段 14、15——路段 6、5——路段 3、4——路段 22、20。两组路段重要性排序并不一致，这是因为每修复一个路段后的路段重要性都会有变化。所以不能只在初始时刻对路段重要性进行一次评价后就按顺序修复路段，或者只评价几次路段重要性，而应该每修复一个路段，就重新评价一次路段的重要性。本研究提出的修复策略是一个动态评价与修复的策略,该策略对路段进行的每一次重要性评价都是有效且十分必要的。

(8)随机修复策略与考虑路段重要性的修复策略的对比

本研究还用基于路段饱和度的修复策略,基于路段介数的修复策略,基于路段饱和度和介数综合重要度的修复策略,随机修复策略对路网进行了修复。

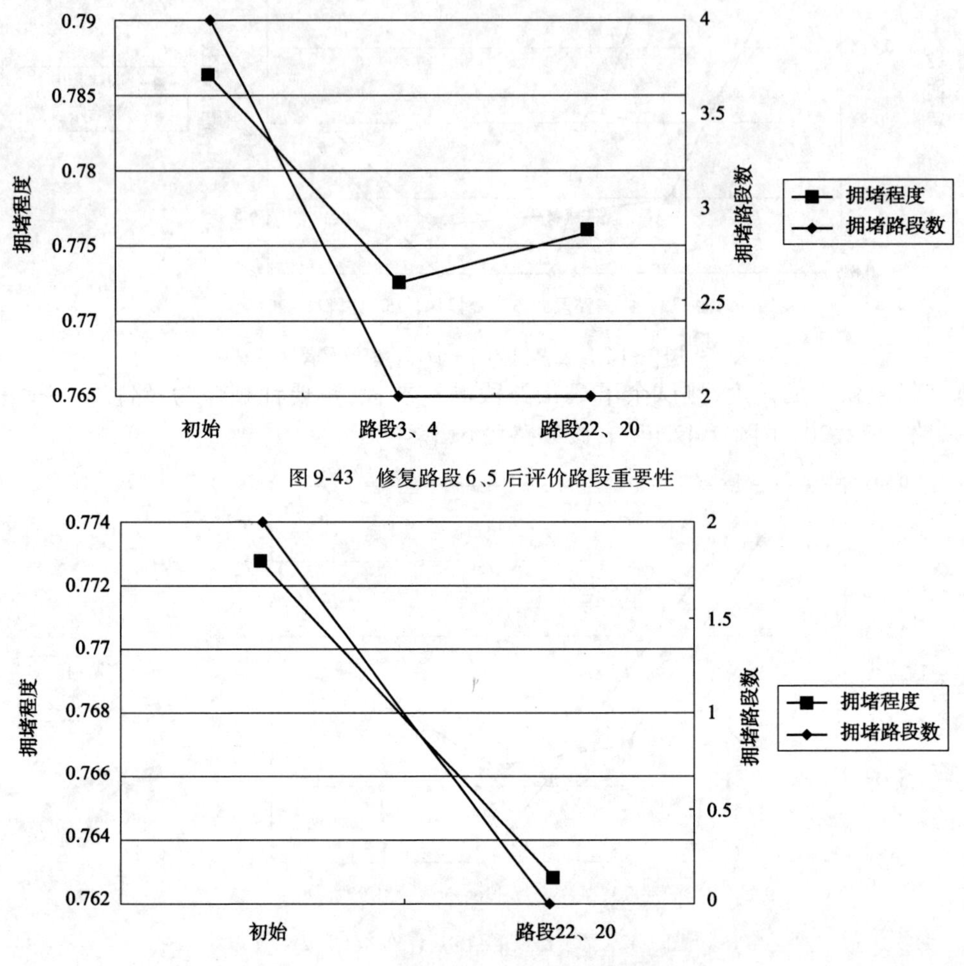

图 9-43　修复路段 6、5 后评价路段重要性

图 9-44　修复路段 22、20 前后路网状态

结果见图 9-45 和图 9-46。

在随机选取通行能力下降的路段的前提下,由图 9-46 可知,在修复的过程中,在降低路网拥堵程度方面,考虑路段重要性的修复策略明显优于其他修复策略。而由图 9-47 可知,在修复过程中,在减少拥堵路段数方面,考虑路段重要性的修复策略与其他修复策略效果相差不大。这主要是因为本章提出的修复策略是以最大化降低路网的阻塞程度为目标,而拥堵路段数的减少只是一个参考值,两者的相关性不是很大。

在本章中,在选取通行能力下降的路段时,考虑了路段的特性。据之前的研究表明,路段的饱和度、介数等都是较为重要的特性,路网中路段的饱和度、介数越大,当其通行能力下降或者为零时,对路网的破坏性越大,越易引发级联失效。从失效的角度看,这些路段都是非常重要的路段。本研究验证了从修复的角度评价，与从失效的角度评价，路段的重要性是不同的。同时也验证了本研究提出的修复策略对于任何情况都是较优的修复策略。本研究在选取路段时依据不同的评价指标，也是希望能做一些定性的分析。

结果表明，无论用何种方式选取通行能力下降的路段，本研究提出的考虑路段重要性的修复策略明显优于其他修复策略，在修复过程中，能最大限度地降低路网的拥堵程度。同时，在研究中也可明显看到在路网的修复过程中，很容易出现 Braess 悖论现象，即并不是增大一条路段的通行能力就一定能改善路网的拥堵情况，相反可能会使得路网更加拥堵，而本研究提出的策略在修复前便能知道路段修复后对路网的影响。本研究也验证了以往研究的结论：从失效与修复两个不同的角度评价路段，其重要性是不同的。也就是说引发路网拥堵的瓶颈修复后，未必能疏解拥堵路网。

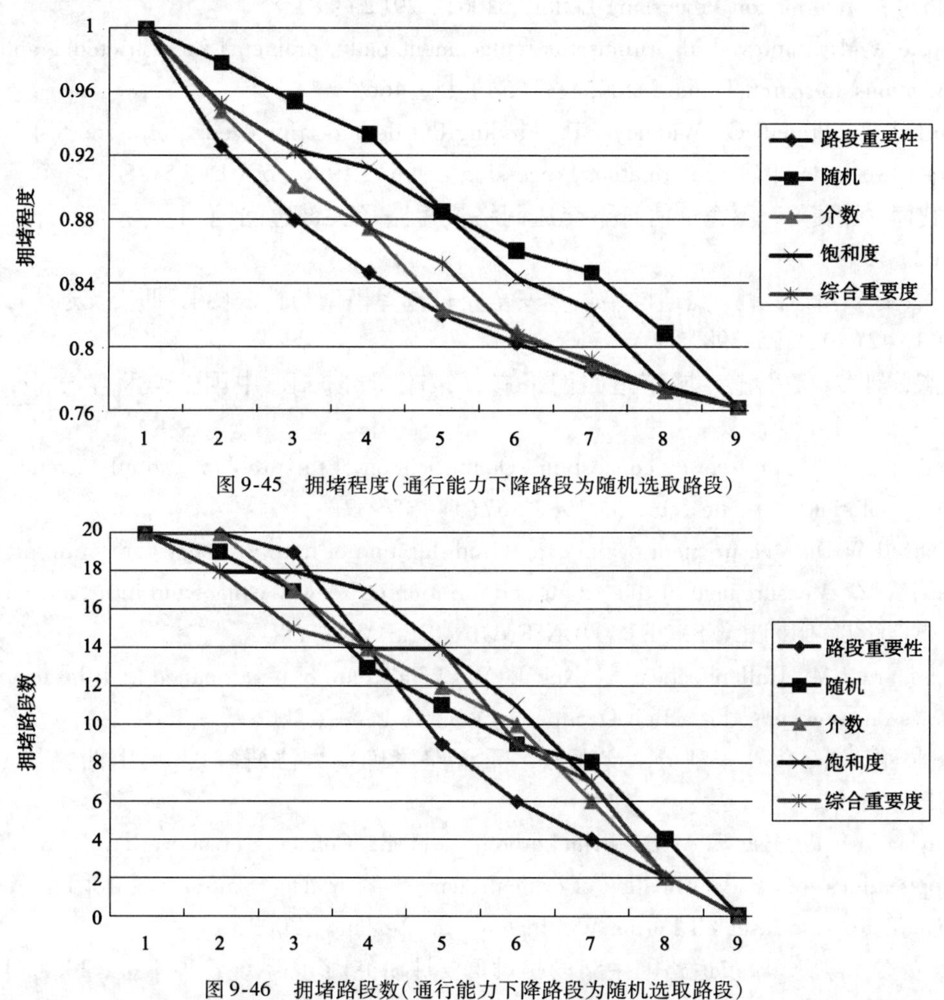

图 9-45　拥堵程度（通行能力下降路段为随机选取路段）

图 9-46　拥堵路段数（通行能力下降路段为随机选取路段）

本研究提出的修复策略是一个动态评价与修复的策略，在测试过程中，明显可以看到：在修复一条路段前后，路段重要性排序并不完全一致，这说明本研究提出的修复策略对路段进行的每一次重要性评价都是有效且十分必要的。由拥堵程度图和拥堵路段数图可知，拥堵程度与拥堵路段数相关性不大，这也说明路网中拥堵路段数多，路网总出行成本未必很大；

路网中拥堵路段数少,路网总出行成本未必会小。有时候可以选择牺牲局部路段利益,即使其从正常状态变到拥堵状态,达到最大程度降低路网总出行成本、提高路网整体效率的目的。

本章参考文献

[1] Corley H W, Sha D Y. Most vital links and nodes in weighted networks[J]. Operations Research Letters, 1982, 1(1): 157-160.

[2] Malik K, Mittal A K, Gupta S K. The k most vital arcs in the shortest path problem[J]. Operations Research Letters, 1990, 9(4): 223-227.

[3] Nardelli E, Proietti G, Widmayer P. A faster computation of the most vital edge of a shortest path[J]. Information Processing Letters, 2001, 79(2): 81-85.

[4] Bhosle A M. Improved algorithms for replacement paths problems in restricted graphs[J]. Operations Research Letters, 2005, 33(5): 459-466.

[5] Nardelli E, Proietti G, Widmayer P. Finding the detour-critical edge of a shortest path between two nodes [J]. Information Processing Letters, 1998, 67(1): 51-54.

[6] 闫化海, 徐寅峰. 不完全信息下交通网络最短路径关键边问题[J]. 系统工程, 2006, 24(2): 37-40.

[7] 苏兵, 徐寅峰, 肖鹏. 交通网络最优安全路径选择模型与算法[J]. 西安交通大学学报, 2008, 42(4): 395-398.

[8] 程杰, 刘杰, 唐智慧. 城市道路网络修复策略研究[J]. 中国安全科学学报, 2012, 22(9): 114-120.

[9] Lindley J A. Urban freeway congestion: Quantification of the problem and effectiveness of potential solutions[J]. Ite Journal, 1987, 57(1): 27-32.

[10] Cottrell W D. Measurement of the extent and duration of freeway congestion in urbanized areas[C]// Measurement of the extent and duration of freeway congestion in urbanized areas. INSTITUTE OF TRANSPORTATION ENGINEERS MEETING.

[11] Ishimaru J M, Hallenbeck M E, Nee J. Weekend freeway performance and the use of hov-lanes on weekends[J]. High Occupancy Vehicle Lanes, 2000.

[12] 王晓丽, 温冬海, 张利分. 交通网络重要路段确定方法研究[J]. 山西科技, 2007, (1): 91-92.

[13] Taylor M a P, Este G M D, Brinckerhoff P, et al. Concepts of network vulnerability and applications to the identification of critical elements of transport infrastructure[J]. Australasian Transport Research Forum Wellington New Zealand, 2003.

[14] 侯立文, 蒋馥. 城市道路网中路段相对重要性研究[J]. 系统管理学报, 2004, 13(5): 425-428.

[15] 吴建军. 城市交通系统复杂性:复杂网络方法及其应用[M]. 北京: 科学出版社, 2010.

[16] 赵月. 复杂交通网络拥堵特性及控制方法研究[D]. 重庆: 西南交通大学, 2009.

第 10 章　城市交通系统运行可靠性仿真平台

10.1　城市综合交通运行仿真平台

城市综合交通运行仿真平台是一个基于北京六里桥区域实际浮动车数据搭建的交通网络多功能仿真平台,具有较好的数据可替换性,能够客观、准确地通过历史数据展示和评价路网的各项指标和整体性能,并在一定条件下对路网进行短时预测,对交通网络评价、分析和管制等方面具有重要的现实意义。

10.1.1　城市综合交通运行仿真平台的整体结构

城市综合交通运行仿真平台主要融合了 Asp. net、数据库、Internet 网络等多项技术,基于 Visual Studio 2012、SQL Server 2012、Matlab 等软件,运用 JavaScript 和 C#等编程语言,并且引入 Bmap、Echarts、highcharts 等多种应用程序编程接口(API)进行程序的编写。其整体结构如图 10-1 所示。

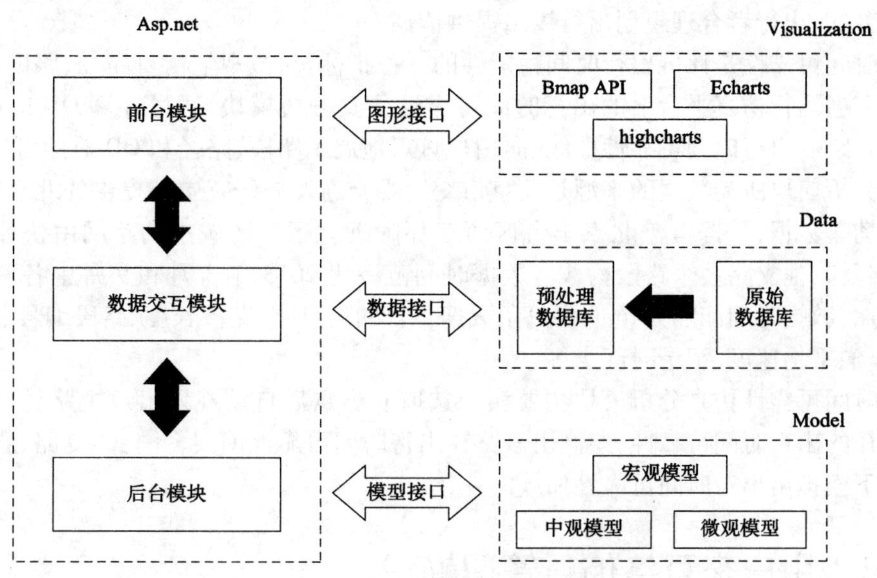

图 10-1　大城市综合交通运行仿真平台的整体结构框架

仿真平台主要由实时路网导入、短时交通预测、出行时间曲线和路网演化仿真四个功能组成。实时路网导入功能将所研究的北京六里桥区域在百度地图中再现并抽出部分路段进行交通网络拓扑图的构建,评价路网可靠性;短时交通预测功能引入时空关联特征的 K 近邻回归模型,对路段进行短视交通预测;出行时间曲线功能以出行时间可靠性模型为核心构建计算多路段出行时间的可靠性；路网演化仿真功能引入耦合映像格子模型，对一个或多个路段进行攻击，实现交通拥堵的传播与消散的模拟仿真，评价路网脆弱性。

10.1.2　交通网络可靠性与脆弱性仿真模块

交通网络可靠性与脆弱性仿真模块是大城市综合交通运行仿真平台的两个子模块，可靠性模块主要实现实时路网导入功能，模块可以从数据库中调用历史数据，可以自由选择数据库中所包含的任意路段数据，将不同区域的交通网络中各路段的连接关系和路况信息以交通网络拓扑图的形式进行展示。

本章以北京六里桥区域为例，从数据库存储的六里桥区域 1004 个路段中，选取 111 个路段，86 个节点构建交通道路拓扑图，展示路段之间的连接关系和不同时间点、不同路段的饱和度，通过对所构建交通网络中的拥堵以及通畅等路段的统计与分析，实现交通网络可靠性的展示和评价。脆弱性模块主要实现路网演化仿真功能，模块将交通网络耦合映像格子模型引入上述构建的路网中，在给单个或多个路段施加攻击（令其失效）后，展示交通拥堵传播与消散的过程，实现路网的演化仿真。

10.1.3　交通网络出行时间可靠性仿真模块

出行时间可靠性仿真分析模块，是在基于浮动车实测数据的基础上，以出行时间可靠性模型为核心构建计算多路段出行时间可靠性的模块，通过改变路段交通流参数，对出路径出行时间可靠性的变化进行仿真分析。为道路规划者优化道路设计、交通管理者合理高效调控交通流分配、出行者合理规划出行线路提供依据。

出行时间可靠性是评价出行时间稳定性的一种指标，从微观上衡量路径、路网的可靠程度。城市交通运行仿真平台下的出行时间可靠性仿真分析模块，通过计算 OD 间的出行时间可靠性及绘制出行时间可靠性曲线，向用户直观地展示路段、路径和 OD 对的可靠性。

仿真分析模块所需数据的来源是北京市交通委交通发展研究中心提供的北京市六里桥区域的浮动车数据，数据覆盖北京丰台区西三环附近地区。区域中的路网由快速路、主干路、次干路及其他支路多个路段构成。数据时间范围为 2013 年 3 月和 9 月中各两个星期，共四个星期，数据时间间隔为 5min。每条数据包含的信息有：路段长度、路段编号、路段起讫点编号、车辆平均速度、记录时间点等。

出行时间可靠性仿真分析模块主要实现选取起讫点后自动规划出最短路径，准确计算出最短路径的出行时间可靠性，绘制出该路径出行时间可靠性曲线，并在改变路径交通流参数的条件下模拟出出行时间可靠性曲线的变化。

10.2　用户交互与仿真管理模块

随着城市交通拥堵状况的加剧，急需一个仿真平台来对城市的交通网络进行分析与评价。交通网络可靠性可以在一定程度上反映交通网络的稳定程度，而脆弱性主要反映的是交通网络的薄弱环节，两者相结合可以较好地对交通网络进行宏观评价。

交通网络可靠性与脆弱性模块依托城市交通运行仿真平台，将打造并整合成操作简单、界面简洁、数据可替换性强、体现现代信息化优势的完善的交通网络仿真模块。

而出行时间可靠性模块可以获取出行时间可靠性演化特征,为用户提供更加可靠的出行规划路径。

10.2.1 交通网络可靠性与脆弱性仿真模块框架设计

1)仿真前台展示模块

仿真模块前台部分,以网页的形式展现出来,用来实现交通网络可视化过程,因此这部分的编程语言选择 Java Script,交通网络拓扑图的构建主要引用 Echarts API。

2)仿真后台逻辑模块

仿真模块后台部分主要实现功能为实现交通网络连接的逻辑关系、交通网络模型的引入、数据库的连接等。在选择语言方面,因为所编程对象为交通网络,具有研究对象多、路网演化规律复杂的特点,因此所选择编程语言既要做到操作简单化,还要做到高效率运行,在这里采用 C#编程语言进行编写。C#语言是运行于. Net Framework 的面向对象编程语言,它综合了 VB 简单、可视化以及 C + + 的高运行效率特性,并且和 SQL 数据库有良好的连接特性,能够稳定简单地构建交通网络,符合设计要求。

3)数据交互模块

数据库处理及交互部分。在 SQL 数据库中,需要对原始浮动车数据进行查补等预处理,得到各路段的车辆平均速度,因此采用 SQL 语句进行编写,之后需要与 C#进行连接,连接过程运用 ADO. NET 技术。

由上述需求分析可知,交通网络可靠性与脆弱性模块主要分为以下三个小模块,分别为可靠性模块、脆弱性模块和数据库模块。软件整体结构框架如图 10-2 所示。

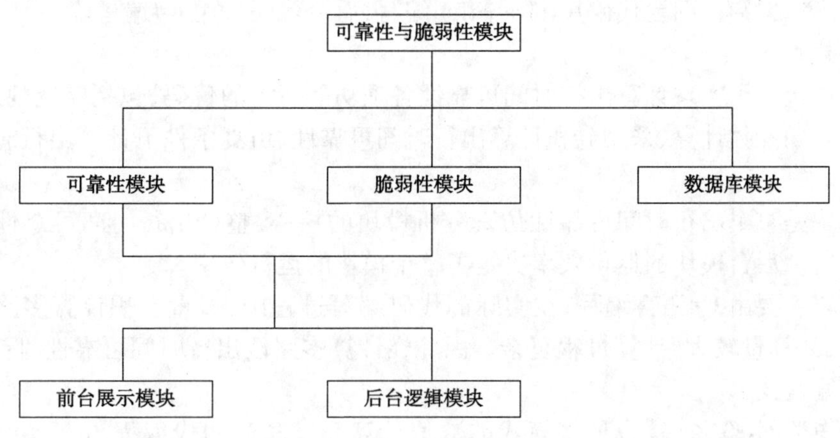

图 10-2 交通网络可靠性与脆弱性整体结构框架

10.2.2 出行时间可靠性仿真分析模块框架设计

仿真平台主要采用 C#、JavaScript、Html5 语言在. Net Framework 平台上进行 Web 应用程序的开发,创建 Web 页面,可以在任何 Web 浏览器上查看。主要运用 ASP. NET 和 ADO. NET 等技术。模块整体框架如图 10-3 所示。

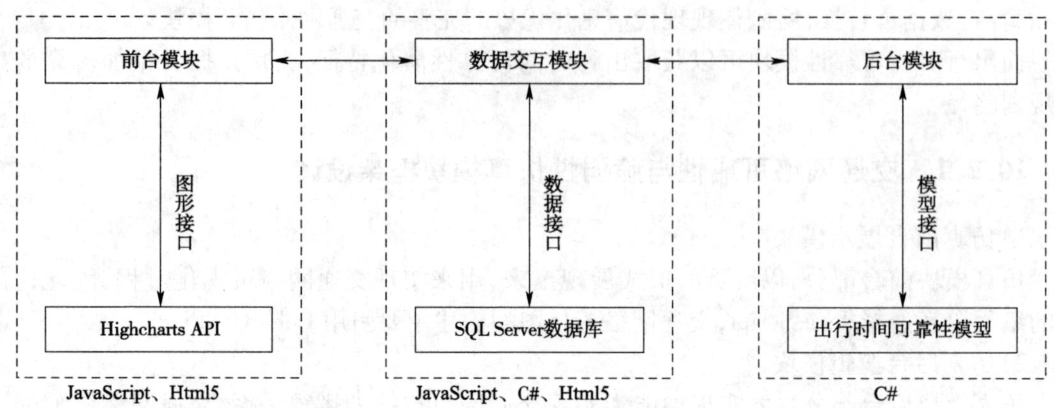

图 10-3　出行时间可靠性仿真分析模块整体框架

1)数据交互模块

数据交互模块起到信息传递的功能,将前台程序、后台程序以及数据库数据紧密联系在一起,是出行时间仿真分析模块不可或缺的重要部分。数据交互模块的主要作用是,应用 ADO. NET 技术读取数据库浮动车相关信息,便于后台模块进行计算。

此外,数据交互模块还负责实现 Web 应用程序的前后台传值功能,该功能运用了 ASP. NET 技术,将后台计算的选定时刻的出行时间可靠性数据传值到前台,绘制出行时间可靠性曲线。并能够实现在前台输入仿真值的情况下,传值到后台,计算仿真条件下的出行时间可靠性,同样地,在前台绘制仿真的出行时间可靠性曲线。

该子模块主要由 C#和 JavaScript 搭建,代码位于 Web 应用程序的前、后台。其中,实现和数据库连接并读取数据库数据的代码用 C#编写,位于程序的后台部分;实现仿真传值功能的代码前、后台都有,前台代码用 JavaScript 编写,后台代码采用 C#编写。

2)后台模块

后台模块包含了实现计算出行时间可靠性各项功能所需的代码,包括路径规划功能、出行时间分布各项参数计算、采用卷积计算出行时间可靠性、仿真条件下计算出行时间可靠性等各项功能。

后台模块是整个出行时间可靠性仿真分析模块的核心,整个出行时间可靠性模型构建在后台模块上。后台模块的运行效率决定了整个模块的运行效率。

后台模块主要由 C#语言编写,在实际的代码编写过程中,多重卷积计算多路段出行时间可靠性时,计算量较大,计算过程复杂。因此在计算多路段出行时间可靠性时,采用 C#和 Matlab 混合编程技术。

Matlab(矩阵实验室)是一种多模式的数值计算环境和第四代编程语言,由 MathWorks 开发。Matlab 可以用于矩阵运算、函数和数据绘图、算法开发、数据可视化,以及同其他高级计算机语言包括 C + + ,java,FORTRAN 语言和 Python 进行交互。其高效的数值计算及符号计算功能使得用户可以从复杂的工程计算中解脱出来。Matlab 可以利用 Matlab 编译器,将 Matlab 程序编译为独立于 Matlab 运行的. dll 文件,允许用户编写可以和 Matlab 进行交互的 C# 语言程序。Matlab 编译器将 Matlab 程序生成接口文件,交给 MCR(Matlab Component Runtime)来执行。C#调用程序中无论采用哪种方式调用 Matlab 程序,最终结果都是由 MCR 执行[1]。

C#高级语言具有界面编程和对象编程等很多优点。综合两者优点,C#调用 Matlab 函数文件编译成的.dll 文件提供了一种很好的解决方法。

3)前台模块

前台模块除了构建 Web 应用程序的界面之外,另一个重要功能就是将后台程序计算或仿真得出的某时刻多路段出行时间可靠性绘制成出行时间可靠性曲线,并显示路径规划、路段交通流参数等信息,为仿真提供便利。利用图表的方式展示出行时间可靠性,能够帮助出行者和管理者更直观地理解出行时间可靠性的含义,能够给他们提供更加形象具体的信息,帮助他们制订合理的出行规划和交通诱导措施。

前台模块的编写主要采用了 JavaScript 和 Html5 语言。出行时间可靠性曲线的绘制则借助了 Highcharts。Highcharts 是一个免费、开源的图表库,运用 JavaScript 编写,能够在 Web 网站或是 Web 应用程序中,简单便捷地添加带有交互性功能的图表。

出行时间可靠性仿真分析模块依靠上述子模块的正常运行实现其功能。首先,初始化模块信息。然后,输入起讫点及时刻,模块根据输入的信息规划出最短路径,并显示路段的平均速度用于仿真。后台程序根据最短路径的信息可以计算出该时刻 OD 间的出行时间可靠性。此时,出行者可以根据最短路径的规划结果,选择仿真路段,并根据显示的仿真路段实际交通流参数,进行变更,模拟 OD 间最短路径某一路段在交通流参数变化后出行时间可靠性的变化,并绘制出变化后的出行时间可靠性曲线。

仿真分析模块的逻辑流程如图 10-4 所示。

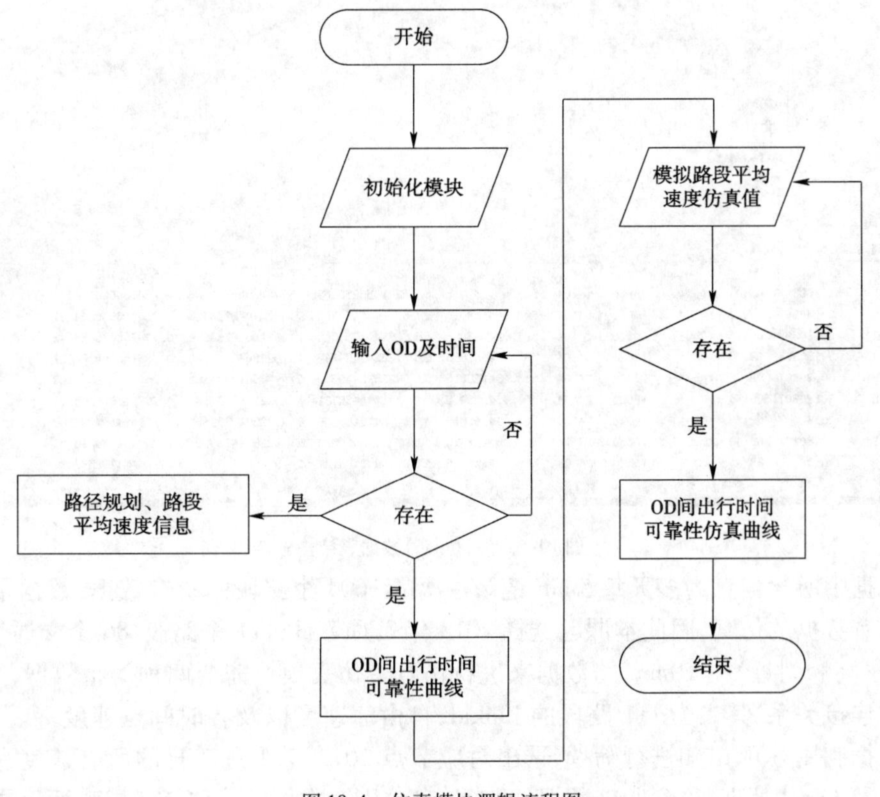

图 10-4 仿真模块逻辑流程图

10.3 交通网络可靠性与脆弱性的可视化平台

根据上节对交通网络可靠性与脆弱性模块的分析可知,模块的框架主要分为三部分:可靠性模块、脆弱性模块和数据库模块。可靠性模块在交通网络拓扑图的基础上对路网可靠性进行分析;脆弱性模块基于交通网络耦合映像格子模型,对施加外部干扰的交通网络进行预测分析,评价路网脆弱性;数据库模块将研发的软件模块和 SQL 数据库相连,实现对数据库中历史数据的调用,实现交通网络可靠性与脆弱性的可视化平台。

10.3.1 数据库模块功能的设计与实现

1)数据库预处理

初始数据为浮动车数据,首先通过 MATLAB 和 SQL Server 数据库进行整理、插补处理,得到每个路段所有车辆的平均速度,作为该路段的平均速度[2]。将所选区域 1004 个路段均进行该操作之后进行存储,存到[liuliqiao]数据表中,作为本研究初始数据。

[liuliqiao]数据表包含日期、时刻、路段起始点编号、路段终止点编号、Linkid、长度、该时刻平均速度,路段自由流速度等。具体表格形式如图 10-5 所示。

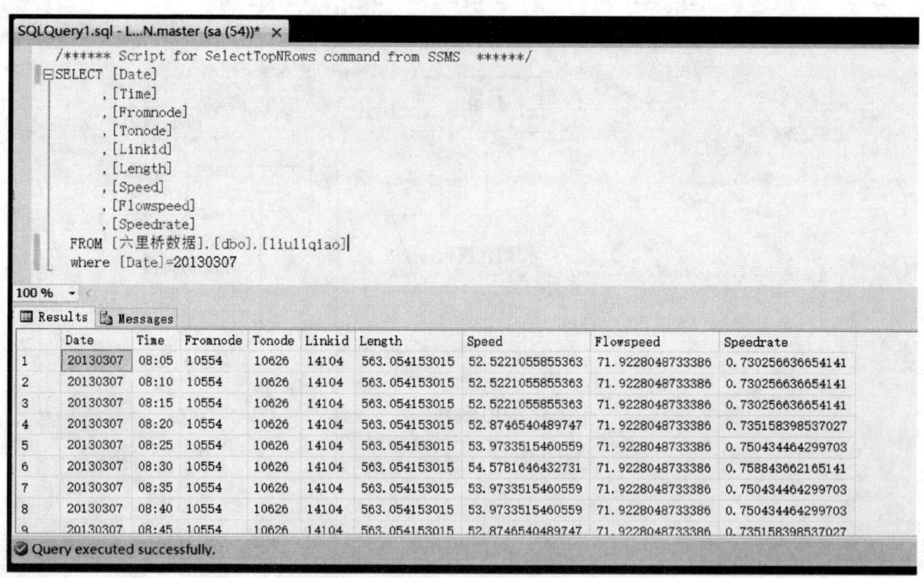
SQLQuery1.sql - L...N.master (sa (54))*

```
/****** Script for SelectTopNRows command from SSMS ******/
SELECT [Date]
      ,[Time]
      ,[Fromnode]
      ,[Tonode]
      ,[Linkid]
      ,[Length]
      ,[Speed]
      ,[Flowspeed]
      ,[Speedrate]
  FROM [六里桥数据].[dbo].[liuliqiao]
  where [Date]=20130307
```

100 %

Results | Messages

	Date	Time	Fromnode	Tonode	Linkid	Length	Speed	Flowspeed	Speedrate
1	20130307	08:05	10554	10626	14104	563.054153015	52.5221055855363	71.9228048733386	0.730256636654141
2	20130307	08:10	10554	10626	14104	563.054153015	52.5221055855363	71.9228048733386	0.730256636654141
3	20130307	08:15	10554	10626	14104	563.054153015	52.5221055855363	71.9228048733386	0.730256636654141
4	20130307	08:20	10554	10626	14104	563.054153015	52.8746540489747	71.9228048733386	0.735158398537027
5	20130307	08:25	10554	10626	14104	563.054153015	53.9733515460559	71.9228048733386	0.750434464299703
6	20130307	08:30	10554	10626	14104	563.054153015	54.5781646432731	71.9228048733386	0.758843662165141
7	20130307	08:35	10554	10626	14104	563.054153015	53.9733515460559	71.9228048733386	0.750434464299703
8	20130307	08:40	10554	10626	14104	563.054153015	53.9733515460559	71.9228048733386	0.750434464299703
9	20130307	08:45	10554	10626	14104	563.054153015	52.8746540489747	71.9228048733386	0.735158398537027

Query executed successfully.

图 10-5 [liuliqiao]数据表结构

因数据中所含信息为多天每 5min 记录一次的 1004 个路段的所有数据,数据量过大,无法进行所有数据的仿真,因此本课题选择 2013 年 3 月 7 日,111 个路段,86 个交通节点,8 点到 9 点(早高峰附近)每 10min 的数据来进行仿真。仿真模块需要两种类型数据,其一为 86 个节点的连接关系,其二为 111 路段的 Linkid,自由流速度以及各时间点速度等。首先对上述表中数据利用 SQL 语句进行筛选,选出对应节点 2013 年 3 月 7 日的所有速度,并经过行列转换以及 Excel 处理,得到所需数据,两者信息分别存在[GPS]和[Speed2]两个数据表中。

2)数据库与C#连接功能的设计与实现

利用C#语言进行数据库的访问与调用,主要采用ADO.NET技术[3],代码编写在可靠性与脆弱性模块的后台模块中。ADO.NET操作原理如图10-6所示。

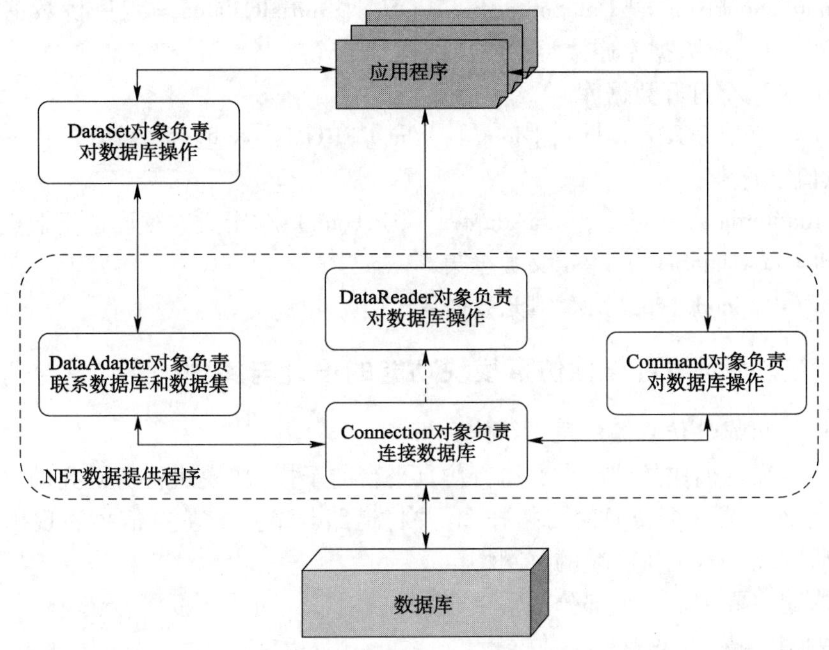

图10-6 C#访问SQL Server数据库原理图

采用ADO.NET数据访问的对象主要为以下几个[4]:

(1)Connection对象:用来和数据库建立远程连接,利用SQL Connection将Visual Studio 2012和SQL Server 2012进行连接。

(2)DataAdapter对象:对数据库执行远程操作并将结果值返回,将数据集与数据库建立联系。首先需要在DataSet与数据库之间建立远程通信,之后可以在DataSet中写入远程数据库的数据,也可以根据DataSet中的数据选定处理数据库中数据。该功能可以利用SQL-DataAdapter语句进行实现。

(3)DataSet对象:模块内存中重新构建的虚拟数据库。

(4)DataView对象:将内存中DataSet中的数据显示出来。

从数据库读取相关数据的方法是利用DataSet和DataAdapter对象。DataSet是ADO.NET技术的主要组件之一,它将从数据库中检索到的相关信息存储于在软件内存中所搭建的虚拟表格里。DataAdapter是DataSet和数据库之间的连接桥,可以检索并保存相关数据。当DataAdapter从数据库读取相关数据之后,使用Fill的方法将数据库中的选定数据填充在DatAset中,以达到连接目的。连接的整个过程如下:

(1)用SQLConnection语句创建Connection对象并与数据库连接。

(2)利用SQLDataAdapter语句对DataAdapter对象进行配置。

(3)构建DataSet对象。

(4)向DataSet中添加数据库中数据表。

(5)用 DataAdapter 的 Fill 语句向 DataSet 虚拟数据表中添加数据库中相关数据。

相关代码如下：

SqlConnectionconn = newSqlConnection( );//定义数据库连接类

conn. ConnectionString = " DataSource = LIEQUAN; InitialCatalog = 六里桥数据; UID = sa; PWD = 11022014; ";//数据库连接类的属性结构

conn. Open( );//打开数据库

stringsql1 = " SELECT [node], [long], [lat] FROM [六 里 桥 数 据]. [dbo]. [节 点 GPS] ";//赋值字符串

SqlDataAdapterdata1 = newSqlDataAdapter(sql1, conn);//定义数据库适配器

DataSetdt = newDataSet( );//定义数据集

data1. Fill(dt, " node_gps");//填充数据集

10.3.2 交通网络可靠性仿真模块功能的设计与实现

1)交通网络可靠性仿真模块逻辑结构分析

交通网络可靠性模块是城市交通运行仿真平台的子模块，模块将所研究的 111 条路段、86 个道路节点连接成一个交通网络拓扑图，并将道路与节点的基本信息表现出来，便于直观的分析与研究北京六里桥区域的路网特点。

模块的搭建主要包括几个部分：

(1)与数据库连接并获取相关数据。

(2)利用 Echarts 搭建拓扑图(力导向布局图)。

(3)编写后台模块中各节点路段连接方式，反馈到前台实现路网拓扑图的搭建。

(4)添加时间轴，将不同时间点的数据导入路网拓扑图。

(5)增加拥堵路段统计饼状图及折线图，实现可靠性分析功能。

(6)将所有功能整合到一个网页中。

该模块的逻辑流程图如图 10-7 所示。

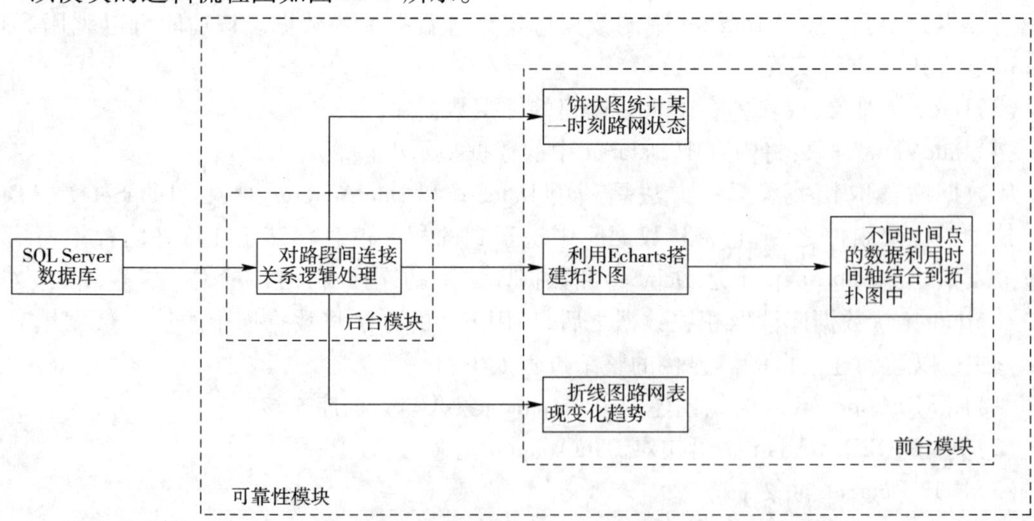

图 10-7 可靠性模块逻辑结构图

2)交通网络拓扑图的设计与实现

由上述可靠性模块逻辑结构可知,交通网络拓扑图的实现主要分为两大部分,一是对数据库中数据进行逻辑处理,将路段和节点间的连接关系用C#编程语言编写出来,二是在前台利用Echarts构建拓扑图之后将后台计算的饱和度显示出来,并用不同颜色来代表不同饱和度表现各路段拥堵状况。

(1)后台模块

经过数据库模块对数据的预处理后,数据表已经从SQL Server数据库利用DataSet语句复制到软件的虚拟表格中,修改其中数据并不会影响原数据库数据。

首先,取出[节点GPS]数据表中各节点的编号[5]:

```
intcnt1 = dt.Tables["node_gps"].Rows.Count;//取数据表行数
string[]node_gps = newstring[cnt1];//定义新数组
for(inti =0;i < cnt1;i + +){
node_gps[i] = dt.Tables["node_gps"].Rows[i][0].ToString().ToUpper().Trim();
}//将数据表第i行第1列的数复制到数组第i个位置
```

之后对数据进行判断,判断[路段速度2(处理)]表格中的各路段的起始点和终止点是否在[节点GPS]表格中:

```
boolexist0 = node_gps.Contains(dt.Tables["net_struction"].Rows[i][0].
ToString().ToUpper().Trim());
boolexist1 = node_gps.Contains(dt.Tables["net_struction"].Rows[i][1].
ToString().ToUpper().Trim());
```

如果确定起始点与终止点均在所研究的交通网络内,则分别给起始点(fromnode[i])、终止点(tonode[i])以及所选路段编号(Linkid)进行赋值,以便反馈到前台。

本节中,路段饱和度的计算采用公式如下:

$$x_i(t) = 1 - \frac{v_t}{v_f}$$

式中:$x_i(t)$——t时刻路段i的饱和度;

v_t——t时刻路段i的平均速度;

v_f——路段i的自由流速度。

(2)前台模块

前台模块调用Echarts2.0,引用其内部的力导向布局图(force)模式,在调用后台数据时,只能调用后台已经声明的public公共变量,在.aspx前台页面中通过<% = xxx% >的方式进行调用。具体形式如下所示:

```
varfromnode;
vartonode;
varbaohe;//前台定义新变量
<%for(inti =0;i < line_num;i + +){% >
fromnode = '<% =fromnode[i]% >'
tonode = '<% =tonode[i]% >'
```

//调用后台 fromnode 和 tonode 对前台新定义的两者进行赋值

baohe = Math. round('<% = baohe[i]% >' * 100)/100

//饱和度取两位小数

<% } ;% >

在对各路段进行饱和度赋值以后，为了便于观察，给不同饱和度的路段赋以不同的颜色，在本仿真模块中，将路段的拥堵程度分为四类，如表 10-1 所示[6]

道路拥堵程度分类 表 10-1

拥堵程度	基本通畅	轻度拥堵	中度拥堵	严重拥堵
饱和度	0 ~ 0.25	0.25 ~ 0.5	0.5 ~ 0.75	0.75 ~ 1
路段颜色	浅绿色(lime)	金色(gold)	红色(red)	黑色(black)

在构建完基础路网拓扑图以后，添加时间轴，选用 2013 年 3 月 7 日上午 8 点至 9 点每 10min 的数据，共 6 组。时间轴的实现选用 Echarts 中自带的 timeline 组件，时间轴各时间点名称采用 number 类型数据，但是并无法显示“:”，因此调用 function 功能，将冒号放入返回值显示出来：

formatter: function(v) { return ‘08 :’ + (v > 9 ? v: (‘0’ + v)) }

最后得到的路网拓扑图效果如图 10-8 所示。

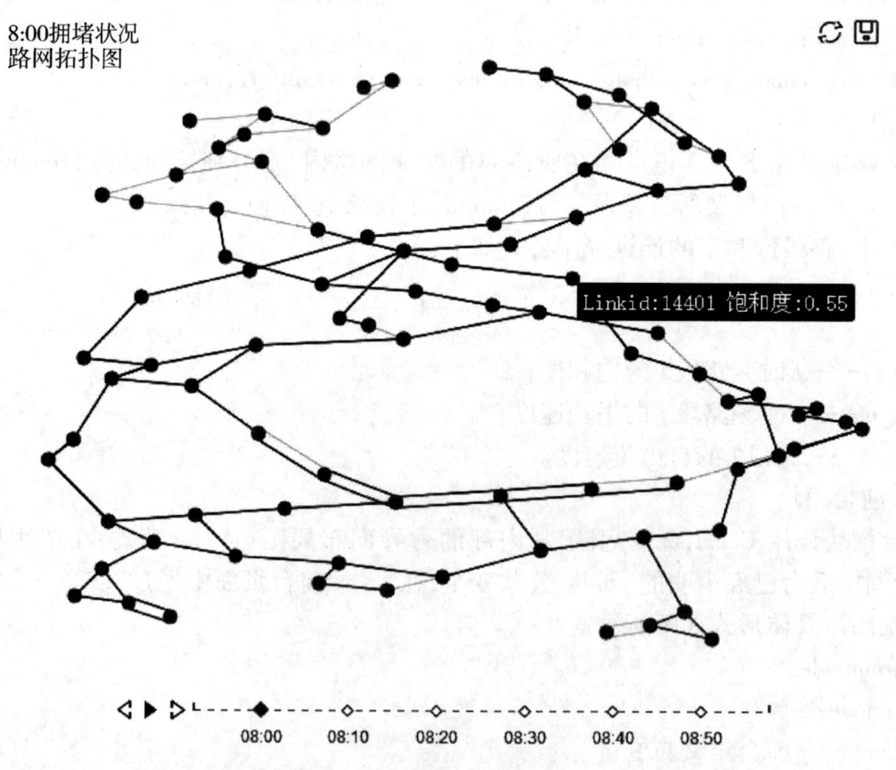

图 10-8 路网拓扑图效果图

在路网拓扑图中，左上角为显示时刻，右上角功能键分别为刷新和存储为图片，下方为所构建的时间轴，每次更改选中时间上面的拓扑图便可以显示该时刻的路况。以图 10-8 为例，当鼠标放到路段上时便可以显示该路段的 Linkid 和饱和度，通过观察拓扑图可以直观地看出路网中的拥堵路段和通畅路段，再结合其他的时间点的路网信息，对出行者的路径选择有一定的帮助。

3）拥堵路段统计分析功能的设计与实现

路网可靠性能够综合反映交通网络的系统性能，是可靠性的概念在交通系统中的具体应用，它的作用在于评价道路交通网络在特定的时间，给定的环境和条件下，实现某种预期功能并达到可接受的运行的水平。城市路网的功能指标分为很多种，例如可达性、畅通性、连通性、快捷性等，从不同的功能出发，得到的可靠性是不同的，因此，评价路网可靠性的指标也多种多样[7]。

本研究中基于数据种类的限制，大多评价指标无法计算，因此基于路网通行能力，选用所构建交通网络中各种拥堵程度的路段总数来对交通网络的可靠性进行一个简单的评价，并将该指标各个时间点整合于柱状图中来表现 1h 内路网可靠性的整体趋势。

在表现单个时间点路网可靠性时，为了便于观察选择 Echars 中饼状图（pie）表现，饼状图中不同拥堵程度路段的颜色采用表 10-1 中的规定。饼状图与柱状图之间采用图表联动技术，即操作其中一个图表会联动另一个图表，实现代码如下：

```
myChart. connect( myChart2) ;
myChart2. connect( myChart) ;//连接饼状图与柱状图
setTimeout function( ) {
window. onresize = function( ) {
myChart. resize( ) ;
myChart2. resize( ) ;//调用 resize 函数实现联动
                    }
}
```

通过代码可以实现点击饼状图或柱状图的四种拥堵程度路段的同时，改变另一幅图的结构，便于软件使用者观察路网中不同状态路段的信息以便得到整体路网的可靠性。在点击轻度拥堵和严重拥堵的按钮之后，联动效果图如图 10-9 所示。

图 10-9 的左右两个饼状图均为图 10-8 中 8：00 路网中不同拥堵程度路段总数的统计信息，下面的柱状图为所有时刻不同拥堵程度路段总数的变化趋势，柱状图中的不同颜色的虚线代表这一个小时中该类拥堵程度路段的平均值，该值越大说明该种路段在 1h 内所占的比例越高，以图 10-8 中左图为例，在 8 点到 9 点的过程中，轻度拥堵路段的总数最多，平均为 51 条，严重拥堵的路段总数最少，平均为 3. 17 条，同时中度拥堵和严重拥堵路段两者总数的平均值为 25. 84 条，占所有 111 条路段总数的 23. 28%，说明在 1h 中约 1/4 的路段发生较严重拥堵，对车辆产生了出行影响，因此在这一个小时内，整体的路况较差，符合上班高峰时间的路况特点。

最后将上述所有功能进行整合，运用 JavaScript 将两个主要模块整合到一个网页中，实现路网拓扑图和分析功能的融合。在新网页中运用网页的继承与嵌套，制作 iframe 标签，在 iframe 中嵌套上述网页，提高可靠性模块的整体性与操作性。可靠性模块最终界面如图 10-10所示

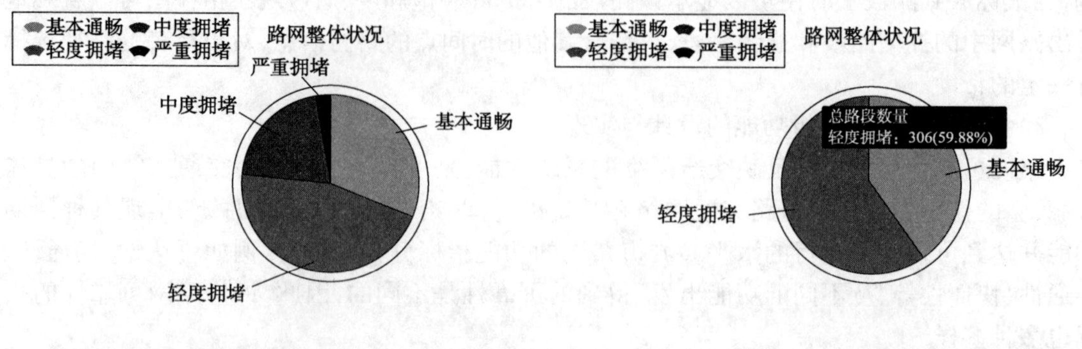

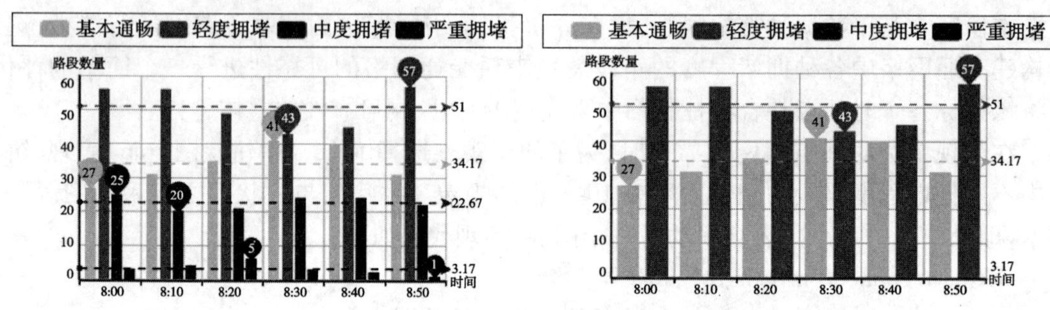

图 10-9　图表联动效果图

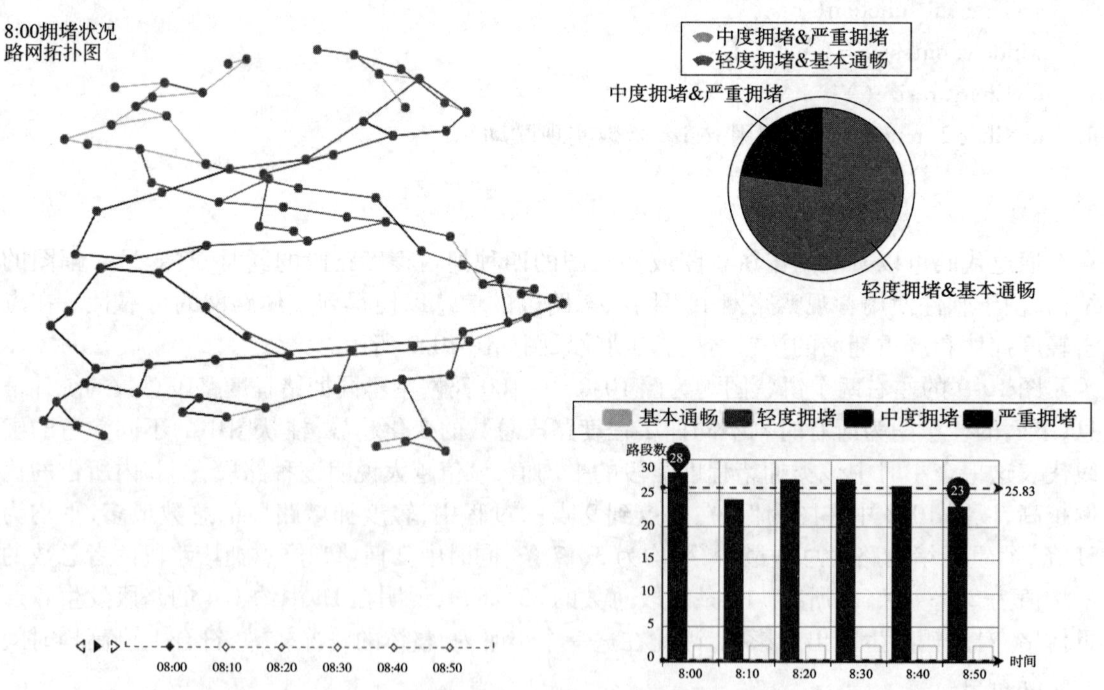

图 10-10　可靠性模块界面

可靠性模块在提供查询路网拥堵情况的同时，对路网中不同拥堵程度的路况进行统计，因为数据的局限性，我们仅从整个路网的通行能力方面对可靠性进行评价，设定每条路段的通行能力相同，则路网可靠性具体的评价指标为不同饱和度路段的总数，即在整个路网中，一段时间内基本畅通与轻度拥堵的路段数量越多,路网的通行能力越强,可靠性越高;相反,中度拥堵和严重拥堵的路段数量越多,代表通行能力越弱,可靠性越低。

图 10-10 中的路段统计分析功能模块是将基本通畅和轻度拥堵的路段去掉,并将严重拥堵的部分拖拽至中度拥堵部分得到的,深色所代表的即为中度拥堵和严重拥堵的路段总数和,可以看到在 8:00 时,该值最高,此时的路网可靠性最低;从 8:20 开始,该值逐渐减小,说明路网可靠性在升高,结合上班高峰期的路网特点,说明整个路网的车流在逐渐减少,高峰期之后路网的可靠性也将增高并趋于稳定,符合路网的实际特征。

10.3.3　交通网络脆弱性仿真模块功能的设计与实现

在实际的交通网络中,由于各个路段和交通节点是相互耦合的,因此,当一个或多个位置发生交通事故或者车辆过多时,道路就会发生过饱和,也就使得其他位置的车辆无法流入或者该路段无法流出车辆,造成该路段发生故障而无法工作,而与其相邻的路段或者交通节点也会受到影响,这便是交通网络的相继故障。在本节中,只针对路段(交通网络拓扑图的边)进行攻击,当路段发生故障时判定该路段失效。

1)交通网络脆弱性仿真模块逻辑结构分析

脆弱性模块是城市交通运行仿真平台另一个主要部分,模块在将交通网络耦合映象格子模型导入路网拓扑图的同时,能够人为对选定的一个或多个路段进行攻击,并模拟攻击以后路网中交通拥堵传播与消散的过程,模块的搭建主要包括以下几部分:

(1)与数据库连接并获取相关数据;

(2)将交通模型转化为 C#编程语言,导入路网拓扑图;

(3)构建新网页,将路网拓扑图嵌入新网页中,并添加输入框,可输入攻击路段 ID;

(4)将新构建的网页中输入的数值传到路网拓扑图中;

(5)对路网中失效路段总数进行计算,并绘制折线图表现拥堵传播消散趋势。

根据上述步骤搭建的模块,可以把交通拥堵传播与消散的过程作为路网脆弱性探究的切入点,模拟并观察在路网中对哪些路段攻击后影响路网最大,从而得到路网的脆弱点并分析整个路网的脆弱性。

模块的逻辑流程图如图 10-11 所示。

2)网页间数据交互功能的设计与实现

在实现路网脆弱性仿真功能时,需要对选定路段进行攻击并且规定路网失效种类,但是这项功能仅在拓扑图网页无法实现,因此需要新建一个单独的网页,在该网页上新建输入框,输入框输入内容主要为两个路段的 Linkid 以及路网的失效种类(包括严重拥堵和发生事故)。

在新网页的前台利用表单对象 form,在输入提示语句之后调用 TextBox 组件构建输入框;而在新网页的后台需要定义上述输入值,定义形式为 Session["Linkid"] = Linkid. Text;,此处的传播的方式利用 Session 语句,定义之后,在嵌套于该网页的其他网页后台中便可以直接调用 Session["Linkid"](变量类型为 string)作为输入的数值。

在输入的 Linkid 值和失效种类从新网页的前台传到路网拓扑图的后台之后,程序对传输的数值进行判断并对输入的路段进行攻击(状态函数值加 1),在通过改进后的耦合映像格子模型计算后,重新反馈给路网拓扑图前台,并生成预测 10 步的路网失效路段总数的折线图，通过这种方式便可以在新网页中进行脆弱性的仿真模拟。脆弱性模块最终界面如图10-12所示。

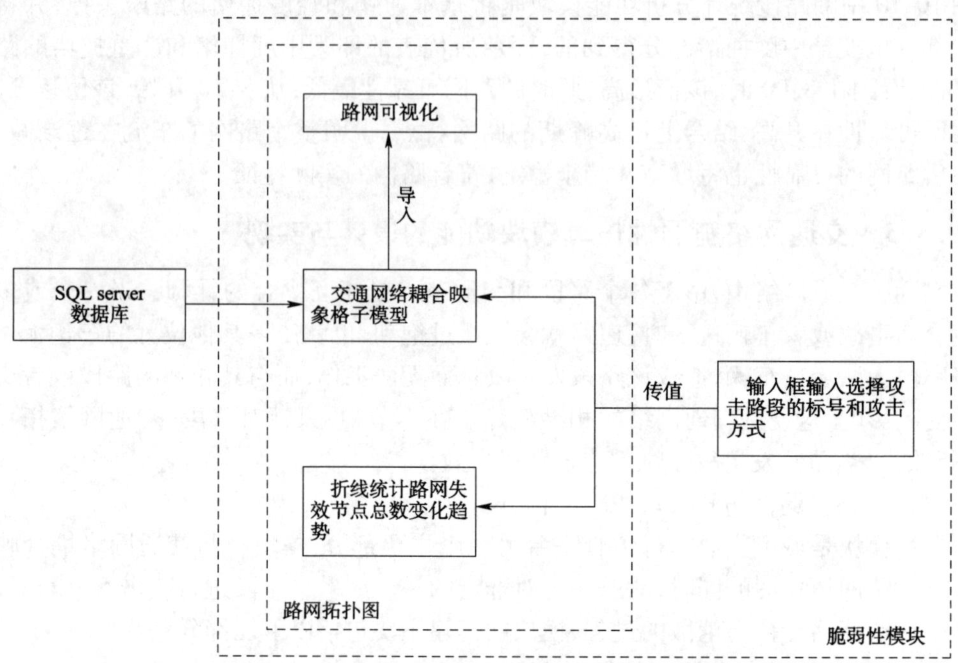

图10-11　脆弱性模块逻辑结构图

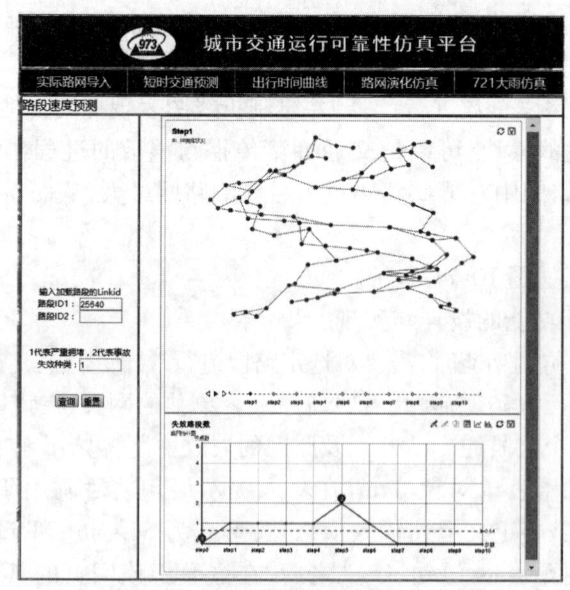

图10-12　脆弱性模块界面

在脆弱性模块界面中，首先选择所需要加载的一条或者两条路段的Linkid进行输入，并且选择失效种类，点击“查询”之后程序后台进行运算并反馈，得到所预测的路网拓扑图和失效路段总数的预测趋势图，通过路网失效节点总数的预测趋势可以判定路网的脆弱性，即在不同路网中,对同一个路段施加外部干扰,失效节点总数上升趋势越快,失效路段总数的最大值越大,说明路网越脆弱;反之,失效节点总数上升趋势越慢,失效路段总数的最大值越小,则说明路网越脆稳定。

该模块除了对路网整体的脆弱性进行评价外,同时可以分析出路网中的脆弱点。当对所有的路段逐个施加外部干扰时,观察失效路段总数趋势图,失效节点总数上升趋势越快,失效路段总数的最大值越大,说明该路段越脆弱,在路网中的地位也越重要。在交通管制中则应该对更脆弱的路段加强管理,以避免发生严重拥堵或事故时脆弱路段失效,对整个路网造成更大的影响。

10.4 出行时间可靠性的可视化平台设计与实现

基于 Visual Studio 平台开发出行时间可靠性仿真分析模块。在已创建的 Web 项目中,添加新的页面——sjkkx. aspx 和 xsqt. aspx。前一个页面用于计算出行时间可靠性并绘制出行时间可靠性曲线;后一个页面用于 Web 页面展示及页面和后台计算程序的交互,即在 Web 页面输入查询或仿真信息后,后台程序将根据输入的信息计算出行时间可靠性并绘制出行时间可靠性曲线。

在创建一个. aspx 文件时,在它的子文件中会自动包含一个. aspx. cs 文件。. aspx 文件负责页面设计及格式显示,而. aspx. cs 中则定义了所有的服务端动作。这种分开设计使得代码条理清晰,功能模块化,有更好的可读性。

1)多路段出行时间可靠性计算功能的设计与实现

首先,初始化模块参数。接着,输入 OD 点编号和时刻。后台子模块获取 OD 点编号之后,根据最短路径原则规划最短路径,记录组成最短路径的路段编号。数据交互模块根据路段编号及时刻从数据库中筛选满足条件的信息,并将这些信息传递给后台模块。后台模块在接收到筛选出的交通流信息之后,根据出行时间满足的广义帕累托分布,计算出此时刻该分布的参数,从而定义该时刻的分布。之后,根据出行时间可靠性的定义,采用卷积计算出行时间可靠性。实现该功能的流程如图 10-13 所示。

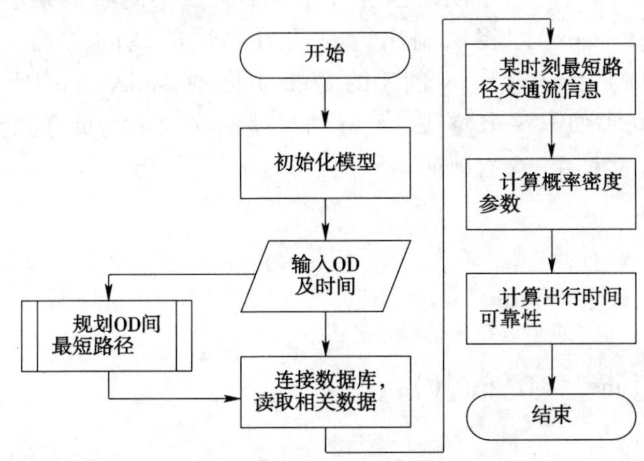

图 10-13 计算多路段出行时间可靠性流程图

2)前、后台数据传递功能

为计算某时刻 OD 间出行时间可靠性，首先需要在 Web 页面输入 OD 点和时刻，这些信息需要传递到后台数据交互模块。

ASP. NET 技术可用于动态创建带有服务器端代码的 Web 页面，使用 TextBox、Label、ComboBox 和 Calendar 等控件创建 Html 代码。本模块采用了 TextBox 和 Button 控件实现用户输入信息。下面以时间的输入为例说明 TextBox 的用法。

源代码：

时间：<asp:TextBox ID = "Time" runat = " server" style = " width:100px" text = "12:00" > </asp:TextBox > <br/ >

asp:TextBox 代表了控件类型，ID 是该控件的编号，runat =“server”表示该 Html 元素带有 runat =“server”特性，通过该特性，ASP. NET 服务器控件就会与 Html 标记关联起来，使该控件可以用于写入服务器端代码。style 控制该控件在 Web 页面的尺寸。text 的值是 Web 页面载入时，该控件的预设值。

上述代码位于 xsqt. aspx 文件中，控制着该控件在 Web 页面的位置、形状、尺寸等信息。相应地，在其后台文件 xsqt. aspx. cs 中，定义了 Time 控件的服务端动作。即：

Session["Time"] = Time. Text;

这行代码的含义是将 Time 控件中输入的文本赋值给 Session 变量。在计算机语言中，Session 实际上是一个特定的时间概念，通常指从注册进入系统到注销退出系统之间所经过的时间。在此过程中，终端用户与交互系统进行了一次通信。在 Web 应用程序中，Session 的作用就是它在 Web 服务器上保持用户的状态信息供在任何时间从任何页访问。用户在进入网站，到关闭网站所经过的这段时间，就是 Session 的工作时间。因此，此时当用户打开 Web 应用程序，全局的 Session[“Time”]变量都拥有 Time 控件的预设值，即“12:00”，直到 Session[“Time”]的值发生改变或网页被关闭。

在 xsqt. aspx 文件中，还存在着一行重要的代码：

<iframe width = "750" height = "500" src = " sjkkx. aspx" id = " 出行时间可靠性" name = " datashow" > </iframe >

iframe 是 Html 标签，可以用于创建包含另外一个文档的内联框架(即行内框架)。在上行代码中，src =“sjkkx. aspx”即将绘制出行时间可靠性曲线的文档 sjkkx. aspx 包含在了 xsqt. aspx 中，其结果就是在 xsqt. aspx 创建的 Web 页面中，sjkkx. aspx 所创建的 Web 页面以某一尺寸包含在其中，类似于一个控件。最终结果就是将两个网页合并为一个 Web 页面。

在 sjkkx. aspx. cs 文档中，含有代码：

```
if(! IsPostBack)
        {
if(Session[ "Time" ]!  = null)
            {
time = Session[ "Time" ]. ToString( );
            }
}
```

IsPostBack 是. Net 判断页面是否第一次加载的属性，! IsPostBack 指的就是第一次加载。在第一次加载且 Time 控件不为空时，将 Time 控件中的字符通过全局的时域变量 Session["Time"]赋值给 sjkkx. aspx. cs 文档中的 time 变量，便于下一步进行出行时间可靠性的计算。

可见，通过 TextBox 控件、iframe 标签和 Session 时域变量的共同作用以及其他相关语句，将前台 Web 页面的输入值传递到计算出行时间可靠性的后台程序中，将用于展示的 Web 页面和计算出行时间可靠性的页面联系起来，实现了前后台数据的传递。

3) Dijkstra 算法实现路径规划功能

本节的计算及仿真实验是针对多条路段，因此当用户在 Web 页面输入 OD 点之后，需要对 OD 点间的路径进行规划，再根据规划的路段卷积计算出 OD 点间的出行时间可靠性。

本节在进行路径规划时采取的原则是最短路径原则，选择的算法是 Dijkstra 算法。Dijkstra 算法是 1959 年由荷兰计算机科学家 Edsgar Wybe Dijkstra 提出的解决有向图中最短路径问题的算法。Dijkstra 算法的主要特点是每次迭代时选择的下一个顶点是标记点之外距离源点最近的顶点[8]。

OD 间最短路径的规划可以描述为：图由节点和带有方向的边构成，每条边都有相应的权值，最短路径算法就是要找出从节点 A 到节点 B 的累积权值最小的路径[9]。

Dijkstra 算法实现路径规划的流程如图 10-14 所示。

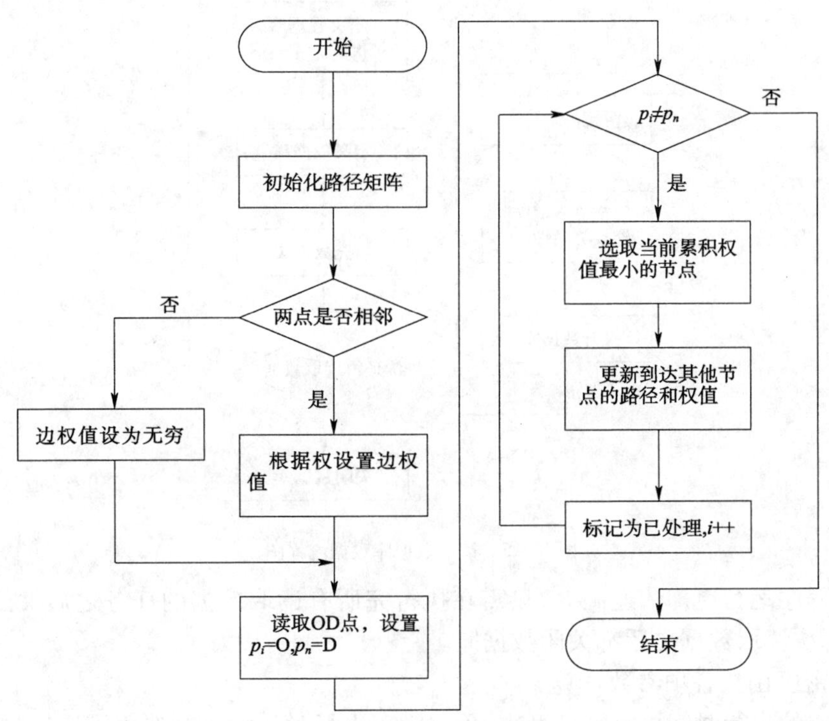

图 10-14 Dijkstra 算法流程图

4) 数据库相关数据读取功能

出行时间可靠性的计算需要用到储存在数据库中的浮动车数据，读取数据库数据也是数据交互模块的重要功能之一。

根据出行时间可靠性计算的需要，从数据库中提取的浮动车信息见表 10-2。

读取数据库数据字段名　　表 10-2

列　名	数据类型
Linkid	nvarchar(50)
Length	Float
Speed	float

连接数据库用到了 ADO. NET 技术，具体步骤如图 10-14 所示。

在进行出行时间可靠性计算时，根据条件不同，需要多次从数据库中读取相应的信息，多次读取数据的步骤都类似（图 10-15），最主要的区别是 SQL 语句的不同。具体来说，是读取数据的列名以及筛选条件 where 后的语句不同。定义数据库适配器、定义数据集、填充数据集也相应地进行变化，但流程及结构都没有大的改变。需要注意的是，定义数据库连接类、定义数据库连接类属性及打开数据库只需进行一次，在成功连接数据库之后，便可进行多次读取数据的任务。但这也是在每次读取数据后没有关闭数据库的基础上。

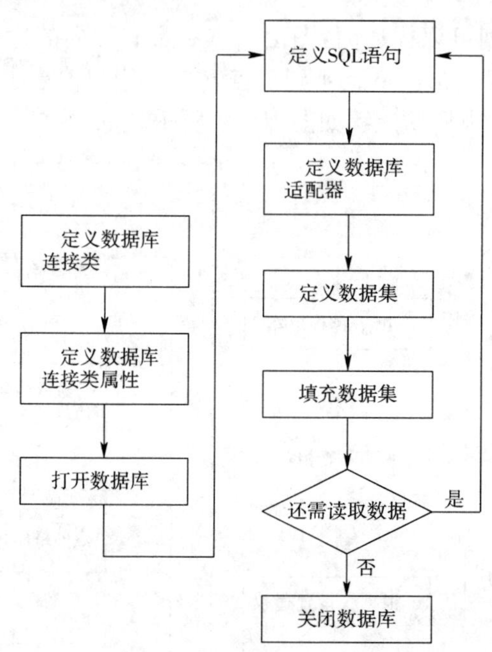

图 10-15　读取数据库数据流程图

为了使程序运行更加快速高效，只需在执行完所有读取数据的任务之后关闭数据库即可，不必在每次读取数据之后都关闭数据库。

5）概率密度函数各项参数计算

在所建立的出行时间可靠性模型中，单位距离出行时间的分布选用了广义帕累托分布，概率密度函数如式(8-1)～式(8-3)所示。在实际的计算中，位置参数 μ_i 为单位距离出行时间的均值、尺度参数 σ_i 为方差、形状参数 k_i 为峰度。三者的计算公式为：

$$\mu_i = \frac{\sum_{j=1}^{n} t_j}{n} \tag{10-1}$$

$$\sigma_i = \frac{\sum_{j=1}^{n}(t_j - \mu_j)^2}{n} \tag{10-2}$$

$$k_i = \frac{\sum_{j=1}^{n}(t_j - \mu_j)^4}{(n-1)\sigma_i^2} \tag{10-3}$$

需要说明的是,峰度被用来表征概率密度分布曲线在均值处峰值的高低。峰度的计算方法是随机变量的四阶中心矩与方差平方的比值,在实际统计应用中,通常将峰度做减3处理。

此外,还存在着限制的一点是:本节所采用的浮动车数据,是每5min某一路段所有浮动车的平均车速。而定义概率密度函数的尺度参数 σ_i 指的是某时刻某一路段所有浮动车出行时间的方差。因此,根据出行者在每一时段的出行具有一定的规律性,本节采取的统计方式是,计算20个工作日该路段该时刻浮动车平均车速的方差,将其作为概率密度函数的尺度参数 σ_i。均值和峰度也采用同样的统计方式,在之后的研究分析中,若能得到该时刻该路段所有浮动车的行驶速度,则用行驶速度替代20个工作日的浮动车平均速度,得到更为准确且符合实际的结果。

由于数据库中储存的浮动车数据不包括出行时间,因此在计算单位距离出行时间的分布的概率密度函数的各项参数之前,需要根据数据库中的浮动车车速计算每辆车的单位距离出行时间。首先根据从数据库读取数据的步骤,从数据库中读取某一个路段的Linkid、Length、Speed信息。计算单位距离出行时间的代码为:

```
double[]traveltime = new double[20];
for(int k =0;k < traveltime. Length;k + + )
{
traveltime[k] =100 * 3.6/speed[k];
}
```

定义一个长度为20的数据traveltime,speed数组中存放着从数据库读取的某时刻某路段的浮动车车速,单位距离取100m。接着,就可以计算概率密度各项参数,代码为:

```
//求时间平均值
double sum =0;
foreach(double d in traveltime)
{
sum + =d;
}
ave[i] = sum/traveltime. Length;

//求时间方差
double temp1 =0;
foreach(double x in traveltime)
{
```

```
        temp1 + = Math. Pow( ( x - ave[ i] ),2) ;
    }
    var[ i] = temp1/traveltime. Length;

    //求时间的峰值
    double temp2 =0;
    if( var[ i]!  =0)
    {
    foreach( double y in traveltime)
                {
                        temp2 + = Math. Pow( ( y - ave[ i] ) ,4) ;
                }
    kur[ i] = temp2/( ( traveltime. Length - 1 ) * Math. Pow( var[ i],2) ) - 3;
    }
    else if( var[ i] = =0)
    kur[ i] =0;
```

计算得到的均值、方差、峰度都存在定义的数组 ave、var、kur 之中,将根据最短路径的规划结果和多路段出行时间可靠性的计算要求进行调用。

6)出行时间可靠性计算功能

出行时间可靠性的计算基于出行时间可靠性模型,从概率的角度出发,采用卷积计算 OD 间多路段出行时间可靠性,基本模型见第 4 章 4.4 节。出行时间可靠性的计算采用 C# 和 Matlab 混合编程技术。下面以三路段卷积计算出行时间可靠性为例,说明实现多路段出行时间可靠性计算的过程。

首先,在用 Matlab 中编写计算三路段出行时间可靠性的函数,将其命名为 reliability3。从函数的定义:

```
function r = reliability3( range, q1, q2, q3, b1, b2, b3, k1, k2, k3, l1, l2, l3)
```

即可看出该函数的结构。括号中的变量为输入项,其中 range 为积分的上限,即出行时间可靠性基本模型中给定的积分阈值 Tc;q1、q2、q3 代表三个路段的单位距离出行时间均值;b1、b2、b3 代表三个路段单位距离出行时间方差;k1、k2、k3 代表三个路段单位距离出行时间峰度;l1、l2、l3 代表三个路段的长度系数,用来将单位距离还原为实际距离。由于单位距离取 100m,因此长度系数为路段长度比 100。路段长度可直接从数据库中读取。

Matlab 的数学库中存在函数 gcpdf,代表广义帕累托分布,在输入位置参数 μ_i、尺度参数 σ_i、形状参数 k_i 之后,可直接返回广义帕累托分布累积分布函数[10]。将三个路段的广义帕累托分布进行卷积,即可得出三路段出行时间可靠性。

在 Matlab 计算出行时间可靠性的函数编写完成之后,可以用 deploytool 命令将其编译为. dll 文件,方便外部环境使用,如图 10-16 所示。

在后台模块 sjkkx. aspx. cs 中调用编译成功的 Matlab 函数,在 Bin 中添加 Reliability3Native. dll 文件,并引入命名空间,方法为:

```
using reliability3Native;
```

成功调用 Matlab 编译的计算出行时间可靠性的函数之后，就可以定义一个新的类 conv3，将上步得到的概率密度函数各项参数输入方法 reliability3 中，计算出行时间可靠性，并将其记录到二维数组 result 中。由计算结果可知，该二维数组只有一列，为方便输出，将二维数组每行数据转存到一维数组 reliability 中。代码如下：

```
conv3 c = new conv3();
double[,] result = (double[,]) c.reliability3((MWArray) range, (MWArray) ave[0],
(MWArray)ave[1],(MWArray)ave[2],(MWArray)var[0],(MWArray)var[1],(MWArray)
var[2],(MWArray)kur[0],(MWArray)kur[1],(MWArray)kur[2],(MWArray)l[0],
(MWArray)l[1],(MWArray)l[2]);

for(int i=0;i<result.GetLength(0);i++)
for(int j=0;j<result.GetLength(1);j++)
    {
reliability[i]=result[i,j];
    }
```

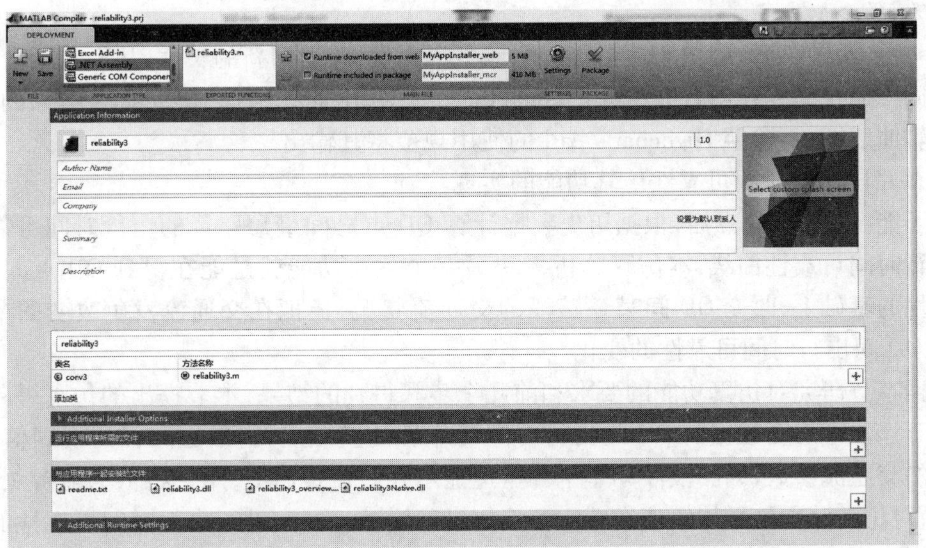

图 10-16　Matlab 编译.dll 文件示意图

需要注意的是，Matlab 平台与.NET 平台的数据交换全部都是经由 MathWorks.Matlab.NET.Arrays 这一命名空间下的类和接口实现的。这是一个由 Matlab 为支持.NET 平台开发的.NET 中的方法集。因此首先需要添加添加 MWArray 组件引用，方法如下：

```
using MathWorks.Matlab.NET.Arrays;
using MathWorks.Matlab.NET.Utility;
```

并将输入方法 reliability3 的 int 和 double 变量转换为 MWArray 变量，使得计算能够顺利进行。最后将计算结果转换为 double 型二维数组，储存在 result 中。

7)绘制出行时间可靠性曲线功能的实现

为了使出行者和管理者更直观地理解出行时间可靠性的概念,该仿真模块需要将 OD 间出行时间可靠性绘制成出行时间可靠性曲线,展示在 Web 页面上。

绘制出行时间可靠性曲线的代码编写在 sjkkx. aspx 文件中,使用了 JavaScript 和 Html5 语言并借助了 Highcharts API。在上述步骤中,OD 间出行时间可靠性已经储存在一维数组 reliability 中,将其属性定义为 public,sjkkx. aspx 文件才能成功调用数组的值。

在 JavaScript 语言中,常用脚本元素 <% %> 实现前台页面(. aspx 页面)获取后台页面(. aspx. cs 页面)设置为 public 的属性的值。因此在 sjkkx. aspx 文件中,获取后台页面出行时间可靠性的代码为:

```
var reliability = new Array( );
<%
for( int i = 0; i < reliability. Length; i + + )
{
% >
reliability. push( <% = reliability[ i]% > );
time. push( <% = t[ i]% > );
<% }% >;
```

push( )方法可向数组的末尾添加一个或多个元素,并返回新的长度,从而将后台页面的出行时间可靠性储存在前台数组变量 reliability 中。输出曲线选择 Highcharts 提供的时间不连续的轴曲线图,再参照 Highcharts API 的使用规范将其输出。

8)多路段出行时间可靠性仿真功能的实现

除了能在输入 OD 点后,根据历史数据计算 OD 点之间最短路径的出行时间可靠性,并绘制出行时间可靠性曲线,本仿真分析模块另一个重要功能就是能在得到 OD 点间出行时间可靠性的基础上,改变 OD 间某一路段的交通流状况,模拟在交通流发生改变的情况下,仿真出 OD 间出行时间可靠性的变化。

根据本节研究对仿真功能的要求和前几个步骤得到的结果,本节提出的仿真思路是:在得到基于浮动车历史数据的 OD 间出行时间可靠性的基础上,将最短路径的规划信息和仿真路段的交通流参数,即路段浮动车平均车速显示在前台页面上,用户将依据前台页面显示的信息,对仿真路段的平均车速在一定范围内进行增减。再次进行出行时间可靠性的计算,后台程序将依据改变之后的平均车速重新计算 OD 间出行时间可靠性,并绘制相应的出行时间可靠性曲线,从而达到了仿真计算的目的。

例如已知 A、C 两点间最短路径为 $A \rightarrow B \rightarrow C$,且 B 路段平均车速为 30km/h,用户可以对 B 路段的平均车速进行加减操作。输入 10,则 B 路段平均车速变为 40km/h;输入 -10,则 B 路段平均车速变为 20km/h。此时,再次计算 A、C 两点间的出行时间可靠性,参与计算的 B 路段浮动车平均车速将变为变化后的值,而不是 30km/h。

为实现上述功能,定义一个属性为 public 的 double 变量 change。当变量 change 的值为零时,仿真路段的平均速度不会发生变化;当变量 change 的值不为零时,重新从数据库读取仿真路段浮动车的行驶速度,给其加上变量 change(可正可负)。根据变化后的行驶速度计算出行时间均值,赋值到计算出行时间可靠性的函数中,计算仿真条件下的出行时间可靠性,并绘制出行时间可靠性仿真曲线。流程图如图 10-17 所示。

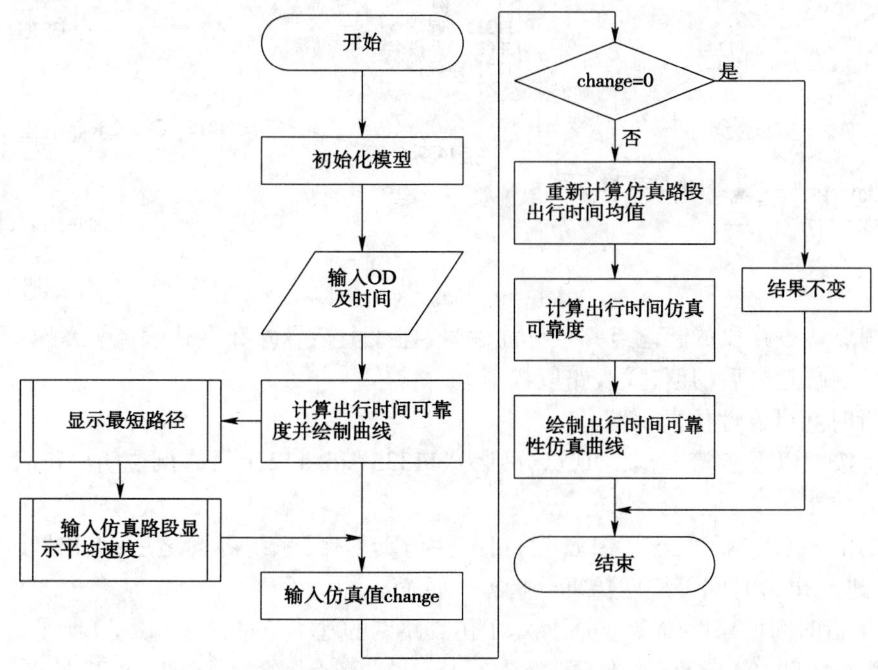

图 10-17　仿真条件下计算出行时间可靠性流程图

最后将上述所有功能进行整合,运用 JavaScript 将时间可靠性模块整合到一个网页中,实现路网拓扑图和分析功能的融合。在新网页中运用网页的继承与嵌套,制作 iframe 标签,在 iframe 中嵌套上述网页,提高可靠性模块的整体性与操作性。可靠性模块最终界面如图 10-18 所示。

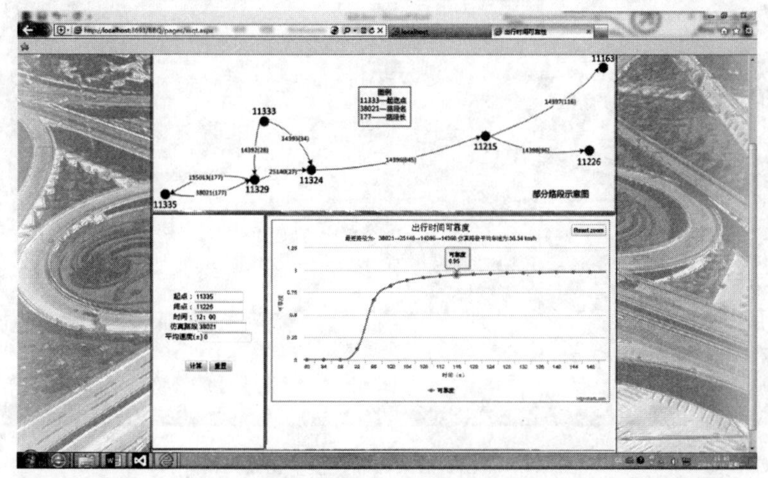

图 10-18　出行时间可靠性模块界面

选取了北京丰台区西三环附近地区的小规模典型路网,使用该路网中采集到的浮动车数据。该路网简单示意图如图 10-19 所示。

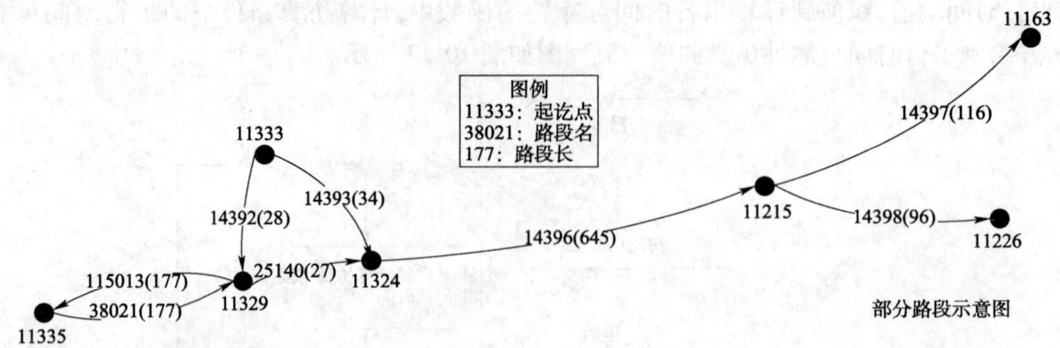

图 10-19 仿真路网示意图

图中圆点代表路段的起讫点并且标注编号，连线上括号外数字代表路段编号，括号内数字是路段长度圆整之后的值，代表路段权值。

9）出行时间可靠性仿真示例

本节将按照以下步骤，选取 OD 点分别为“11335”和“11226”，举例说明出行时间可靠性仿真平台的功能。

（1）当用户进入“城市交通系统运行可靠性仿真平台”系统界面之后，点击“出行时间可靠性曲线”进入出行时间可靠性仿真分析模块页面。

（2）“出行时间可靠性曲线”页面显示了仿真路网的基本信息，如图 10-20 所示。根据图片显示的该路网信息，在“起点”文本框输入“11335”，在“终点”文本框输入“11226”，在“时间”文本框输入“12:00”。“仿真路段”和“平均速度（±）”文本框保持预设值“38021”和“0”不变。

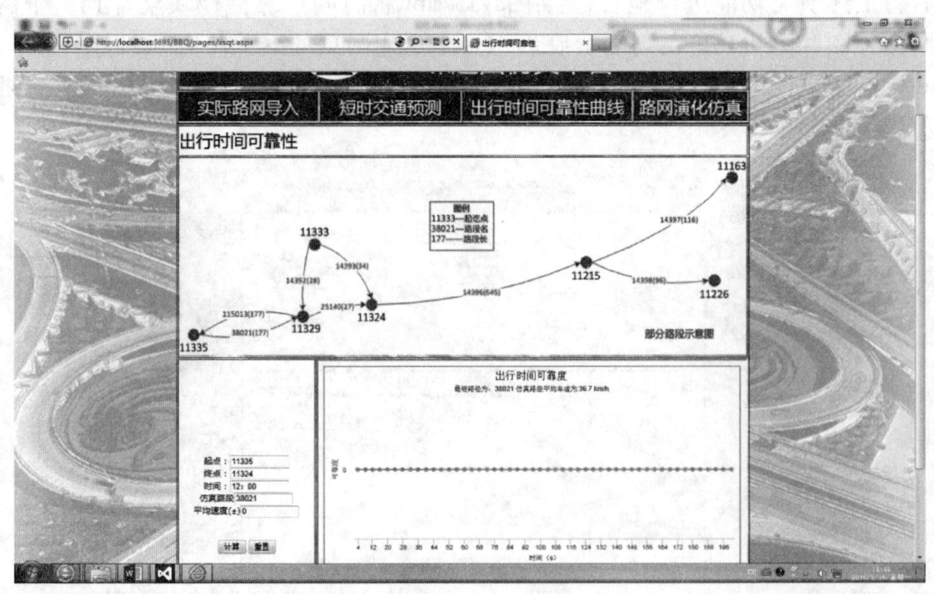

图 10-20 出行时间可靠性模块初始界面

（3）点击“计算”按钮，在右侧即可得到“11335”和“11226”间的出行时间可靠性曲线，如图 10-21 所示。横轴为出行时间，单位为秒（s）；纵轴为可靠性。最短路径为“38021→25140→14396→14398”。分析该曲线，可以看出，出行时间可靠性曲线在 88s 之后不再和 x 轴重合，即该点之后的出行时间可靠性不为零。说明基于历史数据分析，从“11335”到“11226”，花费88s到达具有一定的可能性，但其可靠性极低。也说明从“11335”到“11226”，至少需要88s。曲线在116s时，可靠性达到95%，之后趋于收敛，说明在当前交通流状态下，从“11335”点出发之后，以浮动车平均速度行驶，在116s及大于116s的时间之后到达“11226”的可能性极大。

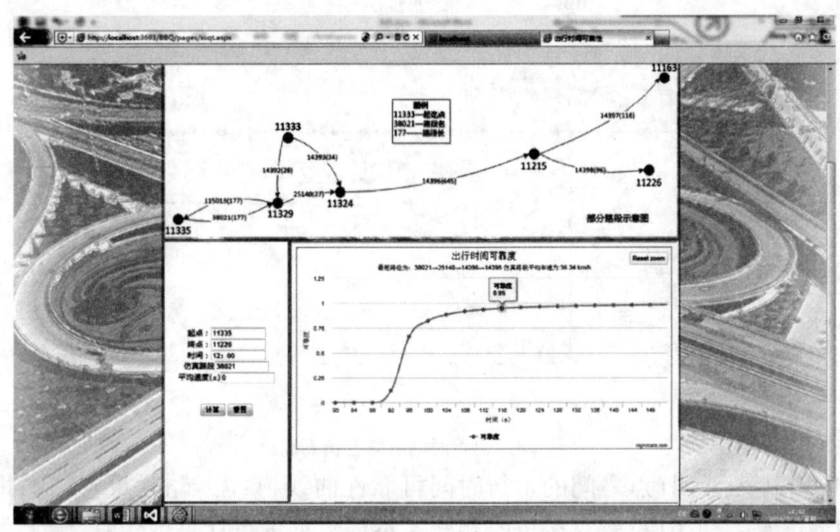

图10-21　OD间出行时间可靠性曲线

(4)选择“14396”为仿真路段，在“仿真路段”文本框输入“14396”，点击“计算”按钮。可以看到页面会显示出仿真路段的平均车速，为45.86km/h，如图10-22所示。

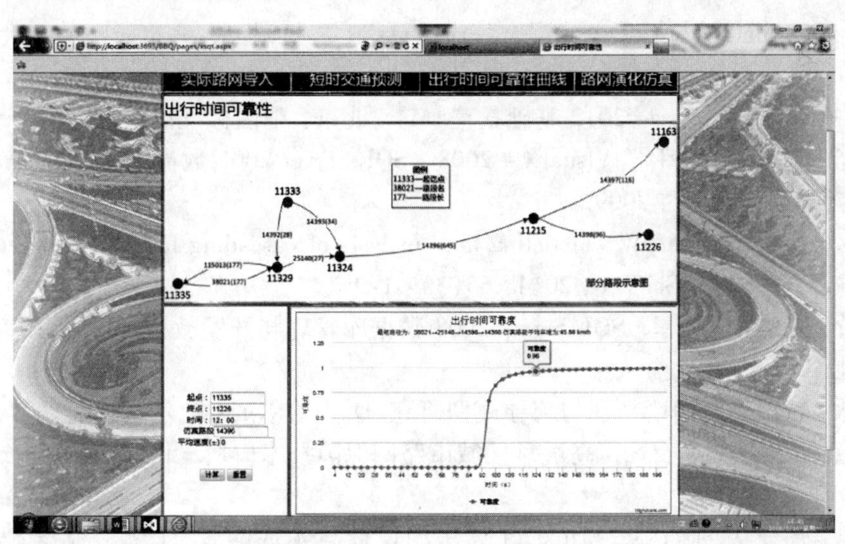

图10-22　显示仿真路段平均速度示意图

(5)根据“14396”路段的平均车速进行仿真，在“平均车速(±)”文本框输入仿真值“20”，模拟该路段平均车速加快到65.86km/h时的情况。点击“计算”按钮，在右侧显示出“11335”和“11226”间的出行时间可靠性仿真曲线，如图10-23所示。分析该曲线，出行时间可靠性曲线在 72s 之后不再和 x 轴重合,在 100s 时,可靠性达到 95%,之后趋于收敛。与原始图线进行比较,可以得到,在仿真条件即路段“14396”浮动车平均速度加快 20km/h 下,OD 间的出行时间可靠性明显提高。

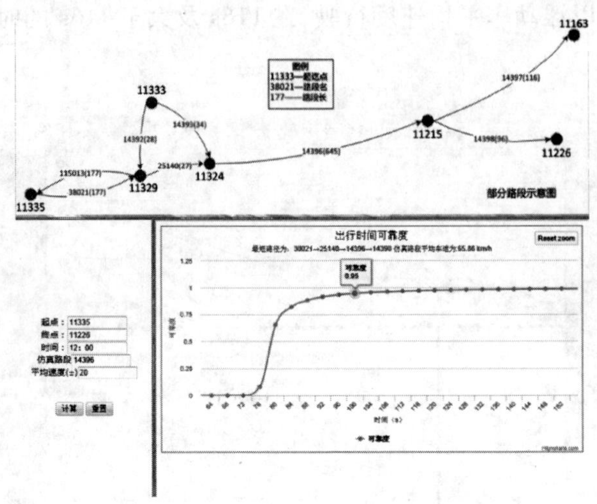

图 10-23 出行时间可靠性仿真曲线

(6)若想绘制其他 OD 点之间的出行时间可靠性曲线,只需点击“重置”键,即可将所有文本框中的值恢复为初始值;或直接更改相关文本框数据进行计算或仿真。

本章参考文献

[1] 刘维. 精通 Matlab 与 C/C + + 混合程序设计[M]2 版,北京:北京航空航天大学出版社. 2008.

[2] 白俊, 孙奇. SQL Server 2012 基础教程[M]. 北京: 中国标准出版社, 2014.

[3] 刘亮亮, 刘惠萍. 新手学 Visual C# 2008 + SQL Server 2005 数据库与网络开发[M]. 北京: 电子工业出版社, 2009.

[4] Fang X, Yang Q, Yan W. Modeling and analysis of cascading failure in directed complex networks[J]. Safety Science, 2014, 65(3): 1-9.

[5] 王雨竹, 张玉花, 张星. SQL Server 2008 数据库管理与开发教程[M]. 北京: 人民邮电出版社, 2012.

[6] 马诗咏. 城市交通拥堵判别与疏导模型研究[D]. 哈尔滨: 哈尔滨工业大学, 2013.

[7] 陈艳艳, 高爱霞, 唐夕茹. 高可靠性城市路网保障技术[M]. 北京: 中国建筑工业出版社, 2012.

[8] 计会凤, 徐爱功, 隋达嵬. Dijkstra 算法的设计与实现[J]. 辽宁工程技术大学学报, 2008, 27(s1): 222-223.

[9] 康维维. GIS 空间分析关键技术研究[D]. 长沙: 国防科学技术大学, 2007.

[10] 薛定宇, 陈阳泉. 高等应用数学问题的 MATLAB 求解. [M]. 3 版. 北京:清华大学出版社,2013.